■ 根据民法典及最新执行司法解释全新修订

人民法院办理执行案件规范

编注第二版

人民法院出版社 编

人民法院出版社

图书在版编目（CIP）数据

人民法院办理执行案件规范：编注版／人民法院出版社编．--2 版．--北京：人民法院出版社，2021.11

ISBN 978-7-5109-3239-7

Ⅰ.①人…　Ⅱ.①人…　Ⅲ.①法院—执行(法律)—法律规范—中国　Ⅳ.①D926.2

中国版本图书馆 CIP 数据核字（2021）第 147401 号

人民法院办理执行案件规范（编注第二版）

人民法院出版社　编

责任编辑　张　奎
执行编辑　郭　粹　杨　洁
出版发行　人民法院出版社
地　　址　北京市东城区东交民巷 27 号（100745）
电　　话　（010）67550562（责任编辑）　67550558（发行部查询）
65223677（读者服务部）
客服 QQ　2092078039
网　　址　http://www.courtbook.com.cn
E - mail　courtpress@sohu.com
印　　刷　保定市中画美凯印刷有限公司
经　　销　新华书店

开　　本　787 毫米×1092 毫米　1/16
字　　数　814 千字
印　　张　46.5
版　　次　2021 年 11 月第 1 版　2021 年 11 月第 1 次印刷
书　　号　ISBN 978-7-5109-3239-7
定　　价　125.00 元

编者的话

人民法院执行工作是依靠国家强制力确保法律全面正确实施的重要手段，是维护人民群众合法权益、实现社会公平正义的关键环节。做好执行工作、切实解决长期存在的执行难问题，事关全面依法治国基本方略实施，事关社会公平正义实现，具有十分重要的意义。现阶段，执行工作从“基本解决执行难”向“切实解决执行难”迈进，责任更重、要求更高。人民法院在巩固“基本解决执行难”成果的基础上，建立健全执行工作长效机制，继续强化公开、联合惩戒、规范高效、攻坚克难，进一步提升执行工作水平，奋力向“切实解决执行难”的目标迈进，努力在“切实解决执行难”上取得更大的成效。

为帮助广大执行法官提高工作效率，我社于2019年12月出版了《人民法院办理执行案件规范（编注版）》，以最高人民法院执行局整理汇编的《人民法院办理执行案件规范》为主线，从服务一线办案的实际出发，对规范中每一个条文相对应的法律、法规、司法解释、规范性文件进行了梳理、归纳、编注、链接，汇编成册。规范条文与对应链接用不同的字体进行区分，做到规范本身体系不乱，对应链接全面，便于执行法官进行“一站式”查找，既能明晰规范条文，又能迅速找出相关规定，以有效节约办案时间。

2020 年 5 月 28 日，第十三届全国人民代表大会第三次会议通过了民法典，同年 12 月 29 日，最高人民法院发布了《最高人民法院关于修改〈最高人民法院关于人民法院扣押铁路运输货物若干问题的规定〉等十八件执行类司法解释的决定》（以下简称决定），对执行类司法解释进行了全面的修改。结合民法典、民事诉讼法、决定以及最新相关司法解释等，我们在 2019 年的编注版基础上进行了修订，并对规范中的相关内容进行了更新，形成了编注第二版。

本书是一本实用、方便、查询快捷的执行工作必备工具书，期望本书能为执行法官的学习和工作带来便利。

由于时间所限，疏漏之处在所难免，敬请读者批评指正。我们会根据您的有效建议，不断完善我们的工作，更好地为读者服务。

编者

二〇二一年十月

凡　例

本规范正文所用主要法律名称中的“中华人民共和国”省略，其例如下：

全称	时间	简称
《中华人民共和国民法典》	2020 年 5 月 28 日公布	民法典
《中华人民共和国刑法》	2020 年 12 月 26 日修正	刑法
《中华人民共和国民事诉讼法》	2017 年 6 月 27 日修正	民事诉讼法
《中华人民共和国刑事诉讼法》	2018 年 10 月 26 日修正	刑事诉讼法
《中华人民共和国行政强制法》	2011 年 6 月 30 日公布	行政强制法
《中华人民共和国仲裁法》	2017 年 9 月 1 日修正	仲裁法
《中华人民共和国企业破产法》	2006 年 8 月 27 日公布	企业破产法
《中华人民共和国海事诉讼特别程序法》	1999 年 12 月 25 日公布	海事诉讼特别程序法
《中华人民共和国公司法》	2018 年 10 月 26 日修正	公司法
《中华人民共和国证券法》	2019 年 12 月 28 日修正	证券法

总 目 录

第一编 执行工作一般规范

第二编　执行实施案件办理规范

第三编　执行审查案件办理规范

目　录

第一编　执行工作一般规范

第二编　执行实施案件办理规范

第三编 执行审查案件办理规范

第一编

执行工作一般规范

第一章 执行管辖

1.【执行管辖的一般规定】

发生法律效力的民事判决、裁定、调解书，由第一审人民法院或者与第一审人民法院同级的被执行的财产所在地人民法院执行。[1]

刑事裁判涉财产部分，由第一审人民法院执行。第一审人民法院可以委托财产所在地的同级人民法院执行。[2]

知识产权法院审理的第一审案件，生效判决、裁定、调解书需要强制执行的，知识产权法院所在地的高级人民法院可指定辖区内其他中级人民法院执行。[3]

发生法律效力的实现担保物权裁定、确认调解协议裁定、支付令，由作出裁定、支付令的人民法院或者与其同级的被执行财产所在地的人民法院执行。认定财产无主的判决，由作出判决的人民法院将无主财产收归国家或者集体所有。[4]

法律规定由人民法院执行的其他法律文书①，由被执行人住所地或者被执行的财产所在地人民法院执行。[5]

① “其他法律文书”包括商事仲裁裁决、劳动人事争议仲裁裁决及调解书、公证债权文书等。

法律依据

［1］**《中华人民共和国民事诉讼法》**（2017 年 6 月 27 日修正）

第二百二十四条第一款　发生法律效力的民事判决、裁定，以及刑事判决、裁定中的财产部分，由第一审人民法院或者与第一审人民法院同级的被执行的财产所在地人民法院执行。

第二百三十四条　人民法院制作的调解书的执行，适用本编的规定。

［2］**《最高人民法院关于刑事裁判涉财产部分执行的若干规定》**（法释〔2014〕13 号）

第二条　刑事裁判涉财产部分，由第一审人民法院执行。第一审人民法院可以委托财产所在地的同级人民法院执行。

［3］**《最高人民法院关于知识产权法院案件管辖等有关问题的通知》**（法〔2014〕338 号）

六、知识产权法院审理的第一审案件，生效判决、裁定、调解书需要强制执行的，知识产权法院所在地的高级人民法院可指定辖区内其他中级人民法院执行。

［4］**《最高人民法院关于适用〈中华人民共和国民事诉讼法〉的解释》**（2020 年 12 月 23 日修正）

第四百六十二条　发生法律效力的实现担保物权裁定、确认调解协议裁定、支付令，由作出裁定、支付令的人民法院或者与其同级的被执行财产所在地的人民法院执行。

认定财产无主的判决，由作出判决的人民法院将无主财产收归国家或者集体所有。

［5］**《中华人民共和国民事诉讼法》**（2017 年 6 月 27 日修正）

第二百二十四条第二款　法律规定由人民法院执行的其他法律文书，由被执行人住所地或者被执行的财产所在地人民法院执行。

2. 【请求外国法院承认与执行】

人民法院作出的发生法律效力的判决、裁定，被执行人或者其财产不在中华人民共和国领域内，当事人请求执行的，可以由当事人直接向有管辖权的外国法院申请承认和执行，也可以由人民法院依照中华人民共和国缔结或者参加的国际条约的规定，或者按照互惠原则，请求外国法院承认和执行。

中华人民共和国涉外仲裁机构①作出的发生法律效力的仲裁裁决，当事人请求执行的，如果被执行人或者其财产不在中华人民共和国领域内，应当由当事人直接向有管辖权的外国法院申请承认和执行。[1]

法律依据

[**1**]**《中华人民共和国民事诉讼法》**（2017 年 6 月 27 日修正）

第二百八十条　人民法院作出的发生法律效力的判决、裁定，如果被执行人或者其财产不在中华人民共和国领域内，当事人请求执行的，可以由当事人直接向有管辖权的外国法院申请承认和执行，也可以由人民法院依照中华人民共和国缔结或者参加的国际条约的规定，或者按照互惠原则，请求外国法院承认和执行。

中华人民共和国涉外仲裁机构作出的发生法律效力的仲裁裁决，当事人请求执行的，如果被执行人或者其财产不在中华人民共和国领域内，应当由当事人直接向有管辖权的外国法院申请承认和执行。

3. 【“被执行的财产所在地”的确定】

被执行的财产为不动产的，该不动产的所在地为被执行的财产所在地。②

被执行的财产为股权或者股份的，该股权或者股份的发行公司住所地为被执行的财产所在地。[1]

---

① 国内其他仲裁机构作出的发生法律效力的具有涉外因素的仲裁裁决，被执行人住所地或者其财产均不在国内的，适用本条规定。

② 被执行的不动产已办理登记的，因其登记地与所在地是一致的，故以其所在地为被执行的财产所在地，即以登记地为被执行的财产所在地；被执行的不动产未办理登记的，应当以该不动产所在地为被执行的财产所在地。

被执行的财产为商标权、专利权、著作权等知识产权的，该知识产权权利人的住所地为被执行的财产所在地。

被执行的财产为到期债权的，被执行人的住所地为被执行的财产所在地。

法律依据

［1］**《最高人民法院执行局关于法院能否以公司证券登记结算地为财产所在地获得管辖权问题的复函》**［（2010）执监字第16号］

复函主要内容：“本院认为，证券登记结算机构是为证券交易提供集中登记、存管与结算服务的机构，但证券登记结算机构存管的仅是股权凭证，不能将股权凭证所在地视为股权所在地。由于股权与其发行公司具有密切的联系，因此，应当将股权的发行公司住所地认定为该类财产所在地。深圳中院将证券登记结算机构所在地认定为上市公司的财产所在地予以立案执行不当。”

［2］**《中华人民共和国民事诉讼法》**（2017年6月27日修正）

第二百四十条　执行员接到申请执行书或者移交执行书，应当向被执行人发出执行通知，并可以立即采取强制执行措施。

［3］**《最高人民法院关于适用〈中华人民共和国民事诉讼法〉的解释》**（2020年12月23日修正）

第四百六十二条　发生法律效力的实现担保物权裁定、确认调解协议裁定、支付令，由作出裁定、支付令的人民法院或者与其同级的被执行财产所在地的人民法院执行。

认定财产无主的判决，由作出判决的人民法院将无主财产收归国家或者集体所有。

4.【选择管辖】

两个以上人民法院都有管辖权的，当事人可以向其中一个人民法院申请执行；当事人向两个以上人民法院申请执行的，由最先立案的人民法院管辖。[1]

法律依据

[1]**《最高人民法院关于人民法院执行工作若干问题的规定（试行）》**（2020 年 12 月 23 日修正）

13. 两个以上人民法院都有管辖权的，当事人可以向其中一个人民法院申请执行；当事人向两个以上人民法院申请执行的，由最先立案的人民法院管辖。

5. 【管辖竞合】

对两个以上人民法院都有管辖权的执行案件，人民法院在立案前发现其他有管辖权的人民法院已经立案的，不得重复立案。

立案后发现其他有管辖权的人民法院已经立案的，应当撤销案件；已经采取执行措施的，应当将控制的财产交先立案的执行法院处理。[1]

法律依据

[1]**《最高人民法院关于适用〈中华人民共和国民事诉讼法〉执行程序若干问题的解释》**（2020 年 12 月 23 日修正）

第二条　对两个以上人民法院都有管辖权的执行案件，人民法院在立案前发现其他有管辖权的人民法院已经立案的，不得重复立案。

立案后发现其他有管辖权的人民法院已经立案的，应当撤销案件；已经采取执行措施的，应当将控制的财产交先立案的执行法院处理。

6. 【管辖争议的处理】

人民法院之间因执行管辖权发生争议的，由双方协商解决；协商不成的，报请双方共同的上级人民法院指定管辖。[1]

法律依据

[1]**《最高人民法院关于人民法院执行工作若干问题的规定（试行）》**

(2020 年 12 月 23 日修正)

14. 人民法院之间因执行管辖权发生争议的，由双方协商解决；协商不成的，报请双方共同的上级人民法院指定管辖。

7.【指定执行、提级执行】

上级人民法院对下级人民法院的执行案件，认为需要提级执行、指定执行的，可以裁定提级执行、指定执行。高级人民法院、中级人民法院对本院的执行案件，认为需要指定执行的，可以指定执行。高级人民法院对最高人民法院函示指定执行、提级执行的案件，中级人民法院对高级人民法院函示指定执行、提级执行的案件，应当裁定指定执行、提级执行。[1]

基层人民法院和中级人民法院管辖的执行案件，因特殊情况需要由上级人民法院执行的，可以报请上级人民法院执行。[2]

法律依据

［1］**《最高人民法院关于高级人民法院统一管理执行工作若干问题的规定》**（法发〔2000〕3 号）

八、高级人民法院对本院及下级人民法院的执行案件，认为需要指定执行的，可以裁定指定执行。

高级人民法院对最高人民法院函示指定执行的案件，应当裁定指定执行。

九、高级人民法院对下级人民法院的下列案件可以裁定提级执行：

1. 高级人民法院指令下级人民法院限期执结，逾期未执结需要提级执行的；

2. 下级人民法院报请高级人民法院提级执行，高级人民法院认为应当提级执行的；

3. 疑难、重大和复杂的案件，高级人民法院认为应当提级执行的。

高级人民法院对最高人民法院函示提级执行的案件，应当裁定提级执行。

［2］**《最高人民法院关于人民法院执行工作若干问题的规定（试行）》**(2020 年 12 月 23 日修正)

15. 基层人民法院和中级人民法院管辖的执行案件，因特殊情况需要由上级人民法院执行的，可以报请上级人民法院执行。

8.【提级执行的情形】

上级人民法院对下级人民法院的下列案件可以裁定提级执行：

（一）上级人民法院指令下级人民法院限期执结，逾期未执结需要提级执行的；

（二）下级人民法院报请上级人民法院提级执行，上级人民法院认为应当提级执行的；

（三）疑难、重大和复杂的案件，上级人民法院认为应当提级执行的。[1]

法律依据

［1］**《最高人民法院关于高级人民法院统一管理执行工作若干问题的规定》**（法发〔2000〕3号）

九、高级人民法院对下级人民法院的下列案件可以裁定提级执行：

1. 高级人民法院指令下级人民法院限期执结，逾期未执结需要提级执行的；

2. 下级人民法院报请高级人民法院提级执行，高级人民法院认为应当提级执行的；

3. 疑难、重大和复杂的案件，高级人民法院认为应当提级执行的。

高级人民法院对最高人民法院函示提级执行的案件，应当裁定提级执行。

9.【管辖异议的处理】

人民法院受理执行申请后，当事人对管辖权有异议的，应当自收到执行通知书之日起十日内提出。[1]

人民法院对当事人提出的异议，应当审查。异议成立的，应当撤销执行案件，并告知当事人向有管辖权的人民法院申请执行；异议不成立的，裁定驳回。当事人对裁定不服的，可以向上一级人民法院申请复议。

管辖权异议审查和复议期间，不停止执行。

法律依据

［1］**《最高人民法院关于适用〈中华人民共和国民事诉讼法〉执行程序若干问题的解释》**（2020年12月23日修正）

第三条　人民法院受理执行申请后，当事人对管辖权有异议的，应当自收到执行通知书之日起十日内提出。

人民法院对当事人提出的异议，应当审查。异议成立的，应当撤销执行案件，并告知当事人向有管辖权的人民法院申请执行；异议不成立的，裁定驳回。当事人对裁定不服的，可以向上一级人民法院申请复议。

管辖权异议审查和复议期间，不停止执行。

10.【执行程序中发现无管辖权的处理】

执行程序中，执行法院发现本院确无管辖权的，应当撤销案件，并告知申请执行人向有管辖权的人民法院申请执行。[1]

已经控制财产的，经征询申请执行人意见，执行法院也可以将案件移送有管辖权的人民法院执行，并撤销案件。受移送的人民法院应当受理。受移送的人民法院认为依照规定不属于本院管辖的，应当报请上级人民法院指定管辖，不得再自行移送。[2]

无管辖权的人民法院依照前款规定将案件移送有管辖权的人民法院执行的，移送人民法院对被执行的财产采取的查封、扣押、冻结措施，视为受移送人民法院采取的查封、扣押、冻结措施，查封期限届满后受移送人民法院可凭移送人民法院的移送执行函直接办理续行查封、扣押、冻结手续。但移送执行时查封、扣押、冻结措施的有效期限不足一个月的，移送法院应当先行办理续行查封、扣押、冻结手续，再行移送。

法律依据

[**1**]**《最高人民法院关于适用〈中华人民共和国民事诉讼法〉执行程序若干问题的解释》**(2020年12月23日修正)

第三条第二款 人民法院对当事人提出的异议，应当审查。异议成立的，应当撤销执行案件，并告知当事人向有管辖权的人民法院申请执行；异议不成立的，裁定驳回。当事人对裁定不服的，可以向上一级人民法院申请复议。

[**2**]**《中华人民共和国民事诉讼法》**(2017年6月27日修正)

第三十六条 人民法院发现受理的案件不属于本院管辖的，应当移送有管辖权的人民法院，受移送的人民法院应当受理。受移送的人民法院认为受移送的案件依照规定不属于本院管辖的，应当报请上级人民法院指定管辖，不得再自行移送。

《最高人民法院关于执行案件立案、结案若干问题的意见》(法发〔2014〕26号)

第十八条第一项 执行实施案件立案后，有下列情形之一的，可以以“销案”方式结案：

(一) 被执行人提出管辖异议，经审查异议成立，将案件移送有管辖权的法院或申请执行人撤回申请的；

第二章 执行人员及其回避

11. 【执行人员】

执行人员包括法官、执行员以及其他依法参与执行的司法警察、法官助理、书记员等司法辅助人员。

人民陪审员可以依照相关规定参与执行活动。人民陪审员参与执行活动时属于前款规定的执行人员，与执行人员有同等的权利义务。[1]

法律依据

[1]《**中华人民共和国民事诉讼法**》（2017年6月27日修正）

第三十九条 人民法院审理第一审民事案件，由审判员、陪审员共同组成合议庭或者由审判员组成合议庭。合议庭的成员人数，必须是单数。

适用简易程序审理的民事案件，由审判员一人独任审理。

陪审员在执行陪审职务时，与审判员有同等的权利义务。

12. 【依法履职的要求】

执行人员执行公务时，应向有关人员出示有效工作证件，并按规定着装。必要时应由司法警察参加。[1]

执行人员执行公务时应严格遵守法律、行政法规以及司法解释的规定，严格遵守最高人民法院“五个严禁”等纪律规范，严格遵守法官职业道德，依法、公正、廉洁执行。

执行人员依法履行法定职责受法律保护。①

法律依据

[1]《最高人民法院关于人民法院执行工作若干问题的规定（试行）》（2020 年 12 月 23 日修正）

7. 执行人员执行公务时，应向有关人员出示工作证件，并按规定着装。必要时应由司法警察参加。

13. 【执行回避情形之一】

执行人员有下列情形之一的，应当自行回避，当事人有权申请其回避：

（一）是本案当事人或者当事人近亲属的；

（二）本人或者其近亲属与本案有利害关系的；

（三）担任过本案的证人、鉴定人、辩护人、诉讼代理人、翻译人员的；

（四）是本案诉讼、执行程序代理人近亲属的；

（五）本人或者其近亲属持有本案非上市公司当事人的股份或者股权的；

（六）与本案当事人或者诉讼、执行程序代理人有其他利害关系，可能影响公正执行的。[1]

法律依据

[1]《中华人民共和国民事诉讼法》（2017 年 6 月 27 日修正）

第四十四条　审判人员有下列情形之一的，应当自行回避，当事人有权用口头或者书面方式申请他们回避：

① 参照《中共中央办公厅、国务院办公厅保护司法人员依法履行法定职责规定》第四条，《最高人民法院关于依法保障法官权利的若干规定》（法发〔2005〕20 号），《人民法院落实〈保护司法人员依法履行法定职责规定〉的实施办法》（法发〔2017〕4 号）等相关内容。

（一）是本案当事人或者当事人、诉讼代理人近亲属的；

（二）与本案有利害关系的；

（三）与本案当事人、诉讼代理人有其他关系，可能影响对案件公正审理的。

审判人员接受当事人、诉讼代理人请客送礼，或者违反规定会见当事人、诉讼代理人的，当事人有权要求他们回避。

审判人员有前款规定的行为的，应当依法追究法律责任。

前三款规定，适用于书记员、翻译人员、鉴定人、勘验人。

《最高人民法院关于适用〈中华人民共和国民事诉讼法〉的解释》（2020年12月23日修正）

第四十三条　审判人员有下列情形之一的，应当自行回避，当事人有权申请其回避：

（一）是本案当事人或者当事人近亲属的；

（二）本人或者其近亲属与本案有利害关系的；

（三）担任过本案的证人、鉴定人、辩护人、诉讼代理人、翻译人员的；

（四）是本案诉讼代理人近亲属的；

（五）本人或者其近亲属持有本案非上市公司当事人的股份或者股权的；

（六）与本案当事人或者诉讼代理人有其他利害关系，可能影响公正审理的。

第四十九条　书记员和执行员适用审判人员回避的有关规定。

14.【执行回避情形之二】

执行人员有下列情形之一的，当事人有权申请其回避：

（一）接受本案当事人及其受托人宴请，或者参加由其支付费用的活动的；

（二）索取、接受本案当事人及其受托人财物或者其他利益的；

（三）违反规定会见本案当事人、诉讼或执行程序代理人的；

（四）为本案当事人推荐、介绍诉讼或执行程序代理人，或者为律师、其他人员介绍代理本案的；

（五）向本案当事人及其受托人借用款物的；

（六）有其他不正当行为，可能影响公正执行的。[1]

法律依据

［1］见本规范第 13 条法律依据［1］。

15. 【执行回避的程序】

当事人对执行人员有申请回避的权利。[1] 当事人提出回避申请的，应当说明理由，并在案件进入执行程序后，执行程序终结前提出。被申请回避的人员在人民法院作出是否回避的决定前，应当暂停参与本案的工作，但案件需要采取紧急措施的除外。[2]

审判人员、执行员、书记员的回避由院长决定。其他人员的回避由审判长、执行局长决定。审判人员、执行员、书记员有应当自行回避的情形，没有自行回避，当事人也没有申请其回避的，由院长或者审判委员会决定其回避。[3]

人民法院对当事人提出的回避申请，应当在申请提出的三日内，以口头或书面形式作出决定。申请人对决定不服的，可以在接到决定时申请复议一次。复议期间，被申请回避的人员，不停止参与本案的工作。人民法院对复议申请，应当在三日内作出复议决定，并通知复议申请人。[4]

法律依据

［1］**《最高人民法院关于适用〈中华人民共和国民事诉讼法〉的解释》**（2020 年 12 月 23 日修正）

第四十七条　人民法院应当依法告知当事人对合议庭组成人员、独任审判员和书记员等人员有申请回避的权利。

第四十九条　书记员和执行员适用审判人员回避的有关规定。

［2］**《中华人民共和国民事诉讼法》**（2017 年 6 月 27 日修正）

第四十五条　当事人提出回避申请，应当说明理由，在案件开始审理时提出；回避事由在案件开始审理后知道的，也可以在法庭辩论终结前提出。

被申请回避的人员在人民法院作出是否回避的决定前，应当暂停参与本案的工作，但案件需要采取紧急措施的除外。

［**3**］**《中华人民共和国民事诉讼法》**（2017年6月27日修正）

第四十六条　院长担任审判长时的回避，由审判委员会决定；审判人员的回避，由院长决定；其他人员的回避，由审判长决定。

《最高人民法院关于适用〈中华人民共和国民事诉讼法〉的解释》（2020年12月23日修正）

第四十六条　审判人员有应当回避的情形，没有自行回避，当事人也没有申请其回避的，由院长或者审判委员会决定其回避。

第四十九条　书记员和执行员适用审判人员回避的有关规定。

［**4**］**《中华人民共和国民事诉讼法》**（2017年6月27日修正）

第四十七条　人民法院对当事人提出的回避申请，应当在申请提出的三日内，以口头或者书面形式作出决定。申请人对决定不服的，可以在接到决定时申请复议一次。复议期间，被申请回避的人员，不停止参与本案的工作。人民法院对复议申请，应当在三日内作出复议决定，并通知复议申请人。

第三章　执行的申请和受理

16. 【执行依据的种类】

下列发生法律效力的具有给付内容的法律文书是人民法院据以强制执行的依据：

（一）民事判决，准予实现担保物权[1]、确认调解协议、财产保全、证据保全、先予执行等民事裁定，民事调解书，民事制裁决定，支付令；[2]

（二）行政判决、裁定、调解书；[3]

（三）刑事裁判涉财产部分内容，刑事附带民事判决、裁定；[4]

（四）仲裁裁决、调解书；[5]

（五）劳动人事争议仲裁裁决、调解书；[6]

（六）公证债权文书；[7]

（七）法律、司法解释规定的其他应由人民法院执行的法律文书。

法律依据

[1]《**中华人民共和国民事诉讼法**》（2017 年 6 月 27 日修正）

第一百九十六条　申请实现担保物权，由担保物权人以及其他有权请求实现担保物权的人依照物权法等法律，向担保财产所在地或者担保物权登记地基层人民法院提出。

第一百九十七条 人民法院受理申请后，经审查，符合法律规定的，裁定拍卖、变卖担保财产，当事人依据该裁定可以向人民法院申请执行；不符合法律规定的，裁定驳回申请，当事人可以向人民法院提起诉讼。

［2］《最高人民法院关于人民法院执行工作若干问题的规定（试行）》（2020 年 12 月 23 日修正）

2. 执行机构负责执行下列生效法律文书：

（1）人民法院民事、行政判决、裁定、调解书，民事制裁决定、支付令，以及刑事附带民事判决、裁定、调解书，刑事裁判涉财产部分；

（2）依法应由人民法院执行的行政处罚决定、行政处理决定；

（3）我国仲裁机构作出的仲裁裁决和调解书，人民法院依据《中华人民共和国仲裁法》有关规定作出的财产保全和证据保全裁定；

（4）公证机关依法赋予强制执行效力的债权文书；

（5）经人民法院裁定承认其效力的外国法院作出的判决、裁定，以及国外仲裁机构作出的仲裁裁决；

（6）法律规定由人民法院执行的其他法律文书。

《最高人民法院关于适用〈中华人民共和国民事诉讼法〉的解释》（2020 年 12 月 23 日修正）

第四百六十二条 发生法律效力的实现担保物权裁定、确认调解协议裁定、支付令，由作出裁定、支付令的人民法院或者与其同级的被执行财产所在地的人民法院执行。

认定财产无主的判决，由作出判决的人民法院将无主财产收归国家或者集体所有。

［3］见本条法律依据［2］第 2 条。

［4］《最高人民法院关于刑事裁判涉财产部分执行的若干规定》（法释〔2014〕13 号）

第一条 本规定所称刑事裁判涉财产部分的执行，是指发生法律效力的刑事裁判主文确定的下列事项的执行：

（一）罚金、没收财产；

（二）责令退赔；

（三）处置随案移送的赃款赃物；

（四）没收随案移送的供犯罪所用本人财物；

（五）其他应当由人民法院执行的相关事项。

刑事附带民事裁判的执行，适用民事执行的有关规定。

[**5**]**《中华人民共和国民事诉讼法》**（2017 年 6 月 27 日修正）

第二百三十七条　对依法设立的仲裁机构的裁决，一方当事人不履行的，对方当事人可以向有管辖权的人民法院申请执行。受申请的人民法院应当执行。

被申请人提出证据证明仲裁裁决有下列情形之一的，经人民法院组成合议庭审查核实，裁定不予执行：

（一）当事人在合同中没有订有仲裁条款或者事后没有达成书面仲裁协议的；

（二）裁决的事项不属于仲裁协议的范围或者仲裁机构无权仲裁的；

（三）仲裁庭的组成或者仲裁的程序违反法定程序的；

（四）裁决所根据的证据是伪造的；

（五）对方当事人向仲裁机构隐瞒了足以影响公正裁决的证据的；

（六）仲裁员在仲裁该案时有贪污受贿，徇私舞弊，枉法裁决行为的。

人民法院认定执行该裁决违背社会公共利益的，裁定不予执行。

裁定书应当送达双方当事人和仲裁机构。

仲裁裁决被人民法院裁定不予执行的，当事人可以根据双方达成的书面仲裁协议重新申请仲裁，也可以向人民法院起诉。

[**6**]**《中华人民共和国劳动争议调解仲裁法》**（2007 年 12 月 29 日）

第五十一条　当事人对发生法律效力的调解书、裁决书，应当依照规定的期限履行。一方当事人逾期不履行的，另一方当事人可以依照民事诉讼法的有关规定向人民法院申请执行。受理申请的人民法院应当依法执行。

[**7**]**《中华人民共和国民事诉讼法》**（2017 年 6 月 27 日修正）

第二百三十八条　对公证机关依法赋予强制执行效力的债权文书，一方当事人不履行的，对方当事人可以向有管辖权的人民法院申请执行，受申请的人民法院应当执行。

公证债权文书确有错误的，人民法院裁定不予执行，并将裁定书送达双方当事人和公证机关。

17.【申请执行的一般规定】

发生法律效力的法律文书①，当事人必须履行。一方当事人未履行的，对方当事人可以依法向人民法院申请执行。[1]

法律依据

［1］**《中华人民共和国民事诉讼法》**（2017 年 6 月 27 日修正）

第二百三十六条　发生法律效力的民事判决、裁定，当事人必须履行。一方拒绝履行的，对方当事人可以向人民法院申请执行，也可以由审判员移送执行员执行。

调解书和其他应当由人民法院执行的法律文书，当事人必须履行。一方拒绝履行的，对方当事人可以向人民法院申请执行。

18.【撤回上诉时的执行依据】

当事人在二审期间达成诉讼外和解协议后撤回上诉，一方当事人不履行或不完全履行和解协议的，另一方当事人可以向人民法院申请执行一审判决。[1]

法律依据

［1］**最高人民法院指导案例 2 号："吴梅诉四川省眉山西城纸业有限公司买卖合同纠纷案"**（2011 年 12 月 20 日）

裁判要点："民事案件二审期间，双方当事人达成和解协议，人民法院准许撤回上诉的，该和解协议未经人民法院依法制作调解书，属于诉讼外达成的协议。一方当事人不履行和解协议，另一方当事人申请执行一审判决的，人民法院应予支持。"

19.【担保人承担担保责任后的直接申请执行】

生效法律文书已确认担保人承担担保责任后可以向主债务人

---

① 即本规范第 16 条规定的具有给付内容的相关法律文书。

行使追偿权，担保人承担责任后直接向人民法院申请执行主债务人的，人民法院应当受理。[1]

法律依据

［1］**《最高人民法院关于判决主文已经判明担保人承担担保责任后有权向被担保人追偿，该追偿权是否须另行诉讼问题请示的答复》**［（2009）执他字第4号］

答复主要内容："原则同意你院倾向性意见中无须另行诉讼的意见。即对人民法院的生效判决书已经确定担保人承担担保责任后，可向主债务人行使追偿权的案件，担保人无须另行诉讼，可以直接向人民法院申请执行。但行使追偿权的范围应当限定在抵押担保责任范围内。"

20.【连带责任人承担责任后的直接申请执行】

生效法律文书已确认连带责任人有权追偿的数额，连带责任人承担连带责任后直接向人民法院申请执行其他连带责任人的，人民法院应当受理。[1]

法律依据

［1］**《最高人民法院关于判决中已确定承担连带责任的一方向其他连带责任人追偿数额的可直接执行问题的复函》**［经他〔1996〕4号］

复函内容："陕西省高级人民法院：你院陕高法93号请示收悉。经研究，答复如下：基本同意你院报告中的第二种意见。我院（法）经121号复函所指的追偿程序，针对的是判决后连带责任人依照判决代主债务人偿还了债务或承担的连带责任超过自己应承担的份额的情况。而你院请示案件所涉及的生效判决所确认的中国机电设备西北公司应承担的连带责任已在判决前履行完毕，判决主文中已判定该公司向其他连带责任人追偿的数额，判决内容是明确的，可执行的。据此，你院可根据生效判决和该公司的申请立案执行，不必再作裁定。"

21.【移送执行】

民事制裁决定、具有交纳诉讼费用内容的法律文书①，以及具有财产内容的刑事裁判文书发生法律效力后，义务人未履行义务的，由审判部门移送执行机构执行。[1] 移送执行应由审判部门填写移送执行书，明确需执行的事项和应注意的问题，连同生效的法律文书一并移送。

财产保全、证据保全、先予执行裁定生效后，参照前款规定办理。

法律依据

［1］《最高人民法院关于人民法院执行工作若干问题的规定（试行）》（2020 年 12 月 23 日修正）

17.（第 2 款）发生法律效力的具有给付赡养费、扶养费、抚育费内容的法律文书、民事制裁决定书，以及刑事附带民事判决、裁定、调解书，由审判庭移送执行机构执行。

22.【申请执行时效的一般规定】

申请执行的期间为二年。申请执行时效的中止、中断，适用法律有关诉讼时效中止、中断的规定。

前款规定的期间，从法律文书规定履行期间的最后一日起计算；法律文书规定分期履行的，从规定的每次履行期间的最后一日起计算；法律文书未规定履行期间的，从法律文书生效之日起计算。[1]

生效法律文书规定债务人负有不作为义务的，申请执行时效期间从债务人违反不作为义务之日起计算。[2]

---

① 债权人垫付了相关诉讼费用，债权人同意由债务人直接向其给付的，由债权人一并申请执行。

法律依据

［**1**］**《中华人民共和民事诉讼法》**（2017 年 6 月 27 日修正）

第二百三十九条　申请执行的期间为二年。申请执行时效的中止、中断，适用法律有关诉讼时效中止、中断的规定。

前款规定的期间，从法律文书规定履行期间的最后一日起计算；法律文书规定分期履行的，从规定的每次履行期间的最后一日起计算；法律文书未规定履行期间的，从法律文书生效之日起计算。

［**2**］**《最高人民法院关于适用〈中华人民共和国民事诉讼法〉执行程序若干问题的解释》**（2020 年 12 月 23 日修正）

第二十一条　生效法律文书规定债务人负有不作为义务的，申请执行时效期间从债务人违反不作为义务之日起计算。

23.【申请执行时效的中止】

在申请执行时效期间的最后六个月内，因不可抗力或者其他障碍不能行使请求权的，申请执行时效中止。从中止时效的原因消除之日起，申请执行时效期间继续计算。[1]

法律依据

［**1**］**《最高人民法院关于适用〈中华人民共和国民事诉讼法〉执行程序若干问题的解释》**（2020 年 12 月 23 日修正）

第十九条　在申请执行时效期间的最后六个月内，因不可抗力或者其他障碍不能行使请求权的，申请执行时效中止。从中止时效的原因消除之日起，申请执行时效期间继续计算。

24.【申请执行时效的中断】

申请执行时效因申请执行、当事人双方达成和解协议、当事人一方提出履行要求或者同意履行义务而中断。从中断时起，申请执行时效期间重新计算。[1]法律文书规定分期履行的，对某一期债权的申请执行不能导致其他期债权申请执行时效的中断。

法律依据

［1］《最高人民法院关于适用〈中华人民共和国民事诉讼法〉执行程序若干问题的解释》（2020 年 12 月 23 日修正）

第二十条　申请执行时效因申请执行、当事人双方达成和解协议、当事人一方提出履行要求或者同意履行义务而中断。从中断时起，申请执行时效期间重新计算。

25.【与申请执行具有同等中断效力的情形】

一方当事人申请破产、申报破产债权、申请执行前财产保全或行为保全、在另案中主张抵销、提起代位权诉讼、转让债权以及其他与申请执行具有同等申请执行时效中断效力的事项，人民法院应当认定与“申请执行”具有同等的中断申请执行时效的效力。[1]

法律依据

［1］《最高人民法院关于审理民事案件适用诉讼时效制度若干问题的规定》（2020 年 12 月 23 日修正）

第十一条　下列事项之一，人民法院应当认定与提起诉讼具有同等诉讼时效中断的效力：

（一）申请支付令；

（二）申请破产、申报破产债权；

（三）为主张权利而申请宣告义务人失踪或死亡；

（四）申请诉前财产保全、诉前临时禁令等诉前措施；

（五）申请强制执行；

（六）申请追加当事人或者被通知参加诉讼；

（七）在诉讼中主张抵销；

（八）其他与提起诉讼具有同等诉讼时效中断效力的事项。

第十六条　债权人提起代位权诉讼的，应当认定对债权人的债权和债务人的债权均发生诉讼时效中断的效力。

第十七条第一款　债权转让的，应当认定诉讼时效从债权转让通知到达债务人之日起中断。

26.【“当事人一方提出履行要求”的认定】

具有下列情形之一的，可以认定为本规范第 24 条规定的“当事人一方提出履行要求”，产生申请执行时效中断的效力：

（一）当事人一方直接向对方当事人送交提出履行要求的文书，对方当事人在文书上签名、盖章、按指印或者虽未签名、盖章、按指印但能够以其他方式证明该文书到达对方当事人的；

（二）当事人一方以发送信件或者数据电文方式要求履行义务，信件或者数据电文到达或者应当到达对方当事人的；

（三）当事人一方为金融机构，依照法律规定或者当事人约定从对方当事人账户中扣收欠款本息的；

（四）当事人一方下落不明，对方当事人在国家级或者下落不明的当事人一方住所地的省级有影响的媒体上刊登具有提出履行要求的公告的，但法律和司法解释另有特别规定的，适用其规定。

前款第一项情形中，对方当事人为法人或者其他组织的，签收人可以是其法定代表人、主要负责人、负责收发信件的部门或者被授权主体；对方当事人为自然人的，签收人可以是自然人本人、同住的具有完全行为能力的亲属或者被授权主体。[1]

法律依据

［**1**］**《中华人民共和国民法典》**（2020 年 5 月 28 日）

第一百九十五条第一项　有下列情形之一的，诉讼时效中断，从中断、有关程序终结时起，诉讼时效期间重新计算：

（一）权利人向义务人提出履行请求；

［**2**］**《最高人民法院关于审理民事案件适用诉讼时效制度若干问题的规定》**（2020 年 12 月 23 日修正）

第八条　具有下列情形之一的，应当认定为民法典第一百九十五条规定的“权利人向义务人提出履行要求”，产生诉讼时效中断的效力：

（一）当事人一方直接向对方当事人送交主张权利文书，对方当事人在文书上签名、盖章、按指印或者虽未签名、盖章、按指印但能够以其他方式证明该文书到达对方当事人的；

（二）当事人一方以发送信件或者数据电文方式主张权利，信件或者数据电文到达或者应当到达对方当事人的；

（三）当事人一方为金融机构，依照法律规定或者当事人约定从对方当事人账户中扣收欠款本息的；

（四）当事人一方下落不明，对方当事人在国家级或者下落不明的当事人一方住所地的省级有影响的媒体上刊登具有主张权利内容的公告的，但法律和司法解释另有特别规定的，适用其规定。

前款第（一）项情形中，对方当事人为法人或者其他组织的，签收人可以是其法定代表人、主要负责人、负责收发信件的部门或者被授权主体；对方当事人为自然人的，签收人可以是自然人本人、同住的具有完全行为能力的亲属或者被授权主体。

27.【“当事人同意履行义务”的认定】

债务人作出分期履行、部分履行、提供担保、请求延期履行、制定清偿债务计划等承诺或行为的，应当认定为本规范第 24 条规定的“当事人同意履行义务”，产生申请执行时效中断的效力。[1]

法律依据

［**1**］**《中华人民共和国民法典》**（2020 年 5 月 28 日）

第一百九十五条第二项　有下列情形之一的，诉讼时效中断，从中断、有关程序终结时起，诉讼时效期间重新计算：

（二）义务人同意履行义务；

［**2**］**《最高人民法院关于审理民事案件适用诉讼时效制度若干问题的规定》**（2020 年 12 月 23 日修正）

第十四条　义务人作出分期履行、部分履行、提供担保、请求延期履行、制定清偿债务计划等承诺或者行为的，应当认定为民法典第一百九十五条规定的“义务人同意履行义务”。

28. 【超过申请执行时效的处理】

申请执行人超过申请执行时效期间向人民法院申请强制执行的，人民法院应予受理。被执行人对申请执行时效期间提出异议，人民法院经审查异议成立的，裁定不予执行。[1] 被执行人未对申请执行时效提出异议的，人民法院不应对申请执行时效问题进行释明。[2]

被执行人作出同意履行义务的意思表示后，又以超过申请执行时效为由提出异议的，人民法院不予支持。

被执行人履行全部或者部分义务后，又以不知道申请执行时效期间届满为由请求执行回转①的，人民法院不予支持。[3]

法律依据

[1]《最高人民法院关于适用〈中华人民共和国民事诉讼法〉的解释》（2020 年 12 月 23 日修正）

第四百八十三条　申请执行人超过申请执行时效期间向人民法院申请强制执行的，人民法院应予受理。被执行人对申请执行时效期间提出异议，人民法院经审查异议成立的，裁定不予执行。

被执行人履行全部或者部分义务后，又以不知道申请执行时效期间届满为由请求执行回转的，人民法院不予支持。

[2]《最高人民法院关于审理民事案件适用诉讼时效制度若干问题的规定》（2020 年 12 月 23 日修正）

第二条　当事人未提出诉讼时效抗辩，人民法院不应对诉讼时效问题进行释明。

[3]《最高人民法院关于适用〈中华人民共和国民事诉讼法〉的解

① 此处“执行回转”应作广义理解，不等同于民事诉讼法第二百三十三条规定的执行回转。

释》（2020 年 12 月 23 日修正）

第四百八十三条第二款　被执行人履行全部或者部分义务后，又以不知道申请执行时效期间届满为由请求执行回转的，人民法院不予支持。

29.【担保物权申请执行时效的规定】

主债权的申请执行时效期间届满，担保人以超过申请执行时效为由对人民法院执行担保物提出异议的，人民法院应予支持。[1]

法律依据

[1]**《中华人民共和国民法典》**（2020 年 5 月 28 日）

第四百一十九条　抵押权人应当在主债权诉讼时效期间行使抵押权；未行使的，人民法院不予保护。

《最高人民法院关于超过执行期限的抵押权在另案中是否准予优先受偿问题的请示的复函》［〔2007〕执他字第 10 号］

复函主要内容："抵押权从属于主债权，其与担保的主债权同时存在，抵押权的设立、移转和消灭从属于主债权的发生、移转和消灭。现行法律并未赋予抵押权独立的强制执行申请权，其强制执行力从属于担保的主债权的强制执行力，受主债权强制执行申请期限的限制。《最高人民法院关于适用〈中华人民共和国担保法〉若干问题的解释》（法释〔2000〕44 号）第十二条第二款规定延长两年保护的期限是指抵押权的诉讼时效，并非强制执行申请期限，故该条款不适用对抵押权强制执行申请权的保护。主债权因超过强制的执行申请期限而丧失强制执行力的保护及于抵押权，不能以参与另案执行的方式重新赋予其强制执行力，因此丧失强制执行力保护的抵押权在另案中主张优先受偿的请求不予支持。"根据上述复函，超过申请执行时效的担保物权人亦不可以参与分配的方式在另案中主张优先受偿。

30.【申请执行的一般形式要件】

当事人申请执行应当提交下列文件和证件：

（一）申请执行书。申请执行书中应当写明申请执行的理由、事项、执行标的，以及申请执行人所了解的被执行人的财产状况。

申请执行人书写申请执行书确有困难的，可以口头提出申请。人民法院接待人员对口头申请应当制作笔录，由申请执行人签字或盖章。

外国一方当事人申请执行的，应当提交中文申请执行书。当事人所在国与我国缔结或共同参加的司法协助条约有特别规定的，按照条约规定办理。

（二）生效法律文书副本。

（三）申请执行人的身份证明。自然人申请的，应当出示居民身份证；法人申请的，应当提交法人营业执照副本和法定代表人身份证明；非法人组织申请的，应当提交营业执照副本和主要负责人身份证明。

（四）继承人或权利承受人申请执行的，应当提交继承或承受权利的证明文件。

（五）其他应当提交的文件或证件。[1]

法律依据

[1]《最高人民法院关于人民法院执行工作若干问题的规定（试行）》（2020 年 12 月 23 日修正）

18. 申请执行，应向人民法院提交下列文件和证件：

（1）申请执行书。申请执行书中应当写明申请执行的理由、事项、执行标的，以及申请执行人所了解的被执行人的财产状况。

申请执行人书写申请执行书确有困难的，可以口头提出申请。人民法院接待人员对口头申请应当制作笔录，由申请执行人签字或盖章。

外国一方当事人申请执行的，应当提交中文申请执行书。当事人所在国与我国缔结或共同参加的司法协助条约有特别规定的，按照条约规定办理。

（2）生效法律文书副本。

（3）申请执行人的身份证明。自然人申请的，应当出示居民身份证；法人申请的，应当提交法人营业执照副本和法定代表人身份证明；非法人组织申请的，应当提交营业执照副本和主要负责人身份证明。

(4) 继承人或权利承受人申请执行的，应当提交继承或承受权利的证明文件。

(5) 其他应当提交的文件或证件。

20. 申请执行人可以委托代理人代为申请执行。委托代理的，应当向人民法院提交经委托人签字或盖章的授权委托书，写明委托事项和代理人的权限。

委托代理人代为放弃、变更民事权利，或代为进行执行和解，或代为收取执行款项的，应当有委托人的特别授权。

《最高人民法院关于人民法院登记立案若干问题的规定》（法释〔2015〕8号）

第六条　当事人提出起诉、自诉的，应当提交以下材料：

（一）起诉人、自诉人是自然人的，提交身份证明复印件；起诉人、自诉人是法人或者其他组织的，提交营业执照或者组织机构代码证复印件、法定代表人或者主要负责人身份证明书；法人或者其他组织不能提供组织机构代码的，应当提供组织机构被注销的情况说明；

（二）委托起诉或者代为告诉的，应当提交授权委托书、代理人身份证明、代为告诉人身份证明等相关材料；

（三）具体明确的足以使被告或者被告人与他人相区别的姓名或者名称、住所等信息；

（四）起诉状原本和与被告或者被告人及其他当事人人数相符的副本；

（五）与诉请相关的证据或者证明材料。

第十八条　强制执行和国家赔偿申请登记立案工作，按照本规定执行。

上诉、申请再审、刑事申诉、执行复议和国家赔偿申诉案件立案工作，不适用本规定。

《最高人民法院关于适用〈中华人民共和国民事诉讼法〉执行程序若干问题的解释》（2020年12月23日修正）

第一条　申请执行人向被执行的财产所在地人民法院申请执行的，应当提供该人民法院辖区有可供执行财产的证明材料。

31. 【申请执行的特殊形式要件】

申请执行仲裁机构的仲裁裁决，应当向人民法院提交有仲裁条款的合同书或仲裁协议书。申请执行国外仲裁机构的仲裁裁决的，应当提交经我国驻外使领馆认证或我国公证机关公证的仲裁裁决书中文文本。[1]

申请执行公证债权文书的，应当提交公证债权文书及执行证书。[2]

申请执行农村土地承包仲裁委员会作出的先予执行裁定的，应当一并提交申请执行人提供的担保情况。[3]

法律依据

[1]**《最高人民法院关于人民法院执行工作若干问题的规定（试行）》**（2020 年 12 月 23 日修正）

19. 申请执行仲裁机构的仲裁裁决，应当向人民法院提交有仲裁条款的合同书或仲裁协议书。

申请执行国外仲裁机构的仲裁裁决的，应当提交经我国驻外使领馆认证或我国公证机关公证的仲裁裁决书中文文本。

[2]**《最高人民法院、司法部关于公证机关赋予强制执行效力的债权文书执行有关问题的联合通知》**（司发通〔2000〕107 号）

七、债权人凭原公证书及执行证书可以向有管辖权的人民法院申请执行。

[3]**《最高人民法院关于审理涉及农村土地承包经营纠纷调解仲裁案件适用法律若干问题的解释》**（2020 年 12 月 23 日修正）

第九条第二款 申请执行先行裁定的，应当提供以下材料：

（一）申请执行书；

（二）农村土地承包仲裁委员会作出的先行裁定书；

（三）申请执行人的身份证明；

（四）申请执行人提供的担保情况；

（五）其他应当提交的文件或证件。

《中华人民共和国农村土地承包经营纠纷调解仲裁法》（2009 年 6 月

27 日）

第四十二条　农村土地承包仲裁委员会对权利义务关系明确的农村土地承包经营纠纷，可依当事人申请作出维持现状、恢复农业生产以及停止取土、占地等行为的先予执行裁定。一方当事人不履行先行裁定的，另一方当事人可以向人民法院申请执行，但应当提供相应的担保。

32. 【申请执行的实质要件】

当事人申请执行应当符合下列条件：

（一）申请执行的法律文书已经生效且该文书确定的履行义务所附的条件已经成就或者所附的期限已经届满；

（二）申请执行人是生效法律文书确定的权利人或其继承人、权利承受人；

（三）申请执行的法律文书权利义务主体明确；

（四）申请执行的法律文书具有给付内容，且给付内容具体、明确；

（五）生效法律文书确定的义务未履行或未全部履行；

（六）属于受申请执行的人民法院管辖。[1]

前款第二项规定的“权利承受人”，在法律文书生效后进入执行程序前合法承受权利的，权利承受人可直接申请执行，无需作出变更申请执行人的裁定。[2]

法律文书确定继续履行合同的，应当明确继续履行的具体内容。[3]

法律依据

［1］**《最高人民法院关于人民法院执行工作若干问题的规定（试行）》**（2020 年 12 月 23 日修正）

16. 人民法院受理执行案件应当符合下列条件：

（1）申请或移送执行的法律文书已经生效；

（2）申请执行人是生效法律文书确定的权利人或其继承人、权利承受人；

(3) 申请执行的法律文书有给付内容，且执行标的和被执行人明确；

(4) 义务人在生效法律文书确定的期限内未履行义务；

(5) 属于受申请执行的人民法院管辖。

人民法院对符合上述条件的申请，应当在七日内予以立案；不符合上述条件之一的，应当在七日内裁定不予受理。

《最高人民法院关于适用〈中华人民共和国民事诉讼法〉的解释》(2020年12月23日修正)

第四百六十三条第一款 当事人申请人民法院执行的生效法律文书应当具备下列条件：

(一) 权利义务主体明确；

(二) 给付内容明确。

[2] **最高人民法院指导案例34号："李晓玲、李鹏裕申请执行厦门海洋实业（集团）股份有限公司、厦门海洋实业总公司执行复议案"**(2014年12月18日)

裁判要点："生效法律文书确认的权利人在进入执行程序前合法转让债权的，债权受让人即权利承受人可以作为申请执行人直接申请执行，无需执行法院作出变更申请执行人的裁定。"

[3] **《最高人民法院关于适用〈中华人民共和国民事诉讼法〉的解释》**(2020年12月23日修正)

第四百六十三条第二款 法律文书确定继续履行合同的，应当明确继续履行的具体内容。

33.【申请执行受理和立案登记】

对申请执行，人民法院立案部门应当一律接收申请执行材料，出具书面凭证并注明收到日期。对符合法律规定的申请执行，应当当场予以登记立案，移交执行机构执行。对不符合法律规定的申请执行，应当予以释明。[1]当事人经释明后，仍然坚持提出申请的，裁定不予受理。[2]

对当场不能判定申请执行是否符合法律规定的，应当在七日内决定是否立案。[3]

法律依据

［1］《最高人民法院关于人民法院登记立案若干问题的规定》（法释〔2015〕8号）

第二条　对起诉、自诉，人民法院应当一律接收诉状，出具书面凭证并注明收到日期。

对符合法律规定的起诉、自诉，人民法院应当当场予以登记立案。

对不符合法律规定的起诉、自诉，人民法院应当予以释明。

第十二条　登记立案后，人民法院立案庭应当及时将案件移送审判庭审理。

第十八条　强制执行和国家赔偿申请登记立案工作，按照本规定执行。

上诉、申请再审、刑事申诉、执行复议和国家赔偿申诉案件立案工作，不适用本规定。

［2］《最高人民法院关于推行立案登记制改革的意见》（法发〔2015〕6号）

三、登记立案程序

（一）实行当场登记立案。对符合法律规定的起诉、自诉和申请，一律接收诉状，当场登记立案。对当场不能判定是否符合法律规定的，应当在法律规定的期限内决定是否立案。

（二）实行一次性全面告知和补正。起诉、自诉和申请材料不符合形式要件的，应当及时释明，以书面形式一次性全面告知应当补正的材料和期限。在指定期限内经补正符合法律规定条件的，人民法院应当登记立案。

（三）不符合法律规定的起诉、自诉和申请的处理。对不符合法律规定的起诉、自诉和申请，应当依法裁决不予受理或者不予立案，并载明理由。当事人不服的，可以提起上诉或者申请复议。禁止不收材料、不予答复、不出具法律文书。

（四）严格执行立案标准。禁止在法律规定之外设定受理条件，全面清理和废止不符合法律规定的立案“土政策”。

［3］《最高人民法院关于人民法院执行工作若干问题的规定（试行）》（2020年12月23日修正）

16. 人民法院受理执行案件应当符合下列条件：

（1）申请或移送执行的法律文书已经生效；

（2）申请执行人是生效法律文书确定的权利人或其继承人、权利承受人；

（3）申请执行的法律文书有给付内容，且执行标的和被执行人明确；

（4）义务人在生效法律文书确定的期限内未履行义务；

（5）属于受申请执行的人民法院管辖。

人民法院对符合上述条件的申请，应当在七日内予以立案；不符合上述条件之一的，应当在七日内裁定不予受理。

见本条法律依据［2］。

34.【申请执行材料的补正】

当事人提交的申请执行书和相关材料不符合要求的，人民法院立案部门应当一次性书面告知在指定期限内补正。当事人在指定期限内补正的，人民法院决定是否立案的期间，自收到补正材料之日起计算。

当事人在指定期限内没有补正的，退回申请执行材料并记录在册；坚持提出申请的，裁定不予受理。经补正仍不符合要求的，裁定不予受理。[1]

法律依据

［1］《最高人民法院关于人民法院登记立案若干问题的规定》（法释〔2015〕8号）

第七条　当事人提交的诉状和材料不符合要求的，人民法院应当一次性书面告知在指定期限内补正。

当事人在指定期限内补正的，人民法院决定是否立案的期间，自收到补正材料之日起计算。

当事人在指定期限内没有补正的，退回诉状并记录在册；坚持起诉、自诉的，裁定或者决定不予受理、不予立案。

经补正仍不符合要求的，裁定或者决定不予受理、不予立案。

第十八条　强制执行和国家赔偿申请登记立案工作，按照本规定执行。

上诉、申请再审、刑事申诉、执行复议和国家赔偿申诉案件立案工作，不适用本规定。

35.【出具书面不予受理裁定】

人民法院对申请执行不予受理的，应当出具书面裁定，并载明理由。[1]

法律依据

［**1**］**《最高人民法院关于人民法院登记立案若干问题的规定》**（法释〔2015〕8号）

第九条　人民法院对起诉、自诉不予受理或者不予立案的，应当出具书面裁定或者决定，并载明理由。

第十八条　强制执行和国家赔偿申请登记立案工作，按照本规定执行。

上诉、申请再审、刑事申诉、执行复议和国家赔偿申诉案件立案工作，不适用本规定。

第四章　执行当事人及其变更、追加

36. 【申请执行人、被执行人的范围】

申请执行人包括：

（一）执行申请受理时的权利人；

（二）经另案裁判确认的共同权利人或连带权利人；

（三）经执行程序依法变更的申请执行人；

（四）法律、司法解释规定的其他主体。

被执行人包括：

（一）执行申请受理时确定的义务人；

（二）经另案裁判确认的共同义务人或连带义务人；

（三）经执行程序依法追加或变更的被执行人；

（四）法律、司法解释规定的其他主体。

37. 【执行案件的委托代理】

当事人、法定代理人可以委托一至二人作为执行案件的代理人。

下列人员可以被委托为执行案件的代理人：

（一）律师、基层法律服务工作者；

（二）当事人的近亲属[1]或者工作人员；

（三）当事人所在社区、单位以及有关社会团体推荐的公民。[2]

法律依据

［1］**《最高人民法院关于适用〈中华人民共和国民事诉讼法〉的解释》**（2020 年 12 月 23 日修正）

第八十五条　根据民事诉讼法第五十八第第二款第二项规定，与当事人有夫妻、直系血亲、三代以内旁系血亲、近姻亲关系以及其他有抚养、赡养关系的亲属，可以当事人近亲属的名义作为诉讼代理人。

［2］**《中华人民共和国民事诉讼法》**（2017 年 6 月 27 日修正）

第五十八条　当事人、法定代理人可以委托一至二人作为诉讼代理人。

下列人员可以被委托为诉讼代理人：

（一）律师、基层法律服务工作者；

（二）当事人的近亲属或者工作人员；

（三）当事人所在社区、单位以及有关社会团体推荐的公民。

38.【委托代理手续】

委托他人代理执行案件的，应当向人民法院提交经委托人签字或盖章的授权委托书，写明委托事项和代理人的权限。[1]

委托代理人代为放弃、变更民事权利，或代为进行执行和解，或代为收取执行款物的，应当有委托人的特别授权。[2]

侨居在国外的中华人民共和国公民从国外寄交或者托交的授权委托书，必须经中华人民共和国驻该国的使领馆证明；没有使领馆的，由与中华人民共和国有外交关系的第三国驻该国的使领馆证明，再转由中华人民共和国驻该第三国使领馆证明，或者由当地的爱国华侨团体证明。[3]

人民法院认为确有必要的，可以要求当事人到庭核实委托代理的相关情况，并制作笔录入卷。

法律依据

［1］**《中华人民共和国民法典》**（2020 年 5 月 28 日）

第一百六十五条　委托代理授权采用书面形式的，授权委托书应当载明代理人的姓名或者名称、代理事项、权限和期限，并由被代理人签名或者盖章。

［2］**《最高人民法院关于人民法院执行工作若干问题的规定（试行）》**（2020 年 12 月 23 日修正）

20. 申请执行人可以委托代理人代为申请执行。委托代理的，应当向人民法院提交经委托人签字或盖章的授权委托书，写明委托事项和代理人的权限。

委托代理人代为放弃、变更民事权利，或代为进行执行和解，或代为收取执行款项的，应当有委托人的特别授权。

［3］**《中华人民共和国民事诉讼法》**（2017 年 6 月 27 日修正）

第五十九条第三款　侨居在国外的中华人民共和国公民从国外寄交或者托交的授权委托书，必须经中华人民共和国驻该国的使领馆证明；没有使领馆的，由与中华人民共和国有外交关系的第三国驻该国的使领馆证明，再转由中华人民共和国驻该第三国使领馆证明，或者由当地的爱国华侨团体证明。

39. 【外籍当事人的委托代理】

执行案件中的外籍当事人，可以委托本国人为代理人，也可以委托本国律师以非律师身份担任代理人[1]；需要委托律师作为代理人的，必须委托中华人民共和国的律师。[2]外国驻华使领馆官员，受本国公民的委托，可以以个人名义担任执行案件代理人，但在执行程序中不享有外交或者领事特权和豁免权。[3]

外国驻华使领馆授权其本馆官员，在作为当事人的本国国民不在中华人民共和国领域内的情况下，可以以外交代表身份为其本国国民在中华人民共和国聘请中华人民共和国律师或者中华人民共和国公民代理执行案件。[4]

法律依据

［1］**《最高人民法院关于适用〈中华人民共和国民事诉讼法〉的解

释》（2020年12月23日修正）

第五百二十八条　涉外民事诉讼中的外籍当事人，可以委托本国人为诉讼代理人，也可以委托本国律师以非律师身份担任诉讼代理人；外国驻华使领馆官员，受本国公民的委托，可以以个人名义担任诉讼代理人，但在诉讼中不享有外交或者领事特权和豁免。

［**2**］**《中华人民共和国民事诉讼法》**（2017年6月27日修正）

第二百六十三条　外国人、无国籍人、外国企业和组织在人民法院起诉、应诉，需要委托律师代理诉讼的，必须委托中华人民共和国的律师。

［**3**］**《最高人民法院关于适用〈中华人民共和国民事诉讼法〉的解释》**（2020年12月23日修正）

第五百二十八条　涉外民事诉讼中的外籍当事人，可以委托本国人为诉讼代理人，也可以委托本国律师以非律师身份担任诉讼代理人；外国驻华使领馆官员，受本国公民的委托，可以以个人名义担任诉讼代理人，但在诉讼中不享有外交或者领事特权和豁免。

［**4**］**《最高人民法院关于适用〈中华人民共和国民事诉讼法〉的解释》**（2020年12月23日修正）

第五百二十九条　涉外民事诉讼中，外国驻华使领馆授权其本馆官员，在作为当事人的本国国民不在中华人民共和国领域内的情况下，可以以外交代表身份为其本国国民在中华人民共和国聘请中华人民共和国律师或者中华人民共和国公民代理民事诉讼。

40.【外籍当事人的委托代理手续】

代表外国企业或者组织参加执行程序的人，应当向人民法院提交其有权作为代表人参加执行程序的证明，该证明应当经该企业或者组织的设立登记地国或者办理了营业登记手续的第三国所在国公证机关公证，并经中华人民共和国驻该国使领馆认证，或者履行中华人民共和国与该所在国订立的有关条约中规定的证明手续。[1]

外国人、外国企业或者组织的代表人委托代理人代理执行案件，在人民法院法官的见证下签署授权委托书的，或者在中华人民共和国境内签署授权委托书，经中华人民共和国公证机构公证的，人民法院应予认可。[2]

在中华人民共和国领域内没有住所的外国人、无国籍人、外国企业和组织委托中华人民共和国律师或者其他人代理执行案件，从中华人民共和国领域外寄交或者托交的授权委托书，应当经所在国公证机关证明，并经中华人民共和国驻该国使领馆认证，或者履行中华人民共和国与该所在国订立的有关条约中规定的证明手续后，才具有效力。[3]

依照本条第一、三款规定，需要办理公证、认证手续，而外国当事人所在国与中华人民共和国没有建立外交关系的，可以经该国公证机关公证，经与中华人民共和国有外交关系的第三国驻该国使领馆认证，再转由中华人民共和国驻该第三国使领馆认证。[4]

法律依据

[1]《最高人民法院关于适用〈中华人民共和国民事诉讼法〉的解释》（2020 年 12 月 23 日修正）

第五百二十三条　外国人参加诉讼，应当向人民法院提交护照等用以证明自己身份的证件。

外国企业或者组织参加诉讼，向人民法院提交的身份证明文件，应当经所在国公证机关公证，并经中华人民共和国驻该国使领馆认证，或者履行中华人民共和国与该所在国订立的有关条约中规定的证明手续。

代表外国企业或者组织参加诉讼的人，应当向人民法院提交其有权作为代表人参加诉讼的证明，该证明应当经所在国公证机关公证，并经中华人民共和国驻该国使领馆认证，或者履行中华人民共和国与该所在国订立的有关条约中规定的证明手续。

本条所称的"所在国"，是指外国企业或者组织的设立登记地国，也可以是办理了营业登记手续的第三国。

[2]《最高人民法院关于适用〈中华人民共和国民事诉讼法〉的解释》（2020 年 12 月 23 日修正）

第五百二十五条　外国人、外国企业或者组织的代表人在人民法院法官的见证下签署授权委托书，委托代理人进行民事诉讼的，人民法院应予认可。

第五百二十六条　外国人、外国企业或者组织的代表人在中华人民共和国境内签署授权委托书，委托代理人进行民事诉讼，经中华人民共和国公证机构公证的，人民法院应予认可。

［**3**］**《中华人民共和国民事诉讼法》**（2017 年 6 月 27 日修正）

第二百六十四条　在中华人民共和国领域内没有住所的外国人、无国籍人、外国企业和组织委托中华人民共和国律师或者其他人代理诉讼，从中华人民共和国领域外寄交或者托交的授权委托书，应当经所在国公证机关证明，并经中华人民共和国驻该国使领馆认证，或者履行中华人民共和国与该所在国订立的有关条约中规定的证明手续后，才具有效力。

［**4**］**《最高人民法院关于适用〈中华人民共和国民事诉讼法〉的解释》**（2020 年 12 月 23 日修正）

第五百二十四条　依照民事诉讼法第二百六十四条以及本解释第五百二十三条规定，需要办理公证、认证手续，而外国当事人所在国与中华人民共和国没有建立外交关系的，可以经该国公证机关公证，经与中华人民共和国有外交关系的第三国驻该国使领馆认证，再转由中华人民共和国驻该第三国使领馆认证。

41.【港澳台当事人的委托代理手续】

我国台湾地区、香港特别行政区、澳门特别行政区当事人委托他人代理执行案件，应当向人民法院提交由委托人签名或者盖章的授权委托书。授权委托书应当履行相关的公证、认证或者其他证明手续，但授权委托书在人民法院法官的见证下签署或者经中国大陆公证机关公证证明是在中国大陆签署的除外。[1]

法律依据

［**1**］**《最高人民法院关于认可和执行台湾地区民事判决的规定》**（法释〔2015〕13 号）

第六条　申请人委托他人代理申请认可台湾地区法院民事判决的，应当向人民法院提交由委托人签名或者盖章的授权委托书。

台湾地区、香港特别行政区、澳门特别行政区或者外国当事人签名或者盖章的授权委托书应当履行相关的公证、认证或者其他证明手续，但授权委托书在人民法院法官的见证下签署或者经中国大陆公证机关公证证明是在中国大陆签署的除外。

42.【当事人变更追加的法定原则】

执行过程中，申请执行人或其继承人、权利承受人可以向人民法院申请变更、追加当事人。申请符合法定条件的，人民法院应予支持。[1]

非因法定事由，不得变更、追加当事人。

法律依据

[1]**《最高人民法院关于民事执行中变更、追加当事人若干问题的规定》**（2020年12月23日修正）

第一条 执行过程中，申请执行人或其继承人、权利承受人可以向人民法院申请变更、追加当事人。申请符合法定条件的，人民法院应予支持。

43.【申请执行人死亡、宣告失踪时的变更、追加】

作为申请执行人的自然人死亡或被宣告死亡[1]，该自然人的遗嘱执行人、受遗赠人、继承人或其他因该自然人死亡或被宣告死亡依法承受生效法律文书确定权利的主体，申请变更、追加其为申请执行人的，人民法院应予支持。

作为申请执行人的自然人被宣告失踪[2]，该自然人的财产代管人申请变更、追加其为申请执行人的，人民法院应予支持。[3]

法律依据

[1]**《中华人民共和国民法典》**（2020年5月28日）

第四十六条 自然人有下列情形之一的，利害关系人可以向人民法院申请宣告该自然人死亡：

（一）下落不明满四年；

（二）因意外事件，下落不明满二年。

因意外事件下落不明，经有关机关证明该自然人不可能生存的，申请宣告死亡不受二年时间的限制。

[2]《中华人民共和国民法典》（2020 年 5 月 28 日）

第四十条　自然人下落不明满二年的，利害关系人可以向人民法院申请宣告该自然人为失踪人。

[3]《最高人民法院关于民事执行中变更、追加当事人若干问题的规定》（2020 年 12 月 23 日修正）

第二条　作为申请执行人的自然人死亡或被宣告死亡，该自然人的遗产管理人、继承人、受遗赠人或其他因该自然人死亡或被宣告死亡依法承受生效法律文书确定权利的主体，申请变更、追加其为申请执行人的，人民法院应予支持。

作为申请执行人的自然人被宣告失踪，该自然人的财产代管人申请变更、追加其为申请执行人的，人民法院应予支持。

44.【申请执行人离婚时的变更、追加】

作为申请执行人的自然人离婚时，生效法律文书确定的权利全部或部分分割给其配偶，该配偶申请变更、追加其为申请执行人的，人民法院应予支持。[1]

法律依据

[1]《最高人民法院关于民事执行中变更、追加当事人若干问题的规定》（2020 年 12 月 23 日修正）

第三条　作为申请执行人的自然人离婚时，生效法律文书确定的权利全部或部分分割给其配偶，该配偶申请变更、追加其为申请执行人的，人民法院应予支持。

45.【申请执行人终止时的变更、追加】

作为申请执行人的法人或非法人组织终止，因该法人或非法人组织终止依法承受生效法律文书确定权利的主体，申请变更、追加其为申请执行人的，人民法院应予支持。[1]

法律依据

［1］**《中华人民共和国民法典》**（2020 年 5 月 28 日）

第六十八条　有下列原因之一并依法完成清算、注销登记的，法人终止：

（一）法人解散；

（二）法人被宣告破产；

（三）法律规定的其他原因。

法人终止，法律、行政法规规定须经有关机关批准的，依照其规定。

《最高人民法院关于民事执行中变更、追加当事人若干问题的规定》（2020 年 12 月 23 日修正）

第四条　作为申请执行人的法人或非法人组织终止，因该法人或非法人组织终止依法承受生效法律文书确定权利的主体，申请变更、追加其为申请执行人的，人民法院应予支持。

46.【申请执行人合并时的变更、追加】

作为申请执行人的法人或非法人组织因合并而终止，合并后存续或新设的法人、非法人组织申请变更其为申请执行人的，人民法院应予支持。[1]

法律依据

［1］**《中华人民共和国民法典》**（2020 年 5 月 28 日）

第六十七条第一款　法人合并的，其权利和义务由合并后的法人享有和承担。

《最高人民法院关于民事执行中变更、追加当事人若干问题的规定》（2020 年 12 月 23 日修正）

第五条　作为申请执行人的法人或非法人组织因合并而终止，合并后存续或新设的法人、非法人组织申请变更其为申请执行人的，人民法院应予支持。

47. 【申请执行人分立时的变更、追加】

作为申请执行人的法人或非法人组织分立，依分立协议约定承受生效法律文书确定权利的新设法人或非法人组织，申请变更、追加其为申请执行人的，人民法院应予支持。[1]

法律依据

［1］**《中华人民共和国民法典》**（2020年5月28日）

第六十七条第二款　法人分立的，其权利和义务由分立后的法人享有连带债权，承担连带债务，但是债权人和债务人另有约定的除外。

《最高人民法院关于民事执行中变更、追加当事人若干问题的规定》（2020年12月23日修正）

第六条　作为申请执行人的法人或非法人组织分立，依分立协议约定承受生效法律文书确定权利的新设法人或非法人组织，申请变更、追加其为申请执行人的，人民法院应予支持。

48. 【申请执行人清算或破产时的变更、追加】

作为申请执行人的法人或非法人组织清算或破产时，生效法律文书确定的权利依法分配给第三人，该第三人申请变更、追加其为申请执行人的，人民法院应予支持。[1]

法律依据

［1］**《中华人民共和国民法典》**（2020年5月28日）

第七十条　法人解散的，除合并或者分立的情形外，清算义务人应当及时组成清算组进行清算。

法人的董事、理事等执行机构或者决策机构的成员为清算义务人。法律、行政法规另有规定的，依照其规定。

清算义务人未及时履行清算义务，造成损害的，应当承担民事责任；主管机关或者利害关系人可以申请人民法院指定有关人员组成清算组进行清算。

第七十三条　法人被宣告破产的，依法进行破产清算并完成法人注销登记时，法人终止。

《最高人民法院关于民事执行中变更、追加当事人若干问题的规定》（2020 年 12 月 23 日修正）

第七条 作为申请执行人的法人或非法人组织清算或破产时，生效法律文书确定的权利依法分配给第三人，该第三人申请变更、追加其为申请执行人的，人民法院应予支持。

49. 【申请执行人被撤销时的变更、追加】

作为申请执行人的机关法人被撤销，继续履行其职能的主体申请变更、追加其为申请执行人的，人民法院应予支持，但生效法律文书确定的权利依法应由其他主体承受的除外；没有继续履行其职能的主体，且生效法律文书确定权利的承受主体不明确，作出撤销决定的主体申请变更、追加其为申请执行人的，人民法院应予支持。[1]

法律依据

[1]**《中华人民共和国民法典》**（2020 年 5 月 28 日）

第九十八条 机关法人被撤销的，法人终止，其民事权利和义务由继任的机关法人享有和承担；没有继任的机关法人的，由作出撤销决定的机关法人享有和承担。

《最高人民法院关于民事执行中变更、追加当事人若干问题的规定》（2020 年 12 月 23 日修正）

第八条 作为申请执行人的机关法人被撤销，继续履行其职能的主体申请变更、追加其为申请执行人的，人民法院应予支持，但生效法律文书确定的权利依法应由其他主体承受的除外；没有继续履行其职能的主体，且生效法律文书确定权利的承受主体不明确，作出撤销决定的主体申请变更、追加其为申请执行人的，人民法院应予支持。

50. 【债权转让时的变更、追加】

申请执行人将生效法律文书确定的债权依法转让给第三人，

且书面认可第三人取得该债权，该第三人申请变更、追加其为申请执行人的，人民法院应予支持。[1]

法律依据

［1］**《最高人民法院关于民事执行中变更、追加当事人若干问题的规定》**（2020年12月23日修正）

第九条　申请执行人将生效法律文书确定的债权依法转让给第三人，且书面认可第三人取得该债权，该第三人申请变更、追加其为申请执行人的，人民法院应予支持。

51.【被执行人死亡、宣告失踪时的变更、追加】

作为被执行人的自然人死亡或被宣告死亡，申请执行人申请变更、追加该自然人的遗嘱执行人、继承人、受遗赠人或其他因该自然人死亡或被宣告死亡取得遗产的主体为被执行人，在遗产范围内承担责任的，人民法院应予支持。继承人放弃继承或受遗赠人放弃受遗赠，又无遗嘱执行人的，人民法院可以直接执行遗产。

作为被执行人的自然人被宣告失踪，申请执行人申请变更该自然人的财产代管人为被执行人，在代管的财产范围内承担责任的，人民法院应予支持。[1]

法律依据

［1］**《最高人民法院关于民事执行中变更、追加当事人若干问题的规定》**（2020年12月23日修正）

第十条　作为被执行人的自然人死亡或被宣告死亡，申请执行人申请变更、追加该自然人的遗产管理人、继承人、受遗赠人或其他因该自然人死亡或被宣告死亡取得遗产的主体为被执行人，在遗产范围内承担责任的，人民法院应予支持。

作为被执行人的自然人被宣告失踪，申请执行人申请变更该自然人的财产代管人为被执行人，在代管的财产范围内承担责任的，人民法院应予支持。

52. 【被执行人合并时的变更、追加】

作为被执行人的法人或非法人组织因合并而终止，申请执行人申请变更合并后存续或新设的法人、非法人组织为被执行人的，人民法院应予支持。[1]

法律依据

［1］**《最高人民法院关于民事执行中变更、追加当事人若干问题的规定》**（2020 年 12 月 23 日修正）

第十一条　作为被执行人的法人或非法人组织因合并而终止，申请执行人申请变更合并后存续或新设的法人、非法人组织为被执行人的，人民法院应予支持。

53. 【被执行人分立时的变更、追加】

作为被执行人的法人或非法人组织分立，申请执行人申请变更、追加分立后新设的法人或非法人组织为被执行人，对生效法律文书确定的债务承担连带责任的，人民法院应予支持。但被执行人在分立前与申请执行人就债务清偿达成的书面协议另有约定的除外。[1]

法律依据

［1］**《最高人民法院关于民事执行中变更、追加当事人若干问题的规定》**（2020 年 12 月 23 日修正）

第十二条　作为被执行人的法人或非法人组织分立，申请执行人申请变更、追加分立后新设的法人或非法人组织为被执行人，对生效法律文书确定的债务承担连带责任的，人民法院应予支持。但被执行人在分立前与申请执行人就债务清偿达成的书面协议另有约定的除外。

54.【涉个人独资企业及其投资人、个体工商户的变更、追加和直接执行】

作为被执行人的个人独资企业，不能清偿生效法律文书确定的债务，申请执行人申请变更、追加其出资人为被执行人的，人民法院应予支持。个人独资企业投资人作为被执行人的，人民法院可以直接执行该个人独资企业的财产。

个体工商户的字号为被执行人的，人民法院可以直接执行该字号经营者的财产。[1]

法律依据

[1]**《最高人民法院关于民事执行中变更、追加当事人若干问题的规定》**（2020年12月23日修正）

第十三条　作为被执行人的个人独资企业，不能清偿生效法律文书确定的债务，申请执行人申请变更、追加其出资人为被执行人的，人民法院应予支持。个人独资企业出资人作为被执行人的，人民法院可以直接执行该个人独资企业的财产。

个体工商户的字号为被执行人的，人民法院可以直接执行该字号经营者的财产。

55.【涉合伙企业的变更、追加】

作为被执行人的合伙企业，不能清偿生效法律文书确定的债务，申请执行人申请变更、追加普通合伙人为被执行人的，人民法院应予支持。

作为被执行人的有限合伙企业，财产不足以清偿生效法律文书确定的债务，申请执行人申请变更、追加未按期足额缴纳出资的有限合伙人为被执行人，在未足额缴纳出资的范围内承担责任的，人民法院应予支持。[1]

法律依据

［1］**《最高人民法院关于民事执行中变更、追加当事人若干问题的规定》**（2020 年 12 月 23 日修正）

第十四条　作为被执行人的合伙企业，不能清偿生效法律文书确定的债务，申请执行人申请变更、追加普通合伙人为被执行人的，人民法院应予支持。

作为被执行人的有限合伙企业，财产不足以清偿生效法律文书确定的债务，申请执行人申请变更、追加未按期足额缴纳出资的有限合伙人为被执行人，在未足额缴纳出资的范围内承担责任的，人民法院应予支持。

56.【涉法人分支机构的变更、追加和直接执行】

作为被执行人的法人分支机构，不能清偿生效法律文书确定的债务，申请执行人申请变更、追加该法人为被执行人的，人民法院应予支持。法人直接管理的责任财产仍不能清偿债务的，人民法院可以直接执行该法人其他分支机构的财产。

作为被执行人的法人，直接管理的责任财产不能清偿生效法律文书确定债务的，人民法院可以直接执行该法人分支机构的财产。[1]

金融机构的分支机构作为被执行人的，对被执行人未能提供可供执行财产的，应当依法裁定逐级变更其上级机构为被执行人，直至其总行、总公司。每次变更前，均应当给予被变更主体十五日的自动履行期限；逾期未自动履行的，依法予以强制执行。[2]

法律依据

［1］**《中华人民共和国民法典》**（2020 年 5 月 28 日）

第七十四条　法人可以依法设立分支机构。法律、行政法规规定分支机构应当登记的，依照其规定。

分支机构以自己的名义从事民事活动，产生的民事责任由法人承担；也可以先以该分支机构管理的财产承担，不足以承担的，由法人承担。

《最高人民法院关于民事执行中变更、追加当事人若干问题的规定》（2020 年 12 月 23 日修正）

第十五条　作为被执行人的法人分支机构，不能清偿生效法律文书确定的债务，申请执行人申请变更、追加该法人为被执行人的，人民法院应予支持。法人直接管理的责任财产仍不能清偿债务的，人民法院可以直接执行该法人其他分支机构的财产。

作为被执行人的法人，直接管理的责任财产不能清偿生效法律文书确定债务的，人民法院可以直接执行该法人分支机构的财产。

［**2**］**《最高人民法院、中国人民银行关于依法规范人民法院执行和金融机构协助执行的通知》**（法发〔2000〕21 号）

八、金融机构的分支机构作为被执行人的，执行法院应当向其发出限期履行通知书，期限为 15 日；逾期未自动履行的，依法予以强制执行；对被执行人未能提供可供执行财产的，应当依法裁定逐级变更其上级机构为被执行人，直至其总行、总公司。每次变更前，均应当给予被变更主体 15 日的自动履行期限；逾期未自动履行的，依法予以强制执行。

57.【涉非法人组织的变更、追加】

个人独资企业、合伙企业、法人分支机构以外的非法人组织作为被执行人，不能清偿生效法律文书确定的债务，申请执行人申请变更、追加依法对该非法人组织的债务承担责任的主体为被执行人的，人民法院应予支持。[1]

法律依据

［**1**］**《中华人民共和国民法典》**（2020 年 5 月 28 日）

第一百零二条　非法人组织是不具有法人资格，但是能够依法以自己的名义从事民事活动的组织。

非法人组织包括个人独资企业、合伙企业、不具有法人资格的专业服务机构等。

《最高人民法院关于民事执行中变更、追加当事人若干问题的规定》（2020 年 12 月 23 日修正）

第十六条　个人独资企业、合伙企业、法人分支机构以外的非法人组织作为被执行人，不能清偿生效法律文书确定的债务，申请执行人申请变更、追加依法对该非法人组织的债务承担责任的主体为被执行人的，人民法院应予支持。

58.【股东出资不足的变更、追加】

作为被执行人的营利法人，财产不足以清偿生效法律文书确定的债务，申请执行人申请变更、追加未缴纳或未足额缴纳出资的股东、出资人或依公司法规定对该出资承担连带责任的发起人为被执行人，在尚未缴纳出资的范围内依法承担责任的，人民法院应予支持。[1]

法律依据

［1］**《最高人民法院关于民事执行中变更、追加当事人若干问题的规定》**（2020年12月23日修正）

第十七条　作为被执行人的营利法人，财产不足以清偿生效法律文书确定的债务，申请执行人申请变更、追加未缴纳或未足额缴纳出资的股东、出资人或依公司法规定对该出资承担连带责任的发起人为被执行人，在尚未缴纳出资的范围内依法承担责任的，人民法院应予支持。

59.【股东抽逃出资的变更、追加】

作为被执行人的营利法人，财产不足以清偿生效法律文书确定的债务，申请执行人申请变更、追加抽逃出资的股东、出资人为被执行人，在抽逃出资的范围内承担责任的，人民法院应予支持。[1]

法律依据

［1］**《最高人民法院关于民事执行中变更、追加当事人若干问题的规定》**（2020年12月23日修正）

第十八条　作为被执行人的营利法人，财产不足以清偿生效法律文书确定的债务，申请执行人申请变更、追加抽逃出资的股东、出资人为被执行人，在抽逃出资的范围内承担责任的，人民法院应予支持。

60.【瑕疵股权转让的变更、追加】

作为被执行人的公司，财产不足以清偿生效法律文书确定的债务，其股东未依法履行出资义务即转让股权，申请执行人申请变更、追加该原股东或依公司法规定对该出资承担连带责任的发起人为被执行人，在未依法出资的范围内承担责任的，人民法院应予支持。[1]

法律依据

[1]《最高人民法院关于民事执行中变更、追加当事人若干问题的规定》（2020年12月23日修正）

第十九条　作为被执行人的公司，财产不足以清偿生效法律文书确定的债务，其股东未依法履行出资义务即转让股权，申请执行人申请变更、追加该原股东或依公司法规定对该出资承担连带责任的发起人为被执行人，在未依法出资的范围内承担责任的，人民法院应予支持。

61.【一人公司股东的变更、追加】

作为被执行人的一人有限责任公司，财产不足以清偿生效法律文书确定的债务，股东不能证明公司财产独立于自己的财产，申请执行人申请变更、追加该股东为被执行人，对公司债务承担连带责任的，人民法院应予支持。[1]

法律依据

[1]《最高人民法院关于民事执行中变更、追加当事人若干问题的规定》（2020年12月23日修正）

第二十条　作为被执行人的一人有限责任公司，财产不足以清偿生效法律文书确定的债务，股东不能证明公司财产独立于自己的财产，申请执行人申请变更、追加该股东为被执行人，对公司债务承担连带责任的，人民法院应予支持。

62. 【公司未经清算的变更、追加】

作为被执行人的公司，未经清算即办理注销登记，导致公司无法进行清算，申请执行人申请变更、追加有限责任公司的股东、股份有限公司的董事和控股股东为被执行人，对公司债务承担连带清偿责任的，人民法院应予支持。[1]

法律依据

［1］**《最高人民法院关于民事执行中变更、追加当事人若干问题的规定》**（2020年12月23日修正）

第二十一条　作为被执行人的公司，未经清算即办理注销登记，导致公司无法进行清算，申请执行人申请变更、追加有限责任公司的股东、股份有限公司的董事和控股股东为被执行人，对公司债务承担连带清偿责任的，人民法院应予支持。

63. 【股东、出资人或主管部门无偿接受财产的变更、追加】

作为被执行人的法人或非法人组织，被注销或出现被吊销营业执照、被撤销、被责令关闭、歇业等解散事由后，其股东、出资人或主管部门无偿接受其财产，致使该被执行人无遗留财产或遗留财产不足以清偿债务，申请执行人申请变更、追加该股东、出资人或主管部门为被执行人，在接受的财产范围内承担责任的，人民法院应予支持。[1]

法律依据

［1］**《最高人民法院关于民事执行中变更、追加当事人若干问题的规定》**（2020年12月23日修正）

第二十二条　作为被执行人的法人或非法人组织，被注销或出现被吊销营业执照、被撤销、被责令关闭、歇业等解散事由后，其股东、出资人或主管部门无偿接受其财产，致使该被执行人无遗留财产或遗留财产不足以清偿债务，申请执行人申请变更、追加该股东、出资人或主管部门为被执行人，在接受的财产范围内承担责任的，人民法院应予支持。

64.【第三人在被执行人注销时承诺承担责任的变更、追加】

作为被执行人的法人或非法人组织，未经依法清算即办理注销登记，在登记机关办理注销登记时，第三人书面承诺对被执行人的债务承担清偿责任，申请执行人申请变更、追加该第三人为被执行人，在承诺范围内承担清偿责任的，人民法院应予支持。[1]

法律依据

［1］**《最高人民法院关于民事执行中变更、追加当事人若干问题的规定》**（2020年12月23日修正）

第二十三条　作为被执行人的法人或非法人组织，未经依法清算即办理注销登记，在登记机关办理注销登记时，第三人书面承诺对被执行人的债务承担清偿责任，申请执行人申请变更、追加该第三人为被执行人，在承诺范围内承担清偿责任的，人民法院应予支持。

65.【第三人自愿代履行的变更、追加】

执行过程中，第三人向执行法院书面承诺自愿代被执行人履行生效法律文书确定的债务，申请执行人申请变更、追加该第三人为被执行人，在承诺范围内承担责任的，人民法院应予支持。[1]

法律依据

［1］**《最高人民法院关于民事执行中变更、追加当事人若干问题的规定》**（2020年12月23日修正）

第二十四条　执行过程中，第三人向执行法院书面承诺自愿代被执行人履行生效法律文书确定的债务，申请执行人申请变更、追加该第三人为被执行人，在承诺范围内承担责任的，人民法院应予支持。

66.【第三人无偿接受调拨、划转财产的变更、追加】

作为被执行人的法人或非法人组织，财产依行政命令被无偿调拨、划转给第三人，致使该被执行人财产不足以清偿生效法律文书确定的债务，申请执行人申请变更、追加该第三人为被执行人，在接受的财产范围内承担责任的，人民法院应予支持。[1]

法律依据

[1]**《最高人民法院关于民事执行中变更、追加当事人若干问题的规定》**(2020年12月23日修正)

第二十五条　作为被执行人的法人或非法人组织，财产依行政命令被无偿调拨、划转给第三人，致使该被执行人财产不足以清偿生效法律文书确定的债务，申请执行人申请变更、追加该第三人为被执行人，在接受的财产范围内承担责任的，人民法院应予支持。

67.【重复承担责任的禁止】

被申请人在应承担责任范围内已承担相应责任的，人民法院不得责令其重复承担责任。[1]

法律依据

[1]**《最高人民法院关于民事执行中变更、追加当事人若干问题的规定》**(2020年12月23日修正)

第二十六条　被申请人在应承担责任范围内已承担相应责任的，人民法院不得责令其重复承担责任。

68.【当事人的姓名、名称变更的处理】

执行当事人的姓名或名称发生变更的，人民法院可以直接将姓名或名称变更后的主体作为执行当事人，并在法律文书中注明变更前的姓名或名称。[1]

法律依据

［1］**《最高人民法院关于民事执行中变更、追加当事人若干问题的规定》**（2020年12月23日修正）

第二十七条　执行当事人的姓名或名称发生变更的，人民法院可以直接将姓名或名称变更后的主体作为执行当事人，并在法律文书中注明变更前的姓名或名称。

69.【变更、追加的申请与审查】

申请人申请变更、追加执行当事人，应当向执行法院提交书面申请及相关证据材料。

除事实清楚、权利义务关系明确、争议不大的案件外，执行法院应当组成合议庭审查并公开听证。经审查，理由成立的，裁定变更、追加；理由不成立的，裁定驳回。

执行法院应当自收到书面申请之日起六十日内作出裁定。有特殊情况需要延长的，由本院院长批准。[1]

法律依据

［1］**《最高人民法院关于民事执行中变更、追加当事人若干问题的规定》**（2020年12月23日修正）

第二十八条　申请人申请变更、追加执行当事人，应当向执行法院提交书面申请及相关证据材料。

除事实清楚、权利义务关系明确、争议不大的案件外，执行法院应当组成合议庭审查并公开听证。经审查，理由成立的，裁定变更、追加；理由不成立的，裁定驳回。

执行法院应当自收到书面申请之日起六十日内作出裁定。有特殊情况需要延长的，由本院院长批准。

70. 【变更、追加期间的财产保全】

执行法院审查变更、追加被执行人申请期间，申请人申请对被申请人的财产采取查封、扣押、冻结措施的，执行法院应当参照民事诉讼法第一百条[1]的规定办理。

申请执行人在申请变更、追加第三人前，向执行法院申请查封、扣押、冻结该第三人财产的，执行法院应当参照民事诉讼法第一百零一条[2]的规定办理。[3]

法律依据

［1］**《中华人民共和国民事诉讼法》**（2017 年 6 月 27 日修正）

第一百条　人民法院对于可能因当事人一方的行为或者其他原因，使判决难以执行或者造成当事人其他损害的案件，根据对方当事人的申请，可以裁定对其财产进行保全、责令其作出一定行为或者禁止其作出一定行为；当事人没有提出申请的，人民法院在必要时也可以裁定采取保全措施。人民法院采取保全措施，可以责令申请人提供担保，申请人不提供担保的，裁定驳回申请。人民法院接受申请后，对情况紧急的，必须在四十八小时内作出裁定；裁定采取保全措施的，应当立即开始执行。

［2］**《中华人民共和国民事诉讼法》**（2017 年 6 月 27 日修正）

第一百零一条　利害关系人因情况紧急，不立即申请保全将会使其合法权益受到难以弥补的损害的，可以在提起诉讼或者申请仲裁前向被保全财产所在地、被申请人住所地或者对案件有管辖权的人民法院申请采取保全措施。申请人应当提供担保，不提供担保的，裁定驳回申请。人民法院接受申请后，必须在四十八小时内作出裁定；裁定采取保全措施的，应当立即开始执行。申请人在人民法院采取保全措施后三十日内不依法提起诉讼或者申请仲裁的，人民法院应当解除保全。

［3］**《最高人民法院关于民事执行中变更、追加当事人若干问题的规定》**（2020 年 12 月 23 日修正）

第二十九条　执行法院审查变更、追加被执行人申请期间，申请人申请对被申请人的财产采取查封、扣押、冻结措施的，执行法院应当参照民事诉讼法

第一百条的规定办理。

申请执行人在申请变更、追加第三人前，向执行法院申请查封、扣押、冻结该第三人财产的，执行法院应当参照民事诉讼法第一百零一条的规定办理。

71.【变更、追加裁定的复议申请】

被申请人、申请人或其他执行当事人对执行法院作出的变更、追加裁定或驳回申请裁定不服的，可以自裁定书送达之日起十日内向上一级人民法院申请复议，但依据本规范第73条的规定应当提起诉讼的除外。[1]

法律依据

[1]**《最高人民法院关于民事执行中变更、追加当事人若干问题的规定》**（2020年12月23日修正）

第三十条　被申请人、申请人或其他执行当事人对执行法院作出的变更、追加裁定或驳回申请裁定不服的，可以自裁定书送达之日起十日内向上一级人民法院申请复议，但依据本规定第三十二条的规定应当提起诉讼的除外。

72.【变更、追加裁定的复议审查及复议期间的执行】

上一级人民法院对复议申请应当组成合议庭审查，并自收到申请之日起六十日内作出复议裁定。有特殊情况需要延长的，由本院院长批准。

被裁定变更、追加的被申请人申请复议的，复议期间，人民法院不得对其争议范围内的财产进行处分。申请人请求人民法院继续执行并提供相应担保的，人民法院可以准许。[1]

法律依据

[1]**《最高人民法院关于民事执行中变更、追加当事人若干问题的规定》**（2020年12月23日修正）

第三十一条　上一级人民法院对复议申请应当组成合议庭审查，并自收到申请之日起六十日内作出复议裁定。有特殊情况需要延长的，由本院院长批准。

被裁定变更、追加的被申请人申请复议的，复议期间，人民法院不得对其争议范围内的财产进行处分。申请人请求人民法院继续执行并提供相应担保的，人民法院可以准许。

73.【变更、追加裁定的起诉】

被申请人或申请人对执行法院依据本规范第 55 条第 2 款、第 58 条至第 62 条规定作出的变更、追加裁定或驳回申请裁定不服的，可以自裁定书送达之日起十五日内，向执行法院提起执行异议之诉。

被申请人提起执行异议之诉的，以申请人为被告。申请人提起执行异议之诉的，以被申请人为被告。[1]

法律依据

[1]《**最高人民法院关于民事执行中变更、追加当事人若干问题的规定**》（2020 年 12 月 23 日修正）

第三十二条　被申请人或申请人对执行法院依据本规定第十四条第二款、第十七条至第二十一条规定作出的变更、追加裁定或驳回申请裁定不服的，可以自裁定书送达之日起十五日内，向执行法院提起执行异议之诉。

被申请人提起执行异议之诉的，以申请人为被告。申请人提起执行异议之诉的，以被申请人为被告。

74.【被申请人执行异议之诉的审理及诉讼期间的执行】

被申请人提起的执行异议之诉，人民法院经审理，按照下列情形分别处理：

（一）理由成立的，判决不得变更、追加被申请人为被执行人或者判决变更责任范围；

（二）理由不成立的，判决驳回诉讼请求。

诉讼期间，人民法院不得对被申请人争议范围内的财产进行处分。申请人请求人民法院继续执行并提供相应担保的，人民法院可以准许。[1]

法律依据

[1]《最高人民法院关于民事执行中变更、追加当事人若干问题的规定》（2020 年 12 月 23 日修正）

第三十三条　被申请人提起的执行异议之诉，人民法院经审理，按照下列情形分别处理：

（一）理由成立的，判决不得变更、追加被申请人为被执行人或者判决变更责任范围；

（二）理由不成立的，判决驳回诉讼请求。

诉讼期间，人民法院不得对被申请人争议范围内的财产进行处分。申请人请求人民法院继续执行并提供相应担保的，人民法院可以准许。

75.【申请人执行异议之诉的审理】

申请人提起的执行异议之诉，人民法院经审理，按照下列情形分别处理：

（一）理由成立的，判决变更、追加被申请人为被执行人并承担相应责任或者判决变更责任范围；

（二）理由不成立的，判决驳回诉讼请求。[1]

法律依据

[1]《最高人民法院关于民事执行中变更、追加当事人若干问题的规定》（2020 年 12 月 23 日修正）

第三十四条　申请人提起的执行异议之诉，人民法院经审理，按照下列情形分别处理：

（一）理由成立的，判决变更、追加被申请人为被执行人并承担相应责任或者判决变更责任范围；

（二）理由不成立的，判决驳回诉讼请求。

第五章　执行担保

76. 【执行担保的一般规定】

在执行中，被执行人向人民法院提供担保，并经申请执行人同意的，人民法院可以决定暂缓执行及暂缓执行的期限。被执行人逾期仍不履行的，人民法院有权执行被执行人的担保财产或者担保人的财产。[1]

法律依据

［1］**《中华人民共和国民事诉讼法》**（2017 年 6 月 27 日修正）

第二百三十一条　在执行中，被执行人向人民法院提供担保，并经申请执行人同意的，人民法院可以决定暂缓执行及暂缓执行的期限。被执行人逾期仍不履行的，人民法院有权执行被执行人的担保财产或者担保人的财产。

77. 【执行担保的方式】

根据本规范第 76 条规定向人民法院提供执行担保的，可以由被执行人或者他人提供财产担保，也可以由他人提供保证。担保人应当具有代为履行或者代为承担赔偿责任的能力。

他人提供执行保证的，应当向执行法院出具保证书，并将保证书副本送交申请执行人。被执行人或者他人提供财产担保的，应当参照民法典的有关规定办理相应手续。[1]

法律依据

［1］**《最高人民法院关于适用〈中华人民共和国民事诉讼法〉的解释》**（2020 年 12 月 23 日修正）

第四百七十条　根据民事诉讼法第二百三十一条规定向人民法院提供执行担保的，可以由被执行人或者他人提供财产担保，也可以由他人提供保证。担保人应当具有代为履行或者代为承担赔偿责任的能力。

他人提供执行保证的，应当向执行法院出具保证书，并将保证书副本送交申请执行人。被执行人或者他人提供财产担保的，应当参照民法典的有关规定办理相应手续。

78. 【暂缓执行】

人民法院依照本规范第 76 条规定决定暂缓执行的，如果担保是有期限的，暂缓执行的期限应当与担保期限一致，但最长不得超过一年。被执行人或者担保人对担保的财产在暂缓执行期间有转移、隐藏、变卖、毁损等行为的，人民法院可以恢复强制执行。[1]

法律依据

［1］**《最高人民法院关于适用〈中华人民共和国民事诉讼法〉的解释》**（2020 年 12 月 23 日修正）

第四百六十九条　人民法院依照民事诉讼法第二百三十一条规定决定暂缓执行的，如果担保是有期限的，暂缓执行的期限应当与担保期限一致，但最长不得超过一年。被执行人或者担保人对担保的财产在暂缓执行期间有转移、隐藏、变卖、毁损等行为的，人民法院可以恢复强制执行。

79. 【执行担保的效力】

被执行人在人民法院决定暂缓执行的期限届满后仍不履行义务的，人民法院可以直接执行担保财产，或者裁定执行担保人的财产，但执行担保人的财产以担保人应当履行义务部分的财产为限。[1]

法律依据

[1] **《最高人民法院关于适用〈中华人民共和国民事诉讼法〉的解释》**（2020 年 12 月 23 日修正）

第四百七十一条 被执行人在人民法院决定暂缓执行的期限届满后仍不履行义务的，人民法院可以直接执行担保财产，或者裁定执行担保人的财产，但执行担保人的财产以担保人应当履行义务部分的财产为限。

80. 【诉讼中为财产保全提供的保证】

人民法院在审理案件期间，保证人为被执行人提供保证，人民法院据此未对被执行人的财产采取保全措施或解除保全措施的，案件审结后如果被执行人无财产可供执行或其财产不足清偿债务时，即使生效法律文书中未确定保证人承担责任，人民法院有权裁定执行保证人在保证责任范围内的财产。[1] 但是第三人保证系在一审或二审程序中作出，终审判决确定被告无需承担责任，再审又改判被告承担责任的除外。

前款规定的被执行人无财产可供执行，包括被执行人虽有财产但不能处置①的情形。

法律依据

[1] **《最高人民法院关于人民法院执行工作若干问题的规定（试行）》**（2020 年 12 月 23 日修正）

54. 人民法院在审理案件期间，保证人为被执行人提供保证，人民法院据此未对被执行人的财产采取保全措施或解除保全措施的，案件审结后如果被执行人无财产可供执行或其财产不足清偿债务时，即使生效法律文书中未确定保证人承担责任，人民法院有权裁定执行保证人在保证责任范围内的财产。

① “有财产但不能处置的情形”应严格依照《最高人民法院关于严格规范终结本次执行程序的规定（试行）》（法〔2016〕373 号）第四条规定认定。

第六章 执行和解

81.【执行和解的法律效力】

申请执行人与被执行人达成和解协议后请求中止执行或者撤回执行申请的，人民法院可以裁定中止执行或者终结执行。[1]

法律依据

［1］**《最高人民法院关于适用〈中华人民共和国民事诉讼法〉的解释》**（2020年12月23日修正）

第四百六十六条　申请执行人与被执行人达成和解协议后请求中止执行或者撤回执行申请的，人民法院可以裁定中止执行或者终结执行。

82.【执行和解后的恢复执行】

申请执行人因受欺诈、胁迫与被执行人达成和解协议的，人民法院可以根据当事人的申请恢复原生效法律文书的执行。[1]

一方当事人不履行或者不完全履行在执行中双方自愿达成的和解协议，人民法院应当根据对方当事人申请恢复原生效法律文书的执行。[2]

人民法院决定恢复执行的，应告知各方当事人，并对和解协议已履行的部分予以扣除。[3]

法律依据

［**1**］**《中华人民共和国民事诉讼法》**（2017 年 6 月 27 日修正）

第二百三十条　在执行中，双方当事人自行和解达成协议的，执行员应当将协议内容记入笔录，由双方当事人签名或者盖章。

申请执行人因受欺诈、胁迫与被执行人达成和解协议，或者当事人不履行和解协议的，人民法院可以根据当事人的申请，恢复对原生效法律文书的执行。

［**2**］［**3**］**《最高人民法院关于适用〈中华人民共和国民事诉讼法〉的解释》**（2020 年 12 月 23 日修正）

第四百六十七条　一方当事人不履行或者不完全履行在执行中双方自愿达成的和解协议，对方当事人申请执行原生效法律文书的，人民法院应当恢复执行，但和解协议已履行的部分应当扣除。和解协议已经履行完毕的，人民法院不予恢复执行。

83.【执行和解后的不予恢复执行】

和解协议已经履行完毕的，不予恢复执行。[1]

和解协议的履行虽存在瑕疵，但申请执行人已接受履行且已履行完毕的，不予恢复执行。[2]

法律依据

［**1**］**《最高人民法院关于适用〈中华人民共和国民事诉讼法〉的解释》**（2020 年 12 月 23 日修正）

第四百六十七条　一方当事人不履行或者不完全履行在执行中双方自愿达成的和解协议，对方当事人申请执行原生效法律文书的，人民法院应当恢复执行，但和解协议已履行的部分应当扣除。和解协议已经履行完毕的，人民法院不予恢复执行。

［**2**］**《最高人民法院关于云南江川龙翔实业有限责任公司申请执行四川省烟草公司资阳分公司简阳卷烟营销管理中心债务纠纷执行一案的请示的答复》**［（2005）执监字第 24－1 号］

答复主要内容："……根据我国民事诉讼法和我院司法解释的有关规定，执行和解协议已经履行完毕的，人民法院不予恢复执行。本案执行和解协议的履行尽管存在瑕疵，但和解协议确已履行完毕，人民法院应不予恢复执行。至于当事人对迟延履行和解协议的争议，不属于执行程序处理，应由当事人另诉解决。请你院按此意见妥善处理该案。"

84. 【申请恢复执行的期间】

申请恢复执行原生效法律文书，适用本规范第22条第一款、第二款申请执行期间的规定。申请执行期间因达成执行中的和解协议而中断，其期间自和解协议约定履行期限的最后一日起重新计算。[1]

法律依据

［1］**《最高人民法院关于适用〈中华人民共和国民事诉讼法〉的解释》**（2020年12月23日修正）

第四百六十八条　申请恢复执行原生效法律文书，适用民事诉讼法第二百三十九条申请执行期间的规定。申请执行期间因达成执行中的和解协议而中断，其期间自和解协议约定履行期限的最后一日起重新计算。

第七章　暂缓执行

85.【暂缓执行的一般规定】

执行程序开始后，人民法院可以因法定事由决定对某一项或者某几项执行措施在规定的期限内暂缓实施。非因法定事由不得决定暂缓执行。[1]

法律依据

[1]《**最高人民法院关于正确适用暂缓执行措施若干问题的规定**》（法发〔2002〕16号）

第一条　执行程序开始后，人民法院因法定事由，可以决定对某一项或者某几项执行措施在规定的期限内暂缓实施。

执行程序开始后，除法定事由外，人民法院不得决定暂缓执行。

86.【暂缓决定的作出】

暂缓执行由执行法院或者其上级人民法院执行机构作出决定。人民法院决定暂缓执行的，应当制作暂缓执行决定书，并及时送达当事人。[1]

法律依据

［1］**《最高人民法院关于正确适用暂缓执行措施若干问题的规定》**（法发〔2002〕16号）

第二条　暂缓执行由执行法院或者其上级人民法院作出决定，由执行机构统一办理。

人民法院决定暂缓执行的，应当制作暂缓执行决定书，并及时送达当事人。

87.【依申请暂缓执行的情形】

有下列情形之一的，经当事人或者其他利害关系人申请，人民法院可以决定暂缓执行：

（一）执行措施或者执行程序违反法律规定的；

（二）执行标的物存在权属争议的；

（三）被执行人对申请执行人享有抵销权的。[1]

法律依据

［1］**《最高人民法院关于正确适用暂缓执行措施若干问题的规定》**（法发〔2002〕16号）

第三条　有下列情形之一的，经当事人或者其他利害关系人申请，人民法院可以决定暂缓执行：

（一）执行措施或者执行程序违反法律规定的；

（二）执行标的物存在权属争议的；

（三）被执行人对申请执行人享有抵消权的。

88.【暂缓执行申请的审查及处理】

人民法院在收到暂缓执行申请后，应当在十五日内作出决定，并在作出决定后五日内将决定书发送当事人或者其他利害关系人。[1]

法律依据

［1］《最高人民法院关于正确适用暂缓执行措施若干问题的规定》（法发〔2002〕16号）

第六条 人民法院在收到暂缓执行申请后，应当在十五日内作出决定，并在作出决定后五日内将决定书发送当事人或者其他利害关系人。

89.【暂缓执行的担保】

人民法院根据本规范第87条决定暂缓执行的，应当同时责令申请暂缓执行的当事人或者其他利害关系人在指定的期限内提供相应的担保。[1]

法律依据

［1］《最高人民法院关于正确适用暂缓执行措施若干问题的规定》（法发〔2002〕16号）

第四条第一款 人民法院根据本规定第三条决定暂缓执行的，应当同时责令申请暂缓执行的当事人或者其他利害关系人在指定的期限内提供相应的担保。

90.【继续执行优先原则】

被执行人或者其他利害关系人提供担保申请暂缓执行，申请执行人提供担保要求继续执行的，执行法院可以继续执行。[1]

法律依据

［1］《最高人民法院关于正确适用暂缓执行措施若干问题的规定》（法发〔2002〕16号）

第四条第二款 被执行人或者其他利害关系人提供担保申请暂缓执行，申请执行人提供担保要求继续执行的，执行法院可以继续执行。

91.【依职权暂缓执行的情形】

有下列情形之一的，人民法院可以依职权决定暂缓执行；

（一）上级人民法院已经受理执行争议案件并正在处理的；

（二）人民法院发现据以执行的生效法律文书确有错误，并正在按照审判监督程序进行审查的；[1]

（三）当事人、利害关系人对网络司法拍卖行为提出异议的，异议、复议期间，人民法院可以决定暂缓拍卖。案外人对网络司法拍卖的标的提出异议的，人民法院应决定暂缓拍卖。[2]

人民法院依照前款第一、二项规定决定暂缓执行的，一般应由申请执行人或者被执行人提供相应的担保。[3]

法律依据

[1]《最高人民法院关于正确适用暂缓执行措施若干问题的规定》（法发〔2002〕16号）

第七条第一款　有下列情形之一的，人民法院可以依职权决定暂缓执行：

（一）上级人民法院已经受理执行争议案件并正在处理的；

（二）人民法院发现据以执行的生效法律文书确有错误，并正在按照审判监督程序进行审查的。

[2]《最高人民法院关于人民法院网络司法拍卖若干问题的规定》（法释〔2016〕18号）

第三十六条　当事人、利害关系人认为网络司法拍卖行为违法侵害其合法权益的，可以提出执行异议。异议、复议期间，人民法院可以决定暂缓或者裁定中止拍卖。

案外人对网络司法拍卖的标的提出异议的，人民法院应当依据《中华人民共和国民事诉讼法》第二百二十七条及相关司法解释的规定处理，并决定暂缓或者裁定中止拍卖。

[3]《最高人民法院关于正确适用暂缓执行措施若干问题的规定》（法发〔2002〕16号）

第七条第二款　人民法院依照前款规定决定暂缓执行的，一般应由申请执行人或者被执行人提供相应的担保。

92.【暂缓执行的期限】

暂缓执行的期间不得超过三个月。因特殊事由需要延长的，可以适当延长，延长的期限不得超过三个月。

暂缓执行的期限从执行法院作出暂缓执行决定之日起计算。暂缓执行的决定由上级人民法院作出的，从执行法院收到暂缓执行决定之日起计算。[1]

法律依据

[1]**《最高人民法院关于正确适用暂缓执行措施若干问题的规定》**（法发〔2002〕16号）

第十条　暂缓执行的期间不得超过三个月。因特殊事由需要延长的，可以适当延长，延长的期限不得超过三个月。

暂缓执行的期限从执行法院作出暂缓执行决定之日起计算。暂缓执行的决定由上级人民法院作出的，从执行法院收到暂缓执行决定之日起计算。

93.【暂缓执行的审查】

人民法院应当组成合议庭对是否暂缓执行进行审查并作出决定，必要时应当听取当事人或者利害关系人的意见。[1]

法律依据

[1]**《最高人民法院关于正确适用暂缓执行措施若干问题的规定》**（法发〔2002〕16号）

第十一条　人民法院对暂缓执行的案件，应当组成合议庭对是否暂缓执行进行审查，必要时应当听取当事人或者其他利害关系人的意见。

94.【暂缓执行的监督】

上级人民法院发现执行法院对不符合暂缓执行条件的案件决

定暂缓执行，或者对符合暂缓执行条件的案件未予暂缓执行的，应当作出决定予以纠正。执行法院收到该决定后，应当遵照执行。[1]

法律依据

［1］**《最高人民法院关于正确适用暂缓执行措施若干问题的规定》**（法发〔2002〕16号）

第十二条　上级人民法院发现执行法院对不符合暂缓执行条件的案件决定暂缓执行，或者对符合暂缓执行条件的案件未予暂缓执行的，应当作出决定予以纠正。执行法院收到该决定后，应当遵照执行。

95.【暂缓执行期限届满后的恢复执行】

暂缓执行期限届满后，人民法院应当立即恢复执行。

暂缓执行期限届满前，据以决定暂缓执行的事由消灭的，如果该暂缓执行的决定是由执行法院作出的，执行法院应当立即作出恢复执行的决定；如果该暂缓执行的决定是由执行法院的上级人民法院作出的，执行法院应当将该暂缓执行事由消灭的情况及时报告上级人民法院，该上级人民法院应当在收到报告后十日内审查核实并作出恢复执行的决定。[1]

法律依据

［1］**《最高人民法院关于正确适用暂缓执行措施若干问题的规定》**（法发〔2002〕16号）

第十三条　暂缓执行期限届满后，人民法院应当立即恢复执行。

暂缓执行期限届满前，据以决定暂缓执行的事由消灭的，如果该暂缓执行的决定是由执行法院作出的，执行法院应当立即作出恢复执行的决定；如果该暂缓执行的决定是由执行法院的上级人民法院作出的，执行法院应当将该暂缓执行事由消灭的情况及时报告上级人民法院，该上级人民法院应当在收到报告后十日内审查核实并作出恢复执行的决定。

第八章　中止执行

96. 【应当中止执行的情形】

具有下列情形之一的，人民法院应当裁定中止执行：

（一）申请执行人表示可以延期执行的；

（二）案外人对执行标的提出确有理由的异议的；

（三）作为一方当事人的公民死亡，需要等待继承人继承权利或者承担义务的；

（四）作为一方当事人的法人或者其他组织终止，尚未确定权利义务承受人的；[1]

（五）人民法院依据《最高人民法院关于适用〈中华人民共和国民事诉讼法〉的解释》第五百一十三条规定，将案件移送破产审查的；[2]

（六）执行依据按审判监督程序决定再审的，但追索赡养费、扶养费、抚育费、抚恤金、医疗费用、劳动报酬等案件，可以不中止执行的除外；[3]

（七）执行过程中发现有非法集资犯罪嫌疑的，或者执行标的物属于公安机关、人民检察院、人民法院侦查、起诉、审理非法集资刑事案件的涉案财物的；[4]

（八）人民法院认为应当中止执行的其他情形。[5]

法律依据

［1］《中华人民共和民事诉讼法》（2017 年 6 月 27 日修正）

第二百五十六条第一款第一项至第四项　有下列情形之一的，人民法院应当裁定中止执行：

（一）申请人表示可以延期执行的；

（二）案外人对执行标的提出确有理由的异议的；

（三）作为一方当事人的公民死亡，需要等待继承人继承权利或者承担义务的；

（四）作为一方当事人的法人或者其他组织终止，尚未确定权利义务承受人的；

［2］《最高人民法院关于适用〈中华人民共和国民事诉讼法〉的解释》（2020 年 12 月 23 日修正）

第五百一十三条　在执行中，作为被执行人的企业法人符合企业破产法第二条第一款规定情形的，执行法院经申请执行人之一或者被执行人同意，应当裁定中止对该被执行人的执行，将执行案件相关材料移送被执行人住所地人民法院。

［3］《中华人民共和国民事诉讼法》（2017 年 6 月 27 日修正）

第二百零六条　按照审判监督程序决定再审的案件，裁定中止原判决、裁定、调解书的执行，但追索赡养费、扶养费、抚育费、抚恤金、医疗费用、劳动报酬等案件，可以不中止执行。

［4］《最高人民法院、最高人民检察院、公安部关于办理非法集资刑事案件适用法律若干问题的意见》（公通字〔2014〕16 号）

七、关于涉及民事案件的处理问题

对于公安机关、人民检察院、人民法院正在侦查、起诉、审理的非法集资刑事案件，有关单位或者个人就同一事实向人民法院提起民事诉讼或者申请执行涉案财物的，人民法院应当不予受理，并将有关材料移送公安机关或者检察机关。

人民法院在审理民事案件或者执行过程中，发现有非法集资犯罪嫌疑的，应当裁定驳回起诉或者中止执行，并及时将有关材料移送公安机关或者检察机关。

公安机关、人民检察院、人民法院在侦查、起诉、审理非法集资刑事案件中，发现与人民法院正在审理的民事案件属同一事实，或者被申请执行的财物属于涉案财物的，应当及时通报相关人民法院。人民法院经审查认为确属涉嫌犯罪的，依照前款规定处理。

［5］**《中华人民共和国民事诉讼法》**（2017年6月27日修正）

第二百五十六条第一款第五项 有下列情形之一的，人民法院应当裁定中止执行：

（五）人民法院认为应当中止执行的其他情形。

97. 【可以中止执行的情形】

具有下列情形之一的，人民法院可以裁定中止执行：

（一）人民法院受理第三人撤销之诉案件后，该第三人提供相应担保，请求中止原生效判决、裁定、调解书执行的；[1]

（二）申请执行人与被执行人达成和解协议后请求中止执行的。[2]

法律依据

［1］**《最高人民法院关于适用〈中华人民共和国民事诉讼法〉的解释》**（2020年12月23日修正）

第二百九十二条 第三人对已经发生法律效力的判决、裁定、调解书提起撤销之诉的，应当自知道或者应当知道其民事权益受到损害之日起六个月内，向作出生效判决、裁定、调解书的人民法院提出，并应当提供存在下列情形的证据材料：

（一）因不能归责于本人的事由未参加诉讼；

（二）发生法律效力的判决、裁定、调解书的全部或者部分内容错误；

（三）发生法律效力的判决、裁定、调解书内容错误损害其民事权益。

第二百九十九条 受理第三人撤销之诉案件后，原告提供相应担保，请求中止执行的，人民法院可以准许。

［2］**《最高人民法院关于适用〈中华人民共和国民事诉讼法〉的解释》**（2020年12月23日修正）

第四百六十六条 申请执行人与被执行人达成和解协议后请求中止执行或

者撤回执行申请的，人民法院可以裁定中止执行或者终结执行。

98.【中止执行裁定】

中止执行应当依法制作裁定书，载明中止执行的事由和依据，并送达当事人。[1] 中止执行的裁定，送达当事人后立即生效。[2]

法律依据

［1］**《中华人民共和国民事诉讼法》**（2017 年 6 月 27 日修正）

第二百五十六条　有下列情形之一的，人民法院应当裁定中止执行：

（一）申请人表示可以延期执行的；

（二）案外人对执行标的提出确有理由的异议的；

（三）作为一方当事人的公民死亡，需要等待继承人继承权利或者承担义务的；

（四）作为一方当事人的法人或者其他组织终止，尚未确定权利义务承受人的；

（五）人民法院认为应当中止执行的其他情形。

中止的情形消失后，恢复执行。

《最高人民法院关于人民法院执行工作若干问题的规定（试行）》（2020 年 12 月 23 日修正）

62. 中止执行和终结执行的裁定书应当写明中止或终结执行的理由和法律依据。

［2］**《中华人民共和国民事诉讼法》**（2017 年 6 月 27 日修正）

第二百五十八条　中止和终结执行的裁定，送达当事人后立即生效。

99.【中止执行后的恢复执行】

中止执行的情形消失后，执行法院可以根据当事人的申请或依职权恢复执行。

恢复执行应当书面通知当事人。[1]

法律依据

[1]《最高人民法院关于人民法院执行工作若干问题的规定（试行）》（2020 年 12 月 23 日修正）

60. 中止执行的情形消失后，执行法院可以根据当事人的申请或依职权恢复执行。

恢复执行应当书面通知当事人。

100. 【中止执行期间的续封】

中止执行期间，因查封、扣押、冻结期限届满需要对执行标的物办理续行查封、扣押、冻结手续的，执行法院应当根据申请执行人的申请办理续行查封、扣押、冻结手续，也可以依职权办理续行查封、扣押、冻结手续。[1]

法律依据

[1]《最高人民法院关于适用〈中华人民共和国民事诉讼法〉的解释》（2020 年 12 月 23 日修正）

第四百八十七条第二款、第三款 申请执行人申请延长期限的，人民法院应当在查封、扣押、冻结期限届满前办理续行查封、扣押、冻结手续，续行期限不得超过前款规定的期限。

人民法院也可以依职权办理续行查封、扣押、冻结手续。

101. 【中止执行期间异议的处理】

中止执行期间，当事人、利害关系人依据民事诉讼法第二百二十五条[1]的规定提出异议，或者案外人依据民事诉讼法第二百二十七条[2]的规定提出异议的，执行法院应当依法进行审查并作出裁定。

法律依据

[1]《中华人民共和国民事诉讼法》（2017 年 6 月 27 日修正）

第二百二十五条　当事人、利害关系人认为执行行为违反法律规定的，可以向负责执行的人民法院提出书面异议。当事人、利害关系人提出书面异议的，人民法院应当自收到书面异议之日起十五日内审查，理由成立的，裁定撤销或者改正；理由不成立的，裁定驳回。当事人、利害关系人对裁定不服的，可以自裁定送达之日起十日内向上一级人民法院申请复议。

［2］**《中华人民共和国民事诉讼法》**（2017年6月27日修正）

第二百二十七条　执行过程中，案外人对执行标的提出书面异议的，人民法院应当自收到书面异议之日起十五日内审查，理由成立的，裁定中止对该标的的执行；理由不成立的，裁定驳回。案外人、当事人对裁定不服，认为原判决、裁定错误的，依照审判监督程序办理；与原判决、裁定无关的，可以自裁定送达之日起十五日内向人民法院提起诉讼。

102.【中止执行期间当事人的变更、追加】

中止执行期间，申请执行人或其继承人、权利承受人申请变更、追加执行当事人的，执行法院应当依法审查并作出处理。

第九章　终结本次执行程序

103. 【终结本次执行程序的条件】

执行法院终结本次执行程序，应当同时符合下列条件：

（一）已向被执行人发出执行通知、责令被执行人报告财产；

（二）已向被执行人发出限制消费令，并将符合条件的被执行人纳入失信被执行人名单；

（三）已穷尽财产调查措施，未发现被执行人有可供执行的财产或者发现的财产不能处置；

（四）自执行案件立案之日起已超过三个月；

（五）被执行人下落不明的，已依法予以查找；被执行人或者其他人妨害执行的，已依法采取罚款、拘留等强制措施，构成犯罪的，已依法启动刑事责任追究程序。[1]

法律依据

[1]《最高人民法院关于严格规范终结本次执行程序的规定（试行）》（法〔2016〕373号）

第一条　人民法院终结本次执行程序，应当同时符合下列条件：

（一）已向被执行人发出执行通知、责令被执行人报告财产；

（二）已向被执行人发出限制消费令，并将符合条件的被执行人纳入失信被执行人名单；

（三）已穷尽财产调查措施，未发现被执行人有可供执行的财产或者发现的财产不能处置；

（四）自执行案件立案之日起已超过三个月；

（五）被执行人下落不明的，已依法予以查找；被执行人或者其他人妨害执行的，已依法采取罚款、拘留等强制措施，构成犯罪的，已依法启动刑事责任追究程序。

104.【“责令被执行人报告财产”应完成事项】

本规范第 103 条第一项中的“责令被执行人报告财产”，是指应当完成下列事项：

（一）向被执行人发出报告财产令；

（二）对被执行人报告的财产情况予以核查；

（三）对逾期报告、拒绝报告或者虚假报告的被执行人或者相关人员，依法采取罚款、拘留等强制措施，构成犯罪的，依法启动刑事责任追究程序。

人民法院应当将财产报告、核实及处罚的情况记录入卷。[1]

法律依据

[1]《最高人民法院关于严格规范终结本次执行程序的规定（试行）》（法〔2016〕373 号）

第二条　本规定第一条第一项中的“责令被执行人报告财产”，是指应当完成下列事项：

（一）向被执行人发出报告财产令；

（二）对被执行人报告的财产情况予以核查；

（三）对逾期报告、拒绝报告或者虚假报告的被执行人或者相关人员，依法采取罚款、拘留等强制措施，构成犯罪的，依法启动刑事责任追究程序。

人民法院应当将财产报告、核实及处罚的情况记录入卷。

105.【“穷尽财产调查措施”应完成事项】

本规范第 103 条第三项中的“已穷尽财产调查措施”，是指应当完成下列调查事项：

（一）对申请执行人或者其他人提供的财产线索进行核查；

（二）通过网络执行查控系统对被执行人的存款、车辆及其他交通运输工具、不动产、有价证券等财产情况进行查询；

（三）无法通过网络执行查控系统查询本款第二项规定的财产情况的，在被执行人住所地或者可能隐匿、转移财产所在地进行必要调查；

（四）被执行人隐匿财产、会计账簿等资料且拒不交出的，依法采取搜查措施；

（五）经申请执行人申请，根据案件实际情况，依法采取审计调查、公告悬赏等调查措施；

（六）法律、司法解释规定的其他财产调查措施。

人民法院应当将财产调查情况记录入卷。[1]

法律依据

[1]**《最高人民法院关于严格规范终结本次执行程序的规定（试行）》**（法〔2016〕373号）

第三条　本规定第一条第三项中的“已穷尽财产调查措施”，是指应当完成下列调查事项：

（一）对申请执行人或者其他人提供的财产线索进行核查；

（二）通过网络执行查控系统对被执行人的存款、车辆及其他交通运输工具、不动产、有价证券等财产情况进行查询；

（三）无法通过网络执行查控系统查询本款第二项规定的财产情况的，在被执行人住所地或者可能隐匿、转移财产所在地进行必要调查；

（四）被执行人隐匿财产、会计账簿等资料且拒不交出的，依法采取搜查措施；

（五）经申请执行人申请，根据案件实际情况，依法采取审计调查、公告悬赏等调查措施；

（六）法律、司法解释规定的其他财产调查措施。

人民法院应当将财产调查情况记录入卷。

106. 【“发现的财产不能处置”的情形】

本规范第 103 条第三项中的“发现的财产不能处置”，包括下列情形：①

（一）被执行人的财产经法定程序拍卖、变卖未成交，申请执行人不接受抵债或者依法不能交付其抵债，又不能对该财产采取强制管理等其他执行措施的；

（二）人民法院在登记机关查封的被执行人车辆、船舶等财产，未能实际扣押的。[1]

法律依据

[1]《最高人民法院关于严格规范终结本次执行程序的规定（试行）》（法〔2016〕373 号）

第四条　本规定第一条第三项中的“发现的财产不能处置”，包括下列情形：

（一）被执行人的财产经法定程序拍卖、变卖未成交，申请执行人不接受抵债或者依法不能交付其抵债，又不能对该财产采取强制管理等其他执行措施的；

（二）人民法院在登记机关查封的被执行人车辆、船舶等财产，未能实际扣押的。

107. 【申请执行人意见的听取】

终结本次执行程序前，人民法院应当将案件执行情况、采取的财产调查措施、被执行人的财产情况、终结本次执行程序的依据及法律后果等信息告知申请执行人，并听取其对终结本次执行程序的意见。

人民法院应当将申请执行人的意见记录入卷。[1]

---

① 实践中，有发现财产但系轮候查封的，属于“发现的财产不能处置”的情形。

法律依据

[1]**《最高人民法院关于严格规范终结本次执行程序的规定（试行）》**（法〔2016〕373 号）

第五条 终结本次执行程序前，人民法院应当将案件执行情况、采取的财产调查措施、被执行人的财产情况、终结本次执行程序的依据及法律后果等信息告知申请执行人，并听取其对终结本次执行程序的意见。

人民法院应当将申请执行人的意见记录入卷。

108.【终结本次执行程序的审批】

经过财产调查未发现可供执行的财产，在申请执行人签字确认或者执行法院组成合议庭审查核实并经院长批准后，可以裁定终结本次执行程序。[1]

法律依据

[1]**《最高人民法院关于适用〈中华人民共和国民事诉讼法〉的解释》**（2020 年 12 月 23 日修正）

第五百一十九条第一款 经过财产调查未发现可供执行的财产，在申请执行人签字确认或者执行法院组成合议庭审查核实并经院长批准后，可以裁定终结本次执行程序。

109.【终结本次执行程序裁定的内容】

终结本次执行程序应当制作裁定书，载明下列内容：

（一）申请执行的债权情况；

（二）执行经过及采取的执行措施、强制措施；

（三）查明的被执行人财产情况；

（四）实现的债权情况；

（五）申请执行人享有要求被执行人继续履行债务及依法向人民法院申请恢复执行的权利，被执行人负有继续向申请执行人履行债务的义务。

终结本次执行程序裁定书送达申请执行人后，执行案件可以作结案处理。人民法院进行相关统计时，应当对以终结本次执行程序方式结案的案件与其他方式结案的案件予以区分。

终结本次执行程序裁定书应当依法在互联网上公开。[1]

法律依据

[1]《最高人民法院关于严格规范终结本次执行程序的规定（试行）》（法〔2016〕373号）

第六条　终结本次执行程序应当制作裁定书，载明下列内容：

（一）申请执行的债权情况；

（二）执行经过及采取的执行措施、强制措施；

（三）查明的被执行人财产情况；

（四）实现的债权情况；

（五）申请执行人享有要求被执行人继续履行债务及依法向人民法院申请恢复执行的权利，被执行人负有继续向申请执行人履行债务的义务。

终结本次执行程序裁定书送达申请执行人后，执行案件可以作结案处理。人民法院进行相关统计时，应当对以终结本次执行程序方式结案的案件与其他方式结案的案件予以区分。

终结本次执行程序裁定书应当依法在互联网上公开。

110.【终结本次执行程序的异议】

当事人、利害关系人认为终结本次执行程序违反法律规定的，可以提出执行异议。人民法院应当依照民事诉讼法第二百二十五条的规定进行审查。[1]

法律依据

[1]《最高人民法院关于严格规范终结本次执行程序的规定（试行）》（法〔2016〕373号）

第七条　当事人、利害关系人认为终结本次执行程序违反法律规定的，可以提出执行异议。人民法院应当依照民事诉讼法第二百二十五条的规定进行审查。

111. 【终结本次执行程序后的继续履行】

终结本次执行程序后，被执行人应当继续履行生效法律文书确定的义务。被执行人自动履行完毕的，当事人应当及时告知执行法院。[1]

法律依据

［**1**］**《最高人民法院关于严格规范终结本次执行程序的规定（试行）》**（法〔2016〕373 号）

第八条　终结本次执行程序后，被执行人应当继续履行生效法律文书确定的义务。被执行人自动履行完毕的，当事人应当及时告知执行法院。

112. 【恢复执行及财产的定期查询】

终结本次执行程序后，申请执行人发现被执行人有可供执行财产的，可以向执行法院申请恢复执行。申请恢复执行不受申请执行时效期间的限制。执行法院核查属实的，应当恢复执行。

终结本次执行程序后的五年内，执行法院应当每六个月通过网络执行查控系统查询一次被执行人的财产，并将查询结果告知申请执行人。符合恢复执行条件的，执行法院应当及时恢复执行。[1]

法律依据

［**1**］**《最高人民法院关于严格规范终结本次执行程序的规定（试行）》**（法〔2016〕373 号）

第九条　终结本次执行程序后，申请执行人发现被执行人有可供执行财产的，可以向执行法院申请恢复执行。申请恢复执行不受申请执行时效期间的限制。执行法院核查属实的，应当恢复执行。

终结本次执行程序后的五年内，执行法院应当每六个月通过网络执行查控系统查询一次被执行人的财产，并将查询结果告知申请执行人。符合恢复执行条件的，执行法院应当及时恢复执行。

113.【发现财产的立即控制】

终结本次执行程序后，发现被执行人有可供执行财产，不立即采取执行措施可能导致财产被转移、隐匿、出卖或者毁损的，执行法院可以依申请执行人申请或依职权立即采取查封、扣押、冻结等控制性措施。[1]

法律依据

［1］**《最高人民法院关于严格规范终结本次执行程序的规定（试行）》（法〔2016〕373号）**

第十条　终结本次执行程序后，发现被执行人有可供执行财产，不立即采取执行措施可能导致财产被转移、隐匿、出卖或者毁损的，执行法院可以依申请执行人申请或依职权立即采取查封、扣押、冻结等控制性措施。

114.【终结本次执行程序与移送破产】

案件符合终结本次执行程序条件，又符合移送破产审查相关规定的，执行法院应当在作出终结本次执行程序裁定的同时，将执行案件相关材料移送被执行人住所地人民法院进行破产审查。[1]

法律依据

［1］**《最高人民法院关于严格规范终结本次执行程序的规定（试行）》（法〔2016〕373号）**

第十一条　案件符合终结本次执行程序条件，又符合移送破产审查相关规定的，执行法院应当在作出终结本次执行程序裁定的同时，将执行案件相关材料移送被执行人住所地人民法院进行破产审查。

115. 【终结本次执行程序信息库及信息的公开】

终结本次执行程序裁定书送达申请执行人以后，执行法院应当在七日内将相关案件信息录入最高人民法院建立的终结本次执行程序案件信息库，并通过该信息库统一向社会公布。[1]

终结本次执行程序案件信息库记载的信息应当包括下列内容：

（一）作为被执行人的法人或者其他组织的名称、住所地、组织机构代码及其法定代表人或者负责人的姓名，作为被执行人的自然人的姓名、性别、年龄、身份证件号码和住址；

（二）生效法律文书的制作单位和文号，执行案号、立案时间、执行法院；

（三）生效法律文书确定的义务和被执行人的履行情况；

（四）人民法院认为应当记载的其他事项。[2]

法律依据

[1]《最高人民法院关于严格规范终结本次执行程序的规定（试行）》（法〔2016〕373 号）

第十二条　终结本次执行程序裁定书送达申请执行人以后，执行法院应当在七日内将相关案件信息录入最高人民法院建立的终结本次执行程序案件信息库，并通过该信息库统一向社会公布。

[2]《最高人民法院关于严格规范终结本次执行程序的规定（试行）》（法〔2016〕373 号）

第十三条　终结本次执行程序案件信息库记载的信息应当包括下列内容：

（一）作为被执行人的法人或者其他组织的名称、住所地、组织机构代码及其法定代表人或者负责人的姓名，作为被执行人的自然人的姓名、性别、年龄、身份证件号码和住址；

（二）生效法律文书的制作单位和文号，执行案号、立案时间、执行法院；

（三）生效法律文书确定的义务和被执行人的履行情况；

（四）人民法院认为应当记载的其他事项。

116. 【错误信息的更正】

当事人、利害关系人认为公布的终结本次执行程序案件信息错误的，可以向执行法院申请更正。执行法院审查属实的，应当在三日内予以更正。[1]

法律依据

[1]《最高人民法院关于严格规范终结本次执行程序的规定（试行）》（法〔2016〕373 号）

第十四条　当事人、利害关系人认为公布的终结本次执行程序案件信息错误的，可以向执行法院申请更正。执行法院审查属实的，应当在三日内予以更正。

117. 【执行和强制措施效力的延续】

终结本次执行程序后，执行法院已对被执行人依法采取的执行措施和强制措施继续有效。[1]

法律依据

[1]《最高人民法院关于严格规范终结本次执行程序的规定（试行）》（法〔2016〕373 号）

第十五条　终结本次执行程序后，人民法院已对被执行人依法采取的执行措施和强制措施继续有效。

118. 【续封和当事人的变更、追加】

终结本次执行程序后，申请执行人申请延长查封、扣押、冻结期限的，人民法院应当依法办理续行查封、扣押、冻结手续。

终结本次执行程序后，当事人、利害关系人申请变更、追加执行当事人，符合法定情形的，人民法院应予支持。变更、追加被执行人后，申请执行人申请恢复执行的，人民法院应予支持。[1]

法律依据

[1]《最高人民法院关于严格规范终结本次执行程序的规定（试行）》（法〔2016〕373 号）

第十六条　终结本次执行程序后，申请执行人申请延长查封、扣押、冻结期限的，人民法院应当依法办理续行查封、扣押、冻结手续。

终结本次执行程序后，当事人、利害关系人申请变更、追加执行当事人，符合法定情形的，人民法院应予支持。变更、追加被执行人后，申请执行人申请恢复执行的，人民法院应予支持。

119. 【终结本次执行程序后妨害执行的处理】

终结本次执行程序后，被执行人或者其他人妨害执行的，人民法院可以依法予以罚款、拘留；构成犯罪的，依法追究刑事责任。[1]

法律依据

[1]《最高人民法院关于严格规范终结本次执行程序的规定（试行）》（法〔2016〕373 号）

第十七条　终结本次执行程序后，被执行人或者其他人妨害执行的，人民法院可以依法予以罚款、拘留；构成犯罪的，依法追究刑事责任。

120. 【终结本次执行程序信息的屏蔽】

有下列情形之一的，人民法院应当在三日内将案件信息从终结本次执行程序案件信息库中屏蔽：

（一）生效法律文书确定的义务执行完毕的；

（二）依法裁定终结执行的；

（三）依法应予屏蔽的其他情形。[1]

法律依据

［1］**《最高人民法院关于严格规范终结本次执行程序的规定（试行）》（法〔2016〕373 号）**

第十八条　有下列情形之一的，人民法院应当在三日内将案件信息从终结本次执行程序案件信息库中屏蔽：

（一）生效法律文书确定的义务执行完毕的；

（二）依法裁定终结执行的；

（三）依法应予屏蔽的其他情形。

第十章 终结执行

121. 【终结执行的情形】

具有下列情形之一的，人民法院应当裁定终结执行：

（一）申请人撤销申请的；[1]

（二）当事人双方达成和解协议，申请执行人撤回执行申请的；[2]

（三）据以执行的法律文书被撤销的；[3]

（四）作为被执行人的公民死亡，无遗产可供执行，又无义务承担人的；[4]

（五）追索赡养费、扶养费、抚育费案件的权利人死亡的；[5]

（六）作为被执行人的公民因生活困难无力偿还借款，无收入来源，又丧失劳动能力的；[6]

（七）被执行人被人民法院裁定宣告破产的；[7]

（八）被执行人在破产程序中与全体债权人达成破产和解协议经破产法院确认并已履行完毕的；[8]

（九）作为被执行人的企业法人或其他组织被撤销、注销、吊销营业执照或者歇业、终止后既无财产可供执行，又无义务承受人，也没有能够依法追加变更执行主体的；[9]

（十）案件被上级人民法院裁定提级执行或者指定由其他法院执行的；[10]

（十一）按照《最高人民法院关于委托执行若干问题的规定》，办理了委托执行手续，且收到受托法院立案通知书的；[11]

（十二）特定物的执行中，特定物毁损、灭失，双方当事人对折价赔偿又不能协商一致的；[12]

（十三）依照刑法第五十三条[13]规定免除缴纳罚金的；[14]

（十四）行政执行标的灭失的；[15]

（十五）人民法院认为应当终结执行的其他情形。[16]

法律依据

[**1**]**《中华人民共和国民事诉讼法》**（2017 年 6 月 27 日修正）

第二百五十七条第一项　有下列情形之一的，人民法院裁定终结执行：

（一）申请人撤销申请的；

《最高人民法院关于执行案件立案、结案若干问题的意见》（法发〔2014〕26 号）

第十七条第一款第一项　有下列情形之一的，可以以“终结执行”方式结案：

（一）申请人撤销申请或者是当事人双方达成执行和解协议，申请执行人撤回执行申请的；

[**2**]**《最高人民法院关于适用〈中华人民共和国民事诉讼法〉的解释》**（2020 年 12 月 23 日修正）

第四百六十六条　申请执行人与被执行人达成和解协议后请求中止执行或者撤回执行申请的，人民法院可以裁定中止执行或者终结执行。

《最高人民法院关于执行案件立案、结案若干问题的意见》（法发〔2014〕26 号）

第十七条第一款第一项　有下列情形之一的，可以以“终结执行”方式结案：

（一）申请人撤销申请或者是当事人双方达成执行和解协议，申请执行人撤回执行申请的；

[**3**]**《中华人民共和国民事诉讼法》**（2017 年 6 月 27 日修正）

第二百五十七条第二项　有下列情形之一的，人民法院裁定终结执行：

（二）据以执行的法律文书被撤销的；

《最高人民法院关于执行案件立案、结案若干问题的意见》（法发〔2014〕26号）

第十七条第一款第二项 有下列情形之一的，可以以“终结执行”方式结案：

（二）据以执行的法律文书被撤销的；

［**4**］**《中华人民共和国民事诉讼法》**（2017年6月27日修正）

第二百五十七条第三项 有下列情形之一的，人民法院裁定终结执行：

（三）作为被执行人的公民死亡，无遗产可供执行，又无义务承担人的；

《最高人民法院关于执行案件立案、结案若干问题的意见》（法发〔2014〕26号）

第十七条第一款第三项 有下列情形之一的，人民法院裁定终结执行：

（三）作为被执行人的公民死亡，无遗产可供执行，又无义务承担人的；

［**5**］**《中华人民共和国民事诉讼法》**（2017年6月27日修正）

第二百五十七条第四项 有下列情形之一的，人民法院裁定终结执行：

（四）追索赡养费、扶养费、抚育费案件的权利人死亡的；

《最高人民法院关于执行案件立案、结案若干问题的意见》（法发〔2014〕26号）

第十七条第一款第四项 有下列情形之一的，可以以“终结执行”方式结案：

（四）追索赡养费、扶养费、抚育费案件的权利人死亡的；

［**6**］**《中华人民共和国民事诉讼法》**（2017年6月27日修正）

第二百五十七条第五项 有下列情形之一的，人民法院裁定终结执行：

（五）作为被执行人的公民因生活困难无力偿还借款，无收入来源，又丧失劳动能力的；

《最高人民法院关于执行案件立案、结案若干问题的意见》（法发〔2014〕26号）

第十七条第一款第五项 有下列情形之一的，可以以“终结执行”方式结案：

（五）作为被执行人的公民因生活困难无力偿还借款，无收入来源，又丧失劳动能力的；

［7］**《最高人民法院关于人民法院执行工作若干问题的规定（试行）》**（2020年12月23日修正）

61. 在执行中，被执行人被人民法院裁定宣告破产的，执行法院应当依照民事诉讼法第二百三十三条第六项的规定，裁定终结执行。

《最高人民法院关于执行案件立案、结案若干问题的意见》（法发〔2014〕26号）

第十七条第一款第八项　有下列情形之一的，可以以“终结执行”方式结案：

（八）被执行人被人民法院裁定宣告破产的；

［8］**《最高人民法院执行工作办公室就湖南高院继续执行中科软件集团有限公司诉圣方科技公司一案的答复意见》**［〔执〕明传（2007）10号］

内容摘要：“……牡丹江中院破产案件终结，是因为债权人会议通过了和解协议并执行完毕，债务人圣方科技公司按照和解协议规定的条件清偿了债务，破产原因消除。经破产法院裁定认可的和解协议，对债务人和全体债权人均有约束力。中科软件公司参加了破产程序，依法应当受该和解协议的约束。破产和解是债务人破产再生程序，和解协议执行完毕后，其法人资格仍存续，但不再承担和解协议规定以外的债务的清偿责任。对此，当时法律虽无明文规定，但参照新企业破产法，应作此理解。此种情况下圣方科技公司未被宣告破产，并保留主体资格，这一点不能成为你院恢复执行的理由。在牡丹江中院裁定终结破产程序后，你院应当裁定对圣方科技公司执行终结。”

［9］**《最高人民法院关于执行案件立案、结案若干问题的意见》**（法发〔2014〕26号）

第十七条第一款第六项　有下列情形之一的，可以以“终结执行”方式结案：

（六）作为被执行人的企业法人或其他组织被撤销、注销、吊销营业执照或者歇业、终止后既无财产可供执行，又无义务承受人，也没有能够依法追加变更执行主体的；

［10］**《最高人民法院关于执行案件立案、结案若干问题的意见》**（法发〔2014〕26号）

第十七条第一款第十项、第十一项　有下列情形之一的，可以以“终结执行”方式结案：

（十）案件被上级人民法院裁定提级执行的；

（十一）案件被上级人民法院裁定指定由其他法院执行的；

[11]《最高人民法院关于执行案件立案、结案若干问题的意见》（法发〔2014〕26号）

第十七条第一款第十二项　有下列情形之一的，可以以“终结执行”方式结案：

（十二）按照《最高人民法院关于委托执行若干问题的规定》，办理了委托执行手续，且收到受托法院立案通知书的；

[12]《最高人民法院关于适用〈中华人民共和国民事诉讼法〉的解释》（2020年12月23日修正）

第四百九十四条　执行标的物为特定物的，应当执行原物。原物确已毁损或者灭失的，经双方当事人同意，可以折价赔偿。

双方当事人对折价赔偿不能协商一致的，人民法院应当终结执行程序。申请执行人可以另行起诉。

[13]《中华人民共和国刑法》（2020年12月26日修正）

第五十三条　罚金在判决指定的期限内一次或者分期缴纳。期满不缴纳的，强制缴纳。对于不能全部缴纳罚金的，人民法院在任何时候发现被执行人有可以执行的财产，应当随时追缴。

由于遭遇不能抗拒的灾祸等原因缴纳确实有困难的，经人民法院裁定，可以延期缴纳、酌情减少或者免除。

[14]《最高人民法院关于执行案件立案、结案若干问题的意见》（法发〔2014〕26号）

第十七条第一款第七项　有下列情形之一的，可以以“终结执行”方式结案：

（七）依照刑法第五十三条规定免除罚金的；

[15]《最高人民法院关于执行案件立案、结案若干问题的意见》（法发〔2014〕26号）

第十七条第一款第九项　有下列情形之一的，可以以“终结执行”方式结案：

（九）行政执行标的灭失的；

[16]**《中华人民共和国民事诉讼法》**（2017 年 6 月 27 日修正）

第二百五十七条第六项　有下列情形之一的，人民法院裁定终结执行：

（六）人民法院认为应当终结执行的其他情形。

《最高人民法院关于执行案件立案、结案若干问题的意见》（法发〔2014〕26 号）

第十七条第一款第十三项　有下列情形之一的，可以以“终结执行”方式结案：

（十三）人民法院认为应当终结执行的其他情形。

122. 【终结执行裁定】

除本规范第 121 条第十项、第十一项规定的情形外，终结执行应当依法制作裁定书，载明终结执行的事由和法律依据，并送达当事人。[1]终结执行的裁定，送达当事人后立即生效。[2]

执行法院在送达终结执行裁定书时应同时告知当事人、利害关系人自收到裁定之日起六十日内可以依照民事诉讼法第二百二十五条规定对终结执行行为提出异议。当事人、利害关系人未收到法律文书的，应当自知道或者应当知道人民法院终结执行之日起六十日内提出。超出期限提出执行异议的，人民法院不予受理。[3]

法律依据

[1]**《最高人民法院关于人民法院执行工作若干问题的规定（试行）》**（2020 年 12 月 23 日修正）

62. 中止执行和终结执行的裁定书应当写明中止或终结执行的理由和法律依据。

《最高人民法院关于执行案件立案、结案若干问题的意见》（法发〔2014〕26 号）

第十七条第二款　前款除第（十）项、第（十一）项、第（十二）项规定的情形外，终结执行的，应当制作裁定书，送达当事人。

[2]**《中华人民共和国民事诉讼法》**（2017 年 6 月 27 日修正）

第二百五十八条　中止和终结执行的裁定，送达当事人后立即生效。

［**3**］**《最高人民法院关于对人民法院终结执行行为提出执行异议期限问题的批复》**（法释〔2016〕3 号）

批复主要内容："湖北省高级人民法院：你院《关于咸宁市广泰置业有限公司与咸宁市枫丹置业有限公司房地产开发经营合同纠纷案的请示》（鄂高法〔2015〕295 号）收悉。经研究，批复如下：当事人、利害关系人依照民事诉讼法第二百二十五条规定对终结执行行为提出异议的，应当自收到终结执行法律文书之日起六十日内提出；未收到法律文书的，应当自知道或者应当知道人民法院终结执行之日起六十日内提出。批复发布前终结执行的，自批复发布之日起六十日内提出。超出该期限提出执行异议的，人民法院不予受理。此复。"

123.【终结执行后的再次申请执行】

依照本规范第 121 条规定终结执行的案件，申请执行的条件具备时，申请执行人申请恢复执行的，人民法院应当恢复执行。[1]

因撤销申请而终结执行后，当事人在本规范第 22 条第一款、第二款规定的申请执行时效期间内再次申请执行的，人民法院应当受理。[2]

因达成和解协议而撤回执行申请的，申请执行人申请恢复原生效法律文书的执行，应符合本规范第六章执行和解部分的相关规定。

法律依据

［**1**］**《最高人民法院关于执行案件立案、结案若干问题的意见》**（法发〔2014〕26 号）

第六条第五项　下列案件，人民法院应当按照恢复执行案件予以立案：

（五）依照民事诉讼法第二百五十七条的规定而终结执行的案件，申请执行的条件具备时，申请执行人申请恢复执行的。

［**2**］**《最高人民法院关于适用〈中华人民共和国民事诉讼法〉的解释》**（2020 年 12 月 23 日修正）

第五百二十条　因撤销申请而终结执行后，当事人在民事诉讼法第二百三十九条规定的申请执行时效期间内再次申请执行的，人民法院应当受理。

124. 【执行程序终结后对已执行标的妨害行为的处理】

在执行终结六个月内，被执行人或者其他人对已执行的标的有妨害行为的，人民法院可以依申请排除妨害，并可以依照民事诉讼法第一百一十一条规定[1]进行处罚。因妨害行为给执行债权人或者其他人造成损失的，受害人可以另行起诉。[2]

法律依据

［**1**］**《中华人民共和国民事诉讼法》**（2017 年 6 月 27 日修正）

第一百一十一条　诉讼参与人或者其他人有下列行为之一的，人民法院可以根据情节轻重予以罚款、拘留；构成犯罪的，依法追究刑事责任：

（一）伪造、毁灭重要证据，妨碍人民法院审理案件的；

（二）以暴力、威胁、贿买方法阻止证人作证或者指使、贿买、胁迫他人作伪证的；

（三）隐藏、转移、变卖、毁损已被查封、扣押的财产，或者已被清点并责令其保管的财产，转移已被冻结的财产的；

（四）对司法工作人员、诉讼参加人、证人、翻译人员、鉴定人、勘验人、协助执行的人，进行侮辱、诽谤、诬陷、殴打或者打击报复的；

（五）以暴力、威胁或者其他方法阻碍司法工作人员执行职务的；

（六）拒不履行人民法院已经发生法律效力的判决、裁定的。

人民法院对有前款规定的行为之一的单位，可以对其主要负责人或者直接责任人员予以罚款、拘留；构成犯罪的，依法追究刑事责任。

［**2**］**《最高人民法院关于适用〈中华人民共和国民事诉讼法〉的解释》**（2020 年 12 月 23 日修正）

第五百二十一条　在执行终结六个月内，被执行人或者其他人对已执行的标的有妨害行为的，人民法院可以依申请排除妨害，并可以依照民事诉讼法第一百一十一条规定进行处罚。因妨害行为给执行债权人或者其他人造成损失的，受害人可以另行起诉。

第十一章　执行程序和破产程序的衔接

125. 【执行案件移送破产审查的工作原则】

执行案件移送破产审查工作，涉及执行程序与破产程序之间的转换衔接，不同法院之间，同一法院内部执行部门、立案部门、破产审判部门之间，应坚持依法有序、协调配合、高效便捷的工作原则，防止推诿扯皮，影响司法效率，损害当事人合法权益。[1]

法律依据

［**1**］**《最高人民法院关于执行案件移送破产审查若干问题的指导意见》**（法发〔2017〕2号）

1. 执行案件移送破产审查工作，涉及执行程序与破产程序之间的转换衔接，不同法院之间，同一法院内部执行部门、立案部门、破产审判部门之间，应坚持依法有序、协调配合、高效便捷的工作原则，防止推诿扯皮，影响司法效率，损害当事人合法权益。

126. 【执行案件移送破产审查的条件】

执行案件移送破产审查，应同时符合下列条件：

（一）被执行人为企业法人；

（二）被执行人或者有关被执行人的任何一个执行案件的申请执行人书面同意将执行案件移送破产审查；

（三）被执行人不能清偿到期债务，并且资产不足以清偿全部债务或者明显缺乏清偿能力。[1]

法律依据

［**1**］**《最高人民法院关于执行案件移送破产审查若干问题的指导意见》**（法发〔2017〕2号）

2. 执行案件移送破产审查，应同时符合下列条件：

（1）被执行人为企业法人；

（2）被执行人或者有关被执行人的任何一个执行案件的申请执行人书面同意将执行案件移送破产审查；

（3）被执行人不能清偿到期债务，并且资产不足以清偿全部债务或者明显缺乏清偿能力。

127.【执行案件移送破产审查的管辖】

执行案件移送破产审查，由被执行人住所地人民法院管辖。在级别管辖上，实行以中级人民法院管辖为原则、基层人民法院管辖为例外的管辖制度。中级人民法院经高级人民法院批准，也可以将案件交由具备审理条件的基层人民法院审理。[1]

法律依据

［**1**］**《最高人民法院关于执行案件移送破产审查若干问题的指导意见》**（法发〔2017〕2号）

3. 执行案件移送破产审查，由被执行人住所地人民法院管辖。在级别管辖上，为适应破产审判专业化建设的要求，合理分配审判任务，实行以中级人民法院管辖为原则、基层人民法院管辖为例外的管辖制度。中级人民法院经高级人民法院批准，也可以将案件交由具备审理条件的基层人民法院审理。

128.【执行案件移送破产事宜的告知】

执行法院在执行程序中应加强对执行案件移送破产审查有关

事宜的告知和征询工作。[1]

执行法院依照民事诉讼法第二百四十条[2]规定对作为被执行人的企业法人发出执行通知时，可以同时告知《最高人民法院关于适用〈中华人民共和国民事诉讼法〉的解释》有关执行移送破产的规定。

法律依据

［1］《最高人民法院关于执行案件移送破产审查若干问题的指导意见》（法发〔2017〕2号）

4. 执行法院在执行程序中应加强对执行案件移送破产审查有关事宜的告知和征询工作。执行法院采取财产调查措施后，发现作为被执行人的企业法人符合破产法第二条规定的，应当及时询问申请执行人、被执行人是否同意将案件移送破产审查。申请执行人、被执行人均不同意移送且无人申请破产的，执行法院应当按照《最高人民法院关于适用〈中华人民共和国民事诉讼法〉的解释》第五百一十六条的规定处理，企业法人的其他已经取得执行依据的债权人申请参与分配的，人民法院不予支持。

［2］《中华人民共和国民事诉讼法》（2017年6月27日修正）

第二百四十条　执行员接到申请执行书或者移交执行书，应当向被执行人发出执行通知，并可以立即采取强制执行措施。

129. 【执行案件移送破产审查前的意见征询】

执行法院采取财产调查措施后，发现作为被执行人的企业法人符合企业破产法第二条[1]规定的，应当及时询问申请执行人、被执行人是否同意将案件移送破产审查。申请执行人、被执行人均不同意移送且无人申请破产的，执行法院就执行变价所得的财产，在扣除执行费用及清偿优先受偿的债权后，对于普通债权，按照财产保全和执行中查封、扣押、冻结财产的先后顺序清偿。企业法人的其他已经取得执行依据的债权人申请参与分配的，人民法院不予支持。[2]

法律依据

［1］《中华人民共和国企业破产法》（2006 年 8 月 27 日）

第二条　企业法人不能清偿到期债务，并且资产不足以清偿全部债务或者明显缺乏清偿能力的，依照本法规定清理债务。

企业法人有前款规定情形，或者有明显丧失清偿能力可能的，可以依照本法规定进行重整。

［2］见本规范第 128 条法律依据［1］。

《最高人民法院关于适用〈中华人民共和国民事诉讼法〉的解释》（2020 年 12 月 23 日修正）

第五百一十六条　当事人不同意移送破产或者被执行人住所地人民法院不受理破产案件的，执行法院就执行变价所得财产，在扣除执行费用及清偿优先受偿的债权后，对于普通债权，按照财产保全和执行中查封、扣押、冻结财产的先后顺序清偿。

130.【执行案件移送破产审查的决定程序】

执行部门应严格遵守执行案件移送破产审查的内部决定程序。承办人认为执行案件符合移送破产审查条件的，应提出审查意见，经合议庭评议同意后，由执行法院院长签署移送决定。[1]

基层人民法院拟将执行案件移送异地中级人民法院进行破产审查的，在作出移送决定前，应先报请其所在地中级人民法院执行部门审核同意。[2]

法律依据

［1］《最高人民法院关于执行案件移送破产审查若干问题的指导意见》（法发〔2017〕2 号）

5. 执行部门应严格遵守执行案件移送破产审查的内部决定程序。承办人认为执行案件符合移送破产审查条件的，应提出审查意见，经合议庭评议同意后，由执行法院院长签署移送决定。

［2］《最高人民法院关于执行案件移送破产审查若干问题的指导意见》

（法发〔2017〕2 号）

6. 为减少异地法院之间移送的随意性，基层人民法院拟将执行案件移送异地中级人民法院进行破产审查的，在作出移送决定前，应先报请其所在地中级人民法院执行部门审核同意。

131. 【移送决定的送达及其异议的处理】

执行法院作出移送决定后，应当于五日内送达申请执行人和被执行人。申请执行人或被执行人对决定有异议的，可以在受移送法院破产审查期间提出，由受移送法院一并处理。[1]

法律依据

［1］《最高人民法院关于执行案件移送破产审查若干问题的指导意见》（法发〔2017〕2 号）

7. 执行法院作出移送决定后，应当于五日内送达申请执行人和被执行人。申请执行人或被执行人对决定有异议的，可以在受移送法院破产审查期间提出，由受移送法院一并处理。

132. 【移送后的中止执行】

执行法院作出移送决定后，应当书面通知所有已知执行法院，执行法院均应中止对被执行人的执行程序。但是，对被执行人的季节性商品、鲜活、易腐烂变质以及其他不宜长期保存的物品，执行法院应当及时变价处置，处置的价款不作分配。受移送法院裁定受理破产案件的，执行法院应当在收到裁定书之日起七日内，将该价款移交受理破产案件法院。案件符合终结本次执行程序条件的，执行法院可以同时裁定终结本次执行程序。[1]

被执行人的所有执行法院未依照前款规定中止对被执行人的执行程序的，采取执行措施的相关单位应当依法予以纠正。依法执行回转的财产，应当认定为企业法人的破产财产。[2]

裁定对被执行人中止执行的，不影响对同一执行案件其他被执行人的执行。

法律依据

［1］**《最高人民法院关于执行案件移送破产审查若干问题的指导意见》**（法发〔2017〕2号）

8. 执行法院作出移送决定后，应当书面通知所有已知执行法院，执行法院均应中止对被执行人的执行程序。但是，对被执行人的季节性商品、鲜活、易腐烂变质以及其他不宜长期保存的物品，执行法院应当及时变价处置，处置的价款不作分配。受移送法院裁定受理破产案件的，执行法院应当在收到裁定书之日起七日内，将该价款移交受理破产案件的法院。

案件符合终结本次执行程序条件的，执行法院可以同时裁定终结本次执行程序。

［2］**《最高人民法院关于适用〈中华人民共和国企业破产法〉若干问题的规定（二）》**（2020年12月23日修正）

第五条　破产申请受理后，有关债务人财产的执行程序未依照企业破产法第十九条的规定中止的，采取执行措施的相关单位应当依法予以纠正。依法执行回转的财产，人民法院应当认定为债务人财产。

133.【查控措施的延续】

执行法院决定移送后、受移送法院裁定受理破产案件之前，对被执行人的查封、扣押、冻结措施不解除。查封、扣押、冻结期限在破产期间届满的，申请执行人可以向执行法院申请延长期限，由执行法院负责办理。[1]

法律依据

［1］**《最高人民法院关于执行案件移送破产审查若干问题的指导意见》**（法发〔2017〕2号）

9. 确保对被执行人财产的查封、扣押、冻结措施的连续性，执行法院决定移送后、受移送法院裁定受理破产案件之前，对被执行人的查封、扣押、冻结措施不解除。查封、扣押、冻结期限在破产审查期间届满的，申请执行人可以向执行法院申请延长期限，由执行法院负责办理。

134.【材料的移送及补正】

执行法院作出移送决定后，应当向受移送法院移送下列材料：

（一）执行案件移送破产审查决定书；

（二）申请执行人或被执行人同意移送的书面材料；

（三）执行法院采取财产调查措施查明的被执行人的财产状况，已查封、扣押、冻结财产清单及相关材料；

（四）执行法院已分配财产清单及相关材料；

（五）被执行人债务清单；

（六）其他应当移送的材料。[1]

移送的材料不完备或内容错误，影响受移送法院认定破产原因是否具备的，受移送法院可以要求执行法院补齐、补正，执行法院应于十日内补齐、补正。该期间不计入受移送法院破产审查期间。

受移送法院需要查阅执行程序中的其他案件材料，或者依法委托执行法院办理财产处置等事项的，执行法院应予协助配合。[2]

法律依据

［1］《最高人民法院关于执行案件移送破产审查若干问题的指导意见》（法发〔2017〕2号）

10. 执行法院作出移送决定后，应当向受移送法院移送下列材料：

（1）执行案件移送破产审查决定书；

（2）申请执行人或被执行人同意移送的书面材料；

（3）执行法院采取财产调查措施查明的被执行人的财产状况，已查封、扣押、冻结财产清单及相关材料；

（4）执行法院已分配财产清单及相关材料；

（5）被执行人债务清单；

（6）其他应当移送的材料。

［2］**《最高人民法院关于执行案件移送破产审查若干问题的指导意见》**（法发〔2017〕2号）

11. 移送的材料不完备或内容错误，影响受移送法院认定破产原因是否具备的，受移送法院可以要求执行法院补齐、补正，执行法院应于十日内补齐、补正。该期间不计入受移送法院破产审查的期间。

受移送法院需要查阅执行程序中的其他案件材料，或者依法委托执行法院办理财产处置等事项的，执行法院应予协助配合。

135. 【移送材料的接收和登记立案】

执行法院移送破产审查的材料，由受移送法院立案部门负责接收。受移送法院不得以材料不完备等为由拒绝接收。立案部门经审核认为移送材料完备的，应以“破申”作为案件类型代字编制案号登记立案，并及时将案件移送破产审判部门进行破产审查。

破产审判部门在审查过程中发现本院对案件不具有管辖权的，应当按照民事诉讼法第三十六条[1]的规定处理。[2]

法律依据

［1］**《中华人民共和国民事诉讼法》**（2017年6月27日修正）

第三十六条　人民法院发现受理的案件不属于本院管辖的，应当移送有管辖权的人民法院，受移送的人民法院应当受理。受移送的人民法院认为受移送的案件依照规定不属于本院管辖的，应当报请上级人民法院指定管辖，不得再自行移送。

［2］**《最高人民法院关于执行案件移送破产审查若干问题的指导意见》**（法发〔2017〕2号）

12. 执行法院移送破产审查的材料，由受移送法院立案部门负责接收。受移送法院不得以材料不完备等为由拒绝接收。立案部门经审核认为移送材料完备的，应以“破申”作为案件类型代字编制案号登记立案，并及时将案件移送破产审判部门进行破产审查。破产审判部门在审查过程中发现本院对案件不具有管辖权的，应当按照《中华人民共和国民事诉讼法》第三十六条的规定处理。

136.【受移送法院破产审查与受理】

受移送法院的破产审判部门应当自收到移送的材料之日起三十日内作出是否受理的裁定。受移送法院作出裁定后，应当在五日内送达申请执行人、被执行人，并送交执行法院。[1]

申请执行人申请或同意移送破产审查的，裁定书中以该申请执行人为申请人，被执行人为被申请人；被执行人申请或同意移送破产审查的，裁定书中以该被执行人为申请人；申请执行人、被执行人均同意移送破产审查的，双方均为申请人。[2]

法律依据

[**1**]**《最高人民法院关于执行案件移送破产审查若干问题的指导意见》**（法发〔2017〕2号）

13. 受移送法院的破产审判部门应当自收到移送的材料之日起三十日内作出是否受理的裁定。受移送法院作出裁定后，应当在五日内送达申请执行人、被执行人，并送交执行法院。

[**2**]**《最高人民法院关于执行案件移送破产审查若干问题的指导意见》**（法发〔2017〕2号）

14. 申请执行人申请或同意移送破产审查的，裁定书中以该申请执行人为申请人，被执行人为被申请人；被执行人申请或同意移送破产审查的，裁定书中以该被执行人为申请人；申请执行人、被执行人均同意移送破产审查的，双方均为申请人。

137.【执破衔接中执行费用的处理】

受移送法院裁定受理破产案件的，在此前的执行程序中产生的评估费、公告费、保管费等执行费用，可以参照破产费用的规定，从债务人财产中随时清偿。[1]

法律依据

［1］**《最高人民法院关于执行案件移送破产审查若干问题的指导意见》**（法发〔2017〕2号）

15. 受移送法院裁定受理破产案件的，在此前的执行程序中产生的评估费、公告费、保管费等执行费用，可以参照破产费用的规定，从债务人财产中随时清偿。

138.【被执行人财产的移交】

执行法院收到受移送法院受理裁定后，应当于七日内将已经扣划到账的银行存款、实际扣押的动产、有价证券等被执行人财产移交给受理破产案件的法院或管理人。[1]

执行法院收到受移送法院受理裁定时，已通过拍卖、变卖程序处置且成交裁定已送达买受人的拍卖、变卖财产，通过以物抵债偿还债务且抵债裁定已送达债权人的抵债财产，已完成转账、汇款、现金交付的执行款，因财产所有权已经发生变动，不属于被执行人的财产，不再移交。[2]

法律依据

［1］**《最高人民法院关于执行案件移送破产审查若干问题的指导意见》**（法发〔2017〕2号）

16. 执行法院收到受移送法院受理裁定后，应当于七日内将已经扣划到账的银行存款、实际扣押的动产、有价证券等被执行人财产移交给受理破产案件的法院或管理人。

［2］**《最高人民法院关于执行案件移送破产审查若干问题的指导意见》**（法发〔2017〕2号）

17. 执行法院收到受移送法院受理裁定时，已通过拍卖程序处置且成交裁定已送达买受人的拍卖财产，通过以物抵债偿还债务且抵债裁定已送达债权人的抵债财产，已完成转账、汇款、现金交付的执行款，因财产所有权已经发生变动，不属于被执行人的财产，不再移交。

139. 【受移送法院不予受理或驳回申请的处理】

受移送法院作出不予受理或驳回申请裁定的，应当在裁定生效后七日内将接收的材料、被执行人的财产退回执行法院，执行法院应当恢复对被执行人的执行。[1]

执行法院就执行变价所得的财产，在扣除执行费用及清偿优先受偿的债权后，对于普通债权，按照财产保全和执行中查封、扣押、冻结财产的先后顺序清偿。[2]

法律依据

[1]《最高人民法院关于执行案件移送破产审查若干问题的指导意见》（法发〔2017〕2号）

18. 受移送法院做出不予受理或驳回申请裁定的，应当在裁定生效后七日内将接收的材料、被执行人的财产退回执行法院，执行法院应当恢复对被执行人的执行。

[2]《最高人民法院关于适用〈中华人民共和国民事诉讼法〉的解释》（2020年12月23日修正）

第五百一十六条　当事人不同意移送破产或者被执行人住所地人民法院不受理破产案件的，执行法院就执行变价所得财产，在扣除执行费用及清偿优先受偿的债权后，对于普通债权，按照财产保全和执行中查封、扣押、冻结财产的先后顺序清偿。

140. 【重复移送的禁止】

受移送法院作出不予受理或驳回申请的裁定后，人民法院不得重复启动执行案件移送破产审查程序。申请执行人或被执行人以有新证据足以证明被执行人已经具备了破产原因为由，再次要求将执行案件移送破产审查的，人民法院不予支持。但是，申请执行人或被执行人可以直接向具有管辖权的法院提出破产申请。[1]

法律依据

［1］《最高人民法院关于执行案件移送破产审查若干问题的指导意见》（法发〔2017〕2 号）

19. 受移送法院作出不予受理或驳回申请的裁定后，人民法院不得重复启动执行案件移送破产审查程序。申请执行人或被执行人以有新证据足以证明被执行人已经具备了破产原因为由，再次要求将执行案件移送破产审查的，人民法院不予支持。但是，申请执行人或被执行人可以直接向具有管辖权的法院提出破产申请。

141.【破产与否的后续处理】

受移送法院裁定宣告被执行人破产或裁定终止和解程序、重整程序的，应当自裁定作出之日起五日内送交执行法院，执行法院应当裁定终结对被执行人的执行。[1]

人民法院受理破产申请后至破产宣告前裁定驳回破产申请，或者依据企业破产法第一百零八条[2]的规定裁定终结破产程序的，应当及时通知原已采取保全措施并已依法解除保全措施的单位按照原保全顺位恢复相关保全措施。在已依法解除保全的单位恢复保全措施或者表示不再恢复之前，受理破产申请的人民法院不得解除对债务人财产的保全措施。[3]执行法院决定恢复查控措施或表示不再恢复，应当及时通知受理破产申请法院。

法律依据

［1］《最高人民法院关于执行案件移送破产审查若干问题的指导意见》（法发〔2017〕2 号）

20. 受移送法院裁定宣告被执行人破产或裁定终止和解程序、重整程序的，应当自裁定作出之日起五日内送交执行法院，执行法院应当裁定终结对被执行人的执行。

［2］《中华人民共和国企业破产法》（2006 年 8 月 27 日）

第一百零八条　破产宣告前，有下列情形之一的，人民法院应当裁定终结破产程序，并予以公告：

（一）第三人为债务人提供足额担保或者为债务人清偿全部到期债务的；

（二）债务人已清偿全部到期债务的。

［3］《最高人民法院关于适用〈中华人民共和国企业破产法〉若干问题的规定（二）》（2020 年 12 月 23 日修正）

第八条　人民法院受理破产申请后至破产宣告前裁定驳回破产申请，或者依据企业破产法第一百零八条的规定裁定终结破产程序的，应当及时通知原已采取保全措施并已依法解除保全措施的单位按照原保全顺位恢复相关保全措施。

在已依法解除保全的单位恢复保全措施或者表示不再恢复之前，受理破产申请的人民法院不得解除对债务人财产的保全措施。

142.【执行案件移送破产审查的监督】

受移送法院拒绝接收移送的材料，或者收到移送的材料后不按规定的期限作出是否受理裁定的，执行法院可函请受移送法院的上一级法院进行监督。上一级法院收到函件后应当指令受移送法院在十日内接收材料或作出是否受理的裁定。受移送法院收到上级法院的通知后，十日内仍不接收材料或不作出是否受理裁定的，上一级法院可以径行对移送破产审查案件行使管辖权。上一级法院裁定受理破产案件的，可以指令受移送法院审理。[1]

法律依据

［1］《最高人民法院关于执行案件移送破产审查若干问题的指导意见》（法发〔2017〕2 号）

21. 受移送法院拒绝接收移送的材料，或者收到移送的材料后不按规定的期限作出是否受理裁定的，执行法院可函请受移送法院的上一级法院进行监督。上一级法院收到函件后应当指令受移送法院在十日内接收材料或作出是否受理的裁定。

受移送法院收到上级法院的通知后，十日内仍不接收材料或不作出是否受理裁定的，上一级法院可以径行对移送破产审查的案件行使管辖权。上一级法院裁定受理破产案件的，可以指令受移送法院审理。

143. 【申请执行人申报债权】

因被执行人被受理破产而裁定中止执行的，申请执行人应当依法向管理人申报相关债权。[1]

法律依据

［1］**《中华人民共和国企业破产法》**（2006 年 8 月 27 日）

第四十四条　人民法院受理破产申请时对债务人享有债权的债权人，依照本法规定的程序行使权利。

《最高人民法院关于适用〈中华人民共和国企业破产法〉若干问题的规定（二）》（2020 年 12 月 23 日修正）

第二十二条　破产申请受理前，债权人就债务人财产向人民法院提起本规定第二十一条第一款所列诉讼，人民法院已经作出生效民事判决书或者调解书但尚未执行完毕的，破产申请受理后，相关执行行为应当依据企业破产法第十九条的规定中止，债权人应当依法向管理人申报相关债权。

144. 【虚假破产的监督】

执行法院发现被执行人有虚假破产情形的，应当及时向受理破产案件的人民法院提出。申请执行人认为被执行人利用破产逃债的，可以向受理破产案件的人民法院或者其上级人民法院提出异议，受理异议的法院应当依法进行监督。[1]

法律依据

［1］**《最高人民法院关于依法制裁规避执行行为的若干意见》**（法〔2011〕195 号）

10. 加强对破产案件的监督。执行法院发现被执行人有虚假破产情形的，应当及时向受理破产案件的人民法院提出。申请执行人认为被执行人利用破产逃债的，可以向受理破产案件的人民法院或者其上级人民法院提出异议，受理异议的法院应当依法进行监督。

第十二章　迟延履行期间债务利息和迟延履行金

145.【迟延履行期间债务利息和迟延履行金的一般规定】

被执行人未按判决、裁定和其他法律文书指定的期间履行给付金钱义务的，应当加倍支付迟延履行期间的债务利息。被执行人未按判决、裁定和其他法律文书指定的期间履行其他义务的，应当支付迟延履行金。[1]

法律依据

[1]《中华人民共和国民事诉讼法》（2017 年 6 月 27 日修正）

第二百五十三条　被执行人未按判决、裁定和其他法律文书指定的期间履行给付金钱义务的，应当加倍支付迟延履行期间的债务利息。被执行人未按判决、裁定和其他法律文书指定的期间履行其他义务的，应当支付迟延履行金。

146.【2014 年 8 月 1 日前产生的迟延履行期间债务利息的计算方法】

《最高人民法院关于执行程序中计算迟延履行期间的债务利息适用法律若干问题的解释》施行时（2014 年 8 月 1 日）尚未执行完毕部分的金钱债务，解释施行前的迟延履行期间债务利息按照之前的规定计算。[1]

法律依据

［1］**《最高人民法院关于执行程序中计算迟延履行期间的债务利息适用法律若干问题的解释》**（法释〔2014〕8 号）

第七条第一款　本解释施行时尚未执行完毕部分的金钱债务，本解释施行前的迟延履行期间债务利息按照之前的规定计算；施行后的迟延履行期间债务利息按照本解释计算。

147. 【2014 年 8 月 1 日前已清偿部分债务的本息的确定】

2014 年 8 月 1 日前已清偿部分债务的，应当根据并还原则按比例计算已清偿的法律文书确定的金钱债务金额与迟延履行期间的债务利息金额，但当事人在执行和解中对清偿顺序另有约定的除外。[1]

法律依据

［1］**《最高人民法院关于在执行工作中如何计算迟延履行期间的债务利息等问题的批复》**（法释〔2009〕6 号）

二、执行款不足以偿付全部债务的，应当根据并还原则按比例清偿法律文书确定的金钱债务与迟延履行期间的债务利息，但当事人在执行和解中对清偿顺序另有约定的除外。

148. 【2014 年 8 月 1 日前应付执行款的计算】

2014 年 8 月 1 日前的应付执行款，按照下列方法计算：

执行款 = 清偿的法律文书确定的金钱债务 + 清偿的迟延履行期间的债务利息。

清偿的迟延履行期间的债务利息 = 清偿的法律文书确定的金钱债务 × 同期贷款基准利率 ×2 × 迟延履行期间。[1]

法律依据

［1］**《最高人民法院关于在执行工作中如何计算迟延履行期间的债务利息等问题的批复》**（法释〔2009〕6号）

附：具体计算方法

（1）执行款＝清偿的法律文书确定的金钱债务＋清偿的迟延履行期间的债务利息。

（2）清偿的迟延履行期间的债务利息＝清偿的法律文书确定的金钱债务×同期贷款基准利率×2×迟延履行期间。

149.【2014年8月1日前迟延履行期间债务利息的计算基数】

2014年8月1日前迟延履行期间的债务利息计算基数包括执行依据确定的债务本金、利息、罚息、滞纳金、违约金、评估费、鉴定费、公告费等因诉讼或仲裁所支出的费用，不包括案件受理费、保全申请费、其他申请费。

150.【2014年8月1日前迟延履行期间债务利息起算日等问题的法律适用】

2014年8月1日前迟延履行期间债务利息的起算日、给付期间的扣除、外币给付的利息计算方法，参照本章关于加倍部分债务利息的相关规定。

151.【2014年8月1日后产生的迟延履行期间债务利息的计算方法】

《最高人民法院关于执行程序中计算迟延履行期间的债务利息适用法律若干问题的解释》施行后（2014年8月1日后）产生的迟延履行期间债务利息，包括迟延履行期间的一般债务利息和加倍部分债务利息。

迟延履行期间的一般债务利息，根据生效法律文书确定的方法计算；生效法律文书未确定给付该利息的，不予计算。

加倍部分债务利息的计算方法为：加倍部分债务利息 = 债务人尚未清偿的生效法律文书确定的除一般债务利息之外的金钱债务 × 日万分之一点七五 × 迟延履行期间。[1]

法律依据

［1］**《最高人民法院关于执行程序中计算迟延履行期间的债务利息适用法律若干问题的解释》**（法释〔2014〕8 号）

第一条　根据民事诉讼法第二百五十三条规定加倍计算之后的迟延履行期间的债务利息，包括迟延履行期间的一般债务利息和加倍部分债务利息。

迟延履行期间的一般债务利息，根据生效法律文书确定的方法计算；生效法律文书未确定给付该利息的，不予计算。

加倍部分债务利息的计算方法为：加倍部分债务利息 = 债务人尚未清偿的生效法律文书确定的除一般债务利息之外的金钱债务 × 日万分之一点七五 × 迟延履行期间。

第七条第一款　本解释施行时尚未执行完毕部分的金钱债务，本解释施行前的迟延履行期间债务利息按照之前的规定计算；施行后的迟延履行期间债务利息按照本解释计算。

152. 【加倍部分债务利息的起算日】

加倍部分债务利息自生效法律文书确定的履行期间届满之日起计算；生效法律文书确定分期履行的，自每次履行期间届满之日起计算；生效法律文书未确定履行期间的，自法律文书生效之日起计算。[1]

法律依据

［1］**《最高人民法院关于执行程序中计算迟延履行期间的债务利息适用法律若干问题的解释》**（法释〔2014〕8 号）

第二条　加倍部分债务利息自生效法律文书确定的履行期间届满之日起计

算；生效法律文书确定分期履行的，自每次履行期间届满之日起计算；生效法律文书未确定履行期间的，自法律文书生效之日起计算。

153. 【加倍部分债务利息的截止日及一般债务利息的参照适用】

加倍部分债务利息计算至被执行人履行完毕之日；被执行人分次履行的，相应部分的加倍部分债务利息计算至每次履行完毕之日。[1]

人民法院划拨、提取被执行人的存款、收入、股息、红利等财产的，相应部分的加倍部分债务利息计算至划拨、提取之日；人民法院对被执行人财产拍卖、变卖或者以物抵债的，计算至成交裁定或者抵债裁定生效之日；人民法院对被执行人财产通过其他方式变价的，计算至财产变价完成之日。[2]

生效法律文书确定一般债务利息计算至被执行人履行完毕之日的，截止日参照本条前两款关于加倍部分债务利息的截止日确定。

法律依据

［1］**《最高人民法院关于执行程序中计算迟延履行期间的债务利息适用法律若干问题的解释》**（法释〔2014〕8号）

第三条第一款　加倍部分债务利息计算至被执行人履行完毕之日；被执行人分次履行的，相应部分的加倍部分债务利息计算至每次履行完毕之日。

［2］**《最高人民法院关于执行程序中计算迟延履行期间的债务利息适用法律若干问题的解释》**（法释〔2014〕8号）

第三条第二款　人民法院划拨、提取被执行人的存款、收入、股息、红利等财产的，相应部分的加倍部分债务利息计算至划拨、提取之日；人民法院对被执行人财产拍卖、变卖或者以物抵债的，计算至成交裁定或者抵债裁定生效之日；人民法院对被执行人财产通过其他方式变价的，计算至财产变价完成之日。

154. 【加倍部分债务利息计付期间的扣除】

非因被执行人的申请，对生效法律文书审查而中止或者暂缓执行的期间及再审中止执行的期间，不计算加倍部分债务利息。[1]

法律依据

[1]**《最高人民法院关于执行程序中计算迟延履行期间的债务利息适用法律若干问题的解释》**（法释〔2014〕8号）

第三条第三款 非因被执行人的申请，对生效法律文书审查而中止或者暂缓执行的期间及再审中止执行的期间，不计算加倍部分债务利息。

155. 【本息清偿顺序】

被执行人的财产不足以清偿全部债务的，应当先清偿生效法律文书确定的金钱债务，再清偿加倍部分债务利息，但当事人对清偿顺序另有约定的除外。[1]

法律依据

[1]**《最高人民法院关于执行程序中计算迟延履行期间的债务利息适用法律若干问题的解释》**（法释〔2014〕8号）

第四条 被执行人的财产不足以清偿全部债务的，应当先清偿生效法律文书确定的金钱债务，再清偿加倍部分债务利息，但当事人对清偿顺序另有约定的除外。

156. 【给付外币的加倍部分债务利息的计算方法】

生效法律文书确定给付外币的，执行时以该种外币按日万分之一点七五计算加倍部分债务利息，但申请执行人主张以人民币计算的，人民法院应予准许。

以人民币计算加倍部分债务利息的，应当先将生效法律文书确定的外币折算或者套算为人民币后再进行计算。

外币折算或者套算为人民币的，按照加倍部分债务利息起算之日的中国外汇交易中心或者中国人民银行授权机构公布的人民币对该外币的中间价折合成人民币计算；中国外汇交易中心或者中国人民银行授权机构未公布汇率中间价的外币，按照该日境内银行人民币对该外币的中间价折算成人民币，或者该外币在境内银行、国际外汇市场对美元汇率，与人民币对美元汇率中间价进行套算。[1]

法律依据

［1］**《最高人民法院关于执行程序中计算迟延履行期间的债务利息适用法律若干问题的解释》**（法释〔2014〕8号）

第五条　生效法律文书确定给付外币的，执行时以该种外币按日万分之一点七五计算加倍部分债务利息，但申请执行人主张以人民币计算的，人民法院应予准许。

以人民币计算加倍部分债务利息的，应当先将生效法律文书确定的外币折算或者套算为人民币后再进行计算。

外币折算或者套算为人民币的，按照加倍部分债务利息起算之日的中国外汇交易中心或者中国人民银行授权机构公布的人民币对该外币的中间价折合成人民币计算；中国外汇交易中心或者中国人民银行授权机构未公布汇率中间价的外币，按照该日境内银行人民币对该外币的中间价折算成人民币，或者该外币在境内银行、国际外汇市场对美元汇率，与人民币对美元汇率中间价进行套算。

157. 【贷款市场报价利率】

“贷款市场报价利率”的适用，具体把握如下：

（一）出借人请求借款人按照合同约定利率支付利息的，人民法院应予支持，但是双方约定的利率超过合同成立时一年期贷款市场报价利率四倍的除外。

"一年期贷款市场报价利率"，是指中国人民银行授权全国银行间同业拆借中心自 2019 年 8 月 20 日起每月发布的一年期贷款市场报价利率。[1]

（二）借贷双方对前期借款本息结算后将利息计入后期借款本金并重新出具债权凭证，如果前期利率没有超过合同成立时一年期贷款市场报价利率四倍，重新出具的债权凭证载明的金额可认定为后期借款本金。超过部分的利息，不应认定为后期借款本金。

按前款计算，借款人在借款期间届满后应当支付的本息之和，超过以最初借款本金与以最初借款本金为基数、以合同成立时一年期贷款市场报价利率四倍计算的整个借款期间的利息之和的，人民法院不予支持。[2]

（三）借贷双方对逾期利率有约定的，从其约定，但是以不超过合同成立时一年期贷款市场报价利率四倍为限。

未约定逾期利率或者约定不明的，人民法院可以区分不同情况处理：

1. 既未约定借期内利率，也未约定逾期利率，出借人主张借款人自逾期还款之日起参照当时一年期贷款市场报价利率标准计算的利息承担逾期还款违约责任的，人民法院应予支持；

2. 约定了借期内利率但是未约定逾期利率，出借人主张借款人自逾期还款之日起按照借期内利率支付资金占用期间利息的，人民法院应予支持。[3]

（四）出借人与借款人既约定了逾期利率，又约定了违约金或者其他费用，出借人可以选择主张逾期利息、违约金或者其他费用，也可以一并主张，但是总计超过合同成立时一年期贷款市场报价利率四倍的部分，人民法院不予支持。[4]

（五）人民法院在审理借款合同纠纷案件过程中，要根据防范化解重大金融风险、金融服务实体经济、降低融资成本的精神，区别对待金融借贷与民间借贷，并适用不同规则与利率标准。要依法否定高利转贷行为、职业放贷行为的效力，充分发挥司法的示范、引导作用，促进金融服务实体经济。要注意到，为深化利率市场化改革，推动降低实体利率水平，自2019年8月20日起，中国人民银行已经授权全国银行间同业拆借中心于每月20日（遇节假日顺延）9时30分公布贷款市场报价利率（LPR），中国人民银行贷款基准利率这一标准已经取消。因此，自此之后人民法院裁判贷款利息的基本标准应改为全国银行间同业拆借中心公布的贷款市场报价利率。应予注意的是，贷款利率标准尽管发生了变化，但存款基准利率并未发生相应变化，相关标准仍可适用。[5]

法律依据

［1］《最高人民法院关于审理民间借贷案件适用法律若干问题的规定》（2020年12月23日修正）

第二十五条　出借人请求借款人按照合同约定利率支付利息的，人民法院应予支持，但是双方约定的利率超过合同成立时一年期贷款市场报价利率四倍的除外。

前款所称“一年期贷款市场报价利率”，是指中国人民银行授权全国银行间同业拆借中心自2019年8月20日起每月发布的一年期贷款市场报价利率。

［2］《最高人民法院关于审理民间借贷案件适用法律若干问题的规定》（2020年12月23日修正）

第二十七条　借贷双方对前期借款本息结算后将利息计入后期借款本金并重新出具债权凭证，如果前期利率没有超过合同成立时一年期贷款市场报价利率四倍，重新出具的债权凭证载明的金额可认定为后期借款本金。超过部分的利息，不应认定为后期借款本金。

按前款计算，借款人在借款期间届满后应当支付的本息之和，超过以最初借款本金与以最初借款本金为基数、以合同成立时一年期贷款市场报价利率四倍计算的整个借款期间的利息之和的，人民法院不予支持。

［3］《最高人民法院关于审理民间借贷案件适用法律若干问题的规定》

（2020 年 12 月 23 日修正）

第二十八条　借贷双方对逾期利率有约定的，从其约定，但是以不超过合同成立时一年期贷款市场报价利率四倍为限。

未约定逾期利率或者约定不明的，人民法院可以区分不同情况处理：

（一）既未约定借期内利率，也未约定逾期利率，出借人主张借款人自逾期还款之日起参照当时一年期贷款市场报价利率标准计算的利息承担逾期还款违约责任的，人民法院应予支持；

（二）约定了借期内利率但是未约定逾期利率，出借人主张借款人自逾期还款之日起按照借期内利率支付资金占用期间利息的，人民法院应予支持。

［4］《最高人民法院关于审理民间借贷案件适用法律若干问题的规定》（2020 年 12 月 23 日修正）

第二十九条　出借人与借款人既约定了逾期利率，又约定了违约金或者其他费用，出借人可以选择主张逾期利息、违约金或者其他费用，也可以一并主张，但是总计超过合同成立时一年期贷款市场报价利率四倍的部分，人民法院不予支持。

［5］《全国法院民商事审判工作会议纪要》（法〔2019〕254 号）

（六）关于借款合同

人民法院在审理借款合同纠纷案件过程中，要根据防范化解重大金融风险、金融服务实体经济、降低融资成本的精神，区别对待金融借贷与民间借贷，并适用不同规则与利率标准。要依法否定高利转贷行为、职业放贷行为的效力，充分发挥司法的示范、引导作用，促进金融服务实体经济。要注意到，为深化利率市场化改革，推动降低实体利率水平，自 2019 年 8 月 20 日起，中国人民银行已经授权全国银行间同业拆借中心于每月 20 日（遇节假日顺延）9 时 30 分公布贷款市场报价利率（LPR），中国人民银行贷款基准利率这一标准已经取消。因此，自此之后人民法院裁判贷款利息的基本标准应改为全国银行间同业拆借中心公布的贷款市场报价利率。应予注意的是，贷款利率标准尽管发生了变化，但存款基准利率并未发生相应变化，相关标准仍可适用。

158.【迟延履行金的计算方法】

被执行人未按判决、裁定和其他法律文书指定的期间履行非金钱给付义务的，无论是否已给申请执行人造成损失，都应当支付迟延履行金。已经造成损失的，双倍补偿申请执行人已经受到的损失；没有造成损失的，迟延履行金可以由人民法院根据具体案件情况决定。[1]

法律依据

[1]《最高人民法院关于适用〈中华人民共和国民事诉讼法〉的解释》（2020 年 12 月 23 日修正）

第五百零七条　被执行人未按判决、裁定和其他法律文书指定的期间履行非金钱给付义务的，无论是否已给申请执行人造成损失，都应当支付迟延履行金。已经造成损失的，双倍补偿申请执行人已经受到的损失；没有造成损失的，迟延履行金可以由人民法院根据具体案件情况决定。

159.【未明示放弃迟延履行期间债务利息、迟延履行金的执行】

申请执行人在执行立案时或执行过程中未明确表示放弃迟延履行期间债务利息或迟延履行金的，执行标的额包括迟延履行期间债务利息或迟延履行金。

160.【迟延履行期间债务利息、迟延履行金的单独申请执行】

执行依据生效后申请执行前，债务人已自动履行完毕执行依据确定的其他债务，债权人以债务人未支付或未完全支付迟延履行期间债务利息或迟延履行金为由单独申请执行的，人民法院应予受理。但债权人已认可债务履行完毕的除外。

161.【调解书执行中迟延履行期间债务利息或迟延履行金的处理】

民事调解书确定了一方不履行调解协议应承担的民事责任，且不履行该协议的当事人已承担了该民事责任，对方当事人又要求其承担迟延履行责任的，人民法院不予支持。[1]

法律依据

[**1**] **《最高人民法院关于人民法院民事调解工作若干问题的规定》**(2020年12月23日修正)

第八条 人民法院对于调解协议约定一方不履行协议应当承担民事责任的，应予准许。

调解协议约定一方不履行协议，另一方可以请求人民法院对案件作出裁判的条款，人民法院不予准许。

第十五条 调解书确定的担保条款条件或者承担民事责任的条件成就时，当事人申请执行的，人民法院应当依法执行。

不履行调解协议的当事人按照前款规定承担了调解书确定的民事责任后，对方当事人又要求其承担民事诉讼法第二百五十三条规定的迟延履行责任的，人民法院不予支持。

第十三章 执行费用

162. 【执行申请费的标准】

执行人民法院发生法律效力的判决、裁定、调解书，仲裁机构依法作出的裁决和调解书，公证机关依法赋予强制执行效力的债权文书，申请承认和执行外国法院判决、裁定以及国外仲裁机构裁决的，应当按照下列标准收取执行申请费：

（一）没有执行金额或者价额的，每件交纳五十元至五百元。

（二）执行金额或者价额不超过一万元的，每件交纳五十元；超过一万元至五十万元的部分，按照百分之一点五交纳；超过五十万元至五百万元的部分，按照百分之一交纳；超过五百万元至一千万元的部分，按照百分之零点五交纳；超过一千万元的部分，按照百分之零点一交纳。[1]

人民法院办理刑事裁判涉财产部分执行案件，不应收取执行申请费。[2]

法律依据

［1］**《诉讼费用交纳办法》**（2006 年 12 月 19 日）

第十四条第一项　申请费分别按照下列标准交纳：

（一）依法向人民法院申请执行人民法院发生法律效力的判决、裁定、调解书，仲裁机构依法作出的裁决和调解书，公证机关依法赋予强制执行效力的债权文书，申请承认和执行外国法院判决、裁定以及国外仲裁机构裁决的，按照下列标准交纳：

1. 没有执行金额或者价额的，每件交纳 50 元至 500 元。

2. 执行金额或者价额不超过 1 万元的，每件交纳 50 元；超过 1 万元至 50 万元的部分，按照 1.5% 交纳；超过 50 万元至 500 万元的部分，按照 1% 交纳；超过 500 万元至 1000 万元的部分，按照 0.5% 交纳；超过 1000 万元的部分，按照 0.1% 交纳。

3. 符合民事诉讼法第五十五条第四款规定，未参加登记的权利人向人民法院提起诉讼的，按照本项规定的标准交纳申请费，不再交纳案件受理费。

［2］**《最高人民法院办公厅给国家发改委办公厅关于人民法院可否收取刑事案件涉财产执行诉讼费有关问题的复函》**（法办函〔2017〕19 号）

复函主要内容："我院认为，刑事裁判涉财产部分执行不同于民事执行，人民法院办理刑事裁判涉财产部分执行案件，不应收取诉讼费。"

163. 【执行申请费的收取】

执行申请费由被执行人负担，不由申请执行人预交，人民法院在执行生效法律文书确定的内容之外直接向被执行人收取。[1]

法律依据

［1］**《最高人民法院关于适用〈诉讼费用交纳办法〉的通知》**（法发〔2007〕16 号）

四、关于执行申请费和破产申请费的收取

《办法》第二十条规定，执行申请费和破产申请费不由申请人预交，执行申请费执行后交纳，破产申请费清算后交纳。自 2007 年 4 月 1 日起，执行申请费由人民法院在执行生效法律文书确定的内容之外直接向被执行人收取，破产申请费由人民法院在破产清算后，从破产财产中优先拨付。

《诉讼费用交纳办法》（2006 年 12 月 19 日）

第三十八条　本办法第十条第（一）项、第（八）项规定的申请费由被执行人负担。

执行中当事人达成和解协议的，申请费的负担由双方当事人协商解决；协商不成的，由人民法院决定。

本办法第十条第（二）项规定的申请费由申请人负担，申请人提起诉讼的，可以将该申请费列入诉讼请求。

本办法第十条第（五）项规定的申请费，由人民法院依照本办法第二十九条规定决定申请费的负担。

164. 【实现担保物权案件执行申请费的收取】

拍卖、变卖担保财产的裁定作出后，人民法院强制执行的，按照执行金额收取执行申请费。[1]

法律依据

［1］**《最高人民法院关于适用〈中华人民共和国民事诉讼法〉的解释》**（2020 年 12 月 23 日修正）

第二百零五条　拍卖、变卖担保财产的裁定作出后，人民法院强制执行的，按照执行金额收取执行申请费。

165. 【执行和解中执行申请费的收取】

执行中当事人达成和解协议的，申请费的负担由双方当事人协商解决；协商不成的，由人民法院决定。[1]

法律依据

［1］**《诉讼费用交纳办法》**（2006 年 12 月 19 日）

第三十八条第二款　执行中当事人达成和解协议的，申请费的负担由双方当事人协商解决；协商不成的，由人民法院决定。

166. 【保管、仓储、运输等费用的预交与承担】

因强制执行而发生的保管、仓储、运输等费用，由申请执行人预交并直接支付，人民法院不得代收代付。案款执行到位后，该费用从案款中支付申请执行人。

167. 【媒体曝光的费用承担】

将被执行人不履行法律文书确定义务的信息，通过报纸、广播、电视、互联网等媒体公布的，有关费用由被执行人负担。申请执行人申请在媒体公布的，应当垫付有关费用。[1]

法律依据

[1]**《最高人民法院关于适用〈中华人民共和国民事诉讼法〉执行程序若干问题的解释》**（2020 年 12 月 23 日修正）

第二十六条　依照民事诉讼法第二百五十五条的规定，执行法院可以依职权或者依申请执行人的申请，将被执行人不履行法律文书确定义务的信息，通过报纸、广播、电视、互联网等媒体公布。

媒体公布的有关费用，由被执行人负担；申请执行人申请在媒体公布的，应当垫付有关费用。

168. 【执行费用的计算单位】

执行费用以人民币为计算单位。以外币为计算单位的，依照人民法院决定受理案件之日国家公布的汇率换算成人民币计算。[1]

法律依据

[1]**《诉讼费用交纳办法》**（2006 年 12 月 19 日）

第五十五条　诉讼费用以人民币为计算单位。以外币为计算单位的，依照人民法院决定受理案件之日国家公布的汇率换算成人民币计算交纳；上诉案件和申请再审案件的诉讼费用，按照第一审人民法院决定受理案件之日国家公布的汇率换算。

第十四章　强制措施和间接执行措施

第一节　拘传

169. 【拘传的适用条件和程序】

对必须接受调查询问的被执行人、被执行人的法定代表人、负责人或者实际控制人，经依法传唤无正当理由拒不到场的，人民法院可以拘传其到场。[1]

拘传必须经院长批准。[2]

拘传必须用拘传票，并直接送达被拘传人；在拘传前，应当向被拘传人说明拒不到庭的后果，经批评教育仍拒不到庭的，可以拘传其到庭。[3]

法律依据

［1］**《最高人民法院关于适用〈中华人民共和国民事诉讼法〉的解释》**（2020年12月23日修正）

第四百八十四条第一款　对必须接受调查询问的被执行人、被执行人的法定代表人、负责人或者实际控制人，经依法传唤无正当理由拒不到场的，人民法院可以拘传其到场。

［2］**《中华人民共和国民事诉讼法》**（2017年6月27日修正）

第一百一十六条第一款　拘传、罚款、拘留必须经院长批准。

[3]《最高人民法院关于适用〈中华人民共和国民事诉讼法〉的解释》(2020 年 12 月 23 日修正)

第一百七十五条　拘传必须用拘传票，并直接送达被拘传人；在拘传前，应当向被拘传人说明拒不到庭的后果，经批评教育仍拒不到庭的，可以拘传其到庭。

170.【拘传中的调查询问】

人民法院应当及时对被拘传人进行调查询问，调查询问的时间不得超过八小时；情况复杂，依法可能采取拘留措施的，调查询问的时间不得超过二十四小时。[1]

法律依据

[1]《最高人民法院关于适用〈中华人民共和国民事诉讼法〉的解释》(2020 年 12 月 23 日修正)

第四百八十四条第二款　人民法院应当及时对被拘传人进行调查询问，调查询问的时间不得超过八小时；情况复杂，依法可能采取拘留措施的，调查询问的时间不得超过二十四小时。

171.【辖区外的拘传】

人民法院在本辖区以外采取拘传措施时，可以将被拘传人拘传到当地人民法院，当地人民法院应予协助。[1]

法律依据

[1]《最高人民法院关于适用〈中华人民共和国民事诉讼法〉的解释》(2020 年 12 月 23 日修正)

第四百八十四条第三款　人民法院在本辖区以外采取拘传措施时，可以将被拘传人拘传到当地人民法院，当地人民法院应予协助。

第二节　罚款、拘留

172. 【对违反法庭规则行为的罚款、拘留】

诉讼参与人和其他人应当遵守法庭规则。

人民法院对违反法庭规则的人，可以予以训诫，责令退出法庭或者予以罚款、拘留。

人民法院对哄闹、冲击法庭，侮辱、诽谤、威胁、殴打审判人员，严重扰乱法庭秩序的人，依法追究刑事责任；情节较轻的，予以罚款、拘留。[1]

诉讼参与人或者其他人有下列行为之一的，人民法院可以适用前三款相关规定处理：

（一）未经准许进行录音、录像、摄影的；

（二）未经准许以移动通信等方式现场传播审判活动的；

（三）其他扰乱法庭秩序，妨害审判活动进行的。

有本条第四款规定情形的，人民法院可以暂扣诉讼参与人或者其他人进行录音、录像、摄影、传播审判活动的器材，并责令其删除有关内容；拒不删除的，人民法院可以采取必要手段强制删除。[2]

法律依据

[1]**《中华人民共和国民事诉讼法》**（2017年6月27日修正）

第一百一十条　诉讼参与人和其他人应当遵守法庭规则。

人民法院对违反法庭规则的人，可以予以训诫，责令退出法庭或者予以罚款、拘留。

人民法院对哄闹、冲击法庭，侮辱、诽谤、威胁、殴打审判人员，严重扰乱法庭秩序的人，依法追究刑事责任；情节较轻的，予以罚款、拘留。

［**2**］**《最高人民法院关于适用〈中华人民共和国民事诉讼法〉的解释》**（2020 年 12 月 23 日修正）

第一百七十六条　诉讼参与人或者其他人有下列行为之一的，人民法院可以适用民事诉讼法第一百一十条规定处理：

（一）未经准许进行录音、录像、摄影的；

（二）未经准许以移动通信等方式现场传播审判活动的；

（三）其他扰乱法庭秩序，妨害审判活动进行的。

有前款规定情形的，人民法院可以暂扣诉讼参与人或者其他人进行录音、录像、摄影、传播审判活动的器材，并责令其删除有关内容；拒不删除的，人民法院可以采取必要手段强制删除。

173. 【对妨碍作证行为的罚款、拘留】

诉讼参与人或者其他人有下列行为之一的，人民法院可以根据情节轻重予以罚款、拘留；构成犯罪的，依法追究刑事责任：

（一）伪造、毁灭重要证据，妨碍人民法院审理案件的；[1]

（二）以暴力、威胁、贿买方法阻止证人作证或者指使、贿买、胁迫他人作伪证的；[2]

（三）证人签署保证书后作虚假证言，妨碍人民法院审理案件的。[3]

人民法院对有前款规定的行为之一的单位，可以对其主要负责人或者直接责任人员予以罚款、拘留；构成犯罪的，依法追究刑事责任。[4]

法律依据

［**1**］**《中华人民共和国民事诉讼法》**（2017 年 6 月 27 日修正）

第一百一十一条第一款第一项　诉讼参与人或者其他人有下列行为之一的，人民法院可以根据情节轻重予以罚款、拘留；构成犯罪的，依法追究刑事责任：

（一）伪造、毁灭重要证据，妨碍人民法院审理案件的；

[**2**]**《中华人民共和国民事诉讼法》**（2017 年 6 月 27 日修正）

第一百一十一条第一款第二项　诉讼参与人或者其他人有下列行为之一的，人民法院可以根据情节轻重予以罚款、拘留；构成犯罪的，依法追究刑事责任：

（二）以暴力、威胁、贿买方法阻止证人作证或者指使、贿买、胁迫他人作伪证的；

[**3**]**《最高人民法院关于适用〈中华人民共和国民事诉讼法〉的解释》**（2020 年 12 月 23 日修正）

第一百八十九条第二项　诉讼参与人或者其他人有下列行为之一的，人民法院可以适用民事诉讼法第一百一十一条的规定处理：

（二）证人签署保证书后作虚假证言，妨碍人民法院审理案件的；

[**4**]**《中华人民共和国民事诉讼法》**（2017 年 6 月 27 日修正）

第一百一十一条第二款　人民法院对有前款规定的行为之一的单位，可以对其主要负责人或者直接责任人员予以罚款、拘留；构成犯罪的，依法追究刑事责任。

174. 【对擅自处分行为的罚款、拘留】

诉讼参与人或者其他人有下列行为之一的，人民法院可以根据情节轻重予以罚款、拘留；构成犯罪的，依法追究刑事责任：

（一）隐藏、转移、变卖、毁损已被查封、扣押的财产，或者已被清点并责令其保管的财产，转移已被冻结的财产的；[1]

（二）擅自解冻已被人民法院冻结的财产的。[2]

人民法院对有前款规定的行为之一的单位，可以对其主要负责人或者直接责任人员予以罚款、拘留；构成犯罪的，依法追究刑事责任。[3]

法律依据

[**1**]**《中华人民共和国民事诉讼法》**（2017 年 6 月 27 日修正）

第一百一十一条第一款第三项　诉讼参与人或者其他人有下列行为之一的，人民法院可以根据情节轻重予以罚款、拘留；构成犯罪的，依法追究刑事责任：

（三）隐藏、转移、变卖、毁损已被查封、扣押的财产，或者已被清点并责令其保管的财产，转移已被冻结的财产的；

［**2**］**《最高人民法院关于适用〈中华人民共和国民事诉讼法〉的解释》**（2020 年 12 月 23 日修正）

第一百八十九条第四项　诉讼参与人或者其他人有下列行为之一的，人民法院可以适用民事诉讼法第一百一十一条的规定处理：

（四）擅自解冻已被人民法院冻结的财产的；

［**3**］**《中华人民共和国民事诉讼法》**（2017 年 6 月 27 日修正）

第一百一十一条第二款　人民法院对有前款规定的行为之一的单位，可以对其主要负责人或者直接责任人员予以罚款、拘留；构成犯罪的，依法追究刑事责任。

175. 【对妨碍公务行为的罚款、拘留】

诉讼参与人或者其他人有下列行为之一的，人民法院可以根据情节轻重予以罚款、拘留；构成犯罪的，依法追究刑事责任：

（一）对司法工作人员、诉讼参加人、证人、翻译人员、鉴定人、勘验人、协助执行的人，进行侮辱、诽谤、诬陷、围攻、威胁、殴打或者打击报复的；[1]

（二）在人民法院哄闹、滞留，不听从司法工作人员劝阻的；[2]

（三）故意毁损、抢夺人民法院法律文书、查封标志的；[3]

（四）哄闹、冲击执行公务现场，围困、扣押执行或者协助执行公务人员的；[4]

（五）毁损、抢夺、扣留案件材料、执行公务车辆、其他执行公务器械、执行公务人员服装和执行公务证件的；[5]

（六）以暴力、威胁或者其他方法阻碍司法工作人员查询、查封、扣押、冻结、划拨、拍卖、变卖财产的；[6]

（七）以暴力、威胁或者其他方法阻碍司法工作人员执行职务、妨碍或抗拒执行的其他行为。[7]

人民法院对有前款规定的行为之一的单位，可以对其主要负责人或者直接责任人员予以罚款、拘留；构成犯罪的，依法追究刑事责任。[8]

法律依据

［**1**］**《中华人民共和国民事诉讼法》**（2017 年 6 月 27 日修正）

第一百一十一条第一款第四项　诉讼参与人或者其他人有下列行为之一的，人民法院可以根据情节轻重予以罚款、拘留；构成犯罪的，依法追究刑事责任：

（四）对司法工作人员、诉讼参加人、证人、翻译人员、鉴定人、勘验人、协助执行的人，进行侮辱、诽谤、诬陷、殴打或者打击报复的；

［**2**］**《最高人民法院关于适用〈中华人民共和国民事诉讼法〉的解释》**（2020 年 12 月 23 日修正）

第一百八十七条第一项　民事诉讼法第一百一十一条第一款第五项规定的以暴力、威胁或者其他方法阻碍司法工作人员执行职务的行为，包括：

（一）在人民法院哄闹、滞留，不听从司法工作人员劝阻的；

［**3**］**《最高人民法院关于适用〈中华人民共和国民事诉讼法〉的解释》**（2020 年 12 月 23 日修正）

第一百八十七条第二项　民事诉讼法第一百一十一条第一款第五项规定的以暴力、威胁或者其他方法阻碍司法工作人员执行职务的行为，包括：

（二）故意毁损、抢夺人民法院法律文书、查封标志的；

［**4**］**《最高人民法院关于适用〈中华人民共和国民事诉讼法〉的解释》**（2020 年 12 月 23 日修正）

第一百八十七条第三项　民事诉讼法第一百一十一条第一款第五项规定的以暴力、威胁或者其他方法阻碍司法工作人员执行职务的行为，包括：

（三）哄闹、冲击执行公务现场，围困、扣押执行或者协助执行公务人员的；

［**5**］**《最高人民法院关于适用〈中华人民共和国民事诉讼法〉的解释》**（2020 年 12 月 23 日修正）

第一百八十七条第四项　民事诉讼法第一百一十一条第一款第五项规定的以暴力、威胁或者其他方法阻碍司法工作人员执行职务的行为，包括：

（四）毁损、抢夺、扣留案件材料、执行公务车辆、其他执行公务器械、执行公务人员服装和执行公务证件的；

[6]《最高人民法院关于适用〈中华人民共和国民事诉讼法〉的解释》（2020年12月23日修正）

第一百八十七条第五项　民事诉讼法第一百一十一条第一款第五项规定的以暴力、威胁或者其他方法阻碍司法工作人员执行职务的行为，包括：

（五）以暴力、威胁或者其他方法阻碍司法工作人员查询、查封、扣押、冻结、划拨、拍卖、变卖财产的；

[7]《最高人民法院关于适用〈中华人民共和国民事诉讼法〉的解释》（2020年12月23日修正）

第一百八十七条第六项　民事诉讼法第一百一十一条第一款第五项规定的以暴力、威胁或者其他方法阻碍司法工作人员执行职务的行为，包括：

（六）以暴力、威胁或者其他方法阻碍司法工作人员执行职务的其他行为。

[8]《中华人民共和国民事诉讼法》（2017年6月27日修正）

第一百一十一条第二款　人民法院对有前款规定的行为之一的单位，可以对其主要负责人或者直接责任人员予以罚款、拘留；构成犯罪的，依法追究刑事责任。

176.【对拒不履行判决、裁定行为的罚款、拘留】

诉讼参与人或者其他人有下列行为之一的，人民法院可以根据情节轻重予以罚款、拘留；构成犯罪的，依法追究刑事责任：

（一）被执行人与他人恶意串通，通过诉讼、仲裁、调解等方式逃避履行法律文书确定的义务的；[1]

（二）被执行人拒绝报告、虚假报告或者无正当理由逾期报告财产情况的；[2]

（三）伪造、隐藏、毁灭或者拒绝交出有关被执行人履行能力的重要证据，妨碍人民法院查明被执行人财产状况的；[3]

（四）擅自解冻已被人民法院冻结的财产的；[4]

（五）在法律文书发生法律效力后隐藏、转移、变卖、毁损

财产或者无偿转让财产、以明显不合理的价格交易财产、放弃到期债权、无偿为他人提供担保等，致使人民法院无法执行的；[5]

（六）隐藏、转移、毁损或者未经人民法院允许处分已向人民法院提供担保的财产的；[6]

（七）违反人民法院限制消费令进行消费的；[7]

（八）有履行能力而拒不按照人民法院执行通知履行生效法律文书确定的义务的；[8]

（九）在执行终结六个月内，被执行人或者其他人对已执行的标的有妨害行为的；[9]

（十）有义务协助执行的个人接到人民法院协助执行通知书后，拒不协助执行的；[10]

（十一）接到人民法院协助执行通知书后，给当事人通风报信，协助其转移、隐匿财产的；[11]

（十二）到期债权执行中的次债务人提出异议后又擅自向被执行人清偿，给申请执行人造成损失的；[12]

（十三）其他拒不履行人民法院已经发生法律效力的判决、裁定的。[13]

人民法院对有前款规定的行为之一的单位，可以对其主要负责人或者直接责任人员予以罚款、拘留；构成犯罪的，依法追究刑事责任。[14]

法律依据

［1］**《中华人民共和国民事诉讼法》**（2017年6月27日修正）

第一百一十三条　被执行人与他人恶意串通，通过诉讼、仲裁、调解等方式逃避履行法律文书确定的义务的，人民法院应当根据情节轻重予以罚款、拘留；构成犯罪的，依法追究刑事责任。

《最高人民法院关于适用〈中华人民共和国民事诉讼法〉的解释》（2020年12月23日修正）

第一百九十一条　单位有民事诉讼法第一百一十二条或者第一百一十三条

规定行为的，人民法院应当对该单位进行罚款，并可以对其主要负责人或者直接责任人员予以罚款、拘留；构成犯罪的，依法追究刑事责任。

[**2**]**《中华人民共和国民事诉讼法》**（2017 年 6 月 27 日修正）

第二百四十一条　被执行人未按执行通知履行法律文书确定的义务，应当报告当前以及收到执行通知之日前一年的财产情况。被执行人拒绝报告或者虚假报告的，人民法院可以根据情节轻重对被执行人或者其法定代理人、有关单位的主要负责人或者直接责任人员予以罚款、拘留。

《最高人民法院关于民事执行中财产调查若干问题的规定》（2020 年 12 月 23 日修正）

第九条　被执行人拒绝报告、虚假报告或者无正当理由逾期报告财产情况的，人民法院可以根据情节轻重对被执行人或者其法定代理人予以罚款、拘留；构成犯罪的，依法追究刑事责任。

人民法院对有前款规定行为之一的单位，可以对其主要负责人或者直接责任人员予以罚款、拘留；构成犯罪的，依法追究刑事责任。

[**3**]**《最高人民法院关于适用〈中华人民共和国民事诉讼法〉的解释》**（2020 年 12 月 23 日修正）

第一百八十九条第三项　诉讼参与人或者其他人有下列行为之一的，人民法院可以适用民事诉讼法第一百一十一条的规定处理：

（三）伪造、隐藏、毁灭或者拒绝交出有关被执行人履行能力的重要证据，妨碍人民法院查明被执行人财产状况的；

[**4**]**《最高人民法院关于人民法院执行工作若干问题的规定（试行）》**（2020 年 12 月 23 日修正）

第一百八十九条第四项　诉讼参与人或者其他人有下列行为之一的，人民法院可以适用民事诉讼法第一百一十一条的规定处理：

（四）擅自解冻已被人民法院冻结的财产的；

[**5**]**《最高人民法院关于适用〈中华人民共和国民事诉讼法〉的解释》**（2020 年 12 月 23 日修正）

第一百八十八条第一项　民事诉讼法第一百一十一条第一款第六项规定的拒不履行人民法院已经发生法律效力的判决、裁定的行为，包括：

（一）在法律文书发生法律效力后隐藏、转移、变卖、毁损财产或者无偿转让财产、以明显不合理的价格交易财产、放弃到期债权、无偿为他人提供担保等，致使人民法院无法执行的；

［6］《最高人民法院关于适用〈中华人民共和国民事诉讼法〉的解释》（2020年12月23日修正）

第一百八十八条第二项　民事诉讼法第一百一十一条第一款第六项规定的拒不履行人民法院已经发生法律效力的判决、裁定的行为，包括：

（二）隐藏、转移、毁损或者未经人民法院允许处分已向人民法院提供担保的财产的；

［7］《最高人民法院关于适用〈中华人民共和国民事诉讼法〉的解释》（2020年12月23日修正）

第一百八十八条第三项　民事诉讼法第一百一十一条第一款第六项规定的拒不履行人民法院已经发生法律效力的判决、裁定的行为，包括：

（三）违反人民法院限制高消费令进行消费的；

［8］《最高人民法院关于适用〈中华人民共和国民事诉讼法〉的解释》（2020年12月23日修正）

第一百八十八条第四项　民事诉讼法第一百一十一条第一款第六项规定的拒不履行人民法院已经发生法律效力的判决、裁定的行为，包括：

（四）有履行能力而拒不按照人民法院执行通知履行生效法律文书确定的义务的；

［9］《最高人民法院关于适用〈中华人民共和国民事诉讼法〉的解释》（2020年12月23日修正）

第五百二十一条　在执行终结六个月内，被执行人或者其他人对已执行的标的有妨害行为的，人民法院可以依申请排除妨害，并可以依照民事诉讼法第一百一十一条规定进行处罚。因妨害行为给执行债权人或者其他人造成损失的，受害人可以另行起诉。

［10］《最高人民法院关于适用〈中华人民共和国民事诉讼法〉的解释》（2020年12月23日修正）

第一百八十八条第五项　民事诉讼法第一百一十一条第一款第六项规定的拒不履行人民法院已经发生法律效力的判决、裁定的行为，包括：

（五）有义务协助执行的个人接到人民法院协助执行通知书后，拒不协助执行的。

［11］**《最高人民法院关于适用〈中华人民共和国民事诉讼法〉的解释》**（2020年12月23日修正）

第一百八十九条第五项 诉讼参与人或者其他人有下列行为之一的，人民法院可以适用民事诉讼法第一百一十一条的规定处理：

（五）接到人民法院协助执行通知书后，给当事人通风报信，协助其转移、隐匿财产的。

［12］**《最高人民法院关于依法制裁规避执行行为的若干意见》**（法〔2011〕195号）

15. 对规避执行行为加大民事强制措施的适用。被执行人既不履行义务又拒绝报告财产或者进行虚假报告、拒绝交出或者提供虚假财务会计凭证、协助执行义务人拒不协助执行或者妨碍执行、到期债务第三人提出异议后又擅自向被执行人清偿等，给申请执行人造成损失的，应当依法对相关责任人予以罚款、拘留。

［13］**《中华人民共和国民事诉讼法》**（2017年6月27日修正）

第一百一十一条第一款第六项 诉讼参与人或者其他人有下列行为之一的，人民法院可以根据情节轻重予以罚款、拘留；构成犯罪的，依法追究刑事责任：

（六）拒不履行人民法院已经发生法律效力的判决、裁定的。

［14］**《中华人民共和国民事诉讼法》**（2017年6月27日修正）

第一百一十一条第二款 人民法院对有前款规定的行为之一的单位，可以对其主要负责人或者直接责任人员予以罚款、拘留；构成犯罪的，依法追究刑事责任。

177.【对协助执行义务单位的罚款、拘留】

有义务协助调查、执行的单位有下列行为之一的，人民法院除责令其履行协助义务外，并可以予以罚款：

（一）有关单位拒绝或者妨碍人民法院调查取证的；[1]

（二）有关单位接到人民法院协助执行通知书后，拒不协助查询、扣押、冻结、划拨、变价财产的；[2]

（三）有关单位接到人民法院协助执行通知书后，拒不协助

扣留被执行人的收入、办理有关财产权证照转移手续、转交有关票证、证照或者其他财产的；[3]

（四）有关单位接到人民法院协助执行通知书后，允许被执行人高消费及非生活或者经营必需的有关消费的；[4]

（五）有关单位接到人民法院协助执行通知书后，允许被执行人出境的；[5]

（六）有关单位接到人民法院协助执行通知书后，拒不停止办理有关财产权证照转移手续、权属变更登记、规划审批等手续的；[6]

（七）有关单位接到人民法院协助执行通知书后，以需要内部请示、内部审批，有内部规定等为由拖延办理的；[7]

（八）有关单位持有法律文书指定交付的财物或者票证，人民法院发出协助执行通知后，拒不转交的；[8]

（九）其他拒绝协助执行的。[9]

人民法院对有前款规定的行为之一的单位，可以对其主要负责人或者直接责任人员予以罚款；对仍不履行协助义务的，可以予以拘留；并可以向监察机关或者有关机关提出予以纪律处分的司法建议。[10]

法律依据

[**1**]**《中华人民共和国民事诉讼法》**（2017 年 6 月 27 日修正）

第一百一十四条第一款第一项　有义务协助调查、执行的单位有下列行为之一的，人民法院除责令其履行协助义务外，并可以予以罚款：

（一）有关单位拒绝或者妨碍人民法院调查取证的；

[**2**]**《中华人民共和国民事诉讼法》**（2017 年 6 月 27 日修正）

第一百一十四条第一款第二项　有义务协助调查、执行的单位有下列行为之一的，人民法院除责令其履行协助义务外，并可以予以罚款：

（二）有关单位接到人民法院协助执行通知书后，拒不协助查询、扣押、冻结、划拨、变价财产的；

[3]《中华人民共和国民事诉讼法》（2017 年 6 月 27 日修正）

第一百一十四条第一款第三项　有义务协助调查、执行的单位有下列行为之一的，人民法院除责令其履行协助义务外，并可以予以罚款：

（三）有关单位接到人民法院协助执行通知书后，拒不协助扣留被执行人的收入、办理有关财产权证照转移手续、转交有关票证、证照或者其他财产的；

[4]《最高人民法院关于适用〈中华人民共和国民事诉讼法〉的解释》（2020 年 12 月 23 日修正）

第一百九十二条第一项　有关单位接到人民法院协助执行通知书后，有下列行为之一的，人民法院可以适用民事诉讼法第一百一十四条规定处理：

（一）允许被执行人高消费的；

[5]《最高人民法院关于适用〈中华人民共和国民事诉讼法〉的解释》（2020 年 12 月 23 日修正）

第一百九十二条第二项　有关单位接到人民法院协助执行通知书后，有下列行为之一的，人民法院可以适用民事诉讼法第一百一十四条规定处理：

（二）允许被执行人出境的；

[6]《最高人民法院关于适用〈中华人民共和国民事诉讼法〉的解释》（2020 年 12 月 23 日修正）

第一百九十二条第三项　有关单位接到人民法院协助执行通知书后，有下列行为之一的，人民法院可以适用民事诉讼法第一百一十四条规定处理：

（三）拒不停止办理有关财产权证照转移手续、权属变更登记、规划审批等手续的；

[7]《最高人民法院关于适用〈中华人民共和国民事诉讼法〉的解释》（2020 年 12 月 23 日修正）

第一百九十二条第四项　有关单位接到人民法院协助执行通知书后，有下列行为之一的，人民法院可以适用民事诉讼法第一百一十四条规定处理：

（四）以需要内部请示、内部审批，有内部规定等为由拖延办理的。

[8]《最高人民法院关于适用〈中华人民共和国民事诉讼法〉的解释》（2020 年 12 月 23 日修正）

第四百九十五条第一款　他人持有法律文书指定交付的财物或者票证，人民法院依照民事诉讼法第二百四十九条第二款、第三款规定发出协助执行通知后，拒不转交的，可以强制执行，并可依照民事诉讼法第一百一十四条、第一百一十五条规定处理。

［**9**］**《中华人民共和国民事诉讼法》**（2017 年 6 月 27 日修正）

第一百一十四条第一款第四项　有义务协助调查、执行的单位有下列行为之一的，人民法院除责令其履行协助义务外，并可以予以罚款：

（四）其他拒绝协助执行的。

［**10**］**《中华人民共和国民事诉讼法》**（2017 年 6 月 27 日修正）

第一百一十四条第二款　人民法院对有前款规定的行为之一的单位，可以对其主要负责人或者直接责任人员予以罚款；对仍不履行协助义务的，可以予以拘留；并可以向监察机关或者有关机关提出予以纪律处分的司法建议。

178. 【罚款的金额】

对个人的罚款金额，为人民币十万元以下。对单位的罚款金额，为人民币五万元以上一百万元以下。[1]

人民法院对个人或者单位采取罚款措施时，应当根据其实施妨害民事诉讼行为的性质、情节、后果，当地的经济发展水平，以及诉讼标的额等因素，在前款规定的限额内确定相应的罚款金额。[2]

法律依据

［**1**］**《中华人民共和国民事诉讼法》**（2017 年 6 月 27 日修正）

第一百一十五条第一款　对个人的罚款金额，为人民币十万元以下。对单位的罚款金额，为人民币五万元以上一百万元以下。

［**2**］**《最高人民法院关于适用〈中华人民共和国民事诉讼法〉的解释》**（2020 年 12 月 23 日修正）

第一百九十三条　人民法院对个人或者单位采取罚款措施时，应当根据其实施妨害民事诉讼行为的性质、情节、后果，当地的经济发展水平，以及诉讼标的额等因素，在民事诉讼法第一百一十五条第一款规定的限额内确定相应的罚款金额。

179.【罚款的批准与文书】

采取罚款措施的，必须经院长批准，作出罚款决定书。[1]

人民法院作出罚款决定时，应当告知被罚款人申请复议的权利和期限。[2]

法律依据

[**1**]**《中华人民共和国民事诉讼法》**（2017 年 6 月 27 日修正）

第一百一十六条第一款、第三款　拘传、罚款、拘留必须经院长批准。

罚款、拘留应当用决定书。对决定不服的，可以向上一级人民法院申请复议一次。复议期间不停止执行。

[**2**]**《最高人民法院关于人民法院办理执行异议和复议案件若干问题的规定》**（2020 年 12 月 23 日修正）

第十六条第三款　人民法院作出其他裁定和决定时，法律、司法解释规定了相关权利人申请复议的权利和期限的，应当进行告知。

180.【拘留的期限】

拘留的期限，为十五日以下。[1]

法律依据

[**1**]**《中华人民共和国民事诉讼法》**（2017 年 6 月 27 日修正）

第一百一十五条第二款　拘留的期限，为十五日以下。

181.【拘留的批准与文书】

采取拘留措施的，必须经院长批准，作出拘留决定书。[1]

人民法院作出拘留决定时，应当告知被拘留人申请复议的权利和期限。[2]

因哄闹、冲击法庭，用暴力、威胁等方法抗拒执行公务等紧急情况，必须立即采取拘留措施的，可在拘留后，立即报告院长补办批准手续。院长认为拘留不当的，应当解除拘留。[3]

法律依据

［**1**］**《中华人民共和国民事诉讼法》**（2017 年 6 月 27 日修正）

第一百一十六条第一款、第三款　拘传、罚款、拘留必须经院长批准。

罚款、拘留应当用决定书。对决定不服的，可以向上一级人民法院申请复议一次。复议期间不停止执行。

《最高人民法院关于适用〈中华人民共和国民事诉讼法〉的解释》（2020 年 12 月 23 日修正）

第一百七十八条　人民法院依照民事诉讼法第一百一十条至第一百一十四条的规定采取拘留措施的，应经院长批准，作出拘留决定书，由司法警察将被拘留人送交当地公安机关看管。

［**2**］**《最高人民法院关于人民法院办理执行异议和复议案件若干问题的规定》**（2020 年 12 月 23 日修正）

第十六条第三款　人民法院作出其他裁定和决定时，法律、司法解释规定了相关权利人申请复议的权利和期限的，应当进行告知。

［**3**］**《最高人民法院关于适用〈中华人民共和国民事诉讼法〉的解释》**（2020 年 12 月 23 日修正）

第一百八十一条　因哄闹、冲击法庭，用暴力、威胁等方法抗拒执行公务等紧急情况，必须立即采取拘留措施的，可在拘留后，立即报告院长补办批准手续。院长认为拘留不当的，应当解除拘留。

182. 【被拘留人的移送及看管】[1]

人民法院采取拘留措施的，由司法警察将被拘留人送交当地公安机关看管。[2]

送交公安机关看管时，应向公安机关送达拘留决定书和执行拘留通知书[3]。

公安机关收拘被拘留人后，应当向人民法院出具回执[4]。

法律依据

［1］**《拘留所条例实施办法》**（2012年12月14日）

第十八条第一款　被拘留人有下列情形之一的，拘留所不予收拘，并出具不予收拘通知书，通知拘留决定机关：

（一）不满16周岁或者已满70周岁的；

（二）已满16周岁不满18周岁，初次违反治安管理的；

（三）怀孕或者哺乳自己不满一周岁婴儿的；

（四）被拘留审查的人患有严重疾病的；

（五）不宜适用拘留审查的其他情形。

［2］**《最高人民法院关于适用〈中华人民共和国民事诉讼法〉的解释》**（2020年12月23日修正）

第一百七十八条　人民法院依照民事诉讼法第一百一十条至第一百一十四条的规定采取拘留措施的，应经院长批准，作出拘留决定书，由司法警察将被拘留人送交当地公安机关看管。

［3］**《民事诉讼文书样式》**（法〔2016〕221号）

××××人民法院

执行拘留通知书

（××××）……司惩……号

××××公安局：

本院审理/执行（××××）……号……（写明当事人及案由）一案中，×××因……（写明采取拘留措施的理由），本院决定对其拘留×日。请你局收押看管，期满解除。

拘留期间自××××年××月××日起至××××年××月××日止。

附：××××人民法院（××××）……司惩……号决定书×份

××××年××月××日

（院印）

此联交由公安机关收执

［**4**］**《民事诉讼文书样式》**（法〔2016〕221 号）

××××人民法院

执行拘留通知书（回执）

（××××）……司惩……号

××××人民法院：

你院（××××）……司惩……号执行拘留通知书及附件收悉。我局已于××××年××月××日××时将×××收押看管在……（写明看守所名称）。

××××年××月××日

（公章）

此联由公安机关填写并加盖公章后退回法院入卷

【说明】

1. 本样式根据《中华人民共和国民事诉讼法》第一百一十五条以及《最高人民法院关于适用〈中华人民共和国民事诉讼法〉的解释》第一百七十八条制定，供人民法院在审理或者执行案件中，依法对妨害民事诉讼的行为人经院长批准作出拘留决定后，通知公安机关收押看管用。

2. 案号类型代字为“司惩”。

《拘留所实施条例》（2012 年 12 月 14 日）

第二十一条　收拘被拘留人后，拘留所应当向拘留决定机关出具收拘回执。

183. 【辖区外的拘留】

被拘留人不在本辖区的，作出拘留决定的人民法院应当派员到被拘留人所在地的人民法院，请该院协助执行，受委托的人民法院应当及时派员协助执行。被拘留人申请复议或者在拘留期间承认并改正错误，需要提前解除拘留的，受委托人民法院应当向委托人民法院转达或者提出建议，由委托人民法院审查决定。[1]

法律依据

［1］**《最高人民法院关于适用〈中华人民共和国民事诉讼法〉的解释》**（2020 年 12 月 23 日修正）

第一百七十九条　被拘留人不在本辖区的，作出拘留决定的人民法院应当派员到被拘留人所在地的人民法院，请该院协助执行，受委托的人民法院应当及时派员协助执行。被拘留人申请复议或者在拘留期间承认并改正错误，需要提前解除拘留的，受委托人民法院应当向委托人民法院转达或者提出建议，由委托人民法院审查决定。

184.【被拘留人家属的通知】

人民法院对被拘留人采取拘留措施后，应当在二十四小时内通知其家属；确实无法按时通知或者通知不到的，应当记录在案。[1]

法律依据

［1］**《最高人民法院关于适用〈中华人民共和国民事诉讼法〉的解释》**（2020 年 12 月 23 日修正）

第一百八十条　人民法院对被拘留人采取拘留措施后，应当在二十四小时内通知其家属；确实无法按时通知或者通知不到的，应当记录在案。

185.【提前解除拘留】

被拘留人在拘留期间认错悔改的，可以责令其具结悔过，提前解除拘留。提前解除拘留，应报经院长批准，并作出提前解除拘留决定书，交负责看管的公安机关执行。[1]

法律依据

［1］**《最高人民法院关于适用〈中华人民共和国民事诉讼法〉的解释》**（2020年12月23日修正）

第一百八十二条　被拘留人在拘留期间认错悔改的，可以责令其具结悔过，提前解除拘留。提前解除拘留，应报经院长批准，并作出提前解除拘留决定书，交负责看管的公安机关执行。

186. 【人大代表的拘留】

对县级以上的各级人民代表大会代表，需要依法采取拘留措施的，应当先行报经该级人民代表大会主席团或者人民代表大会常务委员会许可。[1]

乡、民族乡、镇的人民代表大会代表被采取拘留措施的，执行法院应当立即报告乡、民族乡、镇的人民代表大会。[2]

法律依据

［1］**《中华人民共和国全国人民代表大会和地方各级人民代表大会代表法》**（2015年8月29日修正）

第三十二条第二款　对县级以上的各级人民代表大会代表，如果采取法律规定的其他限制人身自由的措施，应当经该级人民代表大会主席团或者人民代表大会常务委员会许可。

［2］**《中华人民共和国全国人民代表大会和地方各级人民代表大会代表法》**（2015年8月29日修正）

第三十二条第四款　乡、民族乡、镇的人民代表大会代表，如果被逮捕、受刑事审判、或者被采取法律规定的其他限制人身自由的措施，执行机关应当立即报告乡、民族乡、镇的人民代表大会。

187. 【政协委员的拘留】

对各级中国人民政治协商会议委员会委员，确需依法采取司法拘留措施的，应当向该级中国人民政治协商会议委员会党组通报。[1]

法律依据

[1]《**中共中央政法委员会关于对政协委员采取刑事拘留、逮捕强制措施应向所在政协党组通报情况的通知**》（政法〔1996〕18 号）

政协是中国共产党领导下的多党合作和政治协商的重要机构，是爱国统一战线组织。各级政协委员在政协全国委员会和各级地方委员会的领导下，行使政治协商民主监督、参政议政职能。为了保障政协组织充分发挥职能作用，维护各级政协委员的合法权益，调动他们参政议政的积极性，进一步做好统战工作，今后各级公安机关、国家安全机关、人民检察院、人民法院依法对有犯罪嫌疑的政协委员采取刑事拘留、逮捕强制措施前，应向该委员所在的政协党组通报情况；情况紧急的，可同时或事后及时通报，以利于政协党组及时掌握情况，采取相应的配合措施，保证案件的顺利查处。

188. 【罚款、拘留的单用与并用】

本规范第 172 条至第 176 条规定的罚款、拘留可以单独适用，也可以合并适用。[1]

单位有本规范第 177 条规定的行为之一的，可以对其主要负责人或者直接责任人员予以罚款；对仍不履行协助义务的，可以予以拘留。[2]

法律依据

[1]《**最高人民法院关于适用〈中华人民共和国民事诉讼法〉的解释**》（2020 年 12 月 23 日修正）

第一百八十三条　民事诉讼法第一百一十条至第一百一十三条规定的罚

款、拘留可以单独适用，也可以合并适用。

［**2**］**《中华人民共和国民事诉讼法》**（2017年6月27日修正）

第一百一十四条第二款　人民法院对有前款规定的行为之一的单位，可以对其主要负责人或者直接责任人员予以罚款；对仍不履行协助义务的，可以予以拘留；并可以向监察机关或者有关机关提出予以纪律处分的司法建议。

189.【连续罚款、拘留的禁止和再次罚款、拘留】

对同一妨害民事诉讼行为的罚款、拘留不得连续适用。发生新的妨害民事诉讼行为的，人民法院可以重新予以罚款、拘留。[1]

被执行人不履行法律文书指定的行为，且该项行为只能由被执行人完成的，人民法院进行罚款、拘留后，被执行人在人民法院确定的履行期间内仍不履行的，人民法院可以再次罚款、拘留。[2]

法律依据

［**1**］**《最高人民法院关于适用〈中华人民共和国民事诉讼法〉的解释》**（2020年12月23日修正）

第一百八十四条　对同一妨害民事诉讼行为的罚款、拘留不得连续适用。发生新的妨害民事诉讼行为的，人民法院可以重新予以罚款、拘留。

［**2**］**《最高人民法院关于适用〈中华人民共和国民事诉讼法〉的解释》**（2020年12月23日修正）

第五百零五条第二款　被执行人在人民法院确定的履行期间内仍不履行的，人民法院可以依照民事诉讼法第一百一十一条第一款第六项规定再次处理。

190.【对罚款、拘留的复议】

被罚款、拘留的人对罚款、拘留决定不服的，可以向上一级人民法院申请复议一次。复议应当自收到决定书之日起三日内提出。复议期间不停止执行。

上级人民法院应当在收到复议申请后五日内作出决定，并将复议结果通知下级人民法院和当事人。上级人民法院复议时认为强制措施不当的，应当制作决定书，撤销或者变更下级人民法院作出的拘留、罚款决定。情况紧急的，可以在口头通知后三日内发出决定书。[1]

法律依据

[1]《**中华人民共和国民事诉讼法**》(2017 年 6 月 27 日修正)

第一百一十六条第三款　罚款、拘留应当用决定书。对决定不服的，可以向上一级人民法院申请复议一次。复议期间不停止执行。

《最高人民法院关于适用〈中华人民共和国民事诉讼法〉的解释》(2020 年 12 月 23 日修正)

第一百八十五条　被罚款、拘留的人不服罚款、拘留决定申请复议的，应当自收到决定书之日起三日内提出。上级人民法院应当在收到复议申请后五日内作出决定，并将复议结果通知下级人民法院和当事人。

第一百八十六条　上级人民法院复议时认为强制措施不当的，应当制作决定书，撤销或者变更下级人民法院作出的拘留、罚款决定。情况紧急的，可以在口头通知后三日内发出决定书。

191. 【外国人的拘留】

执行过程中，对外国人依法作出拘留决定的，应当层报所属高级人民法院，由高级人民法院通知有关外国驻华使、领馆。

对外国人实行拘留措施的案件，执行法院应当将有关案情、处理情况于采取措施的四十八小时内层报所属高级人民法院，同时通报同级人民政府外事办公室。

高级人民法院接到报告后，应当将外国人的外文姓名、性别、入境时间、护照或证件号码、案件发生的时间、地点及有关情况，当事人违法的主要事实，已采取的法律措施及法律依据通知有关外国驻华使、领馆。[1]

法律依据

［1］**《外交部、最高人民法院、最高人民检察院、公安部、国家安全部、司法部关于处理涉外案件若干问题的规定》**（外发〔1995〕17号）

规定相关内容："双边领事条约明确规定期限的（四天或七天），应当在条约规定的期限内通知；如无双边领事条约规定，也应当根据或者参照《维也纳领事关系公约》和国际惯例尽快通知，不应超过七天。""在外国驻华领事馆领区内发生的涉外案件，应通知有关外国驻该地区的领事馆；在外国领事馆领区外发生的涉外案件应通知有关外国驻华大使馆。与我国有外交关系，但未设使、领馆的国家，可通知其代管国家驻华使、领馆。无代管国家或代管国家不明的，可不通知。当事人本人要求不通知的，可不通知，但应当由其本人提出书面要求。"

第三节　限制出境

192.【限制出境的一般规定】

被执行人不履行法律文书确定的义务的，人民法院可以对其采取或者通知有关单位协助采取限制出境措施。[1]

被执行人为单位的，可以对其法定代表人、主要负责人或者影响债务履行的直接责任人员限制出境。

被执行人为无民事行为能力人或者限制民事行为能力人的，可以对其法定代理人限制出境。[2]

法律依据

［1］**《中华人民共和国民事诉讼法》**（2017年6月27日修正）

第二百五十五条　被执行人不履行法律文书确定的义务的，人民法院可以对其采取或者通知有关单位协助采取限制出境，在征信系统记录、通过媒体公布不履行义务信息以及法律规定的其他措施。

［2］**《最高人民法院关于适用〈中华人民共和国民事诉讼法〉执行程序若干问题的解释》**（2020 年 12 月 23 日修正）

第二十四条　被执行人为单位的，可以对其法定代表人、主要负责人或者影响债务履行的直接责任人员限制出境。

被执行人为无民事行为能力人或者限制民事行为能力人的，可以对其法定代理人限制出境。

193. 【限制出境的办理程序】

依照本规范第 192 条规定对被执行人限制出境的，应当由申请执行人向执行法院提出书面申请；必要时，执行法院可以依职权决定。[1]

人民法院决定采取限制出境措施的，应当制作执行决定书[2]。执行决定书应当送达当事人。

人民法院作出限制出境决定时，应当告知被限制出境人申请复议的权利和期限。[3]

法律依据

［1］**《最高人民法院关于适用〈中华人民共和国民事诉讼法〉执行程序若干问题的解释》**（2020 年 12 月 23 日修正）

第二十三条　依照民事诉讼法第二百五十五条规定对被执行人限制出境的，应当由申请执行人向执行法院提出书面申请；必要时，执行法院可以依职权决定。

［2］**《民事诉讼文书样式》**（法〔2016〕221 号）

××××人民法院

执行决定书

（限制被执行人出境用）

（××××）……执……号

申请执行人：×××，……。

被执行人：×××，……。

（以上写明申请执行人、被执行人的姓名或者名称等基本信息）

本院依据已经发生法律效力的……（写明生效法律文书的案号和名称），于××××年××月××日向被执行人×××发出执行通知书，责令被执行人……（写明指定履行的义务），但被执行人×××未履行该义务。申请执行人×××向本院提出申请，请求限制被执行人×××（或被执行人的法定代表人/主要负责人/影响债务履行的直接责任人×××）出境。

本院经审查认为，申请执行人×××的申请符合法律规定。依照《中华人民共和国出境入境管理法》第十二条第三项（被执行人为外国人的，引用《中华人民共和国出境入境管理法》第二十八条第二项）、《中华人民共和国民事诉讼法》第二百五十五条（被执行人为单位的，增加引用《最高人民法院关于适用〈中华人民共和国民事诉讼法〉执行程序若干问题的解释》第三十七条）① 规定，决定如下：

限制被执行人（或被执行人的法定代表人/主要负责人/影响债务履行的直接责任人）×××（写明护照或通行证号码）出境。

××××年××月××日

（院印）

【说明】

1. 本样式根据《中华人民共和国出境入境管理法》第十二条第三项、第二十八条第二项和《中华人民共和国民事诉讼法》第二百五十五条、《最高人民法院关于适用〈中华人民共和国民事诉讼法〉执行程序若干问题的解释》第三十七条规定②制定，供人民法院对被执行人限制出境时用。

2. 被执行人为单位的，可以对其法定代表人、主要负责人或者影响债务履行的直接责任人员限制出境。被执行人为无民事行为能力人或者限制民事行为能力人的，可以对其法定代理人限制出境。

3. 人民法院依职权决定限制被执行人出境时，参照本样式制作文书。

---

① 现为第二十四条。

② 现为第二十四条。

[3]**《最高人民法院关于人民法院办理执行异议和复议案件若干问题的规定》**(2020年12月23日修正)

第十六条第三款 人民法院作出其他裁定和决定时，法律、司法解释规定了相关权利人申请复议的权利和期限的，应当进行告知。

194.【限制出境措施的解除】

在限制出境期间，被执行人履行法律文书确定的全部债务的，执行法院应当及时解除限制出境措施；被执行人提供充分、有效的担保或者申请执行人同意的，可以解除限制出境措施。[1]

解除限制出境措施的，应当制作执行决定书[2]。

法律依据

[1]**《最高人民法院关于适用〈中华人民共和国民事诉讼法〉执行程序若干问题的解释》**(2020年12月23日修正)

第二十五条 在限制出境期间，被执行人履行法律文书确定的全部债务的，执行法院应当及时解除限制出境措施；被执行人提供充分、有效的担保或者申请执行人同意的，可以解除限制出境措施。

[2]**《民事诉讼文书样式》**(法〔2016〕221号)

××××人民法院

执行决定书

(解除限制出境用)

(××××)……执……号

申请执行人：×××，……。

被执行人：×××，……。

(以上写明申请执行人、被执行人的姓名或者名称等基本信息)

本院于××××年××月××日作出(××××)……执……号执行决定，限制被执行人(或被执行人的法定代表人/主要负责人/影响债务履行的直接责任人）×××出境。……（写明解除限制出境的理由）。依照《中华人民共和国出境入境管理法》第六十五条、《最高人民法院关于适用〈中华人民共和国民事诉讼法〉执行程序若干问题的解释》第三十八条规定①，决定如下：

解除对被执行人（或被执行人的法定代表人/主要负责人/影响债务履行的直接责任人）×××（写明护照或通行证号码）的出境限制。

××××年××月××日

（院印）

【说明】

1. 本样式根据《中华人民共和国出境入境管理法》第六十五条、《最高人民法院关于适用〈中华人民共和国民事诉讼法〉执行程序若干问题的解释》第三十八条规定制定②，供人民法院解除对被执行人出境限制时用。

2. 被执行人为单位的，可以对其法定代表人、主要负责人或者影响债务履行的直接责任人员解除限制出境。被执行人为无民事行为能力人或者限制民事行为能力人的，可以对其法定代理人解除限制出境。

195. 【限制出境的复议】

被限制出境的人认为对其限制出境错误的，可以自收到限制出境决定之日起十日内向上一级人民法院申请复议。上一级人民法院应当自收到复议申请之日起十五日内作出决定。复议期间，不停止原决定的执行。[1]

法律依据

[1]《最高人民法院关于人民法院办理执行异议和复议案件若干问题的规定》（2020年12月23日修正）

第九条　被限制出境的人认为对其限制出境错误的，可以自收到限制出境

① 现为第二十五条。

② 现为第二十五条。

决定之日起十日内向上一级人民法院申请复议。上一级人民法院应当自收到复议申请之日起十五日内作出决定。复议期间，不停止原决定的执行。

196.【外国人的限制出境】

对外国人实行扣留护照、限期出境等措施的案件，应当将有关案情、处理情况于采取措施的四十八小时内报上一级主管机关，同时通报同级人民政府外事办公室。[1]

法律依据

［1］**《外交部、最高人民法院、最高人民检察院、公安部、国家安全部、司法部关于处理涉外案件若干问题的规定》**（外发〔1995〕17号）

二、关于涉外案件的内部通报问题

（一）遇有下列情况之一，公安机关、国家安全机关、人民检察院、人民法院，以及其他主管机关应当将有关案情、处理情况，以及对外表态口径于受理案件或采取措施的四十八小时内报上一级主管机关，同时通报同级人民政府外事办公室。

1. 对外国人实行行政拘留、刑事拘留、司法拘留、拘留审查、逮捕、监视居住、取保候审、扣留护照、限期出境、驱逐出境的案件；

2. 外国船舶因在我国内水或领海损毁或搁浅，发生海上交通、污染等事故，走私及其他违法或违反国际公约的行为，被我主管部门扣留或采取其他强制措施的案件；

3. 外国渔船在我管辖水域违法捕捞，发生碰撞或海事纠纷，被我授权执法部门扣留的案件；

4. 外国船舶因经济纠纷被我法院扣留、拍卖的案件；

5. 外国人在华死亡事件或案件；

6. 涉及外国人在华民事和经济纠纷的案件；

7. 其他认为应当通报的案件。

同级人民政府外事办公室在接到通报后应当立即报外交部。案件了结后，也应当尽快向外交部通报结果。

第四节 信用惩戒

197. 【信用惩戒的一般规定】

被执行人不履行法律文书确定的义务的，人民法院可以在征信系统记录、通过媒体公布不履行义务信息以及法律规定的其他措施，还可以根据情节将其纳入失信被执行人名单，将被执行人不履行或者不完全履行义务的信息向其所在单位、征信机构以及其他相关机构通报。[1]

法律依据

[1]**《中华人民共和国民事诉讼法》**（2017 年 6 月 27 日修正）

第二百五十五条　被执行人不履行法律文书确定的义务的，人民法院可以对其采取或者通知有关单位协助采取限制出境，在征信系统记录、通过媒体公布不履行义务信息以及法律规定的其他措施。

《最高人民法院关于适用〈中华人民共和国民事诉讼法〉的解释》（2020 年 12 月 23 日修正）

第五百一十八条　被执行人不履行法律文书确定的义务的，人民法院除对被执行人予以处罚外，还可以根据情节将其纳入失信被执行人名单，将被执行人不履行或者不完全履行义务的信息向其所在单位、征信机构以及其他相关机构通报。

198. 【纳入失信名单的情形】

被执行人未履行生效法律文书确定的义务，并具有下列情形之一的，人民法院应当将其纳入失信被执行人名单，依法对其进行信用惩戒：

（一）有履行能力而拒不履行生效法律文书确定义务的；

（二）以伪造证据、暴力、威胁等方法妨碍、抗拒执行的；

（三）以虚假诉讼、虚假仲裁或者以隐匿、转移财产等方法规避执行的；

（四）违反财产报告制度的；

（五）违反限制消费令的；

（六）无正当理由拒不履行执行和解协议的。[1]

法律依据

〔1〕**《最高人民法院关于公布失信被执行人名单信息的若干规定》**（法释〔2017〕7号）

第一条　被执行人未履行生效法律文书确定的义务，并具有下列情形之一的，人民法院应当将其纳入失信被执行人名单，依法对其进行信用惩戒：

（一）有履行能力而拒不履行生效法律文书确定义务的；

（二）以伪造证据、暴力、威胁等方法妨碍、抗拒执行的；

（三）以虚假诉讼、虚假仲裁或者以隐匿、转移财产等方法规避执行的；

（四）违反财产报告制度的；

（五）违反限制消费令的；

（六）无正当理由拒不履行执行和解协议的。

199.【纳入失信名单的期限】

被执行人具有本规范第198条第二项至第六项规定情形的，纳入失信被执行人名单的期限为二年。被执行人以暴力、威胁方法妨碍、抗拒执行情节严重或具有多项失信行为的，可以延长一至三年。

失信被执行人积极履行生效法律文书确定义务或主动纠正失信行为的，人民法院可以决定提前删除失信信息。[1]

法律依据

〔1〕**《最高人民法院关于公布失信被执行人名单信息的若干规定》**（法释〔2017〕7号）

第二条　被执行人具有本规定第一条第二项至第六项规定情形的，纳入失信被执行人名单的期限为二年。被执行人以暴力、威胁方法妨碍、抗拒执行情节严重或具有多项失信行为的，可以延长一至三年。

失信被执行人积极履行生效法律文书确定义务或主动纠正失信行为的，人民法院可以决定提前删除失信信息。

200.【不得纳入失信名单的情形】

具有下列情形之一的，人民法院不得依据本规范第 198 条第一项的规定将被执行人纳入失信被执行人名单：

（一）提供了充分有效担保的；

（二）已被采取查封、扣押、冻结等措施的财产足以清偿生效法律文书确定债务的；

（三）被执行人履行顺序在后，对其依法不应强制执行的；

（四）其他不属于有履行能力而拒不履行生效法律文书确定义务的情形。[1]

法律依据

［1］**《最高人民法院关于公布失信被执行人名单信息的若干规定》**（法释〔2017〕7 号）

第三条　具有下列情形之一的，人民法院不得依据本规定第一条第一项的规定将被执行人纳入失信被执行人名单：

（一）提供了充分有效担保的；

（二）已被采取查封、扣押、冻结等措施的财产足以清偿生效法律文书确定债务的；

（三）被执行人履行顺序在后，对其依法不应强制执行的；

（四）其他不属于有履行能力而拒不履行生效法律文书确定义务的情形。

201.【未成年人纳入失信名单的禁止】

被执行人为未成年人的，人民法院不得将其纳入失信被执行人名单。[1]

法律依据

［1］**《最高人民法院关于公布失信被执行人名单信息的若干规定》**（法释〔2017〕7号）

第四条　被执行人为未成年人的，人民法院不得将其纳入失信被执行人名单。

202.【纳入失信名单的程序】

人民法院向被执行人发出的执行通知中，应当载明有关纳入失信被执行人名单的风险提示等内容。

申请执行人认为被执行人具有本规范第198条规定情形之一的，可以向人民法院申请将其纳入失信被执行人名单。人民法院应当自收到申请之日起十五日内审查并作出决定。人民法院认为被执行人具有本规范第198条规定情形之一的，也可以依职权决定将其纳入失信被执行人名单。

人民法院决定将被执行人纳入失信被执行人名单的，应当制作决定书，决定书应当写明纳入失信被执行人名单的理由，有纳入期限的，应当写明纳入期限。决定书由院长签发，自作出之日起生效。决定书应当按照民事诉讼法规定的法律文书送达方式送达当事人。[1]

法律依据

［1］**《最高人民法院关于公布失信被执行人名单信息的若干规定》**（法释〔2017〕7号）

第五条　人民法院向被执行人发出的执行通知中，应当载明有关纳入失信被执行人名单的风险提示等内容。

申请执行人认为被执行人具有本规定第一条规定情形之一的，可以向人民法院申请将其纳入失信被执行人名单。人民法院应当自收到申请之日起十五日内审查并作出决定。人民法院认为被执行人具有本规定第一条规定情形之一的，也可以依职权决定将其纳入失信被执行人名单。

人民法院决定将被执行人纳入失信被执行人名单的，应当制作决定书，决定书应当写明纳入失信被执行人名单的理由，有纳入期限的，应当写明纳入期限。决定书由院长签发，自作出之日起生效。决定书应当按照民事诉讼法规定的法律文书送达方式送达当事人。

203. 【失信名单信息的内容】

记载和公布的失信被执行人名单信息应当包括：

（一）作为被执行人的法人或者其他组织的名称、统一社会信用代码（或组织机构代码）、法定代表人或者负责人姓名；

（二）作为被执行人的自然人的姓名、性别、年龄、身份证号码；

（三）生效法律文书确定的义务和被执行人的履行情况；

（四）被执行人失信行为的具体情形；

（五）执行依据的制作单位和文号、执行案号、立案时间、执行法院；

（六）人民法院认为应当记载和公布的不涉及国家秘密、商业秘密、个人隐私的其他事项。[1]

法律依据

［1］**《最高人民法院关于公布失信被执行人名单信息的若干规定》**（法释〔2017〕7号）

第六条　记载和公布的失信被执行人名单信息应当包括：

（一）作为被执行人的法人或者其他组织的名称、统一社会信用代码（或组织机构代码）、法定代表人或者负责人姓名；

（二）作为被执行人的自然人的姓名、性别、年龄、身份证号码；

（三）生效法律文书确定的义务和被执行人的履行情况；

（四）被执行人失信行为的具体情形；

（五）执行依据的制作单位和文号、执行案号、立案时间、执行法院；

（六）人民法院认为应当记载和公布的不涉及国家秘密、商业秘密、个人隐私的其他事项。

204.【失信名单的公布】

各级人民法院应当将失信被执行人名单信息录入最高人民法院失信被执行人名单库，并通过该名单库统一向社会公布。

各级人民法院可以根据各地实际情况，将失信被执行人名单通过报纸、广播、电视、网络、法院公告栏等其他方式予以公布，并可以采取新闻发布会或者其他方式对本院及辖区法院实施失信被执行人名单制度的情况定期向社会公布。[1]

法律依据

［1］**《最高人民法院关于公布失信被执行人名单信息的若干规定》**（法释〔2017〕7号）

第七条　各级人民法院应当将失信被执行人名单信息录入最高人民法院失信被执行人名单库，并通过该名单库统一向社会公布。

各级人民法院可以根据各地实际情况，将失信被执行人名单通过报纸、广播、电视、网络、法院公告栏等其他方式予以公布，并可以采取新闻发布会或者其他方式对本院及辖区法院实施失信被执行人名单制度的情况定期向社会公布。

205.【失信名单的通报】

人民法院应当将失信被执行人名单信息，向政府相关部门、金融监管机构、金融机构、承担行政职能的事业单位及行业协会等通报，供相关单位依照法律、法规和有关规定，在政府采购、招标投标、行政审批、政府扶持、融资信贷、市场准入、资质认定等方面，对失信被执行人予以信用惩戒。

人民法院应当将失信被执行人名单信息向征信机构通报，并由征信机构在其征信系统中记录。

国家工作人员、人大代表、政协委员等被纳入失信被执行人名单的，人民法院应当将失信情况通报其所在单位和相关部门。

国家机关、事业单位、国有企业等被纳入失信被执行人名单的，人民法院应当将失信情况通报其上级单位、主管部门或者履行出资人职责的机构。[1]

法律依据

［1］**《最高人民法院关于公布失信被执行人名单信息的若干规定》**（法释〔2017〕7号）

第八条　人民法院应当将失信被执行人名单信息，向政府相关部门、金融监管机构、金融机构、承担行政职能的事业单位及行业协会等通报，供相关单位依照法律、法规和有关规定，在政府采购、招标投标、行政审批、政府扶持、融资信贷、市场准入、资质认定等方面，对失信被执行人予以信用惩戒。

人民法院应当将失信被执行人名单信息向征信机构通报，并由征信机构在其征信系统中记录。

国家工作人员、人大代表、政协委员等被纳入失信被执行人名单的，人民法院应当将失信情况通报其所在单位和相关部门。

国家机关、事业单位、国有企业等被纳入失信被执行人名单的，人民法院应当将失信情况通报其上级单位、主管部门或者履行出资人职责的机构。

206.【失信信息的撤销和更正】

不应纳入失信被执行人名单的公民、法人或其他组织被纳入失信被执行人名单的，人民法院应当在三个工作日内撤销失信信息。

记载和公布的失信信息不准确的，人民法院应当在三个工作日内更正失信信息。[1]

法律依据

［1］**《最高人民法院关于公布失信被执行人名单信息的若干规定》**（法

释〔2017〕7号）

第九条　不应纳入失信被执行人名单的公民、法人或其他组织被纳入失信被执行人名单的，人民法院应当在三个工作日内撤销失信信息。

记载和公布的失信信息不准确的，人民法院应当在三个工作日内更正失信信息。

207.【失信信息的删除】

具有下列情形之一的，人民法院应当在三个工作日内删除失信信息：

（一）被执行人已履行生效法律文书确定的义务或人民法院已执行完毕的；

（二）当事人达成执行和解协议且已履行完毕的；

（三）申请执行人书面申请删除失信信息，人民法院审查同意的；

（四）终结本次执行程序后，通过网络执行查控系统查询被执行人财产两次以上，未发现有可供执行财产，且申请执行人或者其他人未提供有效财产线索的；

（五）因审判监督或破产程序，人民法院依法裁定对失信被执行人中止执行的；

（六）人民法院依法裁定不予执行的；

（七）人民法院依法裁定终结执行的。

有纳入期限的，不适用前款规定。纳入期限届满后三个工作日内，人民法院应当删除失信信息。

依照本条第一款规定删除失信信息后，被执行人具有本规定第一条规定情形之一的，人民法院可以重新将其纳入失信被执行人名单。

依照本条第一款第三项规定删除失信信息后六个月内，申请执行人申请将该被执行人纳入失信被执行人名单的，人民法院不予支持。[1]

法律依据

［1］**《最高人民法院关于公布失信被执行人名单信息的若干规定》**（法释〔2017〕7号）

第十条　具有下列情形之一的，人民法院应当在三个工作日内删除失信信息：

（一）被执行人已履行生效法律文书确定的义务或人民法院已执行完毕的；

（二）当事人达成执行和解协议且已履行完毕的；

（三）申请执行人书面申请删除失信信息，人民法院审查同意的；

（四）终结本次执行程序后，通过网络执行查控系统查询被执行人财产两次以上，未发现有可供执行财产，且申请执行人或者其他人未提供有效财产线索的；

（五）因审判监督或破产程序，人民法院依法裁定对失信被执行人中止执行的；

（六）人民法院依法裁定不予执行的；

（七）人民法院依法裁定终结执行的。

有纳入期限的，不适用前款规定。纳入期限届满后三个工作日内，人民法院应当删除失信信息。

依照本条第一款规定删除失信信息后，被执行人具有本规定第一条规定情形之一的，人民法院可以重新将其纳入失信被执行人名单。

依照本条第一款第三项规定删除失信信息后六个月内，申请执行人申请将该被执行人纳入失信被执行人名单的，人民法院不予支持。

208. 【失信信息的纠正申请】

被纳入失信被执行人名单的公民、法人或其他组织认为有下列情形之一的，可以向执行法院申请纠正：

（一）不应将其纳入失信被执行人名单的；

（二）记载和公布的失信信息不准确的；

（三）失信信息应予删除的。[1]

法律依据

[1]《最高人民法院关于公布失信被执行人名单信息的若干规定》（法释〔2017〕7号）

第十一条　被纳入失信被执行人名单的公民、法人或其他组织认为有下列情形之一的，可以向执行法院申请纠正：

（一）不应将其纳入失信被执行人名单的；

（二）记载和公布的失信信息不准确的；

（三）失信信息应予删除的。

209.【失信信息纠正的审查和处理】

公民、法人或其他组织对被纳入失信被执行人名单申请纠正的，执行法院应当自收到书面纠正申请之日起十五日内审查，理由成立的，应当在三个工作日内纠正；理由不成立的，决定驳回。公民、法人或其他组织对驳回决定不服的，可以自决定书送达之日起十日内向上一级人民法院申请复议。上一级人民法院应当自收到复议申请之日起十五日内作出决定。

复议期间，不停止原决定的执行。[1]

对公民、法人或其他组织的纠正申请，人民法院认为理由不成立作出驳回决定时，应当告知其申请复议的权利和期限。[2]

法律依据

[1]《最高人民法院关于公布失信被执行人名单信息的若干规定》（法释〔2017〕7号）

第十二条　公民、法人或其他组织对被纳入失信被执行人名单申请纠正的，执行法院应当自收到书面纠正申请之日起十五日内审查，理由成立的，应当在三个工作日内纠正；理由不成立的，决定驳回。公民、法人或其他组织对驳回决定不服的，可以自决定书送达之日起十日内向上一级人民法院申请复议。上一级人民法院应当自收到复议申请之日起十五日内作出决定。

复议期间，不停止原决定的执行。

［2］《最高人民法院关于人民法院办理执行异议和复议案件若干问题的规定》（2020 年 12 月 23 日修正）

第十六条第三款　人民法院作出其他裁定和决定时，法律、司法解释规定了相关权利人申请复议的权利和期限的，应当进行告知。

210.【法律责任】

人民法院工作人员违反本节规定公布、撤销、更正、删除失信信息的，参照有关规定追究责任。[1]

法律依据

［1］《最高人民法院关于公布失信被执行人名单信息的若干规定》（法释〔2017〕7 号）

第十三条　人民法院工作人员违反本规定公布、撤销、更正、删除失信信息的，参照有关规定追究责任。

第五节　限制消费

211.【限制消费的一般规定】

被执行人未按执行通知书指定的期间履行生效法律文书确定的给付义务的，人民法院可以采取限制消费措施，限制其高消费及非生活或者经营必需的有关消费。纳入失信被执行人名单的被执行人，人民法院应当对其采取限制消费措施。[1]

人民法院决定采取限制消费措施时，应当考虑被执行人是否有消极履行、规避执行或者抗拒执行的行为以及被执行人的履行能力等因素。[2]

法律依据

[1]《最高人民法院关于限制被执行人高消费及有关消费的若干规定》（法释〔2015〕17号）

第一条　被执行人未按执行通知书指定的期间履行生效法律文书确定的给付义务的，人民法院可以采取限制消费措施，限制其高消费及非生活或者经营必需的有关消费。

纳入失信被执行人名单的被执行人，人民法院应当对其采取限制消费措施。

[2]《最高人民法院关于限制被执行人高消费及有关消费的若干规定》（法释〔2015〕17号）

第二条　人民法院决定采取限制消费措施时，应当考虑被执行人是否有消极履行、规避执行或者抗拒执行的行为以及被执行人的履行能力等因素。

212.【受限制的消费行为】

被执行人为自然人的，被采取限制消费措施后，不得有以下高消费及非生活和工作必需的消费行为：

（一）乘坐交通工具时，选择飞机、列车软卧、轮船二等以上舱位；

（二）在星级以上宾馆、酒店、夜总会、高尔夫球场等场所进行高消费；

（三）购买不动产或者新建、扩建、高档装修房屋；

（四）租赁高档写字楼、宾馆、公寓等场所办公；

（五）购买非经营必需车辆；

（六）旅游、度假；

（七）子女就读高收费私立学校；

（八）支付高额保费购买保险理财产品；

（九）乘坐G字头动车组列车全部座位、其他动车组列车一等以上座位等其他非生活和工作必需的消费行为。

被执行人为单位的，被采取限制消费措施后，被执行人及其法定代表人、主要负责人、影响债务履行的直接责任人员、实际控制人不得实施前款规定的行为。因私消费以个人财产实施前款规定行为的，可以向执行法院提出申请。执行法院审查属实的，应予准许。[1]

法律依据

［1］《最高人民法院关于限制被执行人高消费及有关消费的若干规定》（法释〔2015〕17号）

第三条　被执行人为自然人的，被采取限制消费措施后，不得有以下高消费及非生活和工作必需的消费行为：

（一）乘坐交通工具时，选择飞机、列车软卧、轮船二等以上舱位；

（二）在星级以上宾馆、酒店、夜总会、高尔夫球场等场所进行高消费；

（三）购买不动产或者新建、扩建、高档装修房屋；

（四）租赁高档写字楼、宾馆、公寓等场所办公；

（五）购买非经营必需车辆；

（六）旅游、度假；

（七）子女就读高收费私立学校；

（八）支付高额保费购买保险理财产品；

（九）乘坐G字头动车组列车全部座位、其他动车组列车一等以上座位等其他非生活和工作必需的消费行为。

被执行人为单位的，被采取限制消费措施后，被执行人及其法定代表人、主要负责人、影响债务履行的直接责任人员、实际控制人不得实施前款规定的行为。因私消费以个人财产实施前款规定行为的，可以向执行法院提出申请。执行法院审查属实的，应予准许。

213.【限制消费的启动】

限制消费措施一般由申请执行人提出书面申请，经人民法院审查决定；必要时人民法院可以依职权决定。[1]

法律依据

[1]《最高人民法院关于限制被执行人高消费及有关消费的若干规定》（法释〔2015〕17号）

第四条 限制消费措施一般由申请执行人提出书面申请，经人民法院审查决定；必要时人民法院可以依职权决定。

214. 【限制消费令】

人民法院决定采取限制消费措施的，应当向被执行人发出限制消费令。限制消费令由人民法院院长签发。限制消费令应当载明限制消费的期间、项目、法律后果等内容。[1]

法律依据

[1]《最高人民法院关于限制被执行人高消费及有关消费的若干规定》（法释〔2015〕17号）

第五条 人民法院决定采取限制消费措施的，应当向被执行人发出限制消费令。限制消费令由人民法院院长签发。限制消费令应当载明限制消费的期间、项目、法律后果等内容。

215. 【限制消费的实施】

人民法院决定采取限制消费措施的，可以根据案件需要和被执行人的情况向有义务协助调查、执行的单位送达协助执行通知书，也可以在相关媒体上进行公告。[1]

限制消费令的公告费用由被执行人负担；申请执行人申请在媒体公告的，应当垫付公告费用。[2]

法律依据

[1]《最高人民法院关于限制被执行人高消费及有关消费的若干规定》（法释〔2015〕17号）

第六条　人民法院决定采取限制消费措施的，可以根据案件需要和被执行人的情况向有义务协助调查、执行的单位送达协助执行通知书，也可以在相关媒体上进行公告。

［2］**《最高人民法院关于限制被执行人高消费及有关消费的若干规定》**（法释〔2015〕17号）

第七条　限制消费令的公告费用由被执行人负担；申请执行人申请在媒体公告的，应当垫付公告费用。

216.【生活、经营必需消费的申请与批准】

被限制消费的被执行人因生活或者经营必需而进行本节规定禁止的消费活动的，应当向人民法院提出申请，获批准后方可进行。[1]

法律依据

［1］**《最高人民法院关于限制被执行人高消费及有关消费的若干规定》**（法释〔2015〕17号）

第八条　被限制消费的被执行人因生活或者经营必需而进行本规定禁止的消费活动的，应当向人民法院提出申请，获批准后方可进行。

217.【限制消费令的解除】

在限制消费期间，被执行人提供确实有效的担保或者经申请执行人同意的，人民法院可以解除限制消费令；被执行人履行完毕生效法律文书确定的义务的，人民法院应当在本规范第215条第一款通知或者公告的范围内及时以通知或者公告解除限制消费令。[1]

法律依据

［1］**《最高人民法院关于限制被执行人高消费及有关消费的若干规定》**（法释〔2015〕17号）

第九条 在限制消费期间，被执行人提供确实有效的担保或者经申请执行人同意的，人民法院可以解除限制消费令；被执行人履行完毕生效法律文书确定的义务的，人民法院应当在本规定第六条通知或者公告的范围内及时以通知或者公告解除限制消费令。

218. 【违反限制消费令的举报】

人民法院应当设置举报电话或者邮箱，接受申请执行人和社会公众对被限制消费的被执行人违反本规范第212条的举报，并进行审查认定。[1]

法律依据

［1］《最高人民法院关于限制被执行人高消费及有关消费的若干规定》（法释〔2015〕17号）

第十条 人民法院应当设置举报电话或者邮箱，接受申请执行人和社会公众对被限制消费的被执行人违反本规定第三条的举报，并进行审查认定。

第十五章　刑事处罚

219. 【非法处置查封、扣押、冻结的财产罪】

隐藏、转移、变卖、故意毁损已被人民法院查封、扣押、冻结的财产，情节严重的，依照刑法第三百一十四条[1]的规定，以非法处置查封、扣押、冻结的财产罪追究刑事责任。

法律依据

［**1**］**《中华人民共和国刑法》**（2020 年 12 月 26 日修正）

第三百一十四条　隐藏、转移、变卖、故意毁损已被司法机关查封、扣押、冻结的财产，情节严重的，处三年以下有期徒刑、拘役或者罚金。

220. 【妨害公务罪】

对下列暴力抗拒执行的行为，依照刑法第二百七十七条[1]的规定，以妨害公务罪论处：

（一）聚众哄闹、冲击执行现场，围困、扣押、殴打执行人员，致使执行工作无法进行的；

（二）毁损、抢夺执行案件材料、执行公务车辆和其他执行器械、执行人员服装以及执行公务证件，造成严重后果的；

（三）其他以暴力、威胁方法妨害或者抗拒执行，致使执行工作无法进行的。[2]

负有执行人民法院判决、裁定义务的单位直接负责的主管人员和其他直接责任人员，为了本单位的利益实施前款所列行为之一的，对该主管人员和其他直接责任人员，依照刑法第二百七十七条的规定，以妨害公务罪论处。[3]

法律依据

[**1**]**《中华人民共和国刑法》**（2020年12月26日修正）

第二百七十七条 以暴力、威胁方法阻碍国家机关工作人员依法执行职务的，处三年以下有期徒刑、拘役、管制或者罚金。

以暴力、威胁方法阻碍全国人民代表大会和地方各级人民代表大会代表依法执行代表职务的，依照前款的规定处罚。

在自然灾害和突发事件中，以暴力、威胁方法阻碍红十字会工作人员依法履行职责的，依照第一款的规定处罚。

故意阻碍国家安全机关、公安机关依法执行国家安全工作任务，未使用暴力、威胁方法，造成严重后果的，依照第一款的规定处罚。

暴力袭击正在依法执行职务的人民警察的，处三年以下有期徒刑、拘役或者管制；使用枪支、管制刀具，或者以驾驶机动车撞击等手段，严重危及其人身安全的，处三年以上七年以下有期徒刑。

[**2**]**《最高人民法院、最高人民检察院、公安部关于依法严肃查处拒不执行判决、裁定和暴力抗拒法院执行犯罪行为的通知》**（法发〔2007〕29号）

二、对下列暴力抗拒执行的行为，依照刑法第二百七十七条的规定，以妨害公务罪论处。

（一）聚众哄闹、冲击执行现场，围困、扣押、殴打执行人员，致使执行工作无法进行的；

（二）毁损、抢夺执行案件材料、执行公务车辆和其他执行器械、执行人员服装以及执行公务证件，造成严重后果的；

（三）其他以暴力、威胁方法妨害或者抗拒执行，致使执行工作无法进行的。

[**3**]**《最高人民法院、最高人民检察院、公安部关于依法严肃查处拒不执行判决、裁定和暴力抗拒法院执行犯罪行为的通知》**（法发〔2007〕

29 号）

三、负有执行人民法院判决、裁定义务的单位直接负责的主管人员和其他直接责任人员，为了本单位的利益实施本《通知》第一条、第二条所列行为之一的，对该主管人员和其他直接责任人员，依照刑法第三百一十三条和第二百七十七条的规定，分别以拒不执行判决、裁定罪和妨害公务罪论处。

221. 【拒不执行判决、裁定罪】

被执行人、协助执行义务人、担保人等负有执行义务的人对人民法院的判决、裁定有能力执行而拒不执行，情节严重的，应当依照刑法第三百一十三条[1]的规定，以拒不执行判决、裁定罪处罚。[2]

法律依据

[1]**《中华人民共和国刑法》**（2020 年 12 月 26 日修正）

第三百一十三条　对人民法院的判决、裁定有能力执行而拒不执行，情节严重的，处三年以下有期徒刑、拘役或者罚金；情节特别严重的，处三年以上七年以下有期徒刑，并处罚金。

单位犯前款罪的，对单位判处罚金，并对其直接负责的主管人员和其他直接责任人员，依照前款的规定处罚。

[2]**《最高人民法院关于审理拒不执行判决、裁定刑事案件适用法律若干问题的解释》**（2020 年 12 月 23 日修正）

第一条　被执行人、协助执行义务人、担保人等负有执行义务的人对人民法院的判决、裁定有能力执行而拒不执行，情节严重的，应当依照刑法第三百一十三条的规定，以拒不执行判决、裁定罪处罚。

222. 【拒不执行的判决、裁定的范围】

刑法第三百一十三条规定的“人民法院的判决、裁定”，是指人民法院依法作出的具有执行内容并已发生法律效力的判决、裁定。人民法院为依法执行支付令、生效的调解书、仲裁裁决、公证债权文书等所作的裁定属于该条规定的裁定。[1]

法律依据

[1]《全国人民代表大会常务委员会关于〈中华人民共和国刑法〉第三百一十三条的解释》（2002 年 8 月 29 日）

全国人民代表大会常务委员会讨论了刑法第三百一十三条规定的“对人民法院的判决、裁定有能力执行而拒不执行，情节严重”的含义问题，解释如下：

刑法第三百一十三条规定的“人民法院的判决、裁定”，是指人民法院依法作出的具有执行内容并已发生法律效力的判决、裁定。人民法院为依法执行支付令、生效的调解书、仲裁裁决、公证债权文书等所作的裁定属于该条规定的裁定。

下列情形属于刑法第三百一十三条规定的“有能力执行而拒不执行，情节严重”的情形：

（一）被执行人隐藏、转移、故意毁损财产或者无偿转让财产、以明显不合理的低价转让财产，致使判决、裁定无法执行的；

（二）担保人或者被执行人隐藏、转移、故意毁损或者转让已向人民法院提供担保的财产，致使判决、裁定无法执行的；

（三）协助执行义务人接到人民法院协助执行通知书后，拒不协助执行，致使判决、裁定无法执行的；

（四）被执行人、担保人、协助执行义务人与国家机关工作人员通谋，利用国家机关工作人员的职权妨害执行，致使判决、裁定无法执行的；

（五）其他有能力执行而拒不执行，情节严重的情形。

国家机关工作人员有上述第四项行为的，以拒不执行判决、裁定罪的共犯追究刑事责任。国家机关工作人员收受贿赂或者滥用职权，有上述第四项行为的，同时又构成刑法第三百八十五条、第三百九十七条规定之罪的，依照处罚较重的规定定罪处罚。

现予公告。

223.【有能力执行而拒不执行、情节严重的情形】

下列情形属于刑法第三百一十三条规定的“有能力执行而拒不执行，情节严重”的情形：

（一）被执行人隐藏、转移、故意毁损财产或者无偿转让财产、以明显不合理的低价转让财产，致使判决、裁定无法执行的；

（二）担保人或者被执行人隐藏、转移、故意毁损或者转让已向人民法院提供担保的财产，致使判决、裁定无法执行的；

（三）协助执行义务人接到人民法院协助执行通知书后，拒不协助执行，致使判决、裁定无法执行的；

（四）被执行人、担保人、协助执行义务人与国家机关工作人员通谋，利用国家机关工作人员的职权妨害执行，致使判决、裁定无法执行的；

（五）其他有能力执行而拒不执行，情节严重的情形。

国家机关工作人员有上述第四项行为的，以拒不执行判决、裁定罪的共犯追究刑事责任。国家机关工作人员收受贿赂或者滥用职权，有上述第四项行为的，同时又构成刑法第三百八十五条[1]、第三百九十七条[2]规定之罪的，依照处罚较重的规定定罪处罚。[3]

法律依据

[**1**]**《中华人民共和国刑法》**（2020年12月26日修正）

第三百八十五条　国家工作人员利用职务上的便利，索取他人财物的，或者非法收受他人财物，为他人谋取利益的，是受贿罪。

国家工作人员在经济往来中，违反国家规定，收受各种名义的回扣、手续费，归个人所有的，以受贿论处。

[**2**]**《中华人民共和国刑法》**（2020年12月26日修正）

第三百九十七条　国家机关工作人员滥用职权或者玩忽职守，致使公共财产、国家和人民利益遭受重大损失的，处三年以下有期徒刑或者拘役；情节特别严重的，处三年以上七年以下有期徒刑。本法另有规定的，依照规定。

国家机关工作人员徇私舞弊，犯前款罪的，处五年以下有期徒刑或者拘役；情节特别严重的，处五年以上十年以下有期徒刑。本法另有规定的，依照规定。

[3]**《全国人民代表大会常务委员会关于〈中华人民共和国刑法〉第三百一十三条的解释》**（2002 年 8 月 29 日）

全国人民代表大会常务委员会讨论了刑法第三百一十三条规定的“对人民法院的判决、裁定有能力执行而拒不执行，情节严重”的含义问题，解释如下：

刑法第三百一十三条规定的“人民法院的判决、裁定”，是指人民法院依法作出的具有执行内容并已发生法律效力的判决、裁定。人民法院为依法执行支付令、生效的调解书、仲裁裁决、公证债权文书等所作的裁定属于该条规定的裁定。

下列情形属于刑法第三百一十三条规定的“有能力执行而拒不执行，情节严重”的情形：

（一）被执行人隐藏、转移、故意毁损财产或者无偿转让财产、以明显不合理的低价转让财产，致使判决、裁定无法执行的；

（二）担保人或者被执行人隐藏、转移、故意毁损或者转让已向人民法院提供担保的财产，致使判决、裁定无法执行的；

（三）协助执行义务人接到人民法院协助执行通知书后，拒不协助执行，致使判决、裁定无法执行的；

（四）被执行人、担保人、协助执行义务人与国家机关工作人员通谋，利用国家机关工作人员的职权妨害执行，致使判决、裁定无法执行的；

（五）其他有能力执行而拒不执行，情节严重的情形。

国家机关工作人员有上述第四项行为的，以拒不执行判决、裁定罪的共犯追究刑事责任。国家机关工作人员收受贿赂或者滥用职权，有上述第四项行为的，同时又构成刑法第三百八十五条、第三百九十七条规定之罪的，依照处罚较重的规定定罪处罚。

现予公告。

224. 【其他有能力执行而拒不执行、情节严重的情形】

负有执行义务的人有能力执行而实施下列行为之一的，应当认定为本规范第 223 条第一款第五项规定的“其他有能力执行而拒不执行，情节严重的情形”：

（一）具有拒绝报告或者虚假报告财产情况、违反人民法院限制高消费及有关消费令等拒不执行行为，经采取罚款或者拘留等强制措施后仍拒不执行的；

（二）伪造、毁灭有关被执行人履行能力的重要证据，以暴力、威胁、贿买方法阻止他人作证或者指使、贿买、胁迫他人作伪证，妨碍人民法院查明被执行人财产情况，致使判决、裁定无法执行的；

（三）拒不交付法律文书指定交付的财物、票证或者拒不迁出房屋、退出土地，致使判决、裁定无法执行的；

（四）与他人串通，通过虚假诉讼、虚假仲裁、虚假和解等方式妨害执行，致使判决、裁定无法执行的；

（五）以暴力、威胁方法阻碍执行人员进入执行现场或者聚众哄闹、冲击执行现场，致使执行工作无法进行的；

（六）对执行人员进行侮辱、围攻、扣押、殴打，致使执行工作无法进行的；

（七）毁损、抢夺执行案件材料、执行公务车辆和其他执行器械、执行人员服装以及执行公务证件，致使执行工作无法进行的；

（八）拒不执行法院判决、裁定，致使债权人遭受重大损失的。[1]

法律依据

［1］**《最高人民法院关于审理拒不执行判决、裁定刑事案件适用法律若干问题的解释》**（2020 年 12 月 23 日修正）

第二条　负有执行义务的人有能力执行而实施下列行为之一的，应当认定为全国人民代表大会常务委员会关于刑法第三百一十三条的解释中规定的“其他有能力执行而拒不执行，情节严重的情形”：

（一）具有拒绝报告或者虚假报告财产情况、违反人民法院限制高消费及有关消费令等拒不执行行为，经采取罚款或者拘留等强制措施后仍拒不执行的；

（二）伪造、毁灭有关被执行人履行能力的重要证据，以暴力、威胁、贿买方法阻止他人作证或者指使、贿买、胁迫他人作伪证，妨碍人民法院查明被执行人财产情况，致使判决、裁定无法执行的；

（三）拒不交付法律文书指定交付的财物、票证或者拒不迁出房屋、退出土地，致使判决、裁定无法执行的；

（四）与他人串通，通过虚假诉讼、虚假仲裁、虚假和解等方式妨害执行，致使判决、裁定无法执行的；

（五）以暴力、威胁方法阻碍执行人员进入执行现场或者聚众哄闹、冲击执行现场，致使执行工作无法进行的；

（六）对执行人员进行侮辱、围攻、扣押、殴打，致使执行工作无法进行的；

（七）毁损、抢夺执行案件材料、执行公务车辆和其他执行器械、执行人员服装以及执行公务证件，致使执行工作无法进行的；

（八）拒不执行法院判决、裁定，致使债权人遭受重大损失的。

225. 【拒不执行判决、裁定的起算时间】

有能力执行而拒不执行判决、裁定的时间从判决、裁定发生法律效力时起算。

具有执行内容的判决、裁定发生法律效力后，负有执行义务的人有隐藏、转移、故意毁损财产等拒不执行行为，致使判决、裁定无法执行，情节严重的，应当以拒不执行判决、裁定罪定罪处罚。[1]

法律依据

［1］**最高人民法院指导案例 71 号：“毛建文拒不执行判决、裁定案”**（2016 年 12 月 28 日）

裁判要点：“有能力执行而拒不执行判决、裁定的时间从判决、裁定发生法律效力时起算。具有执行内容的判决、裁定发生法律效力后，负有执行义务的人有隐藏、转移、故意毁损财产等拒不执行行为，致使判决、裁定无法执行，情节严重的，应当以拒不执行判决、裁定罪定罪处罚。”

226.【拒不执行判决、裁定罪的先行拘留和移送侦查】

人民法院在执行判决、裁定过程中，对拒不执行判决、裁定情节严重的人，可以先行司法拘留；拒不执行判决、裁定的行为人涉嫌犯罪的，应当将案件依法移送有管辖权的公安机关立案侦查。[1]

法律依据

［1］**《最高人民法院、最高人民检察院、公安部关于依法严肃查处拒不执行判决、裁定和暴力抗拒法院执行犯罪行为的通知》**（法发〔2007〕29号）

七、人民法院在执行判决、裁定过程中，对拒不执行判决、裁定情节严重的人，可以先行司法拘留；拒不执行判决、裁定的行为人涉嫌犯罪的，应当将案件依法移送有管辖权的公安机关立案侦查。

227.【拒不执行判决、裁定罪的自诉案件】

申请执行人有证据证明同时具有下列情形，人民法院认为符合刑事诉讼法第二百一十条第三项[1]规定的，以自诉案件立案审理：

（一）负有执行义务的人拒不执行判决、裁定，侵犯了申请执行人的人身、财产权利，应当依法追究刑事责任的；

（二）申请执行人曾经提出控告，而公安机关或者人民检察院对负有执行义务的人不予追究刑事责任的。[2]

前款规定的自诉案件，依照刑事诉讼法第二百一十二条[3]的规定，自诉人在宣告判决前，可以同被告人自行和解或者撤回自诉。[4]

法律依据

［1］**《中华人民共和国刑事诉讼法》**（2018年10月26日修正）

第二百一十条第三项　自诉案件包括下列案件：

（三）被害人有证据证明对被告人侵犯自己人身、财产权利的行为应当依法追究刑事责任，而公安机关或者人民检察院不予追究被告人刑事责任的案件。

［2］**《最高人民法院关于审理拒不执行判决、裁定刑事案件适用法律若干问题的解释》**（2020年12月23日修正）

第三条　申请执行人有证据证明同时具有下列情形，人民法院认为符合刑事诉讼法第二百一十条第三项规定的，以自诉案件立案审理：

（一）负有执行义务的人拒不执行判决、裁定，侵犯了申请执行人的人身、财产权利，应当依法追究刑事责任的；

（二）申请执行人曾经提出控告，而公安机关或者人民检察院对负有执行义务的人不予追究刑事责任的。

［3］**《中华人民共和国刑事诉讼法》**（2018年10月26日修正）

第二百一十二条　人民法院对自诉案件，可以进行调解；自诉人在宣告判决前，可以同被告人自行和解或者撤回自诉。本法第二百一十条第三项规定的案件不适用调解。

人民法院审理自诉案件的期限，被告人被羁押的，适用本法第二百零八条第一款、第二款的规定；未被羁押的，应当在受理后六个月以内宣判。

［4］**《最高人民法院关于审理拒不执行判决、裁定刑事案件适用法律若干问题的解释》**（2020年12月23日修正）

第四条　本解释第三条规定的自诉案件，依照刑事诉讼法第二百一十二条的规定，自诉人在宣告判决前，可以同被告人自行和解或者撤回自诉。

228.【拒不执行判决、裁定刑事案件的管辖】

拒不执行判决、裁定刑事案件，一般由执行法院所在地人民法院管辖。[1]

法律依据

［1］**《最高人民法院关于审理拒不执行判决、裁定刑事案件适用法律若干问题的解释》**（2020年12月23日修正）

第五条　拒不执行判决、裁定刑事案件，一般由执行法院所在地人民法院管辖。

229. 【酌情从宽的情形】

拒不执行判决、裁定的被告人在一审宣告判决前，履行全部或部分执行义务的，可以酌情从宽处罚。[1]

法律依据

［1］**《最高人民法院关于审理拒不执行判决、裁定刑事案件适用法律若干问题的解释》**（2020 年 12 月 23 日修正）

第六条　拒不执行判决、裁定的被告人在一审宣告判决前，履行全部或部分执行义务的，可以酌情从宽处罚。

230. 【酌情从重的情形】

拒不执行支付赡养费、扶养费、抚育费、抚恤金、医疗费用、劳动报酬等判决、裁定的，可以酌情从重处罚。[1]

法律依据

［1］**《最高人民法院关于审理拒不执行判决、裁定刑事案件适用法律若干问题的解释》**（2020 年 12 月 23 日修正）

第七条　拒不执行支付赡养费、扶养费、抚育费、抚恤金、医疗费用、劳动报酬等判决、裁定的，可以酌情从重处罚。

231. 【不立案侦查的检察监督】

人民法院认为公安机关应当立案侦查而不立案侦查的，可提请人民检察院予以监督。人民检察院认为需要立案侦查的，应当要求公安机关说明不立案的理由。人民检察院认为公安机关不立案理由不能成立的，应当通知公安机关立案，公安机关接到通知后应当立案。[1]

法律依据

［1］**《最高人民法院、最高人民检察院、公安部关于依法严肃查处拒不执行判决、裁定和暴力抗拒法院执行犯罪行为的通知》**（法发〔2007〕29 号）

九、人民法院认为公安机关应当立案侦查而不立案侦查的，可提请人民检察院予以监督。人民检察院认为需要立案侦查的，应当要求公安机关说明不立案的理由。人民检察院认为公安机关不立案理由不能成立的，应当通知公安机关立案，公安机关接到通知后应当立案。

第十六章　委托执行与协助执行

232.【委托执行】

被执行人或者被执行的财产在外地的，可以委托当地人民法院代为执行。受委托人民法院收到委托函件后，必须在十五日内开始执行，不得拒绝。执行完毕后，应当将执行结果及时函复委托人民法院；在三十日内如果还未执行完毕，也应当将执行情况函告委托人民法院。

受委托人民法院自收到委托函件之日起十五日内不执行的，委托人民法院可以请求受委托人民法院的上级人民法院指令受委托人民法院执行。[1]

法律依据

［**1**］**《中华人民共和国民事诉讼法》**（2017 年 6 月 27 日修正）

第二百二十九条　被执行人或者被执行的财产在外地的，可以委托当地人民法院代为执行。受委托人民法院收到委托函件后，必须在十五日内开始执行，不得拒绝。执行完毕后，应当将执行结果及时函复委托人民法院；在三十日内如果还未执行完毕，也应当将执行情况函告委托人民法院。

受委托人民法院自收到委托函件之日起十五日内不执行的，委托人民法院可以请求受委托人民法院的上级人民法院指令受委托人民法院执行。

233. 【受委托执行的法院】

委托执行应当以执行标的物所在地或者执行行为实施地的同级人民法院为受托执行法院。有两处以上财产在异地的，可以委托主要财产所在地的人民法院执行。[1]

被执行人是现役军人或者军事单位的，可以委托对其有管辖权的军事法院执行。[2]

法律依据

[1]《最高人民法院关于委托执行若干问题的规定》（2020 年 12 月 23 日修正）

第三条第一款　委托执行应当以执行标的物所在地或者执行行为实施地的同级人民法院为受托执行法院。有两处以上财产在异地的，可以委托主要财产所在地的人民法院执行。

[2]《最高人民法院关于委托执行若干问题的规定》（2020 年 12 月 23 日修正）

第三条第二款　被执行人是现役军人或者军事单位的，可以委托对其有管辖权的军事法院执行。

234. 【事项委托】

人民法院在执行过程中，根据需要，可以委托其他法院代为办理查询、冻结、查封、划拨、调查或者送达法律文书等有关事项。委托法院应当出具委托执行函，受托法院应当积极予以协助。[1]

人民法院需要对异地的财产进行评估、拍卖、变卖的，经协商一致，可以委托财产所在地人民法院办理。[2]

具备相关技术条件的，可以通过网络方式进行事项委托。

法律依据

[1]《最高人民法院关于委托执行若干问题的规定》（2020 年 12 月 23

日修正）

第二条第二款　委托异地法院协助查询、冻结、查封、调查或者送达法律文书等有关事项的，受托法院不作为委托执行案件立案办理，但应当积极予以协助。

［2］**《最高人民法院关于人民法院委托评估、拍卖和变卖工作的若干规定》**（法释〔2009〕16 号）

第三条　人民法院需要对异地的财产进行评估或拍卖时，可以委托财产所在地人民法院办理。

235.【委托查询、调查】

委托其他法院查询、调查的，委托法院应当出具委托执行函，提出明确、具体的查询、调查事项和要求。

236.【委托查封、冻结、扣押、划拨】

委托其他法院查封、冻结、扣押、划拨的，委托法院应当出具委托执行函，并附相关法律文书和送达回证。委托法院对查封、冻结、扣押、划拨有特殊要求的，应当在委托执行函中说明。

委托续行查封、冻结、扣押的，一般应在查封、冻结、扣押期限届满一个月前发出委托手续。

237.【委托送达】

委托其他人民法院代为送达的，委托法院应当出具委托函，并附需要送达的执行文书和送达回证。委托法院对送达法律文书有特殊要求的，应当在委托执行函中说明。

委托送达的，受托法院应当自收到委托函及相关执行文书之日起十日内代为送达。[1]

法律文书能够邮寄送达的，一般不委托其他法院送达。

法律依据

[1]《最高人民法院关于适用〈中华人民共和国民事诉讼法〉的解释》（2020 年 12 月 23 日修正）

第一百三十四条　依照民事诉讼法第八十八条规定，委托其他人民法院代为送达的，委托法院应当出具委托函，并附需要送达的诉讼文书和送达回证，以受送达人在送达回证上签收的日期为送达日期。

委托送达的，受委托人民法院应当自收到委托函及相关诉讼文书之日起十日内代为送达。

238.【受托事项的办理】

除本规范另有规定的外，受托法院应当在收到委托执行函后及时予以办理，不得拒绝、拖延。受托法院如发现委托执行的手续、材料不全，可以要求委托法院补办。

受托法院应将办理委托事项的相关情况及材料及时反馈委托法院。委托续行查封、冻结、扣押的，受托法院应在查封、冻结、扣押期限届满前完成委托事项。

委托事项不符合相关规定的，受托法院应当将委托材料退回并说明相关情况。

239.【受托事项的登记】

受托法院办理委托事项，应当进行登记，登记内容包括：委托法院、委托时间、委托事项和办理结果等。

240.【事项委托的监督】

受托法院的上级法院发现受托法院拒绝、拖延办理委托事项的，应督促其及时办理。

241. 【异地突发事件的协助】

异地执行发生执行突发事件的，执行人员应当在第一时间将有关情况通报发生地法院，发生地法院应当积极协助组织开展应急处理工作。发生地法院必须立即派员赶赴现场，同时报告当地党委和政府，协调公安等有关部门出警控制现场，采取有效措施进行控制，防止事态恶化。[1]

法律依据

［1］**《最高人民法院关于人民法院预防和处理执行突发事件的若干规定（试行）》**（法发〔2009〕50号）

第十八条　异地执行发生执行突发事件的，执行人员应当在第一时间将有关情况通报发生地法院，发生地法院应当积极协助组织开展应急处理工作。发生地法院必须立即派员赶赴现场，同时报告当地党委和政府，协调公安等有关部门出警控制现场，采取有效措施进行控制，防止事态恶化。

242. 【涉军案件的协助执行】

以军队单位或军人、军属为被执行人的，可通过部队组织督促被执行人履行法定义务，必要时可以请部队所在地的军事法院协助执行。[1]

法律依据

［1］**《最高人民法院关于进一步加强人民法院涉军案件审判工作的通知》**（法〔2010〕254号）

10. 确保生效裁判的及时执行。切实加强涉军案件执行工作，保障当事人合法权益。在向军队一方当事人送达裁判文书时，要释明有关法律规定，指导其及时申请执行；军队一方为申请执行人的，要加大执行力度，必要时可请上级人民法院提级执行；军队一方为被执行人的，可通过部队组织督促被执行人履行法定义务，必要时可以请部队所在地的军事法院协助执行。

第十七章　执行回转

243. 【执行回转的一般规定】

在执行中或执行完毕后，据以执行的法律文书被人民法院或其他有关机关撤销或变更的，原执行机构应当依照民事诉讼法第二百三十三条[1]的规定，依当事人申请或依职权，按照新的生效法律文书，作出执行回转的裁定，责令原申请执行人返还已取得的财产及其孳息。拒不返还的，强制执行。

执行回转应重新立案，适用执行程序的有关规定。[2]

法律依据

[1]《中华人民共和国民事诉讼法》（2017 年 6 月 27 日修正）

第二百三十三条　执行完毕后，据以执行的判决、裁定和其他法律文书确有错误，被人民法院撤销的，对已被执行的财产，人民法院应当作出裁定，责令取得财产的人返还；拒不返还的，强制执行。

[2]《最高人民法院关于人民法院执行工作若干问题的规定（试行）》（2020 年 12 月 23 日修正）

65. 在执行中或执行完毕后，据以执行的法律文书被人民法院或其他有关机关撤销或变更的，原执行机构应当依照民事诉讼法第二百三十三条的规定，依当事人申请或依职权，按照新的生效法律文书，作出执行回转的裁定，责令原申请执行人返还已取得的财产及其孳息。拒不返还的，强制执行。

执行回转应重新立案，适用执行程序的有关规定。

244. 【执行回转与继续执行】

发生法律效力的执行裁定，并不因据以执行的法律文书被撤销而撤销。新的执行依据改变了原执行内容，需要执行回转的，人民法院应作出执行回转的裁定；已执行的内容没有超出新的执行依据所确定内容的，人民法院应继续执行。[1]

法律依据

［1］《最高人民法院执行工作办公室关于再审判决作出后如何处理原执行裁定的答复函》［（2005）执他字第25号］

复函主要内容：“辽宁省高级人民法院：你院《关于本溪钢铁（集团）有限责任公司申请执行无锡梁溪冷轧薄板有限公司一案的疑难请示报告》收悉。经研究，答复如下：一、关于再审判决生效后，本溪市中级人民法院已给付裁定的抵债标的额再没有超出再审判决所确认标的额的情况下，是否需要依据再审判决重新进行评估的问题。本院认为，执行裁定发生法律效力后，并不因据以执行的法律文书的撤销而撤销。如果新的执行依据改变了原执行内容，需要执行回转的，则人民法院作出执行回转的裁定；如已执行的标的额没有超出新的执行依据所确定的标的额，则人民法院应继续执行。本案中，本溪市中级人民法院已给付裁定的抵债标的额没有超出再审判决所确认标的额，因此，是否需重新评估，关键看执行程序是否合法。如果执行程序合法，则维持原执行裁定的效力，继续执行，否则应予纠正，重新评估。二、关于被执行人无锡梁溪冷轧薄板有限公司（以下简称梁溪公司）的投资权益未经当事人同意直接抵债是否合法的问题。本院认为，本案不存在以物抵债的问题。韩国联合钢铁工业株式会社（以下简称韩方）只是作为合资他方，收购了被执行人梁溪公司的股权，其并不是债权人。本溪市中级人民法院处理梁溪公司在无锡长江薄板有限公司、无锡太平洋镀锌板有限公司各占有的25%股份时，考虑到韩方在两公司分别占有75%的股份，根据最高人民法院《关于人民法院执行工作若干问题的规定（试行）》第五十四条第二款以及第五十五条第二款的规定，同意韩方以评估价格收购上述股权，由于当时的法律和司法解释，均未明确在拍卖过程中保护优先购买权，因此本溪市中级人民法院未经拍卖，在韩方同意收购梁溪公司股权的情况下，直接以评估价格将上述股权转给韩方并不违法。此外，请你院对中国航天科工集团公司、被执行人梁溪公司反映的评估报告中存在的问题，尤其是对评估程序、评估方法及评估价格过低的问题认真进行核查，如反映属实，可考虑重新评估拍卖，同时依据最高人民法院《关于人民法院民事执行拍卖、变卖财产的规定》第十四条、第十六条的规定保护韩方作为合资他方的优先购买权。”

245. 【特定物的执行回转】

执行回转时，已执行的标的物系特定物的，应当退还原物。不能退还原物的[1]，经双方当事人同意，可以折价赔偿。

双方当事人对折价赔偿不能协商一致的，人民法院应当终结执行程序。执行回转的申请执行人可以另行起诉。[2]

法律依据

［1］**执行财产已经被第三人合法取得的，属于不能退还原物的情形。参见《最高人民法院执行工作办公室关于原执行裁定被撤销后能否对第三人从债权人处买卖的财产进行回转的请示的答复》**［（2007）执他字第2号］

答复主要内容：“辽宁省高级人民法院，你院《关于申请执行人中国工商银行铁岭市清河支行西丰分理处与被执行人西丰县百货公司第三商店借款合同纠纷一案的请示报告》收悉。经研究，答复如下：依据我院《关于人民法院执行工作若干问题的规定（试行）》第一百零九条、第一百一十条的规定，如果涉案执行财产已经被第三人合法取得，执行回转时应当由原申请执行人折价抵偿。至于涉案执行财产的原所有人是否申请国家赔偿，可告知其自行按照国家有关法律规定办理。”

［2］**《最高人民法院关于适用〈中华人民共和国民事诉讼法〉的解释》**（2020年12月23日修正）

第四百九十四条　执行标的物为特定物的，应当执行原物。原物确已毁损或者灭失的，经双方当事人同意，可以折价赔偿。

双方当事人对折价赔偿不能协商一致的，人民法院应当终结执行程序。申请执行人可以另行起诉。

246.【破产时的执行回转】

在执行回转案件被执行人破产的情况下，人民法院可以比照取回权制度，对执行回转案件申请执行人的权利予以优先保护，认定应当执行回转部分的财产数额，不属于破产财产。审理破产案件的法院应当将该部分财产交由执行法院继续执行。[1]

法律依据

［1］**《最高人民法院执行工作办公室关于执行回转案件的申请执行人在被执行人破产案件中能否得到优先受偿保护的请示的答复》**［（2005）执他字第 27 号］

答复主要内容："天津市高级人民法院：你院《关于执行回转案件的申请执行人在被执行人破产案件中能否得到优先受偿保护的请示》收悉。经研究，答复如下：人民法院因原错误判决被撤销而进行执行回转，申请执行人在被执行人破产案件中能否得到优先受偿保护的问题，目前我国法律尚无明确规定。我们认为，因原错误判决而被执行的财产，并非因当事人的自主交易而转移。为此，不应当将当事人请求执行回转的权利作为普通债权对待。在执行回转案件被执行人破产的情况下，可以比照取回权制度，对执行回转案件申请执行人的权利予以优先保护，认定应当执行回转部分的财产数额，不属于破产财产。因此，审理破产案件的法院应当将该部分财产交由执行法院继续执行。"

247.【执行回转中的迟延履行责任】

执行回转案件的被执行人迟延履行的，应当按照本规范第十二章的规定承担迟延履行期间的债务利息或迟延履行金。[1]

法律依据

［1］**《最高人民法院关于执行程序中计算迟延履行期间的债务利息适用法律若干问题的解释》**（法释〔2014〕8 号）

第六条　执行回转程序中，原申请执行人迟延履行金钱给付义务的，应当按照本解释的规定承担加倍部分债务利息。

第十八章 执行记录

248.【执行记录的一般规定】

执行记录是指对执行过程的文字记录和音视频记录。

文字记录包括询问笔录，调查笔录，查封、扣押笔录，勘验笔录，搜查笔录，听证笔录，电话记录，以及其他执行工作记录。

249.【笔录的内容】

执行工作笔录一般应当包含笔录类别、制作时间、制作地点、执行人员姓名、记录人姓名。

涉及当事人及其他相关人员的，应当记录其姓名、身份证件号码、联系方式及其他相关身份信息。

250.【笔录的要求】

制作询问笔录时应告知被询问人的权利义务。询问结束应将笔录交由被询问人核对，被询问人认为对自己的陈述记录有遗漏或者差错的，有权申请补正。如果不予补正，应当将申请记录在案。修改部分应由被询问人捺印。每页笔录下端应由被询问人签名、捺印，拒绝签名、捺印的，应当如实记入笔录。询问笔录应由询问人、记录人签字。

询问时确有必要的，可以同步进行音视频记录。

其他笔录的制作要求，参见本规范第 333 条、第 362 条、第 371 条、第 386 条、第 388 条、第 487 条、第 533 条、第 551 条、第 628 条、第 889 条的规定。

251.【现场执行的录音录像】

人民法院开展现场执行活动原则上应全程录音录像。各级人民法院应为执行机构配备执法记录仪等符合工作要求的音视频摄录设备。

252.【执法记录仪的使用】

执行人员现场执行时应佩带执法记录仪，对现场执行活动进行完整真实记录。

执行人员在使用执法记录仪记录现场执行活动时，除紧急情况外，一般应对相关人员进行必要的告知。告知的规范用语是："为维护您的合法权益，本次执行全程录音录像，请您配合。"

第十九章　执行文书及其送达

第一节　执行文书

253.【执行文书的种类】

执行文书包括裁定书、决定书、令、通知书、公告、委托书、函等法律文书。

254.【裁定的适用范围】

裁定适用于下列范围：

（一）驳回执行申请及其复议审查；

（二）撤销案件；

（三）驳回管辖权异议；

（四）准许撤回执行申请、执行异议或复议申请；

（五）采取、解除、撤销查封、扣押、冻结、划拨、拍卖、变卖、提取、扣留等强制执行措施；

（六）确认拍卖、变卖成交及权利转移；

（七）确认以物抵债；

（八）变更、追加执行当事人及其复议审查；

（九）执行被执行人债权程序中冻结债权、强制执行次债务人的财产；

（十）强制执行担保财产或执行保证人的财产；

（十一）协助执行人不履行协助执行义务、擅自解除执行措施导致被执行财产未能追回，追究协助执行人的赔偿责任；

（十二）中止或者终结执行；

（十三）终结本次执行程序；

（十四）不予执行仲裁裁决、不予执行公证债权文书；

（十五）审查处理执行行为异议、复议；

（十六）审查处理案外人异议；

（十七）提级执行或指定执行；

（十八）审查处理执行监督案件；

（十九）执行回转；

（二十）其他需要裁定解决的事项。[1]

法律依据

[**1**]**《中华人民共和国民事诉讼法》**（2017年6月27日修正）

第一百五十四条第一款　裁定适用于下列范围：

（一）不予受理；

（二）对管辖权有异议的；

（三）驳回起诉；

（四）保全和先予执行；

（五）准许或者不准许撤诉；

（六）中止或者终结诉讼；

（七）补正判决书中的笔误；

（八）中止或者终结执行；

（九）撤销或者不予执行仲裁裁决；

（十）不予执行公证机关赋予强制执行效力的债权文书；

（十一）其他需要裁定解决的事项。

255. 【决定的适用范围】

决定适用于下列范围：

（一）回避的决定及其复议；

（二）罚款、拘留及其复议审查；

（三）本院决定暂缓执行；

（四）将被执行人纳入失信被执行人名单；

（五）驳回对纳入失信被执行人名单的纠正申请及其复议审查；

（六）限制出境及其复议审查、解除限制出境；

（七）决定移送破产审查；

（八）因执行管辖争议指定执行管辖；

（九）其他需要用决定解决的事项。

256. 【令的适用范围】

令适用于下列范围：

（一）责令被执行人报告财产；

（二）限制被执行人消费；

（三）搜查；

（四）执行外国法院发生法律效力的判决、裁定的执行令；

（五）上级法院督促下级法院执行的督促执行令。

257. 【通知的适用范围】

通知适用于下列范围：

（一）通知当事人受理案件；

（二）通知被执行人履行生效法律文书所确定的义务；

（三）通知申请执行人提供被执行人财产状况；

（四）通知第三人履行到期债务；

（五）通知有关单位或个人协助执行；

（六）通知有关单位或个人追回被擅自转移、支付的财产；

（七）通知被执行人将有关产权证照交法院保管；

（八）通知当事人和已知的担保物权人、优先购买权人或其他优先权人拍卖事宜；

（九）责令被执行人或占有人交出财物、票证；

（十）责令有关单位或个人追回财物、票证；

（十一）通知下级法院暂缓执行、延长暂缓执行期限、恢复执行；

（十二）其他需要用通知解决的事项。

258.【公告的适用范围】

公告适用于下列范围：

（一）悬赏；

（二）查封；

（三）拍卖、变卖；

（四）强制迁出房屋或退出土地；

（五）其他需要用公告解决的事项。

前款第四项公告，应当由院长签发。[1]

法律依据

［1］**《中华人民共和国民事诉讼法》**（2017年6月27日修正）

第二百五十条　强制迁出房屋或者强制退出土地，由院长签发公告，责令被执行人在指定期间履行。被执行人逾期不履行的，由执行员强制执行。

强制执行时，被执行人是公民的，应当通知被执行人或者他的成年家属到场；被执行人是法人或者其他组织的，应当通知其法定代表人或者主要负责人到场。拒不到场的，不影响执行。被执行人是公民的，其工作单位或者房屋、土地所在地的基层组织应当派人参加。执行员应当将强制执行情况记入笔录，由在场人签名或者盖章。

强制迁出房屋被搬出的财物，由人民法院派人运至指定处所，交给被执行人。被执行人是公民的，也可以交给他的成年家属。因拒绝接收而造成的损失，由被执行人承担。

259. 【委托书的适用范围】

委托书适用于下列范围：

（一）委托保管被查封、扣押的财产；

（二）委托审计；

（三）委托鉴定；

（四）委托评估；

（五）委托拍卖、变卖；

（六）委托有关单位或个人完成可替代履行行为或其他指定行为；

（七）其他需要用委托书解决的事项。

260. 【函的适用范围】

函适用于下列范围：

（一）委托执行、接受委托执行、退回委托执行；

（二）处置权争议的商请与移送；

（三）执行转破产的移送；

（四）报请上级法院执行；

（五）其他需要用函解决的事项。

第二节　送达

一、送达

261.【送达回证】

送达执行文书必须有送达回证，由受送达人在送达回证上记明收到日期，并签名或者盖章。

受送达人在送达回证上的签收日期为送达日期。[1]

法律依据

[1]《**中华人民共和国民事诉讼法**》（2017年6月27日修正）

第八十四条　送达诉讼文书必须有送达回证，由受送达人在送达回证上记明收到日期，签名或者盖章。

受送达人在送达回证上的签收日期为送达日期。

262.【送达地址确认书】

执行中当事人应当向人民法院提供或者确认自己准确的送达地址，并填写送达地址确认书。当事人拒绝提供的，人民法院应当告知其拒不提供送达地址的不利后果，并记入笔录。[1]

法律依据

[1]《**最高人民法院关于以法院专递方式邮寄送达民事诉讼文书的若干规定**》（法释〔2004〕13号）

第三条　当事人起诉或者答辩时应当向人民法院提供或者确认自己准确的送达地址，并填写送达地址确认书。当事人拒绝提供的，人民法院应当告知其拒不提供送达地址的不利后果，并记入笔录。

263. 【送达地址确认书的内容】

送达地址确认书的内容应当包括送达地址的邮政编码、详细地址以及受送达人的联系电话等内容。

当事人要求对送达地址确认书中的内容保密的，人民法院应当为其保密。

当事人在执行终结前变更送达地址的，应当及时以书面方式告知人民法院。[1]

受送达人同意采用电子方式送达的，应当在送达地址确认书中予以确认。[2]

法律依据

［1］《最高人民法院关于以法院专递方式邮寄送达民事诉讼文书的若干规定》（法释〔2004〕13 号）

第四条　送达地址确认书的内容应当包括送达地址的邮政编码、详细地址以及受送达人的联系电话等内容。

当事人要求对送达地址确认书中的内容保密的，人民法院应当为其保密。

当事人在第一审、第二审和执行终结前变更送达地址的，应当及时以书面方式告知人民法院。

［2］《最高人民法院关于适用〈中华人民共和国民事诉讼法〉的解释》（2020 年 12 月 23 日修正）

第一百三十六条　受送达人同意采用电子方式送达的，应当在送达地址确认书中予以确认。

264. 【不告知送达地址的处理】

当事人拒绝提供自己的送达地址，经人民法院告知后仍不提供的，自然人以其户籍登记中的住所地或者经常居住地为送达地址；法人或者其他组织以其工商登记或者其他依法登记、备案中的住所地为送达地址。[1]

法律依据

［1］**《最高人民法院关于以法院专递方式邮寄送达民事诉讼文书的若干规定》**（法释〔2004〕13号）

第五条　当事人拒绝提供自己的送达地址，经人民法院告知后仍不提供的，自然人以其户籍登记中的住所地或者经常居住地为送达地址；法人或者其他组织以其工商登记或者其他依法登记、备案中的住所地为送达地址。

265.【一审程序送达地址在执行程序的适用】

当事人在提起上诉、申请再审、申请执行时未书面变更送达地址的，其在第一审程序中确认的送达地址可以作为第二审程序、审判监督程序、执行程序的送达地址。[1]

法律依据

［1］**《最高人民法院关于适用〈中华人民共和国民事诉讼法〉的解释》**（2020年12月23日修正）

第一百三十七条　当事人在提起上诉、申请再审、申请执行时未书面变更送达地址的，其在第一审程序中确认的送达地址可以作为第二审程序、审判监督程序、执行程序的送达地址。

266.【直接送达】

送达执行文书，应当直接送交受送达人。受送达人是公民的，本人不在交他的同住成年家属签收；受送达人是法人或者其他组织的，应当由法人的法定代表人、其他组织的主要负责人或者该法人、组织负责收件的人签收；受送达人有诉讼代理人的，可以送交其代理人签收；受送达人已向人民法院指定代收人的，送交代收人签收。

受送达人的同住成年家属，法人或者其他组织的负责收件的人，诉讼代理人或者代收人在送达回证上签收的日期为送达日期。[1]

法律依据

［1］《中华人民共和国民事诉讼法》（2017 年 6 月 27 日修正）

第八十五条 送达诉讼文书，应当直接送交受送达人。受送达人是公民的，本人不在交他的同住成年家属签收；受送达人是法人或者其他组织的，应当由法人的法定代表人、其他组织的主要负责人或者该法人、组织负责收件的人签收；受送达人有诉讼代理人的，可以送交其代理人签收；受送达人已向人民法院指定代收人的，送交代收人签收。

受送达人的同住成年家属，法人或者其他组织的负责收件的人，诉讼代理人或者代收人在送达回证上签收的日期为送达日期。

267.【公民的留置送达】

受送达人或者他的同住成年家属拒绝接收执行文书的，送达人可以邀请有关基层组织或者所在单位的代表到场，说明情况，在送达回证上记明拒收事由和日期，由送达人、见证人签名或者盖章，把执行文书留在受送达人的住所；也可以把执行文书留在受送达人的住所，并采用拍照、录像等方式记录送达过程，即视为送达。[1]

前款规定的有关基层组织和所在单位的代表，可以是受送达人住所地的居民委员会、村民委员会的工作人员以及受送达人所在单位的工作人员。[2]

法律依据

［1］《中华人民共和国民事诉讼法》（2017 年 6 月 27 日修正）

第八十六条 受送达人或者他的同住成年家属拒绝接收诉讼文书的，送达人可以邀请有关基层组织或者所在单位的代表到场，说明情况，在送达回证上记明拒收事由和日期，由送达人、见证人签名或者盖章，把诉讼文书留在受送达人的住所；也可以把诉讼文书留在受送达人的住所，并采用拍照、录像等方式记录送达过程，即视为送达。

［2］**《最高人民法院关于适用〈中华人民共和国民事诉讼法〉的解释》**（2020年12月23日修正）

第一百三十条第二款 民事诉讼法第八十六条规定的有关基层组织和所在单位的代表，可以是受送达人住所地的居民委员会、村民委员会的工作人员以及受送达人所在单位的工作人员。

268. 【法人或者其他组织的留置送达】

向法人或者其他组织送达执行文书，应当由法人的法定代表人、该组织的主要负责人或者办公室、收发室、值班室等负责收件的人签收或者盖章，拒绝签收或者盖章的，适用留置送达。[1]

法律依据

［1］**《最高人民法院关于适用〈中华人民共和国民事诉讼法〉的解释》**（2020年12月23日修正）

第一百三十条第一款 向法人或者其他组织送达诉讼文书，应当由法人的法定代表人、该组织的主要负责人或者办公室、收发室、值班室等负责收件的人签收或者盖章，拒绝签收或者盖章的，适用留置送达。

269. 【在法院送达】

人民法院直接送达执行文书的，可以通知当事人到人民法院领取。当事人到达人民法院，拒绝签署送达回证的，视为送达。执行人员、书记员应当在送达回证上注明送达情况并签名。[1]

法律依据

［1］**《最高人民法院关于适用〈中华人民共和国民事诉讼法〉的解释》**（2020年12月23日修正）

第一百三十一条第一款 人民法院直接送达诉讼文书的，可以通知当事人到人民法院领取。当事人到达人民法院，拒绝签署送达回证的，视为送达。审判人员、书记员应当在送达回证上注明送达情况并签名。

270. 【在住所地以外送达】

人民法院可以在当事人住所地以外向当事人直接送达执行文书。当事人拒绝签署送达回证的，采用拍照、录像等方式记录送达过程即视为送达。执行人员、书记员应当在送达回证上注明送达情况并签名。[1]

法律依据

[1] **《最高人民法院关于适用〈中华人民共和国民事诉讼法〉的解释》**（2020年12月23日修正）

第一百三十一条第二款　人民法院可以在当事人住所地以外向当事人直接送达诉讼文书。当事人拒绝签署送达回证的，采用拍照、录像等方式记录送达过程即视为送达。审判人员、书记员应当在送达回证上注明送达情况并签名。

271. 【诉讼代理人的送达】

受送达人有诉讼代理人的，人民法院既可以向受送达人送达，也可以向其诉讼代理人送达。受送达人指定诉讼代理人为代收人的，向诉讼代理人送达时，适用留置送达。[1]

法律依据

[1] **《最高人民法院关于适用〈中华人民共和国民事诉讼法〉的解释》**（2020年12月23日修正）

第一百三十二条　受送达人有诉讼代理人的，人民法院既可以向受送达人送达，也可以向其诉讼代理人送达。受送达人指定诉讼代理人为代收人的，向诉讼代理人送达时，适用留置送达。

272. 【电子送达】

经受送达人同意并在送达地址确认书中予以确认，人民法院可以采用电子送达等能够确认其收悉的方式送达执行文书，但裁定书除外。[1]

前款规定的电子送达可以采用传真、电子邮件、移动通信等即时收悉的特定系统作为送达媒介，以传真、电子邮件等到达受送达人特定系统的日期为送达日期。到达受送达人特定系统的日期，为人民法院对应系统显示发送成功的日期，但受送达人证明到达其特定系统的日期与人民法院对应系统显示发送成功的日期不一致的，以受送达人证明到达其特定系统的日期为准。[2]

法律依据

[1]《中华人民共和国民事诉讼法》（2017年6月27日修正）

第八十七条第一款　经受送达人同意，人民法院可以采用传真、电子邮件等能够确认其收悉的方式送达诉讼文书，但判决书、裁定书、调解书除外。

《最高人民法院关于适用〈中华人民共和国民事诉讼法〉的解释》（2020年12月23日修正）

第一百三十六条　受送达人同意采用电子方式送达的，应当在送达地址确认书中予以确认。

[2]《中华人民共和国民事诉讼法》（2017年6月27日修正）

第八十七条第二款　采用前款方式送达的，以传真、电子邮件等到达受送达人特定系统的日期为送达日期。

《最高人民法院关于适用〈中华人民共和国民事诉讼法〉的解释》（2020年12月23日修正）

第一百三十五条　电子送达可以采用传真、电子邮件、移动通信等即时收悉的特定系统作为送达媒介。

民事诉讼法第八十七条第二款规定的到达受送达人特定系统的日期，为人民法院对应系统显示发送成功的日期，但受送达人证明到达其特定系统的日期与人民法院对应系统显示发送成功的日期不一致的，以受送达人证明到达其特定系统的日期为准。

273.【委托送达】

直接送达执行文书有困难的，可以委托其他人民法院代为送达。[1]

委托其他人民法院代为送达的，委托法院应当出具委托函，并附需要送达的执行文书和送达回证，以受送达人在送达回证上签收的日期为送达日期。

委托送达的，受委托人民法院应当自收到委托函及相关执行文书之日起十日内代为送达。[2]

法律依据

[1]《中华人民共和国民事诉讼法》（2017 年 6 月 27 日修正）

第八十八条 直接送达诉讼文书有困难的，可以委托其他人民法院代为送达，或者邮寄送达。邮寄送达的，以回执上注明的收件日期为送达日期。

[2]《最高人民法院关于适用〈中华人民共和国民事诉讼法〉的解释》（2020 年 12 月 23 日修正）

第一百三十四条 依照民事诉讼法第八十八条规定，委托其他人民法院代为送达的，委托法院应当出具委托函，并附需要送达的诉讼文书和送达回证，以受送达人在送达回证上签收的日期为送达日期。

委托送达的，受委托人民法院应当自收到委托函及相关诉讼文书之日起十日内代为送达。

274.【邮寄送达】

人民法院直接送达执行文书有困难的，可以交由国家邮政机构以法院专递方式邮寄送达，但有下列情形之一的除外：

（一）受送达人或者其诉讼代理人、受送达人指定的代收人同意在指定的期间内到人民法院接受送达的；

（二）受送达人下落不明的；

（三）法律规定或者我国缔结或者参加的国际条约中约定有特别送达方式的。[1]

以法院专递方式邮寄送达执行文书的，其送达与人民法院送达具有同等法律效力，[2]以回执上注明的收件日期为送达日期。[3]

法律依据

［1］**《最高人民法院关于以法院专递方式邮寄送达民事诉讼文书的若干规定》**（法释〔2004〕13号）

第一条 人民法院直接送达诉讼文书有困难的，可以交由国家邮政机构（以下简称邮政机构）以法院专递方式邮寄送达，但有下列情形之一的除外：

（一）受送达人或者其诉讼代理人、受送达人指定的代收人同意在指定的期间内到人民法院接受送达的；

（二）受送达人下落不明的；

（三）法律规定或者我国缔结或者参加的国际条约中约定有特别送达方式的。

［2］**《最高人民法院关于以法院专递方式邮寄送达民事诉讼文书的若干规定》**（法释〔2004〕13号）

第二条 以法院专递方式邮寄送达民事诉讼文书的，其送达与人民法院送达具有同等法律效力。

［3］**《中华人民共和国民事诉讼法》**（2017年6月27日修正）

第八十八条 直接送达诉讼文书有困难的，可以委托其他人民法院代为送达，或者邮寄送达。邮寄送达的，以回执上注明的收件日期为送达日期。

275. 【邮寄送达的签收】

邮寄送达中，有下列情形之一的，即为送达：

（一）受送达人签收；

（二）受送达人是无民事行为能力或者限制民事行为能力的自然人，其法定代理人签收的；

（三）受送达人是法人或者其他组织，其法人的法定代表人、该组织的主要负责人或者办公室、收发室、值班室的工作人员签收的；

（四）受送达人的诉讼代理人签收的；

（五）受送达人指定的代收人签收的；

（六）受送达人的同住成年家属签收的。[1]

前款的签收是指在邮件回执上签名、盖章或者捺印。

法律依据

[1]《最高人民法院关于以法院专递方式邮寄送达民事诉讼文书的若干规定》（法释〔2004〕13号）

第九条　有下列情形之一的，即为送达：

（一）受送达人在邮件回执上签名、盖章或者捺印的；

（二）受送达人是无民事行为能力或者限制民事行为能力的自然人，其法定代理人签收的；

（三）受送达人是法人或者其他组织，其法人的法定代表人、该组织的主要负责人或者办公室、收发室、值班室的工作人员签收的；

（四）受送达人的诉讼代理人签收的；

（五）受送达人指定的代收人签收的；

（六）受送达人的同住成年家属签收的。

276. 【邮寄送达的视为送达】

因受送达人自己提供或者确认的送达地址不准确、拒不提供送达地址、送达地址变更未及时告知人民法院、受送达人本人或者受送达人指定的代收人拒绝签收，导致执行文书未能被受送达人实际接收的，文书退回之日视为送达之日。

受送达人能够证明自己在执行文书送达的过程中没有过错的，不适用前款规定。[1]

法律依据

[1]《最高人民法院关于以法院专递方式邮寄送达民事诉讼文书的若干规定》（法释〔2004〕13号）

第十一条　因受送达人自己提供或者确认的送达地址不准确、拒不提供送达地址、送达地址变更未及时告知人民法院、受送达人本人或者受送达人指定的代收人拒绝签收，导致诉讼文书未能被受送达人实际接收的，文书退回之日视为送达之日。

受送达人能够证明自己在诉讼文书送达的过程中没有过错的，不适用前款规定。

277.【转交送达】

受送达人是军人的，通过其所在部队团以上单位的政治机关转交。[1]

受送达人被监禁的，通过其所在监所转交。

受送达人被采取强制性教育措施的，通过其所在强制性教育机构转交。[2]

代为转交的机关、单位收到执行文书后，必须立即交受送达人签收，以受送达人在送达回证上注明的签收日期为送达日期。[3]

法律依据

［1］**《中华人民共和国民事诉讼法》**（2017年6月27日修正）

第八十九条　受送达人是军人的，通过其所在部队团以上单位的政治机关转交。

［2］**《中华人民共和国民事诉讼法》**（2017年6月27日修正）

第九十条　受送达人被监禁的，通过其所在监所转交。

受送达人被采取强制性教育措施的，通过其所在强制性教育机构转交。

［3］**《中华人民共和国民事诉讼法》**（2017年6月27日修正）

第九十一条　代为转交的机关、单位收到诉讼文书后，必须立即交受送达人签收，以在送达回证上的签收日期，为送达日期。

278.【公告送达】

受送达人下落不明，或者用其他方式无法送达的，公告送达。自发出公告之日起，经过六十日，即视为送达。

公告送达可以在法院的公告栏和受送达人住所地张贴公告，也可以在报纸、信息网络等媒体上刊登公告，发出公告日期以最后张贴或者刊登的日期为准。对公告送达方式有特殊要求的，应当按要求的方式进行。公告期满，即视为送达。

人民法院在受送达人住所地张贴公告的，应当采取拍照、录像等方式记录张贴过程。

公告送达应当说明公告送达的原因。公告送达裁定书的，应说明裁判主要内容及救济途径。

公告送达，应当在案卷中记明原因和经过。[1]

法律依据

［**1**］**《中华人民共和国民事诉讼法》**（2017 年 6 月 27 日修正）

第九十二条　受送达人下落不明，或者用本节规定的其他方式无法送达的，公告送达。自发出公告之日起，经过六十日，即视为送达。

公告送达，应当在案卷中记明原因和经过。

《最高人民法院关于适用〈中华人民共和国民事诉讼法〉的解释》（2020 年 12 月 23 日修正）

第一百三十八条　公告送达可以在法院的公告栏和受送达人住所地张贴公告，也可以在报纸、信息网络等媒体上刊登公告，发出公告日期以最后张贴或者刊登的日期为准。对公告送达方式有特殊要求的，应当按要求的方式进行。公告期满，即视为送达。

人民法院在受送达人住所地张贴公告的，应当采取拍照、录像等方式记录张贴过程。

第一百三十九条　公告送达应当说明公告送达的原因；公告送达起诉状或者上诉状副本的，应当说明起诉或者上诉要点，受送达人答辩期限及逾期不答辩的法律后果；公告送达传票，应当说明出庭的时间和地点及逾期不出庭的法律后果；公告送达判决书、裁定书的，应当说明裁判主要内容，当事人有权上诉的，还应当说明上诉权利、上诉期限和上诉的人民法院。

二、涉外送达

279. 【涉外送达的方式】

人民法院对在中华人民共和国领域内没有住所的当事人送达执行文书，可以采用下列方式：

（一）依照受送达人所在国与中华人民共和国缔结或者共同参加的国际条约中规定的方式送达；

（二）通过外交途径送达；

（三）对具有中华人民共和国国籍的受送达人，可以委托中华人民共和国驻受送达人所在国的使领馆代为送达；

（四）向受送达人委托的有权代其接受送达的诉讼代理人送达；

（五）向受送达人在中华人民共和国领域内设立的代表机构或者有权接受送达的分支机构、业务代办人送达；

（六）受送达人所在国的法律允许邮寄送达的，可以邮寄送达，自邮寄之日起满三个月，送达回证没有退回，但根据各种情况足以认定已经送达的，期间届满之日视为送达；

（七）采用传真、电子邮件等能够确认受送达人收悉的方式送达；

（八）不能用上述方式送达的，公告送达，自公告之日起满三个月，即视为送达。[1]

法律依据

［**1**］**《中华人民共和国民事诉讼法》**（2017 年 6 月 27 日修正）

第二百六十七条　人民法院对在中华人民共和国领域内没有住所的当事人送达诉讼文书，可以采用下列方式：

（一）依照受送达人所在国与中华人民共和国缔结或者共同参加的国际条约中规定的方式送达；

（二）通过外交途径送达；

（三）对具有中华人民共和国国籍的受送达人，可以委托中华人民共和国驻受送达人所在国的使领馆代为送达；

（四）向受送达人委托的有权代其接受送达的诉讼代理人送达；

（五）向受送达人在中华人民共和国领域内设立的代表机构或者有权接受送达的分支机构、业务代办人送达；

（六）受送达人所在国的法律允许邮寄送达的，可以邮寄送达，自邮寄之日起满三个月，送达回证没有退回，但根据各种情况足以认定已经送达的，期间届满之日视为送达；

（七）采用传真、电子邮件等能够确认受送达人收悉的方式送达；

（八）不能用上述方式送达的，公告送达，自公告之日起满三个月，即视为送达。

280.【自然人或企业、组织的代表人、主要负责人的送达】

外国人或者外国企业、组织的代表人、主要负责人在中华人民共和国领域内的，人民法院可以向该自然人或者外国企业、组织的代表人、主要负责人送达。

外国企业、组织的主要负责人包括该企业、组织的董事、监事、高级管理人员等。[1]

法律依据

[1]《最高人民法院关于适用〈中华人民共和国民事诉讼法〉的解释》（2020年12月23日修正）

第五百三十五条　外国人或者外国企业、组织的代表人、主要负责人在中华人民共和国领域内的，人民法院可以向该自然人或者外国企业、组织的代表人、主要负责人送达。

外国企业、组织的主要负责人包括该企业、组织的董事、监事、高级管理人员等。

281.【诉讼代理人的送达】

除受送达人在授权委托书中明确表明其诉讼代理人无权代为

接收有关司法文书外，其委托的诉讼代理人为本规范第 279 条第四项规定的有权代其接受送达的诉讼代理人，人民法院可以向该诉讼代理人送达。[1]

法律依据

[1]《**最高人民法院关于涉外民事或商事案件司法文书送达问题若干规定**》(2020 年 12 月 23 日修正)

第四条　除受送达人在授权委托书中明确表明其诉讼代理人无权代为接收有关司法文书外，其委托的诉讼代理人为民事诉讼法第二百六十七条第（四）项规定的有权代其接受送达的诉讼代理人，人民法院可以向该诉讼代理人送达。

282.【代表机构、分支机构、业务代办人的送达】

人民法院向受送达人送达司法文书，可以送达给其在中华人民共和国领域内设立的代表机构。

受送达人在中华人民共和国领域内有分支机构或者业务代办人的，经该受送达人授权，人民法院可以向其分支机构或者业务代办人送达。[1]

法律依据

[1]《**最高人民法院关于涉外民事或商事案件司法文书送达问题若干规定**》(2020 年 12 月 23 日修正)

第五条　人民法院向受送达人送达司法文书，可以送达给其在中华人民共和国领域内设立的代表机构。

受送达人在中华人民共和国领域内有分支机构或者业务代办人的，经该受送达人授权，人民法院可以向其分支机构或者业务代办人送达。

283.【留置送达】

人民法院向受送达人在中华人民共和国领域内的法定代表

人、主要负责人、诉讼代理人、代表机构以及有权接受送达的分支机构、业务代办人送达司法文书，可以适用留置送达的方式。[1]

法律依据

［1］**《最高人民法院关于涉外民事或商事案件司法文书送达问题若干规定》**（2020 年 12 月 23 日修正）

第十二条 人民法院向受送达人在中华人民共和国领域内的法定代表人、主要负责人、诉讼代理人、代表机构以及有权接受送达的分支机构、业务代办人送达司法文书，可以适用留置送达的方式。

284.【邮寄送达】

受送达人所在国允许邮寄送达的，人民法院可以邮寄送达。

邮寄送达时应当附有送达回证。受送达人未在送达回证上签收但在邮件回执上签收的，视为送达，签收日期为送达日期。

自邮寄之日起满三个月，如果未收到送达的证明文件，且根据各种情况不足以认定已经送达的，视为不能用邮寄方式送达。[1]

法律依据

［1］**《最高人民法院关于适用〈中华人民共和国民事诉讼法〉的解释》**（2020 年 12 月 23 日修正）

第五百三十六条 受送达人所在国允许邮寄送达的，人民法院可以邮寄送达。

邮寄送达时应当附有送达回证。受送达人未在送达回证上签收但在邮件回执上签收的，视为送达，签收日期为送达日期。

自邮寄之日起满三个月，如果未收到送达的证明文件，且根据各种情况不足以认定已经送达的，视为不能用邮寄方式送达。

285.【司法协助送达】

人民法院向在中华人民共和国领域内没有住所的受送达人送达司法文书时，若该受送达人所在国与中华人民共和国签订有司法协助协定，可以依照司法协助协定规定的方式送达；若该受送达人所在国是《关于向国外送达民事或商事司法文书和司法外文书公约》的成员国，可以依照该公约规定的方式送达。

依照受送达人所在国与中华人民共和国缔结或者共同参加的国际条约中规定的方式送达的，根据《最高人民法院关于依据国际公约和双边司法协助条约办理民商事案件司法文书送达和调查取证司法协助请求的规定》办理。[1]

法律依据

［1］**《最高人民法院关于涉外民事或商事案件司法文书送达问题若干规定》**（2020年12月23日修正）

第六条　人民法院向在中华人民共和国领域内没有住所的受送达人送达司法文书时，若该受送达人所在国与中华人民共和国签订有司法协助协定，可以依照司法协助协定规定的方式送达；若该受送达人所在国是《关于向国外送达民事或商事司法文书和司法外文书公约》的成员国，可以依照该公约规定的方式送达。

依照受送达人所在国与中华人民共和国缔结或者共同参加的国际条约中规定的方式送达的，根据《最高人民法院关于依据国际公约和双边司法协助条约办理民商事案件司法文书送达和调查取证司法协助请求的规定》办理。

286.【司法协助送达不能】

按照司法协助协定、《关于向国外送达民事或商事司法文书和司法外文书公约》或者外交途径送达司法文书，自我国有关机关将司法文书转递受送达人所在国有关机关之日起满六个月，如果未能收到送达与否的证明文件，且根据各种情况不足以认定已经送达的，视为不能用该种方式送达。[1]

法律依据

［1］**《最高人民法院关于涉外民事或商事案件司法文书送达问题若干规定》**（2020 年 12 月 23 日修正）

第七条 按照司法协助协定、《关于向国外送达民事或商事司法文书和司法外文书公约》或者外交途径送达司法文书，自我国有关机关将司法文书转递受送达人所在国有关机关之日起满六个月，如果未能收到送达与否的证明文件，且根据各种情况不足以认定已经送达的，视为不能用该种方式送达。

287. 【公告送达】

人民法院依照本规范第 279 条第八项规定的公告方式送达时，公告内容应在国内外公开发行的报刊上刊登。[1]

法律依据

［1］**《最高人民法院关于涉外民事或商事案件司法文书送达问题若干规定》**（2020 年 12 月 23 日修正）

第九条 人民法院依照民事诉讼法第二百六十七条第（八）项规定的公告方式送达时，公告内容应在国内外公开发行的报刊上刊登。

288. 【电子送达】

除司法协助、外交途径、邮寄送达、公告送达等送达方式外，人民法院可以通过传真、电子邮件等能够确认收悉的其他适当方式向受送达人送达。[1]

法律依据

［1］**《最高人民法院关于涉外民事或商事案件司法文书送达问题若干规定》**（2020 年 12 月 23 日修正）

第十条 除本规定上述送达方式外，人民法院可以通过传真、电子邮件等能够确认收悉的其他适当方式向受送达人送达。

289.【多种方式送达及送达日期的确定】

除公告送达方式外，人民法院可以同时采取多种方式向受送达人进行送达，但应根据最先实现送达的方式确定送达日期。[1]

法律依据

［1］**《最高人民法院关于涉外民事或商事案件司法文书送达问题若干规定》**（2020年12月23日修正）

第十一条　除公告送达方式外，人民法院可以同时采取多种方式向受送达人进行送达，但应根据最先实现送达的方式确定送达日期。

290.【视为送达】

受送达人未对人民法院送达的司法文书履行签收手续，但存在以下情形之一的，视为送达：

（一）受送达人书面向人民法院提及了所送达司法文书的内容；

（二）受送达人已经按照所送达司法文书的内容履行；

（三）其他可以视为已经送达的情形。[1]

法律依据

［1］**《最高人民法院关于涉外民事或商事案件司法文书送达问题若干规定》**（2020年12月23日修正）

第十三条　受送达人未对人民法院送达的司法文书履行签收手续，但存在以下情形之一的，视为送达：

（一）受送达人书面向人民法院提及了所送达司法文书的内容；

（二）受送达人已经按照所送达司法文书的内容履行；

（三）其他可以视为已经送达的情形。

291.【上级法院转递】

人民法院送达司法文书，根据有关规定需要通过上级人民法院转递的，应附申请转递函。

上级人民法院收到下级人民法院申请转递的司法文书，应在七个工作日内予以转递。

上级人民法院认为下级人民法院申请转递的司法文书不符合有关规定需要补正的，应在七个工作日内退回申请转递的人民法院。[1]

法律依据

[1]**《最高人民法院关于涉外民事或商事案件司法文书送达问题若干规定》**（2020 年 12 月 23 日修正）

第十四条　人民法院送达司法文书，根据有关规定需要通过上级人民法院转递的，应附申请转递函。

上级人民法院收到下级人民法院申请转递的司法文书，应在七个工作日内予以转递。

上级人民法院认为下级人民法院申请转递的司法文书不符合有关规定需要补正的，应在七个工作日内退回申请转递的人民法院。

292.【涉外司法文书的翻译】

人民法院送达司法文书，根据有关规定需要提供翻译件的，应由受理案件的人民法院委托中华人民共和国领域内的翻译机构进行翻译。

翻译件不加盖人民法院印章，但应由翻译机构或翻译人员签名或盖章证明译文与原文一致。[1]

法律依据

[1]**《最高人民法院关于涉外民事或商事案件司法文书送达问题若干**

规定》（2020 年 12 月 23 日修正）

第十五条　人民法院送达司法文书，根据有关规定需要提供翻译件的，应由受理案件的人民法院委托中华人民共和国领域内的翻译机构进行翻译。

翻译件不加盖人民法院印章，但应由翻译机构或翻译人员签名或盖章证明译文与原文一致。

三、涉港澳送达

293.【涉港澳送达的法律适用】

人民法院执行涉及香港特别行政区、澳门特别行政区的民商事案件时，向住所地在香港特别行政区、澳门特别行政区的受送达人送达司法文书，适用《最高人民法院关于涉港澳民商事案件司法文书送达问题若干规定》。[1]

法律依据

［**1**］**《最高人民法院关于涉港澳民商事案件司法文书送达问题若干规定》**（法释〔2009〕2 号）

第一条　人民法院审理涉及香港特别行政区、澳门特别行政区的民商事案件时，向住所地在香港特别行政区、澳门特别行政区的受送达人送达司法文书，适用本规定。

294.【司法文书的范围】

本部分所称司法文书，是指起诉状副本、上诉状副本、反诉状副本、答辩状副本、传票、判决书、调解书、裁定书、支付令、决定书、通知书、证明书、送达回证等与诉讼相关的文书。[1]

法律依据

［**1**］**《最高人民法院关于涉港澳民商事案件司法文书送达问题若干规**

定》（法释〔2009〕2 号）

第二条　本规定所称司法文书，是指起诉状副本、上诉状副本、反诉状副本、答辩状副本、传票、判决书、调解书、裁定书、支付令、决定书、通知书、证明书、送达回证等与诉讼相关的文书。

295. 【直接送达】

作为受送达人的自然人或者企业、其他组织的法定代表人、主要负责人在内地的，人民法院可以直接向该自然人或者法定代表人、主要负责人送达。[1]

法律依据

[**1**]**《最高人民法院关于涉港澳民商事案件司法文书送达问题若干规定》**（法释〔2009〕2 号）

第三条　作为受送达人的自然人或者企业、其他组织的法定代表人、主要负责人在内地的，人民法院可以直接向该自然人或者法定代表人、主要负责人送达。

296. 【诉讼代理人的送达】

除受送达人在授权委托书中明确表明其诉讼代理人无权代为接收有关司法文书外，其委托的诉讼代理人为有权代其接受送达的诉讼代理人，人民法院可以向该诉讼代理人送达。[1]

法律依据

[**1**]**《最高人民法院关于涉港澳民商事案件司法文书送达问题若干规定》**（法释〔2009〕2 号）

第四条　除受送达人在授权委托书中明确表明其诉讼代理人无权代为接收有关司法文书外，其委托的诉讼代理人为有权代其接受送达的诉讼代理人，人民法院可以向该诉讼代理人送达。

297.【代表机构、分支机构、业务代办人的送达】

受送达人在内地设立有代表机构的，人民法院可以直接向该代表机构送达。

受送达人在内地设立有分支机构或者业务代办人并授权其接受送达的，人民法院可以直接向该分支机构或者业务代办人送达。[1]

法律依据

［1］**《最高人民法院关于涉港澳民商事案件司法文书送达问题若干规定》**（法释〔2009〕2号）

第五条　受送达人在内地设立有代表机构的，人民法院可以直接向该代表机构送达。

受送达人在内地设立有分支机构或者业务代办人并授权其接受送达的，人民法院可以直接向该分支机构或者业务代办人送达。

298.【内地没有住所的受送达人的送达】

人民法院向在内地没有住所的受送达人送达司法文书，可以按照《最高人民法院关于内地与香港特别行政区法院相互委托送达民商事司法文书的安排》或者《最高人民法院关于内地与澳门特别行政区法院就民商事案件相互委托送达司法文书和调取证据的安排》送达。

按照前款规定方式送达的，自内地的高级人民法院或者最高人民法院将有关司法文书递送香港特别行政区高等法院或者澳门特别行政区终审法院之日起满三个月，如果未能收到送达与否的证明文件且不存在本规范第304条规定情形的，视为不能适用上述安排中规定的方式送达。[1]

法律依据

［1］**《最高人民法院关于涉港澳民商事案件司法文书送达问题若干规

定》（法释〔2009〕2号）

第六条　人民法院向在内地没有住所的受送达人送达司法文书，可以按照《最高人民法院关于内地与香港特别行政区法院相互委托送达民商事司法文书的安排》或者《最高人民法院关于内地与澳门特别行政区法院就民商事案件相互委托送达司法文书和调取证据的安排》送达。

按照前款规定方式送达的，自内地的高级人民法院或者最高人民法院将有关司法文书递送香港特别行政区高等法院或者澳门特别行政区终审法院之日起满三个月，如果未能收到送达与否的证明文件且不存在本规定第十二条规定情形的，视为不能适用上述安排中规定的方式送达。

299.【邮寄送达】

人民法院向受送达人送达司法文书，可以邮寄送达。

邮寄送达时应附有送达回证。受送达人未在送达回证上签收但在邮件回执上签收的，视为送达，签收日期为送达日期。

自邮寄之日起满三个月，虽未收到送达与否的证明文件，但存在本规范第304条规定情形的，期间届满之日视为送达。

自邮寄之日起满三个月，如果未能收到送达与否的证明文件，且不存在本规范第304条规定情形的，视为未送达。[1]

法律依据

［1］《最高人民法院关于涉港澳民商事案件司法文书送达问题若干规定》（法释〔2009〕2号）

第七条　人民法院向受送达人送达司法文书，可以邮寄送达。

邮寄送达时应附有送达回证。受送达人未在送达回证上签收但在邮件回执上签收的，视为送达，签收日期为送达日期。

自邮寄之日起满三个月，虽未收到送达与否的证明文件，但存在本规定第十二条规定情形的，期间届满之日视为送达。

自邮寄之日起满三个月，如果未能收到送达与否的证明文件，且不存在本规定第十二条规定情形的，视为未送达。

300. 【电子送达】

人民法院可以通过传真、电子邮件等能够确认收悉的其他适当方式向受送达人送达。[1]

法律依据

［1］《最高人民法院关于涉港澳民商事案件司法文书送达问题若干规定》（法释〔2009〕2号）

第八条　人民法院可以通过传真、电子邮件等能够确认收悉的其他适当方式向受送达人送达。

301. 【公告送达】

人民法院不能依照上述方式送达的，可以公告送达。公告内容应当在内地和受送达人住所地公开发行的报刊上刊登，自公告之日起满三个月即视为送达。[1]

法律依据

［1］《最高人民法院关于涉港澳民商事案件司法文书送达问题若干规定》（法释〔2009〕2号）

第九条　人民法院不能依照本规定上述方式送达的，可以公告送达。公告内容应当在内地和受送达人住所地公开发行的报刊上刊登，自公告之日起满三个月即视为送达。

302. 【多种方式送达及送达日期的确定】

除公告送达方式外，人民法院可以同时采取多种法定方式向受送达人送达。

采取多种方式送达的，应当根据最先实现送达的方式确定送达日期。[1]

法律依据

[1]《**最高人民法院关于涉港澳民商事案件司法文书送达问题若干规定**》（法释〔2009〕2号）

第十条　除公告送达方式外，人民法院可以同时采取多种法定方式向受送达人送达。

采取多种方式送达的，应当根据最先实现送达的方式确定送达日期。

303.【留置送达】

人民法院向在内地的受送达人或者受送达人的法定代表人、主要负责人、诉讼代理人、代表机构以及有权接受送达的分支机构、业务代办人送达司法文书，可以适用留置送达的方式。[1]

法律依据

[1]《**最高人民法院关于涉港澳民商事案件司法文书送达问题若干规定**》（法释〔2009〕2号）

第十一条　人民法院向在内地的受送达人或者受送达人的法定代表人、主要负责人、诉讼代理人、代表机构以及有权接受送达的分支机构、业务代办人送达司法文书，可以适用留置送达的方式。

304.【视为送达】

受送达人未对人民法院送达的司法文书履行签收手续，但存在以下情形之一的，视为送达：

（一）受送达人向人民法院提及了所送达司法文书的内容；

（二）受送达人已经按照所送达司法文书的内容履行；

（三）其他可以确认已经送达的情形。[1]

法律依据

[1]《**最高人民法院关于涉港澳民商事案件司法文书送达问题若干规

定》（法释〔2009〕2号）

第十二条　受送达人未对人民法院送达的司法文书履行签收手续，但存在以下情形之一的，视为送达：

（一）受送达人向人民法院提及了所送达司法文书的内容；

（二）受送达人已经按照所送达司法文书的内容履行；

（三）其他可以确认已经送达的情形。

305.【上级法院转递】

下级人民法院送达司法文书，根据有关规定需要通过上级人民法院转递的，应当附申请转递函。

上级人民法院收到下级人民法院申请转递的司法文书，应当在七个工作日内予以转递。

上级人民法院认为下级人民法院申请转递的司法文书不符合有关规定需要补正的，应当在七个工作日内退回申请转递的人民法院。[1]

法律依据

［1］**《最高人民法院关于涉港澳民商事案件司法文书送达问题若干规定》**（法释〔2009〕2号）

第十三条　下级人民法院送达司法文书，根据有关规定需要通过上级人民法院转递的，应当附申请转递函。

上级人民法院收到下级人民法院申请转递的司法文书，应当在七个工作日内予以转递。

上级人民法院认为下级人民法院申请转递的司法文书不符合有关规定需要补正的，应当在七个工作日内退回申请转递的人民法院。

四、涉台送达

306.【涉台送达的法律适用】

人民法院办理海峡两岸执行案件中的向住所地在我国台湾地

区的当事人送达执行文书，适用《最高人民法院关于涉台民事诉讼文书送达的若干规定》《最高人民法院关于人民法院办理海峡两岸送达文书和调查取证司法互助案件的规定》。[1]

法律依据

[1]**《最高人民法院关于涉台民事诉讼文书送达的若干规定》**（法释〔2008〕4号）

第一条第一款　人民法院审理涉台民事案件向住所地在台湾地区的当事人送达民事诉讼文书，以及人民法院接受台湾地区有关法院的委托代为向住所地在内地的当事人送达民事诉讼文书，适用本规定。

《最高人民法院关于人民法院办理海峡两岸送达文书和调查取证司法互助案件的规定》（法释〔2011〕15号）

第一条　人民法院依照协议，办理海峡两岸民事、刑事、行政诉讼案件中的送达文书和调查取证司法互助业务，适用本规定。

307.【一个中国原则】

涉台执行文书送达事务的处理，应当遵守一个中国原则和法律的基本原则，不违反社会公共利益。[1]

法律依据

[1]**《最高人民法院关于涉台民事诉讼文书送达的若干规定》**（法释〔2008〕4号）

第一条第二款　涉台民事诉讼文书送达事务的处理，应当遵守一个中国原则和法律的基本原则，不违反社会公共利益。

《最高人民法院关于人民法院办理海峡两岸送达文书和调查取证司法互助案件的规定》（法释〔2011〕15号）

第二条第二款　人民法院办理海峡两岸司法互助业务，应当遵循一个中国原则，遵守国家法律的基本原则，不得违反社会公共利益。

308. 【送达方式】

人民法院向住所地在我国台湾地区的当事人送达民事司法文书，可以采用下列方式：

（一）受送达人居住在大陆的，直接送达。受送达人是自然人，本人不在的，可以交其同住成年家属签收；受送达人是法人或者其他组织的，应当由法人的法定代表人、其他组织的主要负责人或者该法人、其他组织负责收件的人签收。

受送达人不在大陆居住，但送达时在大陆的，可以直接送达。

（二）受送达人在大陆有诉讼代理人的，向诉讼代理人送达。但受送达人在授权委托书中明确表明其诉讼代理人无权代为接收的除外。

（三）受送达人有指定代收人的，向代收人送达。

（四）受送达人在大陆有代表机构、分支机构、业务代办人的，向其代表机构或者经受送达人明确授权接受送达的分支机构、业务代办人送达。

（五）受送达人在我国台湾地区的地址明确的，可以邮寄送达。

（六）有明确的传真号码、电子信箱地址的，可以通过传真、电子邮件方式向受送达人送达。

（七）通过协议确定的海峡两岸司法互助方式，请求我国台湾地区送达。

（八）按照两岸认可的其他途径送达。

采用上述方式均不能送达或者我国台湾地区当事人下落不明的，可以公告送达。[1]

法律依据

[1]《最高人民法院关于人民法院办理海峡两岸送达文书和调查取证

司法互助案件的规定》（法释〔2011〕15号）

第七条第一款　人民法院向住所地在台湾地区的当事人送达民事和行政诉讼司法文书，可以采用下列方式：

（一）受送达人居住在内地的，直接送达。受送达人是自然人，本人不在的，可以交其同住成年家属签收；受送达人是法人或者其他组织的，应当由法人的法定代表人、其他组织的主要负责人或者该法人、其他组织负责收件的人签收。

受送达人不在内地居住，但送达时在内地的，可以直接送达。

（二）受送达人在内地有诉讼代理人的，向诉讼代理人送达。但受送达人在授权委托书中明确表明其诉讼代理人无权代为接收的除外。

（三）受送达人有指定代收人的，向代收人送达。

（四）受送达人在内地有代表机构、分支机构、业务代办人的，向其代表机构或者经受送达人明确授权接受送达的分支机构、业务代办人送达。

（五）通过协议确定的海峡两岸司法互助方式，请求台湾地区送达。

（六）受送达人在台湾地区的地址明确的，可以邮寄送达。

（七）有明确的传真号码、电子信箱地址的，可以通过传真、电子邮件方式向受送达人送达。

第二款　采用上述方式均不能送达或者台湾地区当事人下落不明的，可以公告送达。

《最高人民法院关于涉台民事诉讼文书送达的若干规定》（法释〔2008〕4号）

第三条　人民法院向住所地在台湾地区的当事人送达民事诉讼文书，可以采用下列方式：

（一）受送达人居住在内地的，直接送达。受送达人是自然人，本人不在的，可以交其同住成年家属签收；受送达人是法人或者其他组织的，应当由法人的法定代表人、其他组织的主要负责人或者该法人、组织负责收件的人签收；

受送达人不在内地居住，但送达时在内地的，可以直接送达；

（二）受送达人在内地有诉讼代理人的，向诉讼代理人送达。受送达人在授权委托书中明确表明其诉讼代理人无权代为接收的除外；

（三）受送达人有指定代收人的，向代收人送达；

（四）受送达人在内地有代表机构、分支机构、业务代办人的，向其代表机构或者经受送达人明确授权接受送达的分支机构、业务代办人送达；

（五）受送达人在台湾地区的地址明确的，可以邮寄送达；

（六）有明确的传真号码、电子信箱地址的，可以通过传真、电子邮件方式向受送达人送达；

（七）按照两岸认可的其他途径送达。

采用上述方式不能送达或者台湾地区的当事人下落不明的，公告送达。

309. 【留置送达】

采用本规范第308条第一款第一、二、三、四项方式送达的，由受送达人、诉讼代理人或者有权接受送达的人在送达回证上签收或者盖章，即为送达；拒绝签收或者盖章的，可以依法留置送达。[1]

法律依据

[1]《最高人民法院关于涉台民事诉讼文书送达的若干规定》（法释〔2008〕4号）

第四条　采用本规定第三条第一款第（一）、（二）、（三）、（四）项方式送达的，由受送达人、诉讼代理人或者有权接受送达的人在送达回证上签收或者盖章，即为送达；拒绝签收或者盖章的，可以依法留置送达。

310. 【邮寄送达】

采用本规范第308条第一款第五项方式送达的，应当附有送达回证。受送达人未在送达回证上签收但在邮件回执上签收的，视为送达，签收日期为送达日期。

自邮寄之日起满三个月，如果未能收到送达与否的证明文件，且根据各种情况不足以认定已经送达的，视为未送达。[1]

法律依据

[1]《最高人民法院关于涉台民事诉讼文书送达的若干规定》（法释

〔2008〕4号）

第五条 采用本规定第三条第一款第（五）项方式送达的，应当附有送达回证。受送达人未在送达回证上签收但在邮件回执上签收的，视为送达，签收日期为送达日期。

自邮寄之日起满三个月，如果未能收到送达与否的证明文件，且根据各种情况不足以认定已经送达的，视为未送达。

311.【电子送达】

采用本规范第308条第一款第六项方式送达的，应当注明人民法院的传真号码或者电子信箱地址，并要求受送达人在收到传真件或者电子邮件后及时予以回复。以能够确认受送达人收悉的日期为送达日期。[1]

法律依据

[1]**《最高人民法院关于涉台民事诉讼文书送达的若干规定》**（法释〔2008〕4号）

第六条 采用本规定第三条第一款第（六）项方式送达的，应当注明人民法院的传真号码或者电子信箱地址，并要求受送达人在收到传真件或者电子邮件后及时予以回复。以能够确认受送达人收悉的日期为送达日期。

312.【其他方式送达的手续】

采用本规范第308条第一款第八项方式送达的，应当由有关的高级人民法院出具盖有本院印章的委托函。委托函应当写明案件各方当事人的姓名或者名称、案由、案号；受送达人姓名或者名称、受送达人的详细地址以及需送达的文书种类。[1]

法律依据

[1]**《最高人民法院关于涉台民事诉讼文书送达的若干规定》**（法释〔2008〕4号）

第七条 采用本规定第三条第一款第（七）项方式送达的，应当由有关的高级人民法院出具盖有本院印章的委托函。委托函应当写明案件各方当事人的姓名或者名称、案由、案号；受送达人姓名或者名称、受送达人的详细地址以及需送达的文书种类。

313. 【公告送达】

采用公告方式送达的，公告内容应当在境内外公开发行的报刊或者权威网站上刊登。

公告送达的，自公告之日起满三个月，即视为送达。[1]

法律依据

［1］**《最高人民法院关于涉台民事诉讼文书送达的若干规定》**（法释〔2008〕4号）

第八条 采用公告方式送达的，公告内容应当在境内外公开发行的报刊或者权威网站上刊登。

公告送达的，自公告之日起满三个月，即视为送达。

第二编

执行实施案件办理规范

第二十章　基本流程规范

第一节　执行准备与启动

314. 【确定承办人】

人民法院应当在立案后七日内确定承办人。[1]

法律依据

[1]《最高人民法院关于人民法院办理执行案件若干期限的规定》（法发〔2006〕35 号）

第二条　人民法院应当在立案后 7 日内确定承办人。

315. 【执行前的审查】

执行实施案件立案后，执行机构发现不符合申请执行的受理条件，裁定驳回执行申请。[1]申请执行人对驳回执行申请裁定不服的，可以自裁定送达之日起十日内向上一级人民法院申请复议。

人民法院作出裁定时，应当告知申请执行人申请复议的权利和期限。

法律依据

［1］**《最高人民法院关于执行案件立案、结案若干问题的意见》**（法发〔2014〕26 号）

第二十条　执行实施案件立案后，经审查发现不符合《最高人民法院关于人民法院执行工作若干问题的规定（试行）》第 18 条①规定的受理条件，裁定驳回申请的，以“驳回申请”方式结案。

316.【执行通知】

执行人员接到申请执行书或者移交执行书后，应当向被执行人发出执行通知，并可以立即采取强制执行措施。[1]执行通知应当在十日内发出。[2]执行通知中除应责令被执行人履行法律文书确定的义务外，还应通知其承担民事诉讼法第二百五十三条[3]规定的迟延履行利息或者迟延履行金，[4]并应当载明有关纳入失信被执行人名单的风险提示内容，[5]以及其他逾期不履行义务的法律后果。

执行人员应当在执行通知或有关法律文书中告知人民法院执行款专户或案款专户的开户银行名称、账号、户名，以及交款时应当注明执行案件案号、被执行人姓名或名称、交款人姓名或名称、交款用途等信息。[6]

法律依据

［1］**《中华人民共和国民事诉讼法》**（2017 年 6 月 27 日修正）

第二百四十条　执行员接到申请执行书或者移交执行书，应当向被执行人发出执行通知，并可以立即采取强制执行措施。

［2］**《最高人民法院关于适用〈中华人民共和国民事诉讼法〉的解释》**（2020 年 12 月 23 日修正）

① 现为第 16 条。

第四百八十二条第一款　人民法院应当在收到申请执行书或者移交执行书后十日内发出执行通知。

［**3**］**《中华人民共和国民事诉讼法》**（2017 年 6 月 27 日修正）

第二百五十三条　被执行人未按判决、裁定和其他法律文书指定的期间履行给付金钱义务的，应当加倍支付迟延履行期间的债务利息。被执行人未按判决、裁定和其他法律文书指定的期间履行其他义务的，应当支付迟延履行金。

［**4**］**《最高人民法院关于适用〈中华人民共和国民事诉讼法〉的解释》**（2020 年 12 月 23 日修正）

第四百八十二条第二款　执行通知中除应责令被执行人履行法律文书确定的义务外，还应通知其承担民事诉讼法第二百五十三条规定的迟延履行利息或者迟延履行金。

［**5**］**《最高人民法院关于公布失信被执行人名单信息的若干规定》**（法发〔2017〕7 号）

第七条第一款　各级人民法院应当将失信被执行人名单信息录入最高人民法院失信被执行人名单库，并通过该名单库统一向社会公布。

［**6**］**《最高人民法院关于执行款物管理工作的规定》**（法发〔2017〕6 号）

第五条　执行人员应当在执行通知书或有关法律文书中告知人民法院执行款专户或案款专户的开户银行名称、账号、户名，以及交款时应当注明执行案件案号、被执行人姓名或名称、交款人姓名或名称、交款用途等信息。

第二节　财产调查

317. 【财产查明的途径】

执行过程中，申请执行人应当提供被执行人的财产线索；被执行人应当如实报告财产；人民法院应当通过网络执行查控系统进行调查，根据案件需要应当通过其他方式进行调查的，同时采取其他调查方式。[1]

法律依据

［1］**《最高人民法院关于民事执行中财产调查若干问题的规定》**（2020年12月23日修正）

第一条　执行过程中，申请执行人应当提供被执行人的财产线索；被执行人应当如实报告财产；人民法院应当通过网络执行查控系统进行调查，根据案件需要应当通过其他方式进行调查的，同时采取其他调查方式。

318.【申请执行人提供财产线索】

申请执行人提供被执行人财产线索，应当填写财产调查表。财产线索明确、具体的，人民法院应当在七日内调查核实；情况紧急的，应当在三日内调查核实。财产线索确实的，人民法院应当及时采取相应的执行措施。

申请执行人确因客观原因无法自行查明财产的，可以申请人民法院调查。[1]

法律依据

［1］**《最高人民法院关于民事执行中财产调查若干问题的规定》**（2020年12月23日修正）

第二条　申请执行人提供被执行人财产线索，应当填写财产调查表。财产线索明确、具体的，人民法院应当在七日内调查核实；情况紧急的，应当在三日内调查核实。财产线索确实的，人民法院应当及时采取相应的执行措施。

申请执行人确因客观原因无法自行查明财产的，可以申请人民法院调查。

319.【财产报告程序的启动】

人民法院依申请执行人的申请或依职权责令被执行人报告财产情况的，应当向其发出报告财产令。金钱债权执行中，报告财产令应当与执行通知同时发出。

人民法院根据案件需要再次责令被执行人报告财产情况的，

应当重新向其发出报告财产令。[1]

法律依据

[1]《最高人民法院关于民事执行中财产调查若干问题的规定》(2020年12月23日修正)

第三条 人民法院依申请执行人的申请或依职权责令被执行人报告财产情况的，应当向其发出报告财产令。金钱债权执行中，报告财产令应当与执行通知同时发出。

人民法院根据案件需要再次责令被执行人报告财产情况的，应当重新向其发出报告财产令。

320.【报告财产令的内容】

报告财产令应当载明下列事项：

(一) 提交财产报告的期限；

(二) 报告财产的范围、期间；

(三) 补充报告财产的条件及期间；

(四) 违反财产报告义务应承担的法律责任；

(五) 人民法院认为有必要载明的其他事项。

报告财产令应附财产调查表，被执行人必须按照要求逐项填写。[1]

法律依据

[1]《最高人民法院关于民事执行中财产调查若干问题的规定》(2020年12月23日修正)

第四条 报告财产令应当载明下列事项：

(一) 提交财产报告的期限；

(二) 报告财产的范围、期间；

(三) 补充报告财产的条件及期间；

(四) 违反报告财产义务应承担的法律责任；

(五) 人民法院认为有必要载明的其他事项。

报告财产令应附财产调查表，被执行人必须按照要求逐项填写。

321.【报告财产的范围】

被执行人应当在报告财产令载明的期限内向人民法院书面报告下列财产情况：

（一）收入、银行存款、现金、理财产品、有价证券；

（二）土地使用权、房屋等不动产；

（三）交通运输工具、机器设备、产品、原材料等动产；

（四）债权、股权、投资权益、基金份额、信托受益权、知识产权等财产性权利；

（五）其他应当报告的财产。

被执行人的财产已出租、已设立担保物权等权利负担，或者存在共有、权属争议等情形的，应当一并报告；被执行人的动产由第三人占有，被执行人的不动产、特定动产、其他财产权等登记在第三人名下的，也应当一并报告。

被执行人在报告财产令载明的期限内提交书面报告确有困难的，可以向人民法院书面申请延长期限；申请有正当理由的，人民法院可以适当延长。[1]

法律依据

[**1**]**《最高人民法院关于民事执行中财产调查若干问题的规定》**（2020年12月23日修正）

第五条 被执行人应当在报告财产令载明的期限内向人民法院书面报告下列财产情况：

（一）收入、银行存款、现金、理财产品、有价证券；

（二）土地使用权、房屋等不动产；

（三）交通运输工具、机器设备、产品、原材料等动产；

（四）债权、股权、投资权益、基金份额、信托受益权、知识产权等财产性权利；

（五）其他应当报告的财产。

被执行人的财产已出租、已设立担保物权等权利负担，或者存在共有、权属争议等情形的，应当一并报告；被执行人的动产由第三人占有，被执行人的不动产、特定动产、其他财产权等登记在第三人名下的，也应当一并报告。

被执行人在报告财产令载明的期限内提交书面报告确有困难的，可以向人民法院书面申请延长期限；申请有正当理由的，人民法院可以适当延长。

322.【财产变动的报告】

被执行人自收到执行通知之日前一年至提交书面财产报告之日，其财产情况发生下列变动的，应当将变动情况一并报告：

（一）转让、出租财产的；

（二）在财产上设立担保物权等权利负担的；

（三）放弃债权或延长债权清偿期的；

（四）支出大额资金的；

（五）其他影响生效法律文书确定债权实现的财产变动。[1]

法律依据

［1］**《最高人民法院关于民事执行中财产调查若干问题的规定》**（2020年12月23日修正）

第六条 被执行人自收到执行通知之日前一年至提交书面财产报告之日，其财产情况发生下列变动的，应当将变动情况一并报告：

（一）转让、出租财产的；

（二）在财产上设立担保物权等权利负担的；

（三）放弃债权或延长债权清偿期的；

（四）支出大额资金的；

（五）其他影响生效法律文书确定债权实现的财产变动。

323.【补充报告财产】

被执行人报告财产后，其财产情况发生变动，影响申请执行人债权实现的，应当自财产变动之日起十日内向人民法院补充报告。[1]

法律依据

[**1**]**《最高人民法院关于民事执行中财产调查若干问题的规定》**（2020年12月23日修正）

第七条　被执行人报告财产后，其财产情况发生变动，影响申请执行人债权实现的，应当自财产变动之日起十日内向人民法院补充报告。

324.【财产报告的核实程序】

对被执行人报告的财产情况，人民法院应当及时调查核实，必要时可以组织当事人进行听证。

申请执行人申请查询被执行人报告的财产情况的，人民法院应当准许。申请执行人及其代理人对查询过程中知悉的信息应当保密。[1]

法律依据

[**1**]**《最高人民法院关于民事执行中财产调查若干问题的规定》**（2020年12月23日修正）

第八条　对被执行人报告的财产情况，人民法院应当及时调查核实，必要时可以组织当事人进行听证。

申请执行人申请查询被执行人报告的财产情况的，人民法院应当准许。申请执行人及其代理人对查询过程中知悉的信息应当保密。

325.【不履行财产报告义务的法律责任】

被执行人拒绝报告、虚假报告或者无正当理由逾期报告财产情况的，人民法院可以根据情节轻重对被执行人或者其法定代理人予以罚款、拘留；构成犯罪的，依法追究刑事责任。

人民法院对有前款规定行为之一的单位，可以对其主要负责人或者直接责任人员予以罚款、拘留；构成犯罪的，依法追究刑事责任。[1]

人民法院应当将财产报告、核实及处罚的情况记录入卷。[2]

法律依据

［1］**《最高人民法院关于民事执行中财产调查若干问题的规定》**（2020年12月23日修正）

第九条　被执行人拒绝报告、虚假报告或者无正当理由逾期报告财产情况的，人民法院可以根据情节轻重对被执行人或者其法定代理人予以罚款、拘留；构成犯罪的，依法追究刑事责任。

人民法院对有前款规定行为之一的单位，可以对其主要负责人或者直接责任人员予以罚款、拘留；构成犯罪的，依法追究刑事责任。

［2］**《最高人民法院关于严格规范终结本次执行程序的规定（试行）》**（法〔2016〕373号）

第二条第二款　人民法院应当将财产报告、核实及处罚的情况记录入卷。

326. 【不履行财产报告义务的信用惩戒】

被执行人拒绝报告、虚假报告或者无正当理由逾期报告财产情况的，人民法院应当依照相关规定将其纳入失信被执行人名单①。[1]

法律依据

［1］**《最高人民法院关于民事执行中财产调查若干问题的规定》**（2020年12月23日修正）

第十条　被执行人拒绝报告、虚假报告或者无正当理由逾期报告财产情况的，人民法院应当依照相关规定将其纳入失信被执行人名单。

327. 【财产报告程序终结】

有下列情形之一的，财产报告程序终结：

① 此种情况下，纳入失信被执行人名单的期限应当适用本规范第199条。

（一）被执行人履行完毕法律文书确定义务的；

（二）人民法院裁定终结执行的；

（三）人民法院裁定不予执行的；

（四）人民法院认为财产报告程序应当终结的其他情形。

发出报告财产令后，人民法院裁定终结本次执行程序的，被执行人仍应依照本规范第 323 条的规定履行补充报告义务。[1]

法律依据

［**1**］**《最高人民法院关于民事执行中财产调查若干问题的规定》**（2020 年 12 月 23 日修正）

第十一条　有下列情形之一的，财产报告程序终结：

（一）被执行人履行完毕生效法律文书确定义务的；

（二）人民法院裁定终结执行的；

（三）人民法院裁定不予执行的；

（四）人民法院认为财产报告程序应当终结的其他情形。

发出报告财产令后，人民法院裁定终结本次执行程序的，被执行人仍应依照本规定第七条的规定履行补充报告义务。

328.【人民法院调查的一般规定】

被执行人未按执行通知履行生效法律文书确定的义务，人民法院有权通过网络执行查控系统、现场调查等方式向被执行人、有关单位或个人调查被执行人的身份信息和财产信息，有关单位和个人应当依法协助办理。

人民法院对调查所需资料可以复制、打印、抄录、拍照或以其他方式进行提取、留存。

申请执行人申请查询人民法院调查的财产信息的，人民法院可以根据案件需要决定是否准许。申请执行人及其代理人对查询过程中知悉的信息应当保密。[1]

法律依据

［**1**］**《最高人民法院关于民事执行中财产调查若干问题的规定》**（2020年12月23日修正）

第十二条　被执行人未按执行通知履行生效法律文书确定的义务，人民法院有权通过网络执行查控系统、现场调查等方式向被执行人、有关单位或个人调查被执行人的身份信息和财产信息，有关单位和个人应当依法协助办理。

人民法院对调查所需资料可以复制、打印、抄录、拍照或以其他方式进行提取、留存。

申请执行人申请查询人民法院调查的财产信息的，人民法院可以根据案件需要决定是否准许。申请执行人及其代理人对查询过程中知悉的信息应当保密。

329.【电子化查询】

人民法院通过网络执行查控系统进行调查，与现场调查具有同等法律效力。

人民法院调查过程中作出的电子法律文书与纸质法律文书具有同等法律效力；协助执行单位反馈的电子查询结果与纸质反馈结果具有同等法律效力。[1]

法律依据

［**1**］**《最高人民法院关于民事执行中财产调查若干问题的规定》**（2020年12月23日修正）

第十三条　人民法院通过网络执行查控系统进行调查，与现场调查具有同等法律效力。

人民法院调查过程中作出的电子法律文书与纸质法律文书具有同等法律效力；协助执行单位反馈的电子查询结果与纸质反馈结果具有同等法律效力。

330.【搜查的情形】

被执行人隐匿财产、会计账簿等资料拒不交出的，人民法院可以依法采取搜查措施。

人民法院依法搜查时，对被执行人可能隐匿财产或者资料的处所、箱柜等，经责令被执行人开启而拒不配合的，可以强制开启。[1]

法律依据

［1］**《最高人民法院关于民事执行中财产调查若干问题的规定》**（2020年12月23日修正）

第十四条　被执行人隐匿财产、会计账簿等资料拒不交出的，人民法院可以依法采取搜查措施。

人民法院依法搜查时，对被执行人可能隐匿财产或者资料的处所、箱柜等，经责令被执行人开启而拒不配合的，可以强制开启。

331.【搜查的程序】

采取搜查措施，由院长签发搜查令。[1]

搜查时，搜查人员应当按规定着装并出示搜查令和工作证件。[2]

人民法院搜查时禁止无关人员进入搜查现场；搜查对象是公民的，应当通知被执行人或者他的成年家属以及基层组织派员到场；搜查对象是法人或者其他组织的，应当通知法定代表人或者主要负责人到场。拒不到场的，不影响搜查。

搜查妇女身体，应当由女执行人员进行。[3]

法律依据

［1］**《中华人民共和国民事诉讼法》**（2017年6月27日修正）

第二百四十八条　被执行人不履行法律文书确定的义务，并隐匿财产的，人民法院有权发出搜查令，对被执行人及其住所或者财产隐匿地进行搜查。

采取前款措施，由院长签发搜查令。

［2］**《最高人民法院关于适用〈中华人民共和国民事诉讼法〉的解**

释》（2020 年 12 月 23 日修正）

第四百九十七条　搜查人员应当按规定着装并出示搜查令和工作证件。

［**3**］**《最高人民法院关于适用〈中华人民共和国民事诉讼法〉的解释》**（2020 年 12 月 23 日修正）

第四百九十八条　人民法院搜查时禁止无关人员进入搜查现场；搜查对象是公民的，应当通知被执行人或者他的成年家属以及基层组织派员到场；搜查对象是法人或者其他组织的，应当通知法定代表人或者主要负责人到场。拒不到场的，不影响搜查。

搜查妇女身体，应当由女执行人员进行。

332.【搜查发现财产的处理】

搜查中发现应当依法采取查封、扣押措施的财产，依照民事诉讼法第二百四十五条第二款[1]和第二百四十七条[2]规定办理。[3]

法律依据

［**1**］**《中华人民共和国民事诉讼法》**（2017 年 6 月 27 日修正）

第二百四十五条第二款　对被查封、扣押的财产，执行员必须造具清单，由在场人签名或者盖章后，交被执行人一份。被执行人是公民的，也可以交他的成年家属一份。

［**2**］**《中华人民共和国民事诉讼法》**（2017 年 6 月 27 日修正）

第二百四十七条　财产被查封、扣押后，执行员应当责令被执行人在指定期间履行法律文书确定的义务。被执行人逾期不履行的，人民法院应当拍卖被查封、扣押的财产；不适于拍卖或者当事人双方同意不进行拍卖的，人民法院可以委托有关单位变卖或者自行变卖。国家禁止自由买卖的物品，交有关单位按照国家规定的价格收购。

［**3**］**《最高人民法院关于适用〈中华人民共和国民事诉讼法〉的解释》**（2020 年 12 月 23 日修正）

第四百九十九条　搜查中发现应当依法采取查封、扣押措施的财产，依照民事诉讼法第二百四十五条第二款和第二百四十七条规定办理。

333. 【搜查笔录、记录】

搜查应当制作搜查笔录，由搜查人员、被搜查人及其他在场人签名、捺印或者盖章。拒绝签名、捺印或者盖章的，应当记入搜查笔录。[1]

对搜查过程，应当依照本规范第 251 条规定全程录音录像。

法律依据

[1]《最高人民法院关于适用〈中华人民共和国民事诉讼法〉的解释》（2020 年 12 月 23 日修正）

第五百条　搜查应当制作搜查笔录，由搜查人员、被搜查人及其他在场人签名、捺印或者盖章。拒绝签名、捺印或者盖章的，应当记入搜查笔录。

334. 【传唤及协助查找特定人员】

为查明被执行人的财产情况和履行义务的能力，可以传唤被执行人或被执行人的法定代表人、负责人、实际控制人[1]、直接责任人员到人民法院接受调查询问。

对必须接受调查询问的被执行人、被执行人的法定代表人、负责人或者实际控制人，经依法传唤无正当理由拒不到场的，人民法院可以拘传①其到场；上述人员下落不明的，人民法院可以依照相关规定通知有关单位协助查找。[2]

法律依据

[1] 实践中，对公司法人中的“实际控制人”，可以根据《中华人民共和国公司法》予以判断（2018 年 10 月 26 日修正）

第二百一十六条第三项　实际控制人，是指虽不是公司的股东，但通过投资关系、协议或者其他安排，能够实际支配公司行为的人。

---

① 采取拘传措施时，适用本规范第 173 条至第 175 条的规定。

[**2**]**《最高人民法院关于民事执行中财产调查若干问题的规定》**（2020年12月23日修正）

第十五条　为查明被执行人的财产情况和履行义务的能力，可以传唤被执行人或被执行人的法定代表人、负责人、实际控制人、直接责任人员到人民法院接受调查询问。

对必须接受调查询问的被执行人、被执行人的法定代表人、负责人或者实际控制人，经依法传唤无正当理由拒不到场的，人民法院可以拘传其到场；上述人员下落不明的，人民法院可以依照相关规定通知有关单位协助查找。

335.【协助扣押特定财产】

人民法院对已经办理查封登记手续的被执行人机动车、船舶、航空器等特定动产未能实际扣押的，可以依照相关规定通知有关单位协助查找。[1]

法律依据

[**1**]**《最高人民法院关于民事执行中财产调查若干问题的规定》**（2020年12月23日修正）

第十六条　人民法院对已经办理查封登记手续的被执行人机动车、船舶、航空器等特定动产未能实际扣押的，可以依照相关规定通知有关单位协助查找。

336.【审计调查的启动】

作为被执行人的法人或其他组织不履行生效法律文书确定的义务，申请执行人认为其有拒绝报告、虚假报告财产情况，隐匿、转移财产等逃避债务情形或者其股东、出资人有出资不实、抽逃出资等情形的，可以书面申请人民法院委托审计机构对该被执行人进行审计。人民法院应当自收到书面申请之日起十日内决定是否准许。[1]

法律依据

［1］《最高人民法院关于民事执行中财产调查若干问题的规定》（2020年12月23日修正）

第十七条　作为被执行人的法人或非法人组织不履行生效法律文书确定的义务，申请执行人认为其有拒绝报告、虚假报告财产情况，隐匿、转移财产等逃避债务情形或者其股东、出资人有出资不实、抽逃出资等情形的，可以书面申请人民法院委托审计机构对该被执行人进行审计。人民法院应当自收到书面申请之日起十日内决定是否准许。

337.【审计资料的提交及强制提取】

人民法院决定审计的，应当随机确定具备资格的审计机构，并责令被执行人提交会计凭证、会计账簿、财务会计报告等与审计事项有关的资料。

被执行人隐匿审计资料的，人民法院可以依法采取搜查措施。[1]

法律依据

［1］《最高人民法院关于民事执行中财产调查若干问题的规定》（2020年12月23日修正）

第十八条　人民法院决定审计的，应当随机确定具备资格的审计机构，并责令被执行人提交会计凭证、会计账簿、财务会计报告等与审计事项有关的资料。

被执行人隐匿审计资料的，人民法院可以依法采取搜查措施。

338.【不提交审计资料或其他不协助行为的法律责任】

被执行人拒不提供、转移、隐匿、伪造、篡改、毁弃审计资料，阻挠审计人员查看业务现场或者有其他妨碍审计调查行为的，人民法院可以根据情节轻重对被执行人或其主要负责人、直接责任人员予以罚款、拘留；构成犯罪的，依法追究刑事责任。[1]

法律依据

［1］《最高人民法院关于民事执行中财产调查若干问题的规定》（2020年12月23日修正）

第十九条　被执行人拒不提供、转移、隐匿、伪造、篡改、毁弃审计资料，阻挠审计人员查看业务现场或者有其他妨碍审计调查行为的，人民法院可以根据情节轻重对被执行人或其主要负责人、直接责任人员予以罚款、拘留；构成犯罪的，依法追究刑事责任。

339.【审计费用的承担】

审计费用由提出审计申请的申请执行人预交。被执行人存在拒绝报告或虚假报告财产情况，隐匿、转移财产或者其他逃避债务情形的，审计费用由被执行人承担；未发现被执行人存在上述情形的，审计费用由申请执行人承担。[1]

法律依据

［1］《最高人民法院关于民事执行中财产调查若干问题的规定》（2020年12月23日修正）

第二十条　审计费用由提出审计申请的申请执行人预交。被执行人存在拒绝报告或虚假报告财产情况，隐匿、转移财产或者其他逃避债务情形的，审计费用由被执行人承担；未发现被执行人存在上述情形的，审计费用由申请执行人承担。

340.【公告悬赏制度】

被执行人不履行生效法律文书确定的义务，申请执行人可以向人民法院书面申请发布悬赏公告查找可供执行的财产。申请书应当载明下列事项：

（一）悬赏金的数额或计算方法；

（二）有关人员提供人民法院尚未掌握的财产线索，使该申请执行人的债权得以全部或部分实现时，自愿支付悬赏金的承诺；

（三）悬赏公告的发布方式；

（四）其他需要载明的事项。

人民法院应当自收到书面申请之日起十日内决定是否准许。[1]

法律依据

［1］**《最高人民法院关于民事执行中财产调查若干问题的规定》**（2020年12月23日修正）

第二十一条　被执行人不履行生效法律文书确定的义务，申请执行人可以向人民法院书面申请发布悬赏公告查找可供执行的财产。申请书应当载明下列事项：

（一）悬赏金的数额或计算方法；

（二）有关人员提供人民法院尚未掌握的财产线索，使该申请执行人的债权得以全部或部分实现时，自愿支付悬赏金的承诺；

（三）悬赏公告的发布方式；

（四）其他需要载明的事项。

人民法院应当自收到书面申请之日起十日内决定是否准许。

341.【悬赏公告内容及发布费用】

人民法院决定悬赏查找财产的，应当制作悬赏公告。悬赏公告应当载明悬赏金的数额或计算方法、领取条件等内容。

悬赏公告应当在全国法院执行悬赏公告平台、法院微博或微信等媒体平台发布，也可以在执行法院公告栏或被执行人住所地、经常居住地等处张贴。申请执行人申请在其他媒体平台发布，并自愿承担发布费用的，人民法院应当准许。[1]

法律依据

[**1**]**《最高人民法院关于民事执行中财产调查若干问题的规定》**（2020年12月23日修正）

第二十二条 人民法院决定悬赏查找财产的，应当制作悬赏公告。悬赏公告应当载明悬赏金的数额或计算方法、领取条件等内容。

悬赏公告应当在全国法院执行悬赏公告平台、法院微博或微信等媒体平台发布，也可以在执行法院公告栏或被执行人住所地、经常居住地等处张贴。申请执行人申请在其他媒体平台发布，并自愿承担发布费用的，人民法院应当准许。

342. 【提供财产线索的登记与保密】

悬赏公告发布后，有关人员向人民法院提供财产线索的，人民法院应当对有关人员的身份信息和财产线索进行登记；两人以上提供相同财产线索的，应当按照提供线索的先后顺序登记。

人民法院对有关人员的身份信息和财产线索应当保密，但为发放悬赏金需要告知申请执行人的除外。[1]

法律依据

[**1**]**《最高人民法院关于民事执行中财产调查若干问题的规定》**（2020年12月23日修正）

第二十三条 悬赏公告发布后，有关人员向人民法院提供财产线索的，人民法院应当对有关人员的身份信息和财产线索进行登记；两人以上提供相同财产线索的，应当按照提供线索的先后顺序登记。

人民法院对有关人员的身份信息和财产线索应当保密，但为发放悬赏金需要告知申请执行人的除外。

343. 【悬赏金的发放】

有关人员提供人民法院尚未掌握的财产线索，使申请发布悬赏公告的申请执行人的债权得以全部或部分实现的，人民法院应当按照悬赏公告发放悬赏金。

悬赏金从前款规定的申请执行人应得的执行款中予以扣减。特定物交付执行或者存在其他无法扣减情形的，悬赏金由该申请执行人另行支付。

有关人员为申请执行人的代理人、有义务向人民法院提供财产线索的人员或者存在其他不应发放悬赏金情形的，不予发放。[1]

法律依据

[1]**《最高人民法院关于民事执行中财产调查若干问题的规定》**（2020年12月23日修正）

第二十四条　有关人员提供人民法院尚未掌握的财产线索，使申请发布悬赏公告的申请执行人的债权得以全部或部分实现的，人民法院应当按照悬赏公告发放悬赏金。

悬赏金从前款规定的申请执行人应得的执行款中予以扣减。特定物交付执行或者存在其他无法扣减情形的，悬赏金由该申请执行人另行支付。

有关人员为申请执行人的代理人、有义务向人民法院提供财产线索的人员或者存在其他不应发放悬赏金情形的，不予发放。

344.【执行人员的保密义务】

执行人员不得调查与执行案件无关的信息，对调查中知悉的国家秘密、商业秘密和个人隐私应当保密。[1]

法律依据

[1]**《最高人民法院关于民事执行中财产调查若干问题的规定》**（2020年12月23日修正）

第二十五条　执行人员不得调查与执行案件无关的信息，对调查过程中知悉的国家秘密、商业秘密和个人隐私应当保密。

345.【代位权和撤销权的行使】

被执行人怠于行使债权对申请执行人造成损害的，执行法院可以告知申请执行人依照民法典第五百三十五条[1]的规定，向有管辖权的人民法院提起代位权诉讼。

被执行人放弃债权、无偿转让财产或者以明显不合理的低价转让财产，对申请执行人造成损害的，执行法院可以告知申请执行人依照民法典第五百三十八至第五百四十条[2]的规定向有管辖权的人民法院提起撤销权诉讼。

法律依据

[**1**]**《中华人民共和国民法典》**（2020年5月28日）

第五百三十五条　因债务人怠于行使其债权或者与该债权有关的从权利，影响债权人的到期债权实现的，债权人可以向人民法院请求以自己的名义代位行使债务人对相对人的权利，但是该权利专属于债务人自身的除外。

代位权的行使范围以债权人的到期债权为限。债权人行使代位权的必要费用，由债务人负担。

相对人对债务人的抗辩，可以向债权人主张。

[**2**]**《中华人民共和国民法典》**（2020年5月28日）

第五百三十八条　债务人以放弃其债权、放弃债权担保、无偿转让财产等方式无偿处分财产权益，或者恶意延长其到期债权的履行期限，影响债权人的债权实现的，债权人可以请求人民法院撤销债务人的行为。

第五百三十九条　债务人以明显不合理的低价转让财产、以明显不合理的高价受让他人财产或者为他人的债务提供担保，影响债权人的债权实现，债务人的相对人知道或者应当知道该情形的，债权人可以请求人民法院撤销债务人的行为。

第五百四十条　撤销权的行使范围以债权人的债权为限。债权人行使撤销权的必要费用，由债务人负担。

第三节 财产控制

346. 【财产控制的一般规定】

执行程序中，人民法院有权查封、扣押、冻结被执行人应当履行义务部分的财产，但应当保留被执行人及其所扶养家属的生活必需品。[1]

法律依据

[1]《中华人民共和国民事诉讼法》（2017 年 6 月 27 日修正）

第二百四十四条第一款　被执行人未按执行通知履行法律文书确定的义务，人民法院有权查封、扣押、冻结、拍卖、变卖被执行人应当履行义务部分的财产。但应当保留被执行人及其所扶养家属的生活必需品。

347. 【查封的程序】

人民法院查封、扣押、冻结被执行人的动产、不动产及其他财产权，应当作出裁定，并送达被执行人和申请执行人。

采取查封、扣押、冻结措施需要有关单位或者个人协助的，[1]人民法院应当制作协助执行通知书，连同裁定书副本一并送达协助执行人。查封、扣押、冻结裁定书和协助执行通知书送达时发生法律效力。[2]

法律依据

[1] **涉及协助单位未履行协助义务承担责任的规定主要有：**

《中华人民共和国民事诉讼法》（2017 年 6 月 27 日修正）

第一百一十四条　有义务协助调查、执行的单位有下列行为之一的，人民法院除责令其履行协助义务外，并可以予以罚款：

（一）有关单位拒绝或者妨碍人民法院调查取证的；

（二）有关单位接到人民法院协助执行通知书后，拒不协助查询、扣押、冻结、划拨、变价财产的；

（三）有关单位接到人民法院协助执行通知书后，拒不协助扣留被执行人的收入、办理有关财产权证照转移手续、转交有关票证、证照或者其他财产的；

（四）其他拒绝协助执行的。

人民法院对有前款规定的行为之一的单位，可以对其主要负责人或者直接责任人员予以罚款；对仍不履行协助义务的，可以予以拘留；并可以向监察机关或者有关机关提出予以纪律处分的司法建议。

《最高人民法院关于人民法院执行工作若干问题的规定（试行）》（2020年12月23日修正）

26. 金融机构擅自解冻被人民法院冻结的款项，致冻结款项被转移的，人民法院有权责令其限期追回已转移的款项。在限期内未能追回的，应当裁定该金融机构在转移的款项范围内以自己的财产向申请执行人承担责任。

30. 有关单位收到人民法院协助执行被执行人收入的通知后，擅自向被执行人或其他人支付的，人民法院有权责令其限期追回；逾期未追回的，应当裁定其在支付的数额内向申请执行人承担责任。

32. 被执行人或其他人擅自处分已被查封、扣押、冻结财产的，人民法院有权责令责任人限期追回财产或承担相应的赔偿责任。

40. 有关企业收到人民法院发出的协助冻结通知后，擅自向被执行人支付股息或红利，或擅自为被执行人办理已冻结股权的转移手续，造成已转移的财产无法追回的，应当在所支付的股息或红利或转移的股权价值范围内向申请执行人承担责任。造成已转移的财产无法追回的，应当在所支付的股息或红利或转移的股权价值范围内向申请执行人承担责任。

［2］《最高人民法院关于人民法院民事执行中查封、扣押、冻结财产的规定》（2020年12月23日修正）

第一条　人民法院查封、扣押、冻结被执行人的动产、不动产及其他财产权，应当作出裁定，并送达被执行人和申请执行人。

采取查封、扣押、冻结措施需要有关单位或者个人协助的，人民法院应当制作协助执行通知书，连同裁定书副本一并送达协助执行人。查封、扣押、冻结裁定书和协助执行通知书送达时发生法律效力。

348.【财产权属的判断】①

人民法院可以查封、扣押、冻结被执行人占有的动产、登记在被执行人名下的不动产、特定动产及其他财产权。

未登记的建筑物和土地使用权，依据土地使用权的审批文件和其他相关证据确定权属。

对于第三人占有的动产或者登记在第三人名下的不动产、特定动产及其他财产权，第三人书面确认该财产属于被执行人的，人民法院可以查封、扣押、冻结。[1]

根据民法典第二百二十九条[2]、第二百三十条[3]规定判断属于被执行人的财产，人民法院可以查封、扣押、冻结。

法律依据

［1］**《最高人民法院关于人民法院民事执行中查封、扣押、冻结财产的规定》**（2020年12月23日修正）

第二条　人民法院可以查封、扣押、冻结被执行人占有的动产、登记在被执行人名下的不动产、特定动产及其他财产权。

未登记的建筑物和土地使用权，依据土地使用权的审批文件和其他相关证据确定权属。

对于第三人占有的动产或者登记在第三人名下的不动产、特定动产及其他财产权，第三人书面确认该财产属于被执行人的，人民法院可以查封、扣押、冻结。

［2］**《中华人民共和国民法典》**（2020年5月28日）

第二百二十九条　因人民法院、仲裁机构的法律文书或者人民政府的征收决定等，导致物权设立、变更、转让或者消灭的，自法律文书或者征收决定等生效时发生效力。

［3］**《中华人民共和国民法典》**（2020年5月28日）

---

① 实践中拟对相关财产采取查封、扣押、冻结措施时，可以结合本规范第921条的标准判断财产权属。

第二百三十条 因继承取得物权的，自继承开始时发生效力。

349. 【不得查封的财产】[1]

人民法院对被执行人下列的财产不得查封、扣押、冻结：

（一）被执行人及其所扶养家属生活所必需的衣服、家具、炊具、餐具及其他家庭生活必需的物品。

（二）被执行人及其所扶养家属所必需的生活费用。当地有最低生活保障标准的，必需的生活费用依照该标准确定。

（三）被执行人及其所扶养家属完成义务教育所必需的物品。

（四）未公开的发明或者未发表的著作。

（五）被执行人及其所扶养家属用于身体缺陷所必需的辅助工具、医疗物品。

（六）被执行人所得的勋章及其他荣誉表彰的物品。

（七）根据《中华人民共和国缔结条约程序法》，以中华人民共和国、中华人民共和国政府或者中华人民共和国政府部门名义同外国、国际组织缔结的条约、协定和其他具有条约、协定性质的文件中规定免于查封、扣押、冻结的财产。

（八）法律及司法解释规定的其他不得查封、扣押、冻结的财产。[2]

法律依据

［1］其他涉及不得查封、扣押、冻结财产的规定主要有：

《最高人民法院关于强制执行中不应将企业党组织的党费作为企业财产予以冻结或划拨的通知》（法〔2005〕209 号）

企业党组织的党费是企业每个党员按月工资比例向党组织交纳的用于党组织活动的经费。党费由党委组织部门代党委统一管理，单立账户，专款专用，不属于企业的责任财产。因此，在企业作为被执行人时，人民法院不得冻结或划拨该企业党组织的党费，不得用党费偿还该企业的债务。执行中，如果申请执行人提供证据证明企业的资金存入党费账户，并申请人民法院对该项资金予以执行的，人民法院可以对该项资金先行冻结；被执行人提供充分证据证明该项资金属于党费的，人民法院应当解除冻结。

《最高人民法院关于产业工会、基层工会是否具备社会团体法人资格和工会经费集中户可否冻结划拨问题的批复》（法复〔2020〕21号）

第三条 根据工会法的规定，工会经费包括工会会员缴纳的会费，建立工会组织的企业事业单位、机关按每月全部职工工资总额的百分之二的比例向工会拨交的经费，以及工会所属的企业、事业单位上缴的收入和人民政府的补助等。工会经费要按比例逐月向地方各级总工会和全国总工会拨交。工会的经费一经拨交，所有权随之转移。在银行独立开列的“工会经费集中户”，与企业经营资金无关，专门用于工会经费的集中与分配，不能在此账户开支费用或挪用、转移资金。因此，人民法院在审理案件中，不应将工会经费视为所在企业的财产，在企业欠债的情况下，不应冻结、划拨工会经费及“工会经费集中户”的款项。

《最高人民法院关于严禁冻结或划拨国有企业下岗职工基本生活保障资金的通知》（法〔1999〕228号）

国有企业下岗职工基本生活保障资金是采取企业、社会、财政各承担三分之一的办法筹集的，由企业再就业服务中心设立专户管理，专项用于保障下岗职工基本生活，具有专项资金的性质，不得挪作他用，不能与企业的其他财产等同对待。各地人民法院在审理和执行经济纠纷案件时，不得将该项存于企业再就业服务中心的专项资金作为企业财产处置，不得冻结或划拨该项资金用以抵偿企业债务。

《最高人民法院关于在审理和执行民事、经济纠纷案件时不得查封、冻结和扣划社会保险基金的通知》（法〔2000〕19号）

……各地人民法院在审理和执行民事、经济纠纷案件时，不得查封、冻结或扣划社会保险基金；不得用社会保险基金偿还社会保险机构及其原下属企业的债务。

《最高人民法院关于对粮棉油政策性收购资金形成的粮棉油不宜采取财产保全措施和执行措施的通知》（法〔2000〕164号）

……对中国农业发展银行提供的粮棉油收购资金及由该项资金形成的库存的粮棉油不宜采取财产保全措施和执行措施。

《最高人民法院关于审理军队、武警部队、政法机关移交、撤销企业

和与党政机关脱钩企业相关纠纷案件若干问题的规定》（2020年12月23日修正）

第十条 人民法院在审理有关移交、撤销、脱钩的企业的案件时，认定开办单位应当承担民事责任的，不得对开办单位的国库款、军费、财政经费账户、办公用房、车辆等其他办公必需品采取查封、扣押、冻结、拍卖等保全和执行措施。

《最高人民法院关于不得对中国人民银行及其分支机构的办公楼、运钞车、营业场所等进行查封的通知》（法〔1999〕28号）

……对确应由中国人民银行及其分支机构承担民事责任的案件，人民法院亦不宜采取查封其办公楼、运钞车、营业场所的措施。

《最高人民法院关于人民法院执行工作若干问题的规定（试行）》（2020年12月23日修正）

27. 被执行人为金融机构的，对其交存在人民银行的存款准备金和备付金不得冻结和扣划，但对其在本机构、其他金融机构的存款，及其在人民银行的其他存款可以冻结、划拨，并可对被执行人的其他财产采取执行措施，但不得查封其营业场所。

《中华人民共和国信托法》（2001年4月28日）

第十七条第一款 除因下列情形之一外，对信托财产不得强制执行：

（一）设立信托前债权人已对该信托财产享有优先受偿的权利，并依法行使该权利的；

（二）受托人处理信托事务所产生债务，债权人要求清偿该债务的；

（三）信托财产本身应担负的税款；

（四）法律规定的其他情形。

《最高人民法院关于执行旅行社质量保证金问题的通知》（法〔2001〕1号）

人民法院在执行涉及旅行社的案件时，遇有下列情形而旅行社不承担或无力承担赔偿责任的，可以执行旅行社质量保证金：

（1）旅行社因自身过错未达到合同约定的服务质量标准而造成旅游者的经济权益损失；

（2）旅行社的服务未达到国家或行业规定的标准而造成旅游者的经济权益损失；

（3）旅行社破产后造成旅游者预交旅行费损失；

（4）人民法院判决、裁定及其他生效法律文书认定的旅行社损害旅游者合法权益的情形。

除上述情形之外，不得执行旅行社质量保证金。同时，执行涉及旅行社的经济赔偿案件时，不得从旅游行政管理部门行政经费账户上划转行政经费资金。

《最高人民法院、最高人民检察院、公安部、中国证券监督管理委员会关于查询、冻结、扣划证券和证券交易结算资金问题通知》（法发〔2008〕4号）

第五条、第六条规定的证券登记结算机构依法按照业务规则收取并存放于专门清算交收账户内的证券、资金（条文略），以及第七条证券登记结算机构依法按照业务规则要求证券公司等结算参与人、投资者或者发行人提供的回购质押券、价差担保物、行权担保物、履约担保物等担保物，在交收完成之前，不得冻结、扣划。

《中华人民共和国证券投资基金法》（2015年4月24日）

第一百条第一款　基金销售结算资金、基金份额独立于基金销售机构、基金销售支付机构或者基金份额登记机构的自有财产。基金销售机构、基金销售支付机构或者基金份额登记机构破产或者清算时，基金销售结算资金、基金份额不属于其破产财产或者清算财产。非因投资人本身的债务或者法律规定的其他情形，不得查封、冻结、扣划或者强制执行基金销售结算资金、基金份额。

《期货交易所管理办法》（2021年1月15日）

第六十八条第一款　期货交易所向会员收取的保证金，只能用于担保期货合约的履行，不得查封、冻结、扣划或者强制执行。期货交易所应当在期货保证金存管银行开立专用结算账户，专户存储保证金，不得挪用。

《最高人民法院关于审理期货纠纷案件若干问题的规定》（2020年12月23日修正）

第五十九条　期货交易所、期货公司为债务人的，人民法院不得冻结、划拨期货公司在期货交易所或者客户在期货公司保证金账户中的资金。

有证据证明该保证金账户中有超出期货公司、客户权益资金的部分，期货交易所、期货公司在人民法院指定的合理期限内不能提出相反证据的，人民法院可以依法冻结、划拨该账户中属于期货交易所、期货公司的自有资金。

第六十条 期货公司为债务人的，人民法院不得冻结、划拨专用结算账户中未被期货合约占用的用于担保期货合约履行的最低限额的结算准备金；期货公司已经结清所有持仓并清偿客户资金的，人民法院可以对结算准备金依法予以冻结、划拨。

期货公司有其他财产的，人民法院应当依法先行冻结、查封、执行期货公司的其他财产。

《最高人民法院关于审理期货纠纷案件若干问题的规定（二）》（2020年12月23日修正）

第四条 期货公司为债务人，债权人请求冻结、划拨以下账户中资金或者有价证券的，人民法院不予支持：

（一）客户在期货公司保证金账户中的资金；

（二）客户向期货公司提交的用于充抵保证金的有价证券。

第五条 实行会员分级结算制度的期货交易所的结算会员为债务人，债权人请求冻结、划拨结算会员以下资金或者有价证券的，人民法院不予支持：

（一）非结算会员在结算会员保证金账户中的资金；

（二）非结算会员向结算会员提交的用于充抵保证金的有价证券。

《最高人民法院关于人民法院在执行中能否查封药品批准文号的答复》［（2010）执他字第2号函］

药品批准文号系国家药品监督管理部门准许企业生产的合法标志，该批准文号受行政许可法的调整，本身不具有财产价值。因此，人民法院在执行中对药品批准文号不应进行查封。

《最高人民法院关于空难死亡赔偿金能否作为遗产处理的复函》［（2004）民一他字第26号］

空难死亡赔偿金是基于死者死亡对死者近亲属所支付的赔偿。获得空难死亡赔偿金的权利人是死者近亲属，而非死者。故空难死亡赔偿金不宜认定为遗产。

《最高人民法院〈关于银行贷款账户能否冻结的请示报告〉的批复》［（2014）执他字第8号］

……因此，在执行以银行为协助执行人的案件时，不能冻结户名为被执行人的银行贷款账户。

［2］《最高人民法院关于人民法院民事执行中查封、扣押、冻结财产

的规定》（2020 年 12 月 23 日修正）

第三条　人民法院对被执行人下列的财产不得查封、扣押、冻结：

（一）被执行人及其所扶养家属生活所必需的衣服、家具、炊具、餐具及其他家庭生活必需的物品；

（二）被执行人及其所扶养家属所必需的生活费用。当地有最低生活保障标准的，必需的生活费用依照该标准确定；

（三）被执行人及其所扶养家属完成义务教育所必需的物品；

（四）未公开的发明或者未发表的著作；

（五）被执行人及其所扶养家属用于身体缺陷所必需的辅助工具、医疗物品；

（六）被执行人所得的勋章及其他荣誉表彰的物品；

（七）根据《中华人民共和国缔结条约程序法》，以中华人民共和国、中华人民共和国政府或者中华人民共和国政府部门名义同外国、国际组织缔结的条约、协定和其他具有条约、协定性质的文件中规定免于查封、扣押、冻结的财产；

（八）法律或者司法解释规定的其他不得查封、扣押、冻结的财产。

350.【最低生活标准的保障】

对于超过被执行人及其所扶养家属生活所必需的房屋和生活用品，人民法院根据申请执行人的申请，在保障被执行人及其所扶养家属最低生活标准所必需的居住房屋①和普通生活必需品后，可予以执行。[1]

法律依据

[1]《最高人民法院关于人民法院民事执行中查封、扣押、冻结财产的规定》（2020 年 12 月 23 日修正）

第五条　对于超过被执行人及其所扶养家属生活所必需的房屋和生活用品，人民法院根据申请执行人的申请，在保障被执行人及其所扶养家属最低生

① 可参照本规范第 558 条规定确定所必需的居住房屋标准。

活标准所必需的居住房屋和普通生活必需品后，可予以执行。

351. 【动产的查封】

查封、扣押动产的，人民法院可以直接控制该项财产。人民法院将查封、扣押的动产交付其他人控制的，应当在该动产上加贴封条或者采取其他足以公示查封、扣押的适当方式。[1]

法律依据

[1]**《最高人民法院关于人民法院民事执行中查封、扣押、冻结财产的规定》**（2020 年 12 月 23 日修正）

第六条　查封、扣押动产的，人民法院可以直接控制该项财产。人民法院将查封、扣押的动产交付其他人控制的，应当在该动产上加贴封条或者采取其他足以公示查封、扣押的适当方式。

352. 【登记财产的查封】

查封不动产的，人民法院应当张贴封条或者公告，并可以提取保存有关财产权证照。

查封、扣押、冻结已登记的不动产、特定动产或其他财产权，应当通知有关登记机关办理登记手续。未办理登记手续的，不得对抗其他已经办理了登记手续的查封、扣押、冻结行为。[1]

法律依据

[1]**《最高人民法院关于人民法院民事执行中查封、扣押、冻结财产的规定》**（2020 年 12 月 23 日修正）

第七条　查封不动产的，人民法院应当张贴封条或者公告，并可以提取保存有关财产权证照。

查封、扣押、冻结已登记的不动产、特定动产及其他财产权，应当通知有关登记机关办理登记手续。未办理登记手续的，不得对抗其他已经办理了登记手续的查封、扣押、冻结行为。

353. 【未进行权属登记建筑物的查封】

查封尚未进行权属登记的建筑物时，人民法院应当通知其管理人或者该建筑物的实际占有人，并在显著位置张贴公告。[1]

法律依据

［1］**《最高人民法院关于人民法院民事执行中查封、扣押、冻结财产的规定》**（2020 年 12 月 23 日修正）

第八条　查封尚未进行权属登记的建筑物时，人民法院应当通知其管理人或者该建筑物的实际占有人，并在显著位置张贴公告。

354. 【查封财产的保管和使用】

查封、扣押的财产不宜由人民法院保管的，人民法院可以指定被执行人负责保管；不宜由被执行人保管的，可以委托第三人或者申请执行人保管。

由人民法院指定被执行人保管的财产，如果继续使用对该财产的价值无重大影响，可以允许被执行人继续使用；由人民法院保管或者委托第三人、申请执行人保管的，保管人不得使用。[1]

查封、扣押、冻结担保物权人占有的担保财产，一般应当指定该担保物权人作为保管人；该财产由人民法院或指定第三人保管的，质权、留置权不因转移占有而消灭。[2]

法律依据

［1］**《最高人民法院关于人民法院民事执行中查封、扣押、冻结财产的规定》**（2020 年 12 月 23 日修正）

第十条　查封、扣押的财产不宜由人民法院保管的，人民法院可以指定被执行人负责保管；不宜由被执行人保管的，可以委托第三人或者申请执行人保管。

由人民法院指定被执行人保管的财产，如果继续使用对该财产的价值无重大影响，可以允许被执行人继续使用；由人民法院保管或者委托第三人、申请执行人保管的，保管人不得使用。

[2]**《最高人民法院关于人民法院民事执行中查封、扣押、冻结财产的规定》**（2020年12月23日修正）

第十一条 查封、扣押、冻结担保物权人占有的担保财产，一般应当指定该担保物权人作为保管人；该财产由人民法院保管的，质权、留置权不因转移占有而消灭。

355.【共有财产的查封】

对被执行人与其他人共有的财产，人民法院可以查封、扣押、冻结，并及时通知共有人。

共有人协议分割共有财产，并经债权人认可的，人民法院可以认定有效。查封、扣押、冻结的效力及于协议分割后被执行人享有份额内的财产；对其他共有人享有份额内的财产的查封、扣押、冻结，人民法院应当裁定予以解除。

共有人提起析产诉讼或者申请执行人代位提起析产诉讼的，人民法院应当准许。诉讼期间中止对该财产的执行。[1]

法律依据

[1]**《最高人民法院关于人民法院民事执行中查封、扣押、冻结财产的规定》**（2020年12月23日修正）

第十二条 对被执行人与其他人共有的财产，人民法院可以查封、扣押、冻结，并及时通知共有人。

共有人协议分割共有财产，并经债权人认可的，人民法院可以认定有效。查封、扣押、冻结的效力及于协议分割后被执行人享有份额内的财产；对其他共有人享有份额内的财产的查封、扣押、冻结，人民法院应当裁定予以解除。

共有人提起析产诉讼或者申请执行人代位提起析产诉讼的，人民法院应当准许。诉讼期间中止对该财产的执行。

356.【第三人占有的被执行人财产的查封】

对第三人为被执行人的利益占有的被执行人的财产，人民法院可以查封、扣押、冻结；该财产被指定给第三人继续保管的，第三人不得将其交付给被执行人。

对第三人为自己的利益依法占有的被执行人的财产，人民法院可以查封、扣押、冻结，第三人可以继续占有和使用该财产，但不得将其交付给被执行人。

第三人无偿借用被执行人的财产的，不受前款规定的限制。[1]

法律依据

[1]**《最高人民法院关于人民法院民事执行中查封、扣押、冻结财产的规定》**（2020年12月23日修正）

第十三条　对第三人为被执行人的利益占有的被执行人的财产，人民法院可以查封、扣押、冻结；该财产被指定给第三人继续保管的，第三人不得将其交付给被执行人。

对第三人为自己的利益依法占有的被执行人的财产，人民法院可以查封、扣押、冻结，第三人可以继续占有和使用该财产，但不得将其交付给被执行人。

第三人无偿借用被执行人的财产的，不受前款规定的限制。

357.【被执行人出卖但保留所有权的财产的查封】

被执行人将其财产出卖给第三人，第三人已经支付部分价款并实际占有该财产，但根据合同约定被执行人保留所有权[1]的，人民法院可以查封、扣押、冻结；第三人要求继续履行合同的，应当由第三人在合理期限内向人民法院交付全部余款后，裁定解除查封、扣押、冻结。[2]

法律依据

[1]**《中华人民共和国民法典》**（2020 年 5 月 28 日）

第六百四十一条　当事人可以在买卖合同中约定买受人未履行支付价款或者其他义务的，标的物的所有权属于出卖人。

出卖人对标的物保留的所有权，未经登记，不得对抗善意第三人。

《最高人民法院关于审理买卖合同纠纷案件适用法律问题的解释》（2020 年 12 月 23 日修正）

第二十五条　买卖合同当事人主张民法典第六百四十一条关于标的物所有权保留的规定适用于不动产的，人民法院不予支持。

[2]**《最高人民法院关于人民法院民事执行中查封、扣押、冻结财产的规定》**（2020 年 12 月 23 日修正）

第十四条　被执行人将其财产出卖给第三人，第三人已经支付部分价款并实际占有该财产，但根据合同约定被执行人保留所有权的，人民法院可以查封、扣押、冻结；第三人要求继续履行合同的，应当由第三人在合理期限内向人民法院交付全部余款后，裁定解除查封、扣押、冻结。

358.【被执行人出卖需办理过户登记的财产的查封】

被执行人将其所有的需要办理过户登记的财产出卖给第三人，第三人已经支付部分或者全部价款并实际占有该财产，但尚未办理产权过户登记手续的，人民法院可以查封、扣押、冻结；第三人已经支付全部价款并实际占有，但未办理过户登记手续的，如果第三人对此没有过错，人民法院不得查封、扣押、冻结。[1]

法律依据

[1]**《最高人民法院关于人民法院民事执行中查封、扣押、冻结财产的规定》**（2020 年 12 月 23 日修正）

第十五条　被执行人将其所有的需要办理过户登记的财产出卖给第三人，第三人已经支付部分或者全部价款并实际占有该财产，但尚未办理产权过户登记手续的，人民法院可以查封、扣押、冻结；第三人已经支付全部价款并实际占有，但未办理过户登记手续的，如果第三人对此没有过错，人民法院不得查封、扣押、冻结。

359.【被执行人购买的第三人保留所有权的财产的查封】

被执行人购买第三人的财产，已经支付部分价款并实际占有该财产，第三人依合同约定保留所有权的，人民法院可以查封、扣押、冻结。保留所有权已办理登记的，第三人的剩余价款从该财产变价款中优先支付；第三人主张取回该财产的，可以依据民事诉讼法第二百二十七条规定提出异议。[1]

法律依据

［1］**《最高人民法院关于人民法院民事执行中查封、扣押、冻结财产的规定》**（2020 年 12 月 23 日修正）

第十六条　被执行人购买第三人的财产，已经支付部分价款并实际占有该财产，第三人依合同约定保留所有权的，人民法院可以查封、扣押、冻结。保留所有权已办理登记的，第三人的剩余价款从该财产变价款中优先支付；第三人主张取回该财产的，可以依据民事诉讼法第二百二十七条规定提出异议。

360.【被执行人购买需办理过户登记财产的查封】

被执行人购买需要办理过户登记的第三人的财产，已经支付部分或者全部价款并实际占有该财产，虽未办理产权过户登记手续，但申请执行人已向第三人支付剩余价款或者第三人同意剩余价款从该财产变价款中优先支付的，人民法院可以查封、扣押、冻结。[1]

法律依据

［1］**《最高人民法院关于人民法院民事执行中查封、扣押、冻结财产的规定》**（2020 年 12 月 23 日修正）

第十七条 被执行人购买需要办理过户登记的第三人的财产，已经支付部分或者全部价款并实际占有该财产，虽未办理产权过户登记手续，但申请执行人已向第三人支付剩余价款或者第三人同意剩余价款从该财产变价款中优先支付的，人民法院可以查封、扣押、冻结。

361. 【现场查封】

人民法院查封、扣押财产时，被执行人是公民的，应当通知被执行人或者他的成年家属到场；被执行人是法人或者其他组织的，应当通知其法定代表人或者主要负责人到场。拒不到场的，不影响执行。被执行人是公民的，其工作单位或者财产所在地的基层组织应当派人参加。

对被查封、扣押的财产，执行人员必须造具清单，由在场人签名或者盖章后，交被执行人一份。被执行人是公民的，也可以交他的成年家属一份。[1]在场人拒绝签名或盖章的，记明情况。

法律依据

[1]《中华人民共和国民事诉讼法》(2017 年 6 月 27 日修正)

第二百四十五条 人民法院查封、扣押财产时，被执行人是公民的，应当通知被执行人或者他的成年家属到场；被执行人是法人或者其他组织的，应当通知其法定代表人或者主要负责人到场。拒不到场的，不影响执行。被执行人是公民的，其工作单位或者财产所在地的基层组织应当派人参加。

对被查封、扣押的财产，执行员必须造具清单，由在场人签名或者盖章后，交被执行人一份。被执行人是公民的，也可以交他的成年家属一份。

362. 【查封笔录】

查封、扣押、冻结被执行人的财产时，执行人员应当制作笔录，载明下列内容：

（一）执行措施开始及完成的时间；

（二）财产的所在地、种类、数量；

（三）财产的保管人；

（四）其他应当记明的事项。

执行人员及保管人应当在笔录上签名，有民事诉讼法第二百四十五条[1]规定的人员到场的，到场人员也应当在笔录上签名。[2]

法律依据

［1］见本规范第 361 条法律依据［1］。

［2］《最高人民法院关于人民法院民事执行中查封、扣押、冻结财产的规定》（2020 年 12 月 23 日修正）

第十八条　查封、扣押、冻结被执行人的财产时，执行人员应当制作笔录，载明下列内容：

（一）执行措施开始及完成的时间；

（二）财产的所在地、种类、数量；

（三）财产的保管人；

（四）其他应当记明的事项。

执行人员及保管人应当在笔录上签名，有民事诉讼法第二百四十五条规定的人员到场的，到场人员也应当在笔录上签名。

363. 【明显超标的查封的禁止】①

查封、扣押、冻结被执行人的财产，以其价额足以清偿法律文书确定的债权额及执行费用为限，不得明显超标的额查封、扣押、冻结。

---

① 实践中，判定执行实施案件是否存在超标的查封情形，应当先行查明案件执行标的数额，再根据委托评估价格认定是否存在超标的查封情形［参见最高人民法院（2015）执复字第 47 号裁定］。对于是否“明显超标的额”，应适当从宽掌握，执行标的的数额需考虑执行标的应包括的迟延履行期间的利息、执行费用，也要考虑市场波动情况，在确定拍卖保留价时依法可以下浮的比例等因素；也需综合考虑标的物是否设定抵押、是否系轮候查封、是否可以分割等具体情形予以认定［参见最高人民法院（2013）执复字第 6 号、（2014）执复字第 25 号、（2015）执复字第 28 号等案例］。

发现超标的额查封、扣押、冻结的，人民法院应当根据被执行人的申请或者依职权，及时解除对超标的额部分财产的查封、扣押、冻结，但该财产为不可分物且被执行人无其他可供执行的财产或者其他财产不足以清偿债务的除外。[1]

法律依据

[1]**《最高人民法院关于人民法院民事执行中查封、扣押、冻结财产的规定》**（2020 年 12 月 23 日修正）

第十九条　查封、扣押、冻结被执行人的财产，以其价额足以清偿法律文书确定的债权额及执行费用为限，不得明显超标的额查封、扣押、冻结。

发现超标的额查封、扣押、冻结的，人民法院应当根据被执行人的申请或者依职权，及时解除对超标的额部分财产的查封、扣押、冻结，但该财产为不可分物且被执行人无其他可供执行的财产或者其他财产不足以清偿债务的除外。

364.【查封对从物和孳息的效力】

查封、扣押的效力及于查封、扣押物的从物和天然孳息。[1]

查封财产法定孳息的，人民法院应当在执行文书中予以载明，但法律、司法解释规定查封效力及于法定孳息的除外。

法律依据

[1]**《最高人民法院关于人民法院民事执行中查封、扣押、冻结财产的规定》**（2020 年 12 月 23 日修正）

第二十条　查封、扣押的效力及于查封、扣押物的从物和天然孳息。

365.【查封财产灭失后的效力及于替代物、赔偿款】

查封、扣押、冻结的财产灭失或者毁损的，查封、扣押、冻结的效力及于该财产的替代物、赔偿款。人民法院应当及时作出查封、扣押、冻结该替代物、赔偿款的裁定。[1]

法律依据

［1］**《最高人民法院关于人民法院民事执行中查封、扣押、冻结财产的规定》**（2020 年 12 月 23 日修正）

第二十二条　查封、扣押、冻结的财产灭失或者毁损的，查封、扣押、冻结的效力及于该财产的替代物、赔偿款。人民法院应当及时作出查封、扣押、冻结该替代物、赔偿款的裁定。

366. 【查封与过户登记冲突的处理】

查封、扣押、冻结协助执行通知书在送达登记机关时，登记机关已经受理被执行人转让不动产、特定动产及其他财产的过户登记申请，尚未完成登记的，应当协助人民法院执行。人民法院不得对登记机关已经完成登记的被执行人已转让的财产实施查封、扣押、冻结措施。

查封、扣押、冻结协助执行通知书在送达登记机关时，其他人民法院已向该登记机关送达了过户登记协助执行通知书的，应当优先办理过户登记。[1]

法律依据

［1］**《最高人民法院关于人民法院民事执行中查封、扣押、冻结财产的规定》**（2020 年 12 月 23 日修正）

第二十三条　查封、扣押、冻结协助执行通知书在送达登记机关时，登记机关已经受理被执行人转让不动产、特定动产及其他财产的过户登记申请，尚未完成登记的，应当协助人民法院执行。人民法院不得对登记机关已经完成登记的被执行人已转让的财产实施查封、扣押、冻结措施。

查封、扣押、冻结协助执行通知书在送达登记机关时，其他人民法院已向该登记机关送达了过户登记协助执行通知书的，应当优先办理过户登记。

367. 【查封的效力】

被执行人就已经查封、扣押、冻结的财产所作的移转、设定权利负担或者其他有碍执行的行为，不得对抗申请执行人。

第三人未经人民法院准许占有查封、扣押、冻结的财产或者实施其他有碍执行的行为的，人民法院可以依据申请执行人的申请或者依职权解除其占有或者排除其妨害。

人民法院的查封、扣押、冻结没有公示的，其效力不得对抗善意第三人。[1]

法律依据

[1]《**最高人民法院关于人民法院民事执行中查封、扣押、冻结财产的规定**》（2020 年 12 月 23 日修正）

第二十四条　被执行人就已经查封、扣押、冻结的财产所作的移转、设定权利负担或者其他有碍执行的行为，不得对抗申请执行人。

第三人未经人民法院准许占有查封、扣押、冻结的财产或者实施其他有碍执行的行为的，人民法院可以依据申请执行人的申请或者依职权解除其占有或者排除其妨害。

人民法院的查封、扣押、冻结没有公示的，其效力不得对抗善意第三人。

368. 【最高额抵押财产的查封】

人民法院查封、扣押被执行人设定最高额抵押权的抵押财产的，应当通知抵押权人。抵押权人受抵押担保的债权数额自收到人民法院通知时起不再增加。

人民法院虽然没有通知抵押权人，但有证据证明抵押权人知道查封、扣押事实的，受抵押担保的债权数额从其知道该事实时起不再增加。[1]

法律依据

[1]《**最高人民法院关于人民法院民事执行中查封、扣押、冻结财产的规定**》（2020 年 12 月 23 日修正）

第二十五条　人民法院查封、扣押被执行人设定最高额抵押权的抵押物的，应当通知抵押权人。抵押权人受抵押担保的债权数额自收到人民法院通知时起不再增加。

人民法院虽然没有通知抵押权人，但有证据证明抵押权人知道查封、扣押事实的，受抵押担保的债权数额从其知道该事实时起不再增加。

369.【查封期限】

人民法院冻结被执行人的银行存款的期限不得超过一年，查封、扣押动产的期限不得超过两年，查封不动产、冻结其他财产权的期限不得超过三年。

申请执行人申请延长期限的，人民法院应当在查封、扣押、冻结期限届满前办理续行查封、扣押、冻结手续，续行期限不得超过前款规定的期限。

人民法院也可以依职权办理续行查封、扣押、冻结手续。[1]

续行查封、扣押、冻结无须上级人民法院批准。①

法律依据

[1]《**最高人民法院关于适用〈中华人民共和国民事诉讼法〉的解释**》（2020年12月23日修正）

第四百八十七条　人民法院冻结被执行人的银行存款的期限不得超过一年，查封、扣押动产的期限不得超过两年，查封不动产、冻结其他财产权的期限不得超过三年。

申请执行人申请延长期限的，人民法院应当在查封、扣押、冻结期限届满前办理续行查封、扣押、冻结手续，续行期限不得超过前款规定的期限。

人民法院也可以依职权办理续行查封、扣押、冻结手续。

---

① 因《最高人民法院关于适用〈中华人民共和国民事诉讼法〉的解释》（2020年12月23日修正）对查封、续封期限有新的规定，《最高人民法院、国土资源部、建设部关于依法规范人民法院执行和国土资源房地产管理部门协助执行若干问题的通知》（法发〔2004〕5号）第十一条关于再续封的审批规定不再适用，再续封可以不再经由所属高级人民法院批准。

370. 【续行查封的提起】

申请执行人申请续行查封、扣押、冻结财产的，应当在查封、扣押、冻结期限届满七日前向人民法院提出；逾期申请或者不申请的，自行承担不能续行查封、扣押、冻结的法律后果。

人民法院查封、扣押、冻结财产后，应当书面告知申请执行人明确的期限届满日以及前款有关申请续行查封、扣押、冻结的事项。[1]

法律依据

[1]《**最高人民法院关于人民法院办理财产保全案件若干问题的规定**》（2020 年 12 月 23 日修正）

第十八条　申请保全人申请续行财产保全的，应当在保全期限届满七日前向人民法院提出；逾期申请或者不申请的，自行承担不能续行保全的法律后果。

人民法院进行财产保全时，应当书面告知申请保全人明确的保全期限届满日以及前款有关申请续行保全的事项。

371. 【轮候查封】

对已被人民法院查封、扣押、冻结的财产，其他人民法院可以进行轮候查封、扣押、冻结。查封、扣押、冻结解除的，登记在先的轮候查封、扣押、冻结即自动生效。

其他人民法院对已登记的财产进行轮候查封、扣押、冻结的，应当通知有关登记机关协助进行轮候登记，实施查封、扣押、冻结的人民法院应当允许其他人民法院查阅有关文书和记录。

其他人民法院对没有登记的财产进行轮候查封、扣押、冻结的，应当制作笔录，并经实施查封、扣押、冻结的人民法院执行人员及被执行人签名，或者书面通知实施查封、扣押、冻结的人民法院。[1]被执行人拒绝签名的，记入笔录。

同一法院在不同案件中可以对同一财产采取轮候查封、扣押、冻结措施。[2]

法律依据

[**1**]**《最高人民法院关于人民法院民事执行中查封、扣押、冻结财产的规定》**（2020 年 12 月 23 日修正）

第二十六条　对已被人民法院查封、扣押、冻结的财产，其他人民法院可以进行轮候查封、扣押、冻结。查封、扣押、冻结解除的，登记在先的轮候查封、扣押、冻结即自动生效。

其他人民法院对已登记的财产进行轮候查封、扣押、冻结的，应当通知有关登记机关协助进行轮候登记，实施查封、扣押、冻结的人民法院应当允许其他人民法院查阅有关文书和记录。

其他人民法院对没有登记的财产进行轮候查封、扣押、冻结的，应当制作笔录，并经实施查封、扣押、冻结的人民法院执行人员及被执行人签字，或者书面通知实施查封、扣押、冻结的人民法院。

[**2**]**《最高人民法院关于同一法院在不同案件中是否可以对同一财产采取轮候查封、扣押、冻结保全措施问题的答复》**[（2005）执他字第 24 号]

答复主要内容："江苏省高级人民法院：你院关于同一法院在不同案件中是否可以对同一财产采取轮候查封、扣押、冻结保全措施的请示收悉。经研究，答复如下：设立轮候查封、扣押、冻结制度，目的是为了解决多个债权对同一执行标的物受偿的先后顺序问题。因此，根据最高人民法院《关于人民法院民事执行中查封、扣押、冻结财产的规定》第二十八条规定的精神，只要不是同一债权，不论是不是同一个债权人，受理案件的法院是不是同一个法院，都应当允许对已被查封、扣押、冻结的财产进行轮候查封、扣押、冻结；同一法院在不同案件中也可以对同一财产采取轮候查封、扣押、冻结保全措施。"

372.【轮候查封的期限起算】

轮候查封、扣押、冻结不产生正式查封、扣押、冻结的效力，不需要续行轮候查封、扣押、冻结。

轮候查封、扣押、冻结自转为正式查封、扣押、冻结之日起开始计算查封、扣押、冻结期限。

人民法院在办理轮候查封、扣押、冻结措施时，可以在协助执行通知书中载明轮候查封、扣押、冻结转为正式查封、扣押、冻结后的查封、扣押、冻结期限。

373. 【查封效力的消灭】

查封、扣押、冻结期限届满，人民法院未办理延期手续的，查封、扣押、冻结的效力消灭。

查封、扣押、冻结的财产已经被执行拍卖、变卖或者抵债的，查封、扣押、冻结的效力消灭。[1]

法律依据

[**1**]**《最高人民法院关于人民法院民事执行中查封、扣押、冻结财产的规定》**（2020 年 12 月 23 日修正）

第二十七条　查封、扣押、冻结期限届满，人民法院未办理延期手续的，查封、扣押、冻结的效力消灭。

查封、扣押、冻结的财产已经被执行拍卖、变卖或者抵债的，查封、扣押、冻结的效力消灭。

374. 【查封的解除】

有下列情形之一的，人民法院应当作出解除查封、扣押、冻结裁定，并送达申请执行人、被执行人或者案外人：

（一）查封、扣押、冻结案外人财产的；

（二）申请执行人撤回执行申请或者放弃债权的；

（三）查封、扣押、冻结的财产流拍或者变卖不成，申请执行人和其他执行债权人又不同意接受抵债，且对该财产又无法采

取其他措施的；[①]

（四）债务已经清偿的；

（五）被执行人提供担保且申请执行人同意解除查封、扣押、冻结的；

（六）人民法院认为应当解除查封、扣押、冻结的其他情形。

解除以登记方式实施的查封、扣押、冻结的，应当向登记机关发出协助执行通知书。[1]

法律依据

［1］**《最高人民法院关于人民法院民事执行中查封、扣押、冻结财产的规定》**（2020年12月23日修正）

第二十八条　有下列情形之一的，人民法院应当作出解除查封、扣押、冻结裁定，并送达申请执行人、被执行人或者案外人：

（一）查封、扣押、冻结案外人财产的；

（二）申请执行人撤回执行申请或者放弃债权的；

（三）查封、扣押、冻结的财产流拍或者变卖不成，申请执行人和其他执行债权人又不同意接受抵债，且对该财产又无法采取其他措施的；

（四）债务已经清偿的；

（五）被执行人提供担保且申请执行人同意解除查封、扣押、冻结的；

（六）人民法院认为应当解除查封、扣押、冻结的其他情形。

解除以登记方式实施的查封、扣押、冻结的，应当向登记机关发出协助执行通知书。

375. 【解封物品的发还】

人民法院解除对物品的查封、扣押措施的，除指定由被执行人保管的外，应当自解除查封、扣押措施之日起十日内将物品发还给所有人或交付人。

物品在人民法院查封、扣押期间，因自然损耗、折旧所造成

---

① 依据本规范第415条等规定可采取其他措施的除外。

的损失，由物品所有人或交付人自行负担，但法律另有规定的除外。[1]

法律依据

[**1**]**《最高人民法院关于执行款物管理工作的规定》**（法发〔2017〕6号）

第二十三条　人民法院解除对物品的查封、扣押措施的，除指定由被执行人保管的外，应当自解除查封、扣押措施之日起十日内将物品发还给所有人或交付人。

物品在人民法院查封、扣押期间，因自然损耗、折旧所造成的损失，由物品所有人或交付人自行负担，但法律另有规定的除外。

376.【仲裁程序确权或分割查封财产不影响执行】

在执行中，被执行人通过仲裁程序将人民法院查封、扣押、冻结的财产确权或者分割给案外人的，不影响人民法院执行程序的进行。

案外人不服的，可以根据民事诉讼法第二百二十七条规定提出异议。[1]

法律依据

[**1**]**《最高人民法院关于适用〈中华人民共和国民事诉讼法〉的解释》**（2020年12月23日修正）

第四百七十九条　在执行中，被执行人通过仲裁程序将人民法院查封、扣押、冻结的财产确权或者分割给案外人的，不影响人民法院执行程序的进行。

案外人不服的，可以根据民事诉讼法第二百二十七条规定提出异议。

第四节　财产变价

377.【财产变价的一般规定】

在执行程序中，被执行人的财产被查封、扣押、冻结后，人民法院应当及时进行拍卖、变卖或者采取其他执行措施。[1]

法律依据

［1］**《最高人民法院关于人民法院民事执行中拍卖、变卖财产的规定》**（2020年12月23日修正）

第一条　在执行程序中，被执行人的财产被查封、扣押、冻结后，人民法院应当及时进行拍卖、变卖或者采取其他执行措施。

一、处置权

378. 【处置权的原则规定】

对被执行的财产，人民法院非经查封、扣押、冻结不得处分。[1]

执行过程中，原则上应当由首先查封、扣押、冻结（以下简称查封）法院负责处分查封财产。[2]

法律依据

［1］**《最高人民法院关于适用〈中华人民共和国民事诉讼法〉的解释》**（2020年12月23日修正）

第四百八十六条　对被执行的财产，人民法院非经查封、扣押、冻结不得处分。对银行存款等各类可以直接扣划的财产，人民法院的扣划裁定同时具有冻结的法律效力。

［2］**《最高人民法院关于首先查封法院与优先债权执行法院处分查封财产有关问题的批复》**（法释〔2016〕6号）

一、执行过程中，应当由首先查封、扣押、冻结（以下简称查封）法院负责处分查封财产。但已进入其他法院执行程序的债权对查封财产有顺位在先的担保物权、优先权（该债权以下简称优先债权），自首先查封之日起已超过60日，且首先查封法院就该查封财产尚未发布拍卖公告或者进入变卖程序的，优先债权执行法院可以要求将该查封财产移送执行。

379. 【优先债权执行法院处置权的取得条件】

已进入其他法院执行程序的债权对查封财产有顺位在先的担保物权、优先权（该债权以下简称优先债权），自首先查封之日起已超过六十日，且首先查封法院就该查封财产尚未发布拍卖公告或者进入变卖程序的，优先债权执行法院可以要求将该查封财产移送执行。[1]

法律依据

［1］**《最高人民法院关于首先查封法院与优先债权执行法院处分查封财产有关问题的批复》**（法释〔2016〕6 号）

一、执行过程中，应当由首先查封、扣押、冻结（以下简称查封）法院负责处分查封财产。但已进入其他法院执行程序的债权对查封财产有顺位在先的担保物权、优先权（该债权以下简称优先债权），自首先查封之日起已超过60 日，且首先查封法院就该查封财产尚未发布拍卖公告或者进入变卖程序的，优先债权执行法院可以要求将该查封财产移送执行。

380. 【商请程序】

优先债权执行法院要求查封法院将查封财产移送执行的，应当出具商请移送执行函，并附确认优先债权的生效法律文书及案件情况说明。

首先查封法院应当在收到优先债权执行法院商请移送执行函之日起十五日内出具移送执行函，将查封财产移送优先债权执行法院执行，并告知当事人。移送执行函应当载明将查封财产移送执行及首先查封债权的相关情况①等内容。[1]

商请移送执行函及移送执行函参照《最高人民法院关于首先

① “相关情况”一般应当包括查封有效的起止日期，且移送时一般应附最后一次查封或续封手续的复印件。

查封法院与优先债权执行法院处分查封财产有关问题的批复》所附样式制作。[2]

法律依据

［1］**《最高人民法院关于首先查封法院与优先债权执行法院处分查封财产有关问题的批复》**（法释〔2016〕6号）

二、优先债权执行法院要求首先查封法院将查封财产移送执行的，应当出具商请移送执行函，并附确认优先债权的生效法律文书及案件情况说明。

首先查封法院应当在收到优先债权执行法院商请移送执行函之日起15日内出具移送执行函，将查封财产移送优先债权执行法院执行，并告知当事人。

移送执行函应当载明将查封财产移送执行及首先查封债权的相关情况等内容。

［2］**《最高人民法院关于首先查封法院与优先债权执行法院处分查封财产有关问题的批复》**（法释〔2016〕6号）

附件1

××××人民法院

商请移送执行函

（××××）……号

××××人民法院：

……（写明当事人姓名或名称和案由）一案的……（写明生效法律文书名称）已经发生法律效力。由于……［写明本案债权人依法享有顺位在先的担保物权（优先权）和首先查封法院没有及时对查封财产进行处理的情况，以及商请移送执行的理由］。根据《最高人民法院关于首先查封法院与优先债权执行法院处分查封财产有关问题的批复》之规定，请你院在收到本函之日起15日内向我院出具移送执行函，将……（写明具体查封财产）移送我院执行。

附件：1. 据以执行的生效法律文书

2. 有关案件情况说明［内容包括本案债权依法享有顺位在先的担保物权（优先权）的具体情况、案件执行情况、执行员姓名及联系电话、申请执行人地址及联系电话等］

3. 其他必要的案件材料

××××年××月××日

（院印）

本院地址：　　邮　编：

联系人：　　联系电话：

附件 2

××××人民法院

移送执行函

（××××）……号

××××人民法院：

你院（××××）……号商请移送执行函收悉。我院于××××年××月××日对……（写明具体查封财产，以下简称查封财产）予以查封（或者扣押、冻结），鉴于你院（××××）……号执行案件债权人对该查封财产享有顺位在先的担保物权（优先权），现根据《最高人民法院关于首先查封法院与优先债权执行法院处分查封财产有关问题的批复》之规定及你院的来函要求，将上述查封财产移送你院执行，对该财产的续封、解封和变价、分配等后续工作，交由你院办理，我院不再负责。请你院在后续执行程序中，对我院执行案件债权人××作为首先查封债权人所享有的各项权利依法予以保护，并将执行结果及时告知我院。

附件：1. 据以执行的生效法律文书

2. 有关案件情况的材料和说明（内容包括查封财产的查封、调查、异议、评估、处置和剩余债权数额等案件执行情况，执行员姓名及联系电话、申请执行人地址及联系电话等）

3. 其他必要的案件材料

××××年××月××日

（院印）

本院地址：　　邮　编：

联系人：　　联系电话：

381. 【处置权转移后的续封和处分】

查封财产移送执行后，继续查封由受移送法院负责。但距查封期限届满不足一个月的，首先查封法院应先行办理继续查封手续后再予移送。

优先债权执行法院在处分或继续查封①该财产时，可以持首先查封法院移送执行函办理相关手续，相关协助单位应当予以配合。[1]

法律依据

［1］《最高人民法院关于首先查封法院与优先债权执行法院处分查封财产有关问题的批复》（法释〔2016〕6 号）

三、（第一款）财产移送执行后，优先债权执行法院在处分或继续查封该财产时，可以持首先查封法院移送执行函办理相关手续。

382. 【处置权转移后的变价款分配】

优先债权执行法院对移送的财产变价后，应当按照法律规定的清偿顺序分配，并将相关情况告知首先查封法院。[1]

在分配程序中，首先查封债权受偿顺位不因财产移送执行而改变。首先查封债权尚未经生效法律文书确认的，应当按照首先查封债权的清偿顺位，预留相应份额。[2]

法律依据

［1］《最高人民法院关于首先查封法院与优先债权执行法院处分查封财产有关问题的批复》（法释〔2016〕6 号）

三、（第二款）优先债权执行法院对移送的财产变价后，应当按照法律规

① 执行法院在办理续行查封或者处分查封财产时，一般应在裁定或协助执行通知中载明首先查封和移送执行的事实，并注明有关法律文书的文号。

定的清偿顺序分配，并将相关情况告知首先查封法院。

[2]**《最高人民法院关于首先查封法院与优先债权执行法院处分查封财产有关问题的批复》**（法释〔2016〕6号）

三、（第三款）首先查封债权尚未经生效法律文书确认的，应当按照首先查封债权的清偿顺位，预留相应份额。

383.【处置权争议的协调】

首先查封法院与优先债权执行法院就移送查封财产发生争议的，可以逐级报请双方共同的上级法院指定该财产的执行法院。

共同的上级法院根据首先查封债权所处的诉讼阶段、查封财产的种类及所在地、各债权数额与查封财产价值之间的关系等案件具体情况，认为由首先查封法院执行更为妥当的，也可以决定由首先查封法院继续执行，但应当督促其在指定期限内处分查封财产。[1]

法律依据

[1]**《最高人民法院关于首先查封法院与优先债权执行法院处分查封财产有关问题的批复》**（法释〔2016〕6号）

四、首先查封法院与优先债权执行法院就移送查封财产发生争议的，可以逐级报请双方共同的上级法院指定该财产的执行法院。

共同的上级法院根据首先查封债权所处的诉讼阶段、查封财产的种类及所在地、各债权数额与查封财产价值之间的关系等案件具体情况，认为由首先查封法院执行更为妥当的，也可以决定由首先查封法院继续执行，但应当督促其在指定期限内处分查封财产。

384.【保全法院与在先轮候查封法院处置权的协调】

保全法院在首先采取查封、扣押、冻结措施后超过一年未对被保全财产进行处分的，除被保全财产系争议标的外，在先轮候查封、扣押、冻结的执行法院可以商请保全法院将被保全财产移送执行。但司法解释另有特别规定的，适用其规定。

保全法院与在先轮候查封、扣押、冻结的执行法院就移送被保全财产发生争议的，可以逐级报请共同的上级法院指定该财产的执行法院。

共同的上级法院应当根据被保全财产的种类及所在地、各债权数额与被保全财产价值之间的关系等案件具体情况指定执行法院，并督促其在指定期限内处分被保全财产。[1]

法律依据

［1］**《最高人民法院关于人民法院办理财产保全案件若干问题的规定》**（2020年12月23日修正）

第二十一条　保全法院在首先采取查封、扣押、冻结措施后超过一年未对被保全财产进行处分的，除被保全财产系争议标的外，在先轮候查封、扣押、冻结的执行法院可以商请保全法院将被保全财产移送执行。但司法解释另有特别规定的，适用其规定。

保全法院与在先轮候查封、扣押、冻结的执行法院就移送被保全财产发生争议的，可以逐级报请共同的上级法院指定该财产的执行法院。

共同的上级法院应当根据被保全财产的种类及所在地、各债权数额与被保全财产价值之间的关系等案件具体情况指定执行法院，并督促其在指定期限内处分被保全财产。

二、委托评估

385. 【评估原则及例外情形】

对拟拍卖的财产，人民法院应当及时委托具有相应资质的评估机构进行价格评估。对于财产价值较低或者价格依照通常方法容易确定的，可以不进行评估。

当事人双方及其他执行债权人申请不进行评估的，人民法院应当准许。[1]

法律依据

［1］《最高人民法院关于人民法院民事执行中拍卖、变卖财产的规定》(2020 年 12 月 23 日修正)

第四条第一款、第二款　对拟拍卖的财产，人民法院可以委托具有相应资质的评估机构进行价格评估。对于财产价值较低或者价格依照通常方法容易确定的，可以不进行评估。

当事人双方及其他执行债权人申请不进行评估的，人民法院应当准许。

386.【评估前的准备】

执行法院在委托评估之前应当对评估标的的权属状况、占有使用情况①等进行必要的调查，制作财产现状的调查笔录或者收集其他有关资料。[1]

被执行人应当提供相关财产品质的有关资料和说明。[2]

评估所需的相关资料应当由当事人或相关第三人提供的，人民法院可以通知当事人或第三人提交，当事人或第三人不予提交的，可以强制提取。对被执行人的股权进行评估时，人民法院可以责令有关企业提供会计报表等资料，有关企业拒不提供的，可以强制提取。[3]

法律依据

［1］《最高人民法院关于人民法院民事执行中拍卖、变卖财产的规定》(2020 年 12 月 23 日修正)

第七条　执行人员应当对拍卖财产的权属状况、占有使用情况等进行必要的调查，制作拍卖财产现状的调查笔录或者收集其他有关资料。

［2］《最高人民法院关于人民法院网络司法拍卖若干问题的规定》(法释〔2016〕18 号)

① “权属状况、占有使用情况”一般指标的物的所有权情况，共有、权属争议情况，已设立担保物权等权利负担情况，占有租赁使用情况，附属物品情况等。

第十五条　被执行人应当提供拍卖财产品质的有关资料和说明。

人民法院已按本规定第十三条、第十四条的要求予以公示和特别提示，且在拍卖公告中声明不能保证拍卖财产真伪或者品质的，不承担瑕疵担保责任。

［3］**《最高人民法院关于人民法院民事执行中拍卖、变卖财产的规定》**（2020年12月23日修正）

第四条第三款　对被执行人的股权进行评估时，人民法院可以责令有关企业提供会计报表等资料；有关企业拒不提供的，可以强制提取。

387.【评估机构的选定】

人民法院选择评估机构，采用随机方式确定。[1]

法律依据

［1］**《最高人民法院关于人民法院委托评估、拍卖工作的若干规定》**（法释〔2011〕21号）

第三条　人民法院采用随机方式确定评估、拍卖机构。高级人民法院或者中级人民法院可以根据本地实际情况统一实施对外委托。

388.【现场勘验】

拍卖、评估需要对现场进行检查、勘验的，人民法院应当责令被执行人、协助义务人予以配合。被执行人、协助义务人不予配合的，人民法院可以强制进行。[1]

法律依据

［1］**《最高人民法院关于适用〈中华人民共和国民事诉讼法〉的解释》**（2020年12月23日修正）

第四百八十九条　拍卖评估需要对现场进行检查、勘验的，人民法院应当责令被执行人、协助义务人予以配合。被执行人、协助义务人不予配合的，人民法院可以强制进行。

389.【评估期限】

评估机构一般应在接受委托后的三十个工作日内完成工作，

重大、疑难、复杂的案件在六十个工作日内完成。因委托中止在规定期限内不能完成，需要延长期限的，评估机构应当提交书面申请，并按人民法院重新确定的时间完成受委托工作。[1]

法律依据

[1]《最高人民法院对外委托鉴定、评估、拍卖等工作管理规定》（法办发〔2007〕5 号）

第三十四条　专业机构一般应在接受委托后的 30 个工作日内完成工作，重大、疑难、复杂的案件在 60 个工作日内完成。因委托中止在规定期限内不能完成，需要延长期限的，专业机构应当提交书面申请，并按法院重新确定的时间完成受委托工作。

390.【评估的监督】

人民法院对其委托的评估活动实行监督。出现下列情形之一，影响评估结果、拍卖结果，侵害当事人合法利益的，人民法院将不再委托其从事委托评估、拍卖工作。涉及违反法律法规的，依据有关规定处理：

（一）评估结果明显失实；

（二）拍卖过程中弄虚作假、存在瑕疵；

（三）随机选定后无正当理由不能按时完成评估工作；

（四）其他有关情形。[1]

法律依据

[1]《最高人民法院关于人民法院委托评估、拍卖工作的若干规定》（法释〔2011〕21 号）

第八条　人民法院对其委托的评估、拍卖活动实行监督。出现下列情形之一，影响评估、拍卖结果，侵害当事人合法利益的，人民法院将不再委托其从事委托评估、拍卖工作。涉及违反法律法规的，依据有关规定处理：

（1）评估结果明显失实；

（2）拍卖过程中弄虚作假、存在瑕疵；

（3）随机选定后无正当理由不能按时完成评估拍卖工作；

（4）其他有关情形。

391.【评估报告的发送】

被执行人或者其他利害关系人下落不明，可以采取请被执行人的近亲属转交、张贴在被执行人所在的自然村或小区公共活动场所、邮寄至生效法律文书载明的被执行人住所地等适当方式送达，无须公告送达。[1]

法律依据

［1］**《最高人民法院对山东高院关于案件执行中涉及有关财产评估、变卖等问题的请示的复函》**［（2002）执他字第14号］

复函主要内容："评估报告未送达给有关当事人，并不影响依据评估报告确定拍卖、变卖的价格。鉴于目前被执行人借逃避送达拖延执行的情况非常普遍，为了提高执行效率，维护申请执行人的合法权益，对评估报告可以采取请被执行人的近亲属转交、张贴在被执行人所在的自然村或小区公共活动场所、邮寄至生效法律文书载明的被执行人住所地等方式送达，无须公告送达。"

392.【评估报告有效期】

评估报告的有效期按照评估报告载明的期限确定。进入拍卖程序后，评估报告有效期届满不影响后续拍卖、变卖和以物抵债程序的继续进行。[1]但拍卖时间过长或市场行情发生重大变化的，应当重新评估，按重新评估的价格进行拍卖。[2]

评估报告已经过期，但申请执行人与被执行人均无异议的情况下，人民法院仍可以参照该评估报告确定拍卖保留价。[3]

法律依据

［1］**最高人民法院《重庆中侨置业有限公司、中国信达资产管理公司**

重庆市分公司与重庆中侨置业有限公司、重庆康信置业有限公司等信用证纠纷、申请承认与执行法院判决、仲裁裁决案件执行裁定书》［（2016）最高法执复20号］

裁判内容摘要："涉案评估报告载明的有效期为自2013年12月31日至2014年12月30日，重庆高院于评估报告有效期内即启动了涉案股权的第一次拍卖，后因该次拍卖流拍、中侨公司异议等原因，重庆高院依照《最高人民法院关于人民法院民事执行中拍卖、变卖财产的规定》第八条①的规定，于2015年11月20日在流拍价基础上下浮保留价进行了第二次拍卖。评估报告仅是启动拍卖时确定保留价的参考，第二次拍卖是根据前次拍卖的竞价情况决定保留价，并不受评估报告有效期的影响……此外，涉案股权第二次拍卖在第一次保留价的基础上下浮10%作为保留价，其真实价值也已在第二次拍卖中得到了市场检验，最终以高于第二次保留价十万元的价格成交，也表明了评估价格并不低于涉案股权经拍卖检验的市场价格。"

［2］《最高人民法院关于深圳市华旅汽车运输公司出租车牌照持有人对深圳市中级人民法院执行异议案的复函》［（2001）执监字第232号］

复函主要内容："……我们认为，在第一次评估报告已经过期并自动失效的情况下，深圳市中级法院未经重新评估，执行合议庭合议确定拍卖保留价并委托拍卖的行为违反法定程序。鉴于该批出租车营运牌照的拍定价格大幅度高于原评估价格且已经公开拍卖完毕，可予以维持。但为维护程序公正和保证拍卖物的价格真实，应由深圳市中级法院另行指定评估机构按拍卖时的市场行情再行评估一次，如重新评估的价格未超过原拍卖价，则维持拍卖结果；如超过原拍卖价，则重新拍卖。"

［3］最高人民法院《张淑杰、牡丹江市城郊农村信用合作联社北安信用社等与张淑杰、樊文生申诉案执行裁定书》［（2014）执监字第23号］

裁判内容摘要："本院认为：执行过程中，张淑杰向牡丹江中院承诺，如其在2011年3月8日前不能偿还全部债务，同意法院按照评估报告确定的价格进行拍卖。申请执行人北安信用社也表示同意。2012年3月30日，即执行法院拍卖张淑杰房产当日，其已明确表示同意拍卖房产。上述事实均有执行笔录证实，据此可以认定张淑杰同意按评估报告确定底价拍卖房产。张淑杰的执

① 现为第五条。

行异议系于拍卖程序终结后提出，不符合执行异议提出的时间规定。”

三、财产拍卖及流拍后的变卖

393. 【拍卖优先原则】

人民法院对查封、扣押、冻结的财产进行变价处理时，应当首先采取拍卖的方式，但法律、司法解释另有规定的除外。[1]

法律依据

［1］**《最高人民法院关于人民法院民事执行中拍卖、变卖财产的规定》**（2020年12月23日修正）

第二条　人民法院对查封、扣押、冻结的财产进行变价处理时，应当首先采取拍卖的方式，但法律、司法解释另有规定的除外。

394. 【网络拍卖优先原则】

人民法院以拍卖方式处置财产的，应当采取网络司法拍卖方式，但法律、行政法规和司法解释规定必须通过其他途径处置，或者不宜采用网络拍卖方式处置的除外。[1]

采用委托拍卖或其他方式对涉案财产进行变价的，应报经执行法院院领导审批。[2]

法律依据

［1］**《最高人民法院关于人民法院网络司法拍卖若干问题的规定》**（法释〔2016〕18号）

第二条　人民法院以拍卖方式处置财产的，应当采取网络司法拍卖方式，但法律、行政法规和司法解释规定必须通过其他途径处置，或者不宜采用网络拍卖方式处置的除外。

［2］**《最高人民法院关于认真学习贯彻适用〈最高人民法院关于人民法院网络司法拍卖若干问题的规定〉的通知》**（法〔2016〕431号）

二、《网拍规定》适用中应当注意的问题

（二）《网拍规定》施行后，地方各级人民法院在开展司法拍卖工作过程中应严格坚持网络司法拍卖优先原则。对法律、行政法规和司法解释规定必须通过其他途径处置或不宜采取网络拍卖方式处置的，报经执行法院院领导审批后可采用委托拍卖方式或其他方式对涉案财产进行变价。

（一）委托拍卖

395.【拍卖机构的选定】

人民法院拍卖被执行人财产，应当委托具有相应资质的拍卖机构进行，并对拍卖机构的拍卖进行监督，但法律、司法解释另有规定的除外。[1]

人民法院采用随机方式确定拍卖机构。[2]

法律依据

［1］《最高人民法院关于人民法院民事执行中拍卖、变卖财产的规定》（2020 年 12 月 23 日修正）

第三条　人民法院拍卖被执行人财产，应当委托具有相应资质的拍卖机构进行，并对拍卖机构的拍卖进行监督，但法律、司法解释另有规定的除外。

［2］《最高人民法院关于人民法院委托评估、拍卖工作的若干规定》（法释〔2011〕21 号）

第三条　人民法院采用随机方式确定评估、拍卖机构。高级人民法院或者中级人民法院可以根据本地实际情况统一实施对外委托。

396.【拍卖活动的监督】

人民法院对其委托的拍卖活动实行监督。出现下列情形之一，影响拍卖结果，侵害当事人合法利益的，人民法院将不再委托其从事委托拍卖工作。涉及违反法律法规的，依据有关规定处理：

（一）评估结果明显失实；

（二）拍卖过程中弄虚作假、存在瑕疵；

（三）随机选定后无正当理由不能按时完成拍卖工作；

（四）其他有关情形。[1]

法律依据

［1］《最高人民法院关于人民法院委托评估、拍卖工作的若干规定》（法释〔2011〕21号）

第八条　人民法院对其委托的评估、拍卖活动实行监督。出现下列情形之一，影响评估、拍卖结果，侵害当事人合法利益的，人民法院将不再委托其从事委托评估、拍卖工作。涉及违反法律法规的，依据有关规定处理：

（1）评估结果明显失实；

（2）拍卖过程中弄虚作假、存在瑕疵；

（3）随机选定后无正当理由不能按时完成评估拍卖工作；

（4）其他有关情形。

397.【保留价的确定】

拍卖应当确定保留价。拍卖财产经过评估的，评估价即为第一次拍卖的保留价；未作评估的，保留价由人民法院参照市价确定，并应当征询有关当事人的意见。

如果出现流拍，再行拍卖时，可以酌情降低保留价，但每次降低的数额不得超过前次保留价的百分之二十。[1]

法律依据

［1］《最高人民法院关于人民法院民事执行中拍卖、变卖财产的规定》（2020年12月23日修正）

第五条　拍卖应当确定保留价。

拍卖财产经过评估的，评估价即为第一次拍卖的保留价；未作评估的，保留价由人民法院参照市价确定，并应当征询有关当事人的意见。

如果出现流拍，再行拍卖时，可以酌情降低保留价，但每次降低的数额不得超过前次保留价的百分之二十。

398.【无益拍卖】

保留价确定后，依据本次拍卖保留价计算，拍卖所得价款在清偿优先债权和强制执行费用后无剩余可能的，应当在实施拍卖前将有关情况通知申请执行人。申请执行人于收到通知后五日内申请继续拍卖的，人民法院应当准许，但应当重新确定保留价；重新确定的保留价应当大于该优先债权及强制执行费用的总额。

依照前款规定流拍的，拍卖费用由申请执行人负担。[1]

法律依据

[1]《最高人民法院关于人民法院民事执行中拍卖、变卖财产的规定》(2020年12月23日修正)

第六条 保留价确定后，依据本次拍卖保留价计算，拍卖所得价款在清偿优先债权和强制执行费用后无剩余可能的，应当在实施拍卖前将有关情况通知申请执行人。申请执行人于收到通知后五日内申请继续拍卖的，人民法院应当准许，但应当重新确定保留价；重新确定的保留价应当大于该优先债权及强制执行费用的总额。

依照前款规定流拍的，拍卖费用由申请执行人负担。

399.【拍卖公告】

拍卖应当先期公告。[1]拍卖公告应当包括执行法院的名称和联系方式，拍卖财产的名称、种类、数量、已知瑕疵及其他情况，拍卖会的时间及场所，展示拍卖物的时间、地点，拍卖财产的评估价，竞买人资格和条件，保证金金额及缴纳方式，拍卖价款的交付期限，相关权利义务、法律责任，拍卖公司的名称和联系方式等需要公告的内容。

拍卖公告发布前，应当经执行法院审查核准。

法律依据

[1]《最高人民法院关于人民法院民事执行中拍卖、变卖财产的规定》

（2020 年 12 月 23 日修正）

第八条第一款　拍卖应当先期公告。

400.【拍卖公告的发布】

拍卖动产的，应当在拍卖七日前公告；拍卖不动产或者其他财产权的，应当在拍卖十五日前公告。[1]

拍卖公告的范围及媒体由当事人双方协商确定；协商不成的，由人民法院确定。拍卖财产具有专业属性的，应当同时在专业性报纸上进行公告。当事人申请在其他新闻媒体上公告或者要求扩大公告范围的，应当准许，但该部分的公告费用由其自行承担。[2]

拍卖公告等相关拍卖信息应同步在“人民法院诉讼资产网”上发布。[3]

法律依据

［1］**《最高人民法院关于人民法院民事执行中拍卖、变卖财产的规定》**（2020 年 12 月 23 日修正）

第八条第二款　拍卖动产的，应当在拍卖七日前公告；拍卖不动产或者其他财产权的，应当在拍卖十五日前公告。

［2］**《最高人民法院关于人民法院民事执行中拍卖、变卖财产的规定》**（2020 年 12 月 23 日修正）

第九条　拍卖公告的范围及媒体由当事人双方协商确定；协商不成的，由人民法院确定。拍卖财产具有专业属性的，应当同时在专业性报纸上进行公告。

当事人申请在其他新闻媒体上公告或者要求扩大公告范围的，应当准许，但该部分的公告费用由其自行承担。

［3］**《最高人民法院关于人民法院委托评估、拍卖工作的若干规定》**（法释〔2011〕21 号）

第五条　受委托的拍卖机构应通过管理部门的信息平台发布拍卖信息，公示评估、拍卖结果。

401. 【保证金的交纳】

拍卖不动产、其他财产权或者价值较高的动产的，竞买人应当于拍卖前向人民法院预交保证金。申请执行人参加竞买的，可以不预交保证金。保证金的数额由人民法院确定，但不得低于评估价或者市价的百分之五。

应当预交保证金而未交纳的，不得参加竞买。拍卖成交后，买受人预交的保证金充抵价款，其他竞买人预交的保证金应当在三日内退还；拍卖未成交的，保证金应当于三日内退还竞买人。[1]

法律依据

[1]《最高人民法院关于人民法院民事执行中拍卖、变卖财产的规定》（2020 年 12 月 23 日修正）

第十条　拍卖不动产、其他财产权或者价值较高的动产的，竞买人应当于拍卖前向人民法院预交保证金。申请执行人参加竞买的，可以不预交保证金。保证金的数额由人民法院确定，但不得低于评估价或者市价的百分之五。

应当预交保证金而未交纳的，不得参加竞买。拍卖成交后，买受人预交的保证金充抵价款，其他竞买人预交的保证金应当在三日内退还；拍卖未成交的，保证金应当于三日内退还竞买人。

402. 【权利人的通知】

人民法院应当在拍卖五日前[1]以书面或者其他能够确认收悉的适当方式，通知当事人和已知的担保物权人、优先购买权人[2]或者其他优先权人于拍卖日到场。

优先购买权人经通知未到场的，视为放弃优先购买权。[3]

法律依据

[1]《最高人民法院关于人民法院民事执行中拍卖、变卖财产的规定》

（2020年12月23日修正）

第十一条第一款　人民法院应当在拍卖五日前以书面或者其他能够确认收悉的适当方式，通知当事人和已知的担保物权人、优先购买权人或者其他优先权人于拍卖日到场。

［2］**涉及优先购买权的主要规定有：**

《中华人民共和国公司法》（2018年10月26日修正）

第七十二条　人民法院依照法律规定的强制执行程序转让股东的股权时，应当通知公司及全体股东，其他股东在同等条件下有优先购买权。其他股东自人民法院通知之日起满二十日不行使优先购买权的，视为放弃优先购买权。

《中华人民共和国民法典》（2020年5月28日）

第三百零五条　按份共有人可以转让其享有的共有的不动产或者动产份额。其他共有人在同等条件下享有优先购买的权利。

《中华人民共和国合伙企业法》（2006年8月27日修订）

第二十三条　合伙人向合伙人以外的人转让其在合伙企业中的财产份额的，在同等条件下，其他合伙人有优先购买权；但是，合伙协议另有约定的除外。

《中华人民共和国民法典》（2020年5月28日）

第七百二十六条　出租人出卖租赁房屋的，应当在出卖之前的合理期限内通知承租人，承租人享有以同等条件优先购买的权利；但是，房屋按份共有人行使优先购买权或者出租人将房屋出卖给近亲属的除外。

出租人履行通知义务后，承租人在十五日内未明确表示购买的，视为承租人放弃优先购买权。

《中华人民共和国民法典》（2020年5月28日）

第八百四十七条第一款　……法人或者非法人组织订立技术合同转让职务技术成果时，职务技术成果的完成人享有以同等条件优先受让的权利。

《中华人民共和国民法典》（2020年5月28日）

第八百五十九条第二款　研究开发人转让专利申请权的，委托人享有以同等条件优先受让的权利。

《中华人民共和国民法典》（2020年5月28日）

第八百六十条第一款　合作开发完成的发明创造，申请专利的权利属于合作开发的当事人共有；当事人一方转让其共有的专利申请权的，其他各方享有以同等条件优先受让的权利。但是，当事人另有约定的除外。

《中华人民共和国城镇国有土地使用权出让和转让暂行条例》（2020年11月29日修订）

第二十六条第一款 土地使用权转让价格明显低于市场价格的，市、县人民政府有优先购买权。

《国务院办公厅转发国务院住房制度改革领导小组关于全国推进城镇住房制度改革意见的通知》（国办发〔1991〕73号）

第四条第八项 职工购买公有住房，在国家规定标准面积以内的，实行标准价。购房后拥有部分产权，即占有权和使用权、有限处分权和收益权，可以继承，可以在购房五年以后进入市场出售或出租，原产权单位有优先购买权和租用权。

《国务院关于加强和改善文物工作的通知》（国发〔1997〕13号）

第四条 国家对公民出售个人所有的传世珍贵文物有优先购买权。

[**3**]**《最高人民法院关于人民法院民事执行中拍卖、变卖财产的规定》**（2020年12月23日修正）

第十一条第二款 优先购买权人经通知未到场的，视为放弃优先购买权。

403. 【一般竞买人资格的确定】

法律、行政法规对买受人的资格或者条件有特殊规定的，竞买人应当具备规定的资格或者条件。

申请执行人、被执行人可以参加竞买。[1]

法律依据

[**1**]**《最高人民法院关于人民法院民事执行中拍卖、变卖财产的规定》**（2020年12月23日修正）

第十二条 法律、行政法规对买受人的资格或者条件有特殊规定的，竞买人应当具备规定的资格或者条件。

申请执行人、被执行人可以参加竞买。

404. 【优先购买权人的竞价规则】

拍卖过程中，有最高应价时，优先购买权人可以表示以该最高价买受，如无更高应价，则拍归优先购买权人；如有更高应价，而优先购买权人不作表示的，则拍归该应价最高的竞买人。

顺序相同的多个优先购买权人同时表示买受的，以抽签方式决定买受人。[1]

法律依据

［1］**《最高人民法院关于人民法院民事执行中拍卖、变卖财产的规定》**（2020 年 12 月 23 日修正）

第十三条　拍卖过程中，有最高应价时，优先购买权人可以表示以该最高价买受，如无更高应价，则拍归优先购买权人；如有更高应价，而优先购买权人不作表示的，则拍归该应价最高的竞买人。

顺序相同的多个优先购买权人同时表示买受的，以抽签方式决定买受人。

405. 【变价款足够时剩余财产的拍卖】

拍卖多项财产时，其中部分财产卖得的价款足以清偿债务和支付被执行人应当负担的费用的，对剩余的财产应当停止拍卖，但被执行人同意继续拍卖的除外。[1]

法律依据

［1］**《最高人民法院关于人民法院民事执行中拍卖、变卖财产的规定》**（2020 年 12 月 23 日修正）

第十四条　拍卖多项财产时，其中部分财产卖得的价款足以清偿债务和支付被执行人应当负担的费用的，对剩余的财产应当停止拍卖，但被执行人同意全部拍卖的除外。

406. 【合并拍卖】

拍卖的多项财产在使用上不可分，或者分别拍卖可能严重减损其价值的，应当合并拍卖。[1]

法律依据

［1］《最高人民法院关于人民法院民事执行中拍卖、变卖财产的规定》（2020年12月23日修正）

第十五条　拍卖的多项财产在使用上不可分，或者分别拍卖可能严重减损其价值的，应当合并拍卖。

407. 【流拍的处理】

拍卖时无人竞买或者竞买人的最高应价低于保留价，到场的申请执行人或者其他执行债权人申请或者同意以该次拍卖所定的保留价接受拍卖财产的，应当将该财产交其抵债。

有两个以上执行债权人申请以拍卖财产抵债的，由法定受偿顺位在先的债权人优先承受；受偿顺位相同的，以抽签方式决定承受人。承受人应受清偿的债权额低于抵债财产的价额的，人民法院应当责令其在指定的期间内补交差额。[1]

法律依据

［1］《最高人民法院关于人民法院民事执行中拍卖、变卖财产的规定》（2020年12月23日修正）

第十六条　拍卖时无人竞买或者竞买人的最高应价低于保留价，到场的申请执行人或者其他执行债权人申请或者同意以该次拍卖所定的保留价接受拍卖财产的，应当将该财产交其抵债。

有两个以上执行债权人申请以拍卖财产抵债的，由法定受偿顺位在先的债权人优先承受；受偿顺位相同的，以抽签方式决定承受人。承受人应受清偿的债权额低于抵债财产的价额的，人民法院应当责令其在指定的期间内补交差额。

408. 【拍卖撤回】

在拍卖开始前，有下列情形之一的，人民法院应当撤回拍卖委托：

（一）据以执行的生效法律文书被撤销的；

（二）申请执行人及其他执行债权人撤回执行申请的；

（三）被执行人全部履行了法律文书确定的金钱债务；

（四）当事人达成了执行和解协议，不需要拍卖财产的；

（五）案外人对拍卖财产提出确有理由的异议；

（六）拍卖机构与竞买人恶意串通的；

（七）其他应当撤回拍卖的情形。[1]

法律依据

[1]《最高人民法院关于人民法院民事执行中拍卖、变卖财产的规定》(2020 年 12 月 23 日修正)

第十七条　在拍卖开始前，有下列情形之一的，人民法院应当撤回拍卖委托：

（一）据以执行的生效法律文书被撤销的；

（二）申请执行人及其他执行债权人撤回执行申请的；

（三）被执行人全部履行了法律文书确定的金钱债务的；

（四）当事人达成了执行和解协议，不需要拍卖财产的；

（五）案外人对拍卖财产提出确有理由的异议的；

（六）拍卖机构与竞买人恶意串通的；

（七）其他应当撤回拍卖委托的情形。

409.【拍卖暂缓、中止】

人民法院委托拍卖后，遇有依法应当暂缓执行或者中止执行的情形的，应当决定暂缓执行或者裁定中止执行，并及时通知拍卖机构和当事人。拍卖机构收到通知后，应当立即停止拍卖，并通知竞买人。

暂缓执行期限届满或者中止执行的事由消失后，需要继续拍卖的，人民法院应当在十五日内通知拍卖机构恢复拍卖。[1]

法律依据

[1]《最高人民法院关于人民法院民事执行中拍卖、变卖财产的规定》(2020 年 12 月 23 日修正)

第十八条 人民法院委托拍卖后，遇有依法应当暂缓执行或者中止执行的情形的，应当决定暂缓执行或者裁定中止执行，并及时通知拍卖机构和当事人。拍卖机构收到通知后，应当立即停止拍卖，并通知竞买人。

暂缓执行期限届满或者中止执行的事由消失后，需要继续拍卖的，人民法院应当在十五日内通知拍卖机构恢复拍卖。

410.【足额清偿后的拍卖停止】

被执行人在拍卖日之前向人民法院提交足额金钱清偿债务，要求停止拍卖，人民法院应当准许，但被执行人应当负担因拍卖支出的必要费用。[1]

法律依据

[1]《最高人民法院关于人民法院民事执行中拍卖、变卖财产的规定》(2020 年 12 月 23 日修正)

第十九条 被执行人在拍卖日之前向人民法院提交足额金钱清偿债务，要求停止拍卖的，人民法院应当准许，但被执行人应当负担因拍卖支出的必要费用。

411.【余款支付】

拍卖成交后，买受人应当在拍卖公告确定的期限或者人民法院指定的期限内将价款交付到人民法院或者汇入人民法院指定的账户。[1]

法律依据

[1]《最高人民法院关于人民法院民事执行中拍卖、变卖财产的规定》

(2020 年 12 月 23 日修正)

第二十一条　拍卖成交后，买受人应当在拍卖公告确定的期限或者人民法院指定的期限内将价款交付到人民法院或者汇入人民法院指定的账户。

412.【重新拍卖及悔拍保证金的处理】

拍卖成交或者以流拍的财产抵债后，买受人逾期未支付价款或者承受人逾期未补交差价而使拍卖、抵债的目的难以实现的，人民法院可以裁定重新拍卖，原买受人不得参加竞买。[1] 重新拍卖的，仍按原拍次进行。

重新拍卖的价款低于原拍卖价款造成的差价、费用损失及原拍卖中的佣金，由原买受人承担。人民法院可以直接从其预交的保证金中扣除。扣除后保证金有剩余的，应当退还原买受人；保证金数额不足的，可以责令原买受人补交；拒不补交的，强制执行。[2]

法律依据

[1]《最高人民法院关于竞买人逾期支付价款是否应重新拍卖的复函》[（2006）执监字第 94－1 号]

《最高人民法院关于人民法院民事执行拍卖、变卖财产的规定》第二十五条规定，是为了促使买受人尽快支付价款、确保债权尽快实现。买受人福建关兴房地产开发有限公司（以下简称关兴公司）虽然逾期支付拍卖价款，但已于 2006 年 5 月 18 日全部付清，不应仅因其迟延付款而认定拍卖目的难以实现，拍卖效力应予维持。……因买受人关兴公司未按照约定支付价款，根据《中华人民共和国拍卖法》第三十九条之规定，应当承担相应的违约责任。

[2]《最高人民法院关于人民法院民事执行中拍卖、变卖财产的规定》(2020 年 12 月 23 日修正)

第二十二条　拍卖成交或者以流拍的财产抵债后，买受人逾期未支付价款或者承受人逾期未补交差价而使拍卖、抵债的目的难以实现的，人民法院可以裁定重新拍卖。重新拍卖时，原买受人不得参加竞买。

重新拍卖的价款低于原拍卖价款造成的差价、费用损失及原拍卖中的佣金，由原买受人承担。人民法院可以直接从其预交的保证金中扣除。扣除后保证金有剩余的，应当退还原买受人；保证金数额不足的，可以责令原买受人补交；拒不补交的，强制执行。

413.【再行拍卖】

拍卖时无人竞买或者竞买人的最高应价低于保留价，到场的申请执行人或者其他执行债权人不申请以该次拍卖所定的保留价抵债的，应当在六十日内再行拍卖。[1]

法律依据

［1］**《最高人民法院关于人民法院民事执行中拍卖、变卖财产的规定》**（2020年12月23日修正）

第二十三条　拍卖时无人竞买或者竞买人的最高应价低于保留价，到场的申请执行人或者其他执行债权人不申请以该次拍卖所定的保留价抵债的，应当在六十日内再行拍卖。

414.【动产流拍的处理】

对于第二次拍卖仍流拍的动产，人民法院可以依照本规范第407条的规定将其作价交申请执行人或者其他执行债权人抵债。申请执行人或者其他执行债权人拒绝接受抵债或者依法不能交付抵债的，[1]人民法院应当解除查封、扣押，并将该动产退还被执行人。[2]

法律依据

［1］**《最高人民法院关于适用〈中华人民共和国民事诉讼法〉的解释》**（2020年12月23日修正）

第四百九十二条　被执行人的财产无法拍卖或者变卖的，经申请执行人同意，且不损害其他债权人合法权益和社会公共利益的，人民法院可以将该项财产作价后交付申请执行人抵偿债务，或者交付申请执行人管理；申请执行人拒绝接收或者管理的，退回被执行人。

［**2**］**《最高人民法院关于人民法院民事执行中拍卖、变卖财产的规定》**(2020 年 12 月 23 日修正)

第二十四条　对于第二次拍卖仍流拍的动产，人民法院可以依照本规定第十六条的规定将其作价交申请执行人或者其他执行债权人抵债。申请执行人或者其他执行债权人拒绝接受或者依法不能交付其抵债的，人民法院应当解除查封、扣押，并将该动产退还被执行人。

415. 【不动产或其他财产权流拍的处理】

对于第二次拍卖仍流拍的不动产或者其他财产权，人民法院可以依照本规范第 407 条的规定将其作价交申请执行人或者其他执行债权人抵债。申请执行人或者其他执行债权人拒绝接受或者依法不能交付其抵债的，应当在六十日内进行第三次拍卖。

第三次拍卖流拍且申请执行人或者其他执行债权人拒绝接受或者依法不能接受该不动产或者其他财产权抵债的，人民法院应当于第三次拍卖终结之日起七日内发出变卖公告①。自公告之日起六十日内没有买受人愿意以第三次拍卖的保留价买受该财产，且申请执行人、其他执行债权人仍不表示接受该财产抵债的，应当解除查封、冻结，将该财产退还被执行人，但对该财产可以采取其他执行措施的除外。[1]

前款中所指的“其他执行措施”，可以包括强制管理，以及执行法院根据市场价格变化，重新启动（评估）拍卖程序[2]等。

法律依据

［**1**］**《最高人民法院关于人民法院民事执行中拍卖、变卖财产的规定》**(2020 年 12 月 23 日修正)

第二十五条　对于第二次拍卖仍流拍的不动产或者其他财产权，人民法院

① 关于变卖，本部分没有规定的，适用本节变卖部分规定。

可以依照本规定第十六条的规定将其作价交申请执行人或者其他执行债权人抵债。申请执行人或者其他执行债权人拒绝接受或者依法不能交付其抵债的，应当在六十日内进行第三次拍卖。

第三次拍卖流拍且申请执行人或者其他执行债权人拒绝接受或者依法不能接受该不动产或者其他财产权抵债的，人民法院应当于第三次拍卖终结之日起七日内发出变卖公告。自公告之日起六十日内没有买受人愿意以第三次拍卖的保留价买受该财产，且申请执行人、其他执行债权人仍不表示接受该财产抵债的，应当解除查封、冻结，将该财产退还被执行人，但对该财产可以采取其他执行措施的除外。

［2］**《最高人民法院执行局关于"转变执行作风、规范执行行为"专项活动中若干问题的解答》**［法（执）明传〔2014〕169号］

7. 案件清理过程中，不动产经三次拍卖流拍后，如果市场价格变化，是否可以重新拍卖？

答：不动产经三次流拍，不能依法变卖或以物抵债的，执行法院可以根据市场价格变化，重新启动（评估）拍卖程序。

416.【变价财产上权利负担的处理】

拍卖财产上原有的担保物权及其他优先受偿权，因拍卖而消灭，拍卖所得价款应当优先清偿担保物权人及其他优先受偿权人的债权，但当事人另有约定的除外。

拍卖财产上原有的租赁权及其他用益物权，不因拍卖而消灭，但该权利继续存在于拍卖财产上，对在先的担保物权或者其他优先受偿权的实现有影响的，人民法院应当依法将其除去后进行拍卖。[1]

法律依据

［1］**《最高人民法院关于人民法院民事执行中拍卖、变卖财产的规定》**（2020年12月23日修正）

第二十八条　拍卖财产上原有的担保物权及其他优先受偿权，因拍卖而消灭，拍卖所得价款，应当优先清偿担保物权人及其他优先受偿权人的债权，但当事人另有约定的除外。

拍卖财产上原有的租赁权及其他用益物权，不因拍卖而消灭，但该权利继续存在于拍卖财产上，对在先的担保物权或者其他优先受偿权的实现有影响的，人民法院应当依法将其除去后进行拍卖。

417. 【拍卖佣金和费用】

拍卖成交的，拍卖机构可以按照下列比例向买受人收取佣金：

拍卖成交价二百万元以下的，收取佣金的比例不得超过百分之五；超过二百万元至一千万元的部分，不得超过百分之三；超过一千万元至五千万元的部分，不得超过百分之二；超过五千万元至一亿元的部分，不得超过百分之一；超过一亿元的部分，不得超过百分之零点五。

拍卖未成交或者非因拍卖机构的原因撤回拍卖委托的，拍卖机构为本次拍卖已经支出的合理费用，应当由被执行人负担。[1]

法律依据

[1]**《最高人民法院关于人民法院民事执行中拍卖、变卖财产的规定》**（2020年12月23日修正）

第二十九条第一款　拍卖成交的，拍卖机构可以按照下列比例向买受人收取佣金：

第二款　拍卖成交价200万元以下的，收取佣金的比例不得超过5%；超过200万元至1000万元的部分，不得超过3%；超过1000万元至5000万元的部分，不得超过2%；超过5000万元至1亿元的部分，不得超过1%；超过1亿元的部分，不得超过0.5%。

第四款　拍卖未成交或者非因拍卖机构的原因撤回拍卖委托的，拍卖机构为本次拍卖已经支出的合理费用，应当由被执行人负担。

418. 【拍卖撤销】

当事人、利害关系人提出异议请求撤销拍卖，符合下列情形之一的，人民法院应予支持①：

（一）竞买人之间、竞买人与拍卖机构之间恶意串通，损害当事人或者其他竞买人利益的；

（二）买受人不具备法律规定的竞买资格的；

（三）违法限制竞买人参加竞买或者对不同的竞买人规定不同竞买条件的；

（四）未按照法律、司法解释的规定对拍卖标的物进行公告的；

（五）其他严重违反拍卖程序且损害当事人或者竞买人利益的情形。[1]

法律依据

［1］**《最高人民法院关于人民法院办理执行异议和复议案件若干问题的规定》**（法释〔2021〕21号）

第二十一条第一款 当事人、利害关系人提出异议请求撤销拍卖，符合下列情形之一的，人民法院应予支持：

（一）竞买人之间、竞买人与拍卖机构之间恶意串通，损害当事人或者其他竞买人利益的；

（二）买受人不具备法律规定的竞买资格的；

（三）违法限制竞买人参加竞买或者对不同的竞买人规定不同竞买条件的；

（四）未按照法律、司法解释的规定对拍卖标的物进行公告的；

（五）其他严重违反拍卖程序且损害当事人或者竞买人利益的情形。

419.【涉国有资产的拍卖】

涉国有资产的司法委托拍卖由省级以上国有产权交易机构实施，拍卖机构负责拍卖环节相关工作，并依照相关监管部门制定

① 司法拍卖被人民法院撤销的，当事人、利害关系人、案外人可以参照本规范第451条规定救济。

的实施细则进行。[1]

法律依据

［1］《最高人民法院关于人民法院委托评估、拍卖工作的若干规定》（法释〔2011〕21号）

第六条　涉国有资产的司法委托拍卖由省级以上国有产权交易机构实施，拍卖机构负责拍卖环节相关工作，并依照相关监管部门制定的实施细则进行。

420. 【特定证券资产的拍卖】

证券法规定应当在证券交易所上市交易或转让的证券资产的司法委托拍卖，通过证券交易所实施，拍卖机构负责拍卖环节相关工作；其他证券类资产的司法委托拍卖由拍卖机构实施，并依照相关监管部门制定的实施细则进行。[1]

法律依据

［1］《最高人民法院关于人民法院委托评估、拍卖工作的若干规定》（法释〔2011〕21号）

第七条　《中华人民共和国证券法》规定应当在证券交易所上市交易或转让的证券资产的司法委托拍卖，通过证券交易所实施，拍卖机构负责拍卖环节相关工作；其他证券类资产的司法委托拍卖由拍卖机构实施，并依照相关监管部门制定的实施细则进行。

（二）网络司法拍卖

421. 【网络拍卖的定义及公开原则】

本规范所指的网络司法拍卖，是指人民法院依法通过互联网拍卖平台，以网络电子竞价方式公开处置财产的行为。[1]

网络司法拍卖应当在互联网拍卖平台上向社会全程公开，接受社会监督。[2]

法律依据

［1］**《最高人民法院关于人民法院网络司法拍卖若干问题的规定》**（法释〔2016〕18号）

第一条 本规定所称的网络司法拍卖，是指人民法院依法通过互联网拍卖平台，以网络电子竞价方式公开处置财产的行为。

［2］**《最高人民法院关于人民法院网络司法拍卖若干问题的规定》**（法释〔2016〕18号）

第三条 网络司法拍卖应当在互联网拍卖平台上向社会全程公开，接受社会监督。

422.【拍卖平台的条件及确定】

最高人民法院建立全国性网络服务提供者名单库。网络服务提供者申请纳入名单库的，其提供的网络司法拍卖平台应当符合下列条件：

（一）具备全面展示司法拍卖信息的界面；

（二）具备《最高人民法院关于人民法院网络司法拍卖若干问题的规定》要求的信息公示、网上报名、竞价、结算等功能；

（三）具有信息共享、功能齐全、技术拓展等功能的独立系统；

（四）程序运作规范、系统安全高效、服务优质价廉；

（五）在全国具有较高的知名度和广泛的社会参与度。

最高人民法院组成专门的评审委员会，负责网络服务提供者的选定、评审和除名。最高人民法院每年引入第三方评估机构对已纳入和新申请纳入名单库的网络服务提供者予以评审并公布结果。[1]

法律依据

［1］**《最高人民法院关于人民法院网络司法拍卖若干问题的规定》**（法

释〔2016〕18 号）

第四条　最高人民法院建立全国性网络服务提供者名单库。网络服务提供者申请纳入名单库的，其提供的网络司法拍卖平台应当符合下列条件：

（一）具备全面展示司法拍卖信息的界面；

（二）具备本规定要求的信息公示、网上报名、竞价、结算等功能；

（三）具有信息共享、功能齐全、技术拓展等功能的独立系统；

（四）程序运作规范、系统安全高效、服务优质价廉；

（五）在全国具有较高的知名度和广泛的社会参与度。

最高人民法院组成专门的评审委员会，负责网络服务提供者的选定、评审和除名。最高人民法院每年引入第三方评估机构对已纳入和新申请纳入名单库的网络服务提供者予以评审并公布结果。

423.【当事人选择原则】

网络服务提供者由申请执行人从司法拍卖网络服务提供者名单库中选择；未选择或者多个申请执行人的选择不一致的，由人民法院指定。[1]

法律依据

[1]**《最高人民法院关于人民法院网络司法拍卖若干问题的规定》**（法释〔2016〕18 号）

第五条　网络服务提供者由申请执行人从名单库中选择；未选择或者多个申请执行人的选择不一致的，由人民法院指定。

424.【人民法院的职责】

实施网络司法拍卖的，人民法院应当履行下列职责：

（一）制作、发布拍卖公告；

（二）查明拍卖财产现状、权利负担等内容，并予以说明；

（三）确定拍卖保留价、保证金的数额、税费负担等；

（四）确定保证金、拍卖款项等支付方式；

（五）通知当事人和优先购买权人；

（六）制作拍卖成交裁定；

（七）办理财产交付和出具财产权证照转移协助执行通知书；

（八）开设网络司法拍卖专用账户；

（九）其他依法由人民法院履行的职责。[1]

法律依据

［1］**《最高人民法院关于人民法院网络司法拍卖若干问题的规定》**（法释〔2016〕18号）

第六条　实施网络司法拍卖的，人民法院应当履行下列职责：

（一）制作、发布拍卖公告；

（二）查明拍卖财产现状、权利负担等内容，并予以说明；

（三）确定拍卖保留价、保证金的数额、税费负担等；

（四）确定保证金、拍卖款项等支付方式；

（五）通知当事人和优先购买权人；

（六）制作拍卖成交裁定；

（七）办理财产交付和出具财产权证照转移协助执行通知书；

（八）开设网络司法拍卖专用账户；

（九）其他依法由人民法院履行的职责。

425.【法院内部分工】

网络司法拍卖工作由执行局负责实施，辅助工作的组织管理既可由执行局负责，也可由司法技术辅助工作部门负责。[1]

法律依据

［1］**《最高人民法院关于认真学习贯彻适用〈最高人民法院关于人民法院网络司法拍卖若干问题的规定〉的通知》**（法〔2016〕431号）

二、《网拍规定》适用中应当注意的问题

（五）网络司法拍卖工作由执行局负责实施，委托拍卖工作由司法技术辅助工作部门负责。网络司法拍卖中辅助工作的组织管理既可由执行局负责，也可以由司法技术辅助工作部门负责，具体由哪个部门组织管理，由各高级人民法院根据实际予以规范。

426. 【拍卖辅助工作的承担】

实施网络司法拍卖的，人民法院可以将下列拍卖辅助工作委托社会机构或者组织承担：

（一）制作拍卖财产的文字说明及视频或者照片等资料；

（二）展示拍卖财产，接受咨询，引领查看，封存样品等；

（三）拍卖财产的鉴定、检验、评估、审计、仓储、保管、运输等；

（四）其他可以委托的拍卖辅助工作。

社会机构或者组织承担网络司法拍卖辅助工作所支出的必要费用由被执行人承担。[1]

法律依据

［**1**］**《最高人民法院关于人民法院网络司法拍卖若干问题的规定》**（法释〔2016〕18号）

第七条　实施网络司法拍卖的，人民法院可以将下列拍卖辅助工作委托社会机构或者组织承担：

（一）制作拍卖财产的文字说明及视频或者照片等资料；

（二）展示拍卖财产，接受咨询，引领查看，封存样品等；

（三）拍卖财产的鉴定、检验、评估、审计、仓储、保管、运输等；

（四）其他可以委托的拍卖辅助工作。

社会机构或者组织承担网络司法拍卖辅助工作所支出的必要费用由被执行人承担。

427. 【网络服务提供者的工作承担及禁止】

实施网络司法拍卖的，下列事项应当由网络服务提供者承担：

（一）提供符合法律、行政法规和司法解释规定的网络司法拍卖平台，并保障安全正常运行；

（二）提供安全便捷配套的电子支付对接系统；

（三）全面、及时展示人民法院及其委托的社会机构或者组织提供的拍卖信息；

（四）保证拍卖全程的信息数据真实、准确、完整和安全；

（五）其他应当由网络服务提供者承担的工作。

网络服务提供者不得在拍卖程序中设置阻碍适格竞买人报名、参拍、竞价以及监视竞买人信息等后台操控功能。

网络服务提供者提供的服务无正当理由不得中断。[1]

法律依据

［1］**《最高人民法院关于人民法院网络司法拍卖若干问题的规定》**（法释〔2016〕18号）

第八条　实施网络司法拍卖的，下列事项应当由网络服务提供者承担：

（一）提供符合法律、行政法规和司法解释规定的网络司法拍卖平台，并保障安全正常运行；

（二）提供安全便捷配套的电子支付对接系统；

（三）全面、及时展示人民法院及其委托的社会机构或者组织提供的拍卖信息；

（四）保证拍卖全程的信息数据真实、准确、完整和安全；

（五）其他应当由网络服务提供者承担的工作。

网络服务提供者不得在拍卖程序中设置阻碍适格竞买人报名、参拍、竞价以及监视竞买人信息等后台操控功能。

网络服务提供者提供的服务无正当理由不得中断。

428. 【网络服务提供者的监督】

网络司法拍卖服务提供者从事与网络司法拍卖相关的行为，应当接受人民法院的管理、监督和指导。[1]

法律依据

[1]《**最高人民法院关于人民法院网络司法拍卖若干问题的规定**》（法释〔2016〕18号）

第九条　网络司法拍卖服务提供者从事与网络司法拍卖相关的行为，应当接受人民法院的管理、监督和指导。

429.【保留价的确定】

网络司法拍卖应当确定保留价，拍卖保留价即为起拍价。起拍价由人民法院参照评估价确定；未作评估的，参照市价确定，并征询当事人意见。起拍价不得低于评估价或者市价的百分之七十。[1]

法律依据

[1]《**最高人民法院关于人民法院网络司法拍卖若干问题的规定**》（法释〔2016〕18号）

第十条　网络司法拍卖应当确定保留价，拍卖保留价即为起拍价。

起拍价由人民法院参照评估价确定；未作评估的，参照市价确定，并征询当事人意见。起拍价不得低于评估价或者市价的百分之七十。

430.【一人竞拍】

网络司法拍卖不限制竞买人数量。一人参与竞拍，出价不低于起拍价的，拍卖成交。[1]

法律依据

[1]《**最高人民法院关于人民法院网络司法拍卖若干问题的规定**》（法释〔2016〕18号）

第十一条　网络司法拍卖不限制竞买人数量。一人参与竞拍，出价不低于起拍价的，拍卖成交。

431.【拍卖公告】

网络司法拍卖应当先期公告，拍卖公告除通过法定途径发布外，还应同时在网络司法拍卖平台发布。

拍卖动产的，应当在拍卖十五日前公告；拍卖不动产或者其他财产权的，应当在拍卖三十日前公告。

拍卖公告应当包括拍卖财产、价格、保证金、竞买人条件、拍卖财产已知瑕疵、相关权利义务、法律责任、拍卖时间、网络平台和拍卖法院等信息。[1]

法律依据

［1］**《最高人民法院关于人民法院网络司法拍卖若干问题的规定》**（法释〔2016〕18号）

第十二条 网络司法拍卖应当先期公告，拍卖公告除通过法定途径发布外，还应同时在网络司法拍卖平台发布。拍卖动产的，应当在拍卖十五日前公告；拍卖不动产或者其他财产权的，应当在拍卖三十日前公告。

拍卖公告应当包括拍卖财产、价格、保证金、竞买人条件、拍卖财产已知瑕疵、相关权利义务、法律责任、拍卖时间、网络平台和拍卖法院等信息。

432.【信息公示】

实施网络司法拍卖的，人民法院应当在拍卖公告发布当日通过网络司法拍卖平台公示下列信息：

（一）拍卖公告；

（二）执行所依据的法律文书，但法律规定不得公开的除外；

（三）评估报告副本，或者未经评估的定价依据；

（四）拍卖时间、起拍价以及竞价规则；

（五）拍卖财产权属、占有使用、附随义务等现状的文字说明、视频或者照片等；

（六）优先购买权主体以及权利性质；

（七）通知或者无法通知当事人、已知优先购买权人的情况；

（八）拍卖保证金、拍卖款项支付方式和账户；

（九）拍卖财产产权转移可能产生的税费及承担方式；

（十）执行法院名称，联系、监督方式等；

（十一）其他应当公示的信息。[1]

法律依据

［1］**《最高人民法院关于人民法院网络司法拍卖若干问题的规定》**（法释〔2016〕18号）

第十三条　实施网络司法拍卖的，人民法院应当在拍卖公告发布当日通过网络司法拍卖平台公示下列信息：

（一）拍卖公告；

（二）执行所依据的法律文书，但法律规定不得公开的除外；

（三）评估报告副本，或者未经评估的定价依据；

（四）拍卖时间、起拍价以及竞价规则；

（五）拍卖财产权属、占有使用、附随义务等现状的文字说明、视频或者照片等；

（六）优先购买权主体以及权利性质；

（七）通知或者无法通知当事人、已知优先购买权人的情况；

（八）拍卖保证金、拍卖款项支付方式和账户；

（九）拍卖财产产权转移可能产生的税费及承担方式；

（十）执行法院名称，联系、监督方式等；

（十一）其他应当公示的信息。

433.【特别提示】

实施网络司法拍卖的，人民法院应当在拍卖公告发布当日通过网络司法拍卖平台对下列事项予以特别提示：

（一）竞买人应当具备完全民事行为能力，法律、行政法规和司法解释对买受人资格或者条件有特殊规定的，竞买人应当具备规定的资格或者条件；

（二）委托他人代为竞买的，应当在竞价程序开始前经人民法院确认，并通知网络服务提供者；

（三）拍卖财产已知瑕疵和权利负担；

（四）拍卖财产以实物现状为准，竞买人可以申请实地看样；

（五）竞买人决定参与竞买的，视为对拍卖财产完全了解，并接受拍卖财产一切已知和未知瑕疵；

（六）载明买受人真实身份的拍卖成交确认书在网络司法拍卖平台上公示；

（七）买受人悔拍后保证金不予退还。[1]

法律依据

［**1**］**《最高人民法院关于人民法院网络司法拍卖若干问题的规定》**（法释〔2016〕18 号）

第十四条　实施网络司法拍卖的，人民法院应当在拍卖公告发布当日通过网络司法拍卖平台对下列事项予以特别提示：

（一）竞买人应当具备完全民事行为能力，法律、行政法规和司法解释对买受人资格或者条件有特殊规定的，竞买人应当具备规定的资格或者条件；

（二）委托他人代为竞买的，应当在竞价程序开始前经人民法院确认，并通知网络服务提供者；

（三）拍卖财产已知瑕疵和权利负担；

（四）拍卖财产以实物现状为准，竞买人可以申请实地看样；

（五）竞买人决定参与竞买的，视为对拍卖财产完全了解，并接受拍卖财产一切已知和未知瑕疵；

（六）载明买受人真实身份的拍卖成交确认书在网络司法拍卖平台上公示；

（七）买受人悔拍后保证金不予退还。

434.【瑕疵担保责任的免除】

被执行人应当提供拍卖财产品质的有关资料和说明。

人民法院按本规范第 432 条和第 433 条的要求予以公示和特

别提示，且在拍卖公告中声明不能保证拍卖财产真伪或者品质的，不承担瑕疵担保责任。[1]

法律依据

［1］**《最高人民法院关于人民法院网络司法拍卖若干问题的规定》**（法释〔2016〕18 号）

第十五条　被执行人应当提供拍卖财产品质的有关资料和说明。

人民法院已按本规定第十三条、第十四条的要求予以公示和特别提示，且在拍卖公告中声明不能保证拍卖财产真伪或者品质的，不承担瑕疵担保责任。

435.【权利人的通知】

网络司法拍卖的事项应当在拍卖公告发布三日前以书面或者其他能够确认收悉的合理方式，通知当事人、已知优先购买权人①。权利人书面明确放弃权利的，可以不通知。无法通知的，应当在网络司法拍卖平台公示并说明无法通知的理由，公示满五日视为已经通知。

优先购买权人经通知未参与竞买的，视为放弃优先购买权。[1]

法律依据

［1］**《最高人民法院关于人民法院网络司法拍卖若干问题的规定》**（法释〔2016〕18 号）

第十六条　网络司法拍卖的事项应当在拍卖公告发布三日前以书面或者其他能够确认收悉的合理方式，通知当事人、已知优先购买权人。权利人书面明确放弃权利的，可以不通知。无法通知的，应当在网络司法拍卖平台公示并说明无法通知的理由，公示满五日视为已经通知。

优先购买权人经通知未参与竞买的，视为放弃优先购买权。

---

① 涉及优先购买权人的主要规定可以参见本规范第 402 条。

436. 【保证金的交纳】

保证金数额在起拍价的百分之五至百分之二十范围内确定。

竞买人应当在参加拍卖前以实名交纳保证金，未交纳的，不得参加竞买。申请执行人参加竞买的，可以不交保证金；但债权数额小于保证金数额的按差额部分交纳。

交纳保证金，竞买人可以向人民法院指定的账户交纳，也可以由网络服务提供者在其提供的支付系统中对竞买人的相应款项予以冻结。[1]

法律依据

[1]《**最高人民法院关于人民法院网络司法拍卖若干问题的规定**》（法释〔2016〕18号）

第十七条　保证金数额由人民法院在起拍价的百分之五至百分之二十范围内确定。

竞买人应当在参加拍卖前以实名交纳保证金，未交纳的，不得参加竞买。申请执行人参加竞买的，可以不交保证金；但债权数额小于保证金数额的按差额部分交纳。

交纳保证金，竞买人可以向人民法院指定的账户交纳，也可以由网络服务提供者在其提供的支付系统中对竞买人的相应款项予以冻结。

437. 【一般竞买人的资格确定】

竞买人在拍卖竞价程序结束前交纳保证金经人民法院或者网络服务提供者确认后，取得竞买资格。网络服务提供者应当向取得资格的竞买人赋予竞买代码、参拍密码；竞买人以该代码参与竞买。

网络司法拍卖竞价程序结束前，人民法院及网络服务提供者对竞买人以及其他能够确认竞买人真实身份的信息、密码等，应当予以保密。[1]

法律依据

［1］**《最高人民法院关于人民法院网络司法拍卖若干问题的规定》**（法释〔2016〕18 号）

第十八条　竞买人在拍卖竞价程序结束前交纳保证金经人民法院或者网络服务提供者确认后，取得竞买资格。网络服务提供者应当向取得资格的竞买人赋予竞买代码、参拍密码；竞买人以该代码参与竞买。

网络司法拍卖竞价程序结束前，人民法院及网络服务提供者对竞买人以及其他能够确认竞买人真实身份的信息、密码等，应当予以保密。

438.【优先购买权人的资格确定】

优先购买权人经人民法院确认后，取得优先竞买资格以及优先竞买代码、参拍密码，并以优先竞买代码参与竞买；未经确认的，不得以优先购买权人身份参与竞买。

顺序不同的优先购买权人申请参与竞买的，人民法院应当确认其顺序，赋予不同顺序的优先竞买代码。[1]

法律依据

［1］**《最高人民法院关于人民法院网络司法拍卖若干问题的规定》**（法释〔2016〕18 号）

第十九条　优先购买权人经人民法院确认后，取得优先竞买资格以及优先竞买代码、参拍密码，并以优先竞买代码参与竞买；未经确认的，不得以优先购买权人身份参与竞买。

顺序不同的优先购买权人申请参与竞买的，人民法院应当确认其顺序，赋予不同顺序的优先竞买代码。

439.【竞价规则】

网络司法拍卖从起拍价开始以递增出价方式竞价，增价幅度由人民法院确定。竞买人以低于起拍价出价的无效。网络司法拍卖的竞价时间应当不少于二十四小时。竞价程序结束前五分钟内无人出价的，最后出价即为成交价；有出价的，竞价时间自该出价时点顺延五分钟。竞买人的出价时间以进入网络司法拍卖平台服务系统的时间为准。

竞买代码及其出价信息应当在网络竞买页面实时显示，并储存、显示竞价全程。[1]

法律依据

[1]《最高人民法院关于人民法院网络司法拍卖若干问题的规定》（法释〔2016〕18号）

第二十条 网络司法拍卖从起拍价开始以递增出价方式竞价，增价幅度由人民法院确定。竞买人以低于起拍价出价的无效。

网络司法拍卖的竞价时间应当不少于二十四小时。竞价程序结束前五分钟内无人出价的，最后出价即为成交价；有出价的，竞价时间自该出价时点顺延五分钟。竞买人的出价时间以进入网络司法拍卖平台服务系统的时间为准。

竞买代码及其出价信息应当在网络竞买页面实时显示，并储存、显示竞价全程。

440.【优先购买权人的竞价规则】

优先购买权人参与竞买的，可以与其他竞买人以相同的价格出价，没有更高出价的，拍卖财产由优先购买权人竞得。

顺序不同的优先购买权人以相同价格出价的，拍卖财产由顺序在先的优先购买权人竞得。

顺序相同的优先购买权人以相同价格出价的，拍卖财产由出价在先的优先购买权人竞得。[1]

法律依据

[1]《最高人民法院关于人民法院网络司法拍卖若干问题的规定》（法释〔2016〕18号）

第二十一条　优先购买权人参与竞买的，可以与其他竞买人以相同的价格出价，没有更高出价的，拍卖财产由优先购买权人竞得。

顺序不同的优先购买权人以相同价格出价的，拍卖财产由顺序在先的优先购买权人竞得。

顺序相同的优先购买权人以相同价格出价的，拍卖财产由出价在先的优先购买权人竞得。

441.【买受人身份的公示】

网络司法拍卖成交的，由网络司法拍卖平台以买受人的真实身份自动生成确认书并公示。[1]

法律依据

[1]《最高人民法院关于人民法院网络司法拍卖若干问题的规定》（法释〔2016〕18号）

第二十二条第一款　网络司法拍卖成交的，由网络司法拍卖平台以买受人的真实身份自动生成确认书并公示。

442.【拍卖保证金的处理】

拍卖成交后，买受人交纳的保证金可以充抵价款；其他竞买人交纳的保证金应当在竞价程序结束后二十四小时内退还或者解冻。拍卖未成交的，竞买人交纳的保证金应当在竞价程序结束后二十四小时内退还或者解冻。[1]

法律依据

[1]《最高人民法院关于人民法院网络司法拍卖若干问题的规定》（法释〔2016〕18号）

第二十三条　拍卖成交后，买受人交纳的保证金可以充抵价款；其他竞买人交纳的保证金应当在竞价程序结束后二十四小时内退还或者解冻。拍卖未成交的，竞买人交纳的保证金应当在竞价程序结束后二十四小时内退还或者解冻。

443.【悔拍保证金的处理】

拍卖成交后买受人悔拍的，交纳的保证金不予退还，依次用于支付拍卖产生的费用损失、弥补重新拍卖价款低于原拍卖价款的差价、冲抵本案被执行人的债务以及与拍卖财产相关的被执行人的债务。

悔拍后重新拍卖的，原买受人不得参加竞买。[1]

法律依据

[1]《最高人民法院关于人民法院网络司法拍卖若干问题的规定》（法释〔2016〕18号）

第二十四条 拍卖成交后买受人悔拍的，交纳的保证金不予退还，依次用于支付拍卖产生的费用损失、弥补重新拍卖价款低于原拍卖价款的差价、冲抵本案被执行人的债务以及与拍卖财产相关的被执行人的债务。

悔拍后重新拍卖的，原买受人不得参加竞买。

444.【余款支付】

拍卖成交后，买受人应当在拍卖公告确定的期限内将剩余价款交付人民法院指定账户。拍卖成交后二十四小时内，网络服务提供者应当将冻结的买受人交纳的保证金划入人民法院指定账户。[1]

法律依据

[1]《最高人民法院关于人民法院网络司法拍卖若干问题的规定》（法释〔2016〕18号）

第二十五条 拍卖成交后，买受人应当在拍卖公告确定的期限内将剩余价款交付人民法院指定账户。拍卖成交后二十四小时内，网络服务提供者应当将冻结的买受人交纳的保证金划入人民法院指定账户。

445. 【流拍的处理】

网络司法拍卖竞价期间无人出价的，本次拍卖流拍。流拍后应当在三十日内在同一网络司法拍卖平台再次拍卖，拍卖动产的应当在拍卖七日前公告；拍卖不动产或者其他财产权的应当在拍卖十五日前公告。再次拍卖的起拍价降价幅度不得超过前次起拍价的百分之二十。

再次拍卖流拍的，可以依法在同一网络司法拍卖平台变卖①。[1]

法律依据

［1］**《最高人民法院关于人民法院网络司法拍卖若干问题的规定》**（法释〔2016〕18号）

第二十六条　网络司法拍卖竞价期间无人出价的，本次拍卖流拍。流拍后应当在三十日内在同一网络司法拍卖平台再次拍卖，拍卖动产的应当在拍卖七日前公告；拍卖不动产或者其他财产权的应当在拍卖十五日前公告。再次拍卖的起拍价降价幅度不得超过前次起拍价的百分之二十。

再次拍卖流拍的，可以依法在同一网络司法拍卖平台变卖。

446. 【审查组织】

起拍价及其降价幅度、竞价增价幅度、保证金数额和优先购买权人竞买资格及其顺序等事项，人民法院应当依法组成合议庭评议确定。[1]

法律依据

［1］**《最高人民法院关于人民法院网络司法拍卖若干问题的规定》**（法释〔2016〕18号）

---

① 关于变卖，本部分没有规定的，适用本节变卖部分的规定。

第二十七条　起拍价及其降价幅度、竞价增价幅度、保证金数额和优先购买权人竞买资格及其顺序等事项，应当由人民法院依法组成合议庭评议确定。

447. 【拍卖暂缓、中止】

网络司法拍卖竞价程序中，有依法应当暂缓、中止执行等情形的，人民法院应当决定暂缓或者裁定中止拍卖；人民法院可以自行或者通知网络服务提供者停止拍卖。

网络服务提供者发现系统故障、安全隐患等紧急情况的，可以先行暂缓拍卖，并立即报告人民法院。

暂缓或者中止拍卖的，应当及时在网络司法拍卖平台公告原因或者理由。

暂缓拍卖期限届满或者中止拍卖的事由消失后，需要继续拍卖的，应当在五日内恢复拍卖。[1]

法律依据

［1］**《最高人民法院关于人民法院网络司法拍卖若干问题的规定》**（法释〔2016〕18号）

第二十八条　网络司法拍卖竞价程序中，有依法应当暂缓、中止执行等情形的，人民法院应当决定暂缓或者裁定中止拍卖；人民法院可以自行或者通知网络服务提供者停止拍卖。

网络服务提供者发现系统故障、安全隐患等紧急情况的，可以先行暂缓拍卖，并立即报告人民法院。

暂缓或者中止拍卖的，应当及时在网络司法拍卖平台公告原因或者理由。

暂缓拍卖期限届满或者中止拍卖的事由消失后，需要继续拍卖的，应当在五日内恢复拍卖。

448. 【拍卖记录的保存】

网络服务提供者对拍卖形成的电子数据，应当完整保存不少于十年，但法律、行政法规另有规定的除外。[1]

法律依据

［1］《最高人民法院关于人民法院网络司法拍卖若干问题的规定》（法释〔2016〕18号）

第二十九条　网络服务提供者对拍卖形成的电子数据，应当完整保存不少于十年，但法律、行政法规另有规定的除外。

449. 【交付、过户费用的承担】①

因网络司法拍卖本身形成的税费，应当依照相关法律、行政法规的规定，由相应主体承担；没有规定或者规定不明的，人民法院可以根据法律原则和案件实际情况确定税费承担的相关主体、数额。[1]

法律依据

［1］《最高人民法院关于人民法院网络司法拍卖若干问题的规定》（法释〔2016〕18号）

第三十条　因网络司法拍卖本身形成的税费，应当依照相关法律、行政法规的规定，由相应主体承担；没有规定或者规定不明的，人民法院可以根据法律原则和案件实际情况确定税费承担的相关主体、数额。

450. 【拍卖撤销】

当事人、利害关系人提出异议请求撤销网络司法拍卖，符合下列情形之一的，人民法院应当支持：

（一）由于拍卖财产的文字说明、视频或者照片展示以及瑕疵说明严重失实，致使买受人产生重大误解，购买目的无法实现的，但拍卖时的技术水平不能发现或者已经就相关瑕疵以及责任

① 拍卖公告或拍卖平台中已载明或公示了税费承担方式的，按照载明、公示的方式处理。

承担予以公示说明的除外；

（二）由于系统故障、病毒入侵、黑客攻击、数据错误等原因致使拍卖结果错误，严重损害当事人或者其他竞买人利益的；

（三）竞买人之间，竞买人与网络司法拍卖服务提供者之间恶意串通，损害当事人或者其他竞买人利益的；

（四）买受人不具备法律、行政法规和司法解释规定的竞买资格的；

（五）违法限制竞买人参加竞买或者对享有同等权利的竞买人规定不同竞买条件的；

（六）其他严重违反网络司法拍卖程序且损害当事人或者竞买人利益的情形。[1]

法律依据

［1］**《最高人民法院关于人民法院网络司法拍卖若干问题的规定》**（法释〔2016〕18 号）

第三十一条　当事人、利害关系人提出异议请求撤销网络司法拍卖，符合下列情形之一的，人民法院应当支持：

（一）由于拍卖财产的文字说明、视频或者照片展示以及瑕疵说明严重失实，致使买受人产生重大误解，购买目的无法实现的，但拍卖时的技术水平不能发现或者已经就相关瑕疵以及责任承担予以公示说明的除外；

（二）由于系统故障、病毒入侵、黑客攻击、数据错误等原因致使拍卖结果错误，严重损害当事人或者其他竞买人利益的；

（三）竞买人之间，竞买人与网络司法拍卖服务提供者之间恶意串通，损害当事人或者其他竞买人利益的；

（四）买受人不具备法律、行政法规和司法解释规定的竞买资格的；

（五）违法限制竞买人参加竞买或者对享有同等权利的竞买人规定不同竞买条件的；

（六）其他严重违反网络司法拍卖程序且损害当事人或者竞买人利益的情形。

451. 【撤销拍卖的权利救济程序】

网络司法拍卖被人民法院撤销，当事人、利害关系人、案外人认为人民法院的拍卖行为违法致使其合法权益遭受损害的，可以依法申请国家赔偿；认为其他主体的行为违法致使其合法权益遭受损害的，可以另行提起诉讼。[1]

法律依据

［1］**《最高人民法院关于人民法院网络司法拍卖若干问题的规定》**（法释〔2016〕18号）

第三十二条　网络司法拍卖被人民法院撤销，当事人、利害关系人、案外人认为人民法院的拍卖行为违法致使其合法权益遭受损害的，可以依法申请国家赔偿；认为其他主体的行为违法致使其合法权益遭受损害的，可以另行提起诉讼。

452. 【服务提供者的责任】

当事人、利害关系人、案外人认为网络司法拍卖服务提供者的行为违法致使其合法权益遭受损害的，可以另行提起诉讼；理由成立的，人民法院应当支持，但具有法定免责事由的除外。[1]

法律依据

［1］**《最高人民法院关于人民法院网络司法拍卖若干问题的规定》**（法释〔2016〕18号）

第三十三条　当事人、利害关系人、案外人认为网络司法拍卖服务提供者的行为违法致使其合法权益遭受损害的，可以另行提起诉讼；理由成立的，人民法院应当支持，但具有法定免责事由的除外。

453. 【特定人员行为禁止】

实施网络司法拍卖的，下列机构和人员不得竞买并不得委托他人代为竞买与其行为相关的拍卖财产：

（一）负责执行的人民法院；

（二）网络服务提供者；

（三）承担拍卖辅助工作的社会机构或者组织；

（四）第一至三项规定主体的工作人员及其近亲属。[1]

法律依据

［1］**《最高人民法院关于人民法院网络司法拍卖若干问题的规定》**（法释〔2016〕18 号）

第三十四条　实施网络司法拍卖的，下列机构和人员不得竞买并不得委托他人代为竞买与其行为相关的拍卖财产：

（一）负责执行的人民法院；

（二）网络服务提供者；

（三）承担拍卖辅助工作的社会机构或者组织；

（四）第（一）至（三）项规定主体的工作人员及其近亲属。

454.【网络服务提供者的处罚】

网络服务提供者有下列情形之一的，应当将其从名单库中除名：

（一）存在违反本规范第 427 条第二款规定操控拍卖程序、修改拍卖信息等行为的；

（二）存在恶意串通、弄虚作假、泄漏保密信息等行为的；

（三）因违反法律、行政法规和司法解释等规定受到处罚，不适于继续从事网络司法拍卖的；

（四）存在违反本规范第 453 条规定行为的；

（五）其他应当除名的情形。

网络服务提供者有前款规定情形之一，人民法院可以依照民事诉讼法的相关规定予以处理。[1]

法律依据

[1]《**最高人民法院关于人民法院网络司法拍卖若干问题的规定**》（法释〔2016〕18号）

第三十五条　网络服务提供者有下列情形之一的，应当将其从名单库中除名：

（一）存在违反本规定第八条第二款规定操控拍卖程序、修改拍卖信息等行为的；

（二）存在恶意串通、弄虚作假、泄漏保密信息等行为的；

（三）因违反法律、行政法规和司法解释等规定受到处罚，不适于继续从事网络司法拍卖的；

（四）存在违反本规定第三十四条规定行为的；

（五）其他应当除名的情形。

网络服务提供者有前款规定情形之一，人民法院可以依照《中华人民共和国民事诉讼法》的相关规定予以处理。

455.【异议、复议的处理】

当事人、利害关系人认为网络司法拍卖行为违法侵害其合法权益的，可以提出执行异议。异议、复议期间，人民法院可以决定暂缓或者裁定中止拍卖。

案外人对网络司法拍卖的标的提出异议的，人民法院应当依据民事诉讼法第二百二十七条及相关司法解释的规定处理，并决定暂缓或者裁定中止拍卖。[1]

法律依据

[1]《**最高人民法院关于人民法院网络司法拍卖若干问题的规定**》（法释〔2016〕18号）

第三十六条　当事人、利害关系人认为网络司法拍卖行为违法侵害其合法权益的，可以提出执行异议。异议、复议期间，人民法院可以决定暂缓或者裁定中止拍卖。

案外人对网络司法拍卖的标的提出异议的，人民法院应当依据《中华人民共和国民事诉讼法》第二百二十七条及相关司法解释的规定处理，并决定暂缓或者裁定中止拍卖。

456. 【网拍规定的适用情形】

执行程序中委托拍卖机构通过互联网平台实施网络拍卖的，参照《最高人民法院关于人民法院网络司法拍卖若干问题的规定》执行。

《最高人民法院关于人民法院网络司法拍卖若干问题的规定》对网络司法拍卖行为没有规定的，适用其他有关司法拍卖的规定。[1]

法律依据

［**1**］**《最高人民法院关于人民法院网络司法拍卖若干问题的规定》**（法释〔2016〕18 号）

第三十七条第二款　执行程序中委托拍卖机构通过互联网平台实施网络拍卖的，参照本规定执行。

第三十七条第三款　本规定对网络司法拍卖行为没有规定的，适用其他有关司法拍卖的规定。

四、直接变卖

457. 【不经拍卖直接变卖的情形】

对查封、扣押、冻结的财产，当事人双方及有关权利人同意变卖的，可以变卖。

金银及其制品、当地市场有公开交易价格的动产、易腐烂变质的物品、季节性商品、保管困难或者保管费用过高的物品，人民法院可以决定变卖。[1]

法律依据

［1］《最高人民法院关于人民法院民事执行中拍卖、变卖财产的规定》（2020 年 12 月 23 日修正）

第三十一条　对查封、扣押、冻结的财产，当事人双方及有关权利人同意变卖的，可以变卖。

金银及其制品、当地市场有公开交易价格的动产、易腐烂变质的物品、季节性商品、保管困难或者保管费用过高的物品，人民法院可以决定变卖。

458.【变卖价格的确定】

当事人双方及有关权利人对变卖财产的价格有约定的，按照其约定价格变卖；无约定价格但有市价的，变卖价格不得低于市价；无市价但价值较大、价格不易确定的，应当委托评估机构进行评估，并按照评估价格进行变卖。

按照评估价格变卖不成的，可以降低价格变卖，但最低的变卖价不得低于评估价的二分之一。[1]

法律依据

［1］《最高人民法院关于人民法院民事执行中拍卖、变卖财产的规定》（2020 年 12 月 23 日修正）

第三十二条第一款　当事人双方及有关权利人对变卖财产的价格有约定的，按照其约定价格变卖；无约定价格但有市价的，变卖价格不得低于市价；无市价但价值较大、价格不易确定的，应当委托评估机构进行评估，并按照评估价格进行变卖。

第三十二条第二款　按照评估价格变卖不成的，可以降低价格变卖，但最低的变卖价不得低于评估价的二分之一。

459.【变卖主体及特定人员行为禁止】

人民法院在执行中需要变卖被执行人财产的，可以交有关单位变卖，也可以由人民法院直接变卖。

对变卖的财产，人民法院或者其工作人员不得买受。[1]

法律依据

[1]《最高人民法院关于适用〈中华人民共和国民事诉讼法〉的解释》(2020 年 12 月 23 日修正)

第四百九十条 人民法院在执行中需要变卖被执行人财产的，可以交有关单位变卖，也可以由人民法院直接变卖。

对变卖的财产，人民法院或者其工作人员不得买受。

460.【变卖财产无人应买的处理】

变卖的财产无人应买的，适用本规范第 407 条将该财产交申请执行人或者其他执行债权人抵债；申请执行人或者其他执行债权人拒绝接受或者依法不能交付其抵债的，人民法院应当解除查封、扣押，并将该财产退还被执行人。[1]

法律依据

[1]《最高人民法院关于人民法院民事执行中拍卖、变卖财产的规定》(2020 年 12 月 23 日修正)

第三十二条第三款 变卖的财产无人应买的，适用本规定第十六条的规定将该财产交申请执行人或者其他执行债权人抵债；申请执行人或者其他执行债权人拒绝接受或者依法不能交付其抵债的，人民法院应当解除查封、扣押，并将该财产退还被执行人。

461.【被执行人自行变卖】

被执行人申请对人民法院查封的财产自行变卖的，人民法院可以准许，但应当监督其按照合理价格在指定的期限内进行，并控制变卖的价款。[1]

法律依据

［1］《最高人民法院关于人民法院执行工作若干问题的规定（试行）》（2020 年 12 月 23 日修正）

33. 被执行人申请对人民法院查封的财产自行变卖的，人民法院可以准许，但应当监督其按照合理价格在指定的期限内进行，并控制变卖的价款。

462. 【撤销变卖】

当事人、利害关系人请求撤销变卖的，参照本规范第 418 条规定处理。[1]

法律依据

［1］《最高人民法院关于人民法院办理执行异议和复议案件若干问题的规定》（2020 年 12 月 23 日修正）

第二十一条第二款　当事人、利害关系人请求撤销变卖的，参照前款规定处理。

463. 【网络变卖规定的适用】

人民法院通过互联网平台以变卖方式处置财产的，参照《最高人民法院关于人民法院网络司法拍卖若干问题的规定》执行。[1]

法律依据

［1］《最高人民法院关于人民法院网络司法拍卖若干问题的规定》（法释〔2016〕18 号）

第三十七条第一款　人民法院通过互联网平台以变卖方式处置财产的，参照本规定执行。

五、抵债

464. 【合意抵债】

经申请执行人和被执行人同意，且不损害其他债权人合法权益和社会公共利益的，人民法院可以不经拍卖、变卖，直接将被执行人的财产作价交申请执行人抵偿债务。对剩余债务，被执行人应当继续清偿。[1]

法律依据

［1］**《最高人民法院关于适用〈中华人民共和国民事诉讼法〉的解释》**（2020 年 12 月 23 日修正）

第四百九十一条　经申请执行人和被执行人同意，且不损害其他债权人合法权益和社会公共利益的，人民法院可以不经拍卖、变卖，直接将被执行人的财产作价交申请执行人抵偿债务。对剩余债务，被执行人应当继续清偿。

465. 【无法拍卖、变卖财产的抵债】

被执行人的财产无法拍卖或者变卖的，经申请执行人同意，且不损害其他债权人合法权益和社会公共利益的，人民法院可以将该项财产作价后交付申请执行人抵偿债务，或者交付申请执行人管理；申请执行人拒绝接收或者管理的，退回被执行人。[1]

法律依据

［1］**《最高人民法院关于适用〈中华人民共和国民事诉讼法〉的解释》**（2020 年 12 月 23 日修正）

第四百九十二条　被执行人的财产无法拍卖或者变卖的，经申请执行人同意，且不损害其他债权人合法权益和社会公共利益的，人民法院可以将该项财产作价后交付申请执行人抵偿债务，或者交付申请执行人管理；申请执行人拒绝接收或者管理的，退回被执行人。

六、所有权转移及交付

466. 【成交和抵债裁定】

拍卖成交或者以流拍的财产抵债的，人民法院应当作出裁定，并于价款或者需要补交的差价全额交付后十日内，送达买受人或者承受人。[1]

法律依据

［1］**《最高人民法院关于人民法院民事执行中拍卖、变卖财产的规定》**（2020 年 12 月 23 日修正）

第二十条　拍卖成交或者以流拍的财产抵债的，人民法院应当作出裁定，并于价款或者需要补交的差价全额交付后十日内，送达买受人或者承受人。

467. 【所有权转移】

拍卖、变卖成交或者依法定程序裁定以物抵债的，标的物所有权自拍卖、变卖成交裁定或者抵债裁定送达买受人或者接受抵债物的债权人时转移。[1]

需要办理有关财产权证照转移手续的，人民法院可以向有关单位发出协助执行通知书，有关单位必须办理。[2]

法律依据

［1］**《最高人民法院关于适用〈中华人民共和国民事诉讼法〉的解释》**（2020 年 12 月 23 日修正）

第四百九十三条　拍卖成交或者依法定程序裁定以物抵债的，标的物所有权自拍卖成交裁定或者抵债裁定送达买受人或者接受抵债物的债权人时转移。

［2］**《中华人民共和国民事诉讼法》**（2017 年 6 月 27 日修正）

第二百五十一条　在执行中，需要办理有关财产权证照转移手续的，人民法院可以向有关单位发出协助执行通知书，有关单位必须办理。

468.【执行标的物的交付】

人民法院裁定拍卖成交或者以流拍的财产抵债后，除有依法不能移交的情形外，应当于裁定送达后十五日内，将拍卖的财产移交买受人或者承受人。被执行人或者第三人占有拍卖财产应当移交而拒不移交的，强制执行。[1]

强制执行的，可参照本规范第二编第二十二章第一节的相关规定办理。

法律依据

[1]《最高人民法院关于人民法院民事执行中拍卖、变卖财产的规定》(2020 年 12 月 23 日修正)

第二十七条　人民法院裁定拍卖成交或者以流拍的财产抵债后，除有依法不能移交的情形外，应当于裁定送达后十五日内，将拍卖的财产移交买受人或者承受人。被执行人或者第三人占有拍卖财产应当移交而拒不移交的，强制执行。

七、强制管理

469.【强制管理】

具有下列情形之一的，经申请执行人申请或者同意，且不损害其他债权人合法权益和社会公共利益，人民法院可以将适宜管理的被执行人财产交付申请执行人管理①，以所得收益清偿债务：

（一）被执行人的财产不能或者不宜拍卖、变卖的；[1]

（二）被执行人的财产经法定程序拍卖、变卖未成交，申请

① 《最高人民法院关于适用〈中华人民共和国民事诉讼法〉的解释》(2020 年 12 月 23 日修正）第四百九十二条只规定了交申请执行人管理，但并未排除将财产交付给第三人管理。

执行人不接受抵债或者依法不能交付其抵债的；[2]

（三）人民法院认为可以交付申请执行人管理的其他情形。

法律依据

[1] 见本规范第465条法律依据 [1]。

[2]《最高人民法院关于严格规范终结本次执行程序的规定（试行）》（法〔2016〕373号）

第四条第一项　本规定第一条第三项中的“发现的财产不能处置”，包括下列情形：

（一）被执行人的财产经法定程序拍卖、变卖未成交，申请执行人不接受抵债或者依法不能交付其抵债，又不能对该财产采取强制管理等其他执行措施的；

第五节　参与分配

470. 【参与分配的一般规定】

被执行人为公民或者其他组织，在执行程序开始后，被执行人的其他已经取得执行依据的债权人发现被执行人的财产不能清偿所有债权的，可以向人民法院申请参与分配。

对人民法院查封、扣押、冻结的财产有优先权、担保物权的债权人，可以直接申请参与分配，主张优先受偿权。[1]

法律依据

[1]《最高人民法院关于适用〈中华人民共和国民事诉讼法〉的解释》（2020年12月23日修正）

第五百零八条　被执行人为公民或者其他组织，在执行程序开始后，被执行人的其他已经取得执行依据的债权人发现被执行人的财产不能清偿所有债权的，可以向人民法院申请参与分配。

对人民法院查封、扣押、冻结的财产有优先权、担保物权的债权人，可以直接申请参与分配，主张优先受偿权。

471. 【参与分配的期间与形式】

申请参与分配，申请人应当提交申请书。申请书应当写明参与分配和被执行人不能清偿所有债权的事实、理由，并附有执行依据。

参与分配申请应当在执行程序开始后，被执行人的财产执行终结前提出。[1]

法律依据

[1] **《最高人民法院关于适用〈中华人民共和国民事诉讼法〉的解释》**（2020 年 12 月 23 日修正）

第五百零九条　申请参与分配，申请人应当提交申请书。申请书应当写明参与分配和被执行人不能清偿所有债权的事实、理由，并附有执行依据。

参与分配申请应当在执行程序开始后，被执行人的财产执行终结前提出。

472. 【优先权人、担保物权人申请参与分配的条件】

未取得执行依据的优先权人、担保物权人直接向执行法院申请参与分配的，应提交参与分配申请书，除写明被执行人未清偿所有债权的事实、理由外，还应写明优先受偿的金额、事实和理由，并提交相关的权利证明文件。

473. 【主持分配的法院】

对参与被执行人财产的具体分配，应当由首先查封、扣押或冻结的法院主持进行，[1]法律、司法解释另有规定的除外①。

被执行人的多项财产分别被不同法院查封，符合参与分配条

① 除外的情形是指根据本章第一节相关规定协调取得财产处分权的法院。

件的，由各项财产的在先查封法院分别进行分配。

相关执行法院协商一致并经申请执行人同意，也可以将各自查封的财产交其中一家法院进行处置和分配。共同上级法院也可以通过提级执行或指定执行将所有案件管辖权集中至一家法院，由该法院处置财产并主持分配。或者由共同的上级法院作出决定，确定其中一家法院对被执行人所有可供执行的财产或者价款统一处置，统一分配。

法律依据

［1］**《最高人民法院关于人民法院执行工作若干问题的规定（试行）》**（2020年12月23日修正）

56. 对参与被执行人财产的具体分配，应当由首先查封、扣押或冻结的法院主持进行。

首先查封、扣押、冻结的法院所采取的执行措施如系为执行财产保全裁定，具体分配应当在该院案件审理终结后进行。

《最高人民法院关于首先查封法院与优先债权执行法院处分查封财产有关问题的批复》（法释〔2016〕6号）

一、执行过程中，应当由首先查封、扣押、冻结（以下简称查封）法院负责处分查封财产。但已进入其他法院执行程序的债权对查封财产有顺位在先的担保物权、优先权（该债权以下简称优先债权），自首先查封之日起已超过60日，且首先查封法院就该查封财产尚未发布拍卖公告或者进入变卖程序的，优先债权执行法院可以要求将该查封财产移送执行。

474.【清偿顺序】

参与分配执行中，执行所得价款扣除执行费用①，并清偿应当优先受偿的债权[1]后，对于普通债权，原则上按照其占全部申请参与分配债权数额的比例受偿。[2]

① 执行费用一般指因强制执行而支出的费用及其他为债权人共同利益而支出的费用，如保全费用、评估费用、拍卖费用、执行费用等。

法律依据

[1] 涉及优先受偿的债权的规定主要有：

《中华人民共和国民办教育促进法》（2018 年 12 月 29 日修正）

第五十九条　对民办学校的财产按照下列顺序清偿：

（一）应退受教育者学费、杂费和其他费用；

（二）应发教职工的工资及应缴纳的社会保险费用；

（三）偿还其他债务。

非营利性民办学校清偿上述债务后的剩余财产继续用于其他非营利性学校办学；营利性民办学校清偿上述债务后的剩余财产，依照公司法的有关规定处理。

《中华人民共和国海商法》（1992 年 11 月 7 日）

第二十一条至第二十九条规定的船舶优先权（条文略）。

《中华人民共和国民用航空法》（2021 年 4 月 29 日）

第十九条、第二十一条、第二十二条规定的民用航空器优先权（条文略）。

《中华人民共和国民法典》（2020 年 5 月 28 日）

第四百零九条　抵押权人可以放弃抵押权或者抵押权的顺位。抵押权人与抵押人可以协议变更抵押权顺位以及被担保的债权数额等内容。但是，抵押权的变更未经其他抵押权人书面同意的，不得对其他抵押权人产生不利影响。

债务人以自己的财产设定抵押，抵押权人放弃该抵押权、抵押权顺位或者变更抵押权的，其他担保人在抵押权人丧失优先受偿权益的范围内免除担保责任，但是其他担保人承诺仍然提供担保的除外。

《最高人民法院关于装修装饰工程款是否享有合同法第二百八十六条规定的优先受偿权的函复》［（2004）民一他字第 14 号］

装修装饰工程属于建设工程，可以适用《中华人民共和国合同法》第二百八十六条关于优先受偿权的规定，但装修装饰工程的发包人不是该建筑物的所有权人或者承包人与该建筑物的所有权人之间没有合同关系的除外。享有优先权的承包人只能在建筑物因装修装饰而增加价值的范围内优先受偿。

《最高人民法院执行工作办公室关于执行回转案件的申请执行人在被执行人破产案件中能否得到优先受偿保护的请示的答复》［（2005）执他字

第 27 号］

答复主要内容："天津市高级人民法院：你院《关于执行回转案件的申请执行人在被执行人破产案件中能否得到优先受偿保护的请示》收悉。经研究，答复如下：人民法院因原错误判决被撤销而进行执行回转，申请执行人在被执行人破产案件中能否得到优先受偿保护的问题，目前我国法律尚无明确规定。我们认为，因原错误判决而被执行的财产，并非因当事人的自主交易而转移。为此，不应当将当事人请求执行回转的权利作为普通债权对待。在执行回转案件被执行人破产的情况下，可以比照取回权制度，对执行回转案件申请执行人的权利予以优先保护，认定应当执行回转部分的财产数额，不属于破产财产。因此，审理破产案件的法院应当将该部分财产交由执行法院继续执行。"

《中华人民共和国民法典》（2020 年 5 月 28 日）

第三百九十四条、第四百二十五条、第四百四十七条规定的抵押权、质权、留置权等（条文略）。

上述条文未囊括全部优先清偿的债权情形，列举次序也不代表清偿顺位。

［**2**］**《最高人民法院关于适用〈中华人民共和国民事诉讼法〉的解释》**（2020 年 12 月 23 日修正）

第五百一十条　参与分配执行中，执行所得价款扣除执行费用，并清偿应当优先受偿的债权后，对于普通债权，原则上按照其占全部申请参与分配债权数额的比例受偿。清偿后的剩余债务，被执行人应当继续清偿。债权人发现被执行人有其他财产的，可以随时请求人民法院执行。

475. 【分配方案的制作】

多个债权人对执行财产申请参与分配的，执行法院应当制作财产分配方案①，并送达各债权人和被执行人。执行法院在制作分配方案时，可以先由所有的债权人和债务人进行协商，意见一致的，按照一致意见制作分配方案；意见不一致的，由执行法院依职权按照清偿顺序制作分配方案。分配方案一般应当记载下列事项：

---

① 被执行人是法人的，执行法院需要对多个债权进行分配时，也需要制作分配方案。当事人可以根据本规范第 476 条的规定提起分配方案异议、分配方案异议之诉。

（一）当事人姓名或者名称、地址；

（二）可供分配款项总额；

（三）债权总额、各债权人的债权额及各债权的性质、参与分配的依据；

（四）分配顺序及各债权受分配的比例和数额；

（五）分配方案制作及实施分配的日期；

（六）不服分配方案的救济途径。

476. 【分配方案的异议和异议之诉】

债权人或者被执行人对分配方案有异议的，应当自收到分配方案之日起十五日内向执行法院提出书面异议。[1]

债权人或者被执行人对分配方案提出书面异议的，执行法院应当通知未提出异议的债权人、被执行人。

未提出异议的债权人、被执行人自收到通知之日起十五日内未提出反对意见的，执行法院依异议人的意见对分配方案审查修正后进行分配；提出反对意见的，应当通知异议人。异议人可以自收到通知之日起十五日内，以提出反对意见的债权人、被执行人为被告，向执行法院提起诉讼；异议人逾期未提起诉讼的，执行法院按照原分配方案进行分配。

诉讼期间进行分配的，执行法院应当提存与争议债权数额相应的款项。[2]

法律依据

［1］《最高人民法院关于适用〈中华人民共和国民事诉讼法〉的解释》（2020年12月23日修正）

第五百一十一条　多个债权人对执行财产申请参与分配的，执行法院应当制作财产分配方案，并送达各债权人和被执行人。债权人或者被执行人对分配方案有异议的，应当自收到分配方案之日起十五日内向执行法院提出书面异议。

［2］《最高人民法院关于适用〈中华人民共和国民事诉讼法〉的解释》（2020 年 12 月 23 日修正）

第五百一十二条　债权人或者被执行人对分配方案提出书面异议的，执行法院应当通知未提出异议的债权人、被执行人。

未提出异议的债权人、被执行人自收到通知之日起十五日内未提出反对意见的，执行法院依异议人的意见对分配方案审查修正后进行分配；提出反对意见的，应当通知异议人。异议人可以自收到通知之日起十五日内，以提出反对意见的债权人、被执行人为被告，向执行法院提起诉讼；异议人逾期未提起诉讼的，执行法院按照原分配方案进行分配。

诉讼期间进行分配的，执行法院应当提存与争议债权数额相应的款项。

477. 【剩余债务的清偿】

清偿后的剩余债务，被执行人应当继续清偿。债权人发现被执行人有其他财产的，可以随时请求人民法院执行。[1]

法律依据

［1］《最高人民法院关于适用〈中华人民共和国民事诉讼法〉的解释》（2020 年 12 月 23 日修正）

第五百一十条　参与分配执行中，执行所得价款扣除执行费用，并清偿应当优先受偿的债权后，对于普通债权，原则上按照其占全部申请参与分配债权数额的比例受偿。清偿后的剩余债务，被执行人应当继续清偿。债权人发现被执行人有其他财产的，可以随时请求人民法院执行。

第六节　款物的发放与保管

478. 【执行款的扣划方式】

被执行人可以将执行款直接支付给申请执行人；人民法院也可以将执行款从被执行人账户直接划至申请执行人账户。但有争议或需再分配的执行款，以及人民法院认为确有必要的，应当将执行款划至执行款专户或案款专户。

人民法院通过网络执行查控系统扣划的执行款，应当划至执行款专户或案款专户。[1]

法律依据

[1]《最高人民法院关于执行款物管理工作的规定》（法发〔2017〕6 号）

第六条　被执行人可以将执行款直接支付给申请执行人；人民法院也可以将执行款从被执行人账户直接划至申请执行人账户。但有争议或需再分配的执行款，以及人民法院认为确有必要的，应当将执行款划至执行款专户或案款专户。

人民法院通过网络执行查控系统扣划的执行款，应当划至执行款专户或案款专户。

479.【不直接收取现金和票据原则】

执行人员原则上不直接收取现金和票据；确有必要直接收取的，应当不少于两名执行人员在场，即时向交款人出具收取凭证，同时制作收款笔录，由交款人和在场人员签名。

执行人员直接收取现金或者票据的，应当在回院后当日将现金或票据移交财务部门；当日移交确有困难的，应当在回院后一日内移交并说明原因。[1]

法律依据

[1]《最高人民法院关于执行款物管理工作的规定》（法发〔2017〕6 号）

第九条第一款、第二款　执行人员原则上不直接收取现金和票据；确有必要直接收取的，应当不少于两名执行人员在场，即时向交款人出具收取凭证，同时制作收款笔录，由交款人和在场人员签名。

执行人员直接收取现金或者票据的，应当在回院后当日将现金或票据移交财务部门；当日移交确有困难的，应当在回院后一日内移交并说明原因。财务部门应当按照本规定第七条第二款规定办理。

480. 【执行款的发放期限】

执行人员应当在收到财务部门执行款到账通知之日起三十日内，完成执行款的核算、执行费用的结算、通知申请执行人领取和执行款发放等工作。

有下列情形之一的，报经执行局局长或主管院领导批准后，可以延缓发放：

（一）需要进行案款分配的；

（二）申请执行人因另案诉讼、执行或涉嫌犯罪等原因导致执行款被保全或冻结的；

（三）申请执行人经通知未领取的；

（四）案件被依法中止或者暂缓执行的；

（五）有其他正当理由需要延缓发放执行款的。

上述情形消失后，执行人员应当在十日内完成执行款的发放。[1]

法律依据

［1］**《最高人民法院关于执行款物管理工作的规定》**（法发〔2017〕6号）

第十条　执行人员应当在收到财务部门执行款到账通知之日起三十日内，完成执行款的核算、执行费用的结算、通知申请执行人领取和执行款发放等工作。

有下列情形之一的，报经执行局局长或主管院领导批准后，可以延缓发放：

（一）需要进行案款分配的；

（二）申请执行人因另案诉讼、执行或涉嫌犯罪等原因导致执行款被保全或冻结的；

（三）申请执行人经通知未领取的；

（四）案件被依法中止或者暂缓执行的；

（五）有其他正当理由需要延缓发放执行款的。

上述情形消失后，执行人员应当在十日内完成执行款的发放。

481.【执行款的发放方式】

人民法院发放执行款，一般应当采取转账方式。

执行款应当发放给申请执行人，确需发放给申请执行人以外的单位或个人的，应当组成合议庭进行审查，但依法应当退还给交款人的除外。[1]

法律依据

[1]**《最高人民法院关于执行款物管理工作的规定》**（法发〔2017〕6号）

第十一条 人民法院发放执行款，一般应当采取转账方式。

执行款应当发放给申请执行人，确需发放给申请执行人以外的单位或个人的，应当组成合议庭进行审查，但依法应当退还给交款人的除外。

482.【执行款的发放审批】

发放执行款时，执行人员应当填写执行款发放审批表。执行款发放审批表中应当注明执行案件案号、当事人姓名或名称、交款人姓名或名称、交款金额、交款时间、交款方式、收款人姓名或名称、收款人账号、发款金额和方式等情况。报经执行局局长或主管院领导批准后，交由财务部门办理支付手续。

委托他人代为办理领取执行款手续的，应当附特别授权委托书、委托代理人的身份证复印件。委托代理人是律师的，应当附所在律师事务所出具的公函及律师执照复印件。[1]

法律依据

[1]**《最高人民法院关于执行款物管理工作的规定》**（法发〔2017〕6号）

第十二条 发放执行款时，执行人员应当填写执行款发放审批表。执行款发放审批表中应当注明执行案件案号、当事人姓名或名称、交款人姓名或名称、交款金额、交款时间、交款方式、收款人姓名或名称、收款人账号、发款金额和方式等情况。报经执行局局长或主管院领导批准后，交由财务部门办理支付手续。

委托他人代为办理领取执行款手续的，应当附特别授权委托书、委托代理人的身份证复印件。委托代理人是律师的，应当附所在律师事务所出具的公函及律师执照复印件。

483. 【办理支付手续】

申请执行人要求或同意人民法院采取转账方式发放执行款的，执行人员应当持执行款发放审批表及申请执行人出具的本人或本单位接收执行款的账户信息的书面证明，交财务部门办理转账手续。

申请执行人或委托代理人直接到人民法院办理领取执行款手续的，执行人员应当在查验领款人身份证件、授权委托手续后，持执行款发放审批表，会同领款人到财务部门办理支付手续。[1]

法律依据

［1］**《最高人民法院关于执行款物管理工作的规定》**（法发〔2017〕6号）

第十三条　申请执行人要求或同意人民法院采取转账方式发放执行款的，执行人员应当持执行款发放审批表及申请执行人出具的本人或本单位接收执行款的账户信息的书面证明，交财务部门办理转账手续。

申请执行人或委托代理人直接到人民法院办理领取执行款手续的，执行人员应当在查验领款人身份证件、授权委托手续后，持执行款发放审批表，会同领款人到财务部门办理支付手续。

484. 【符合财务管理规定】

财务部门在办理执行款支付手续时，除应当查验执行款发放审批表，还应当按照有关财务管理规定进行审核。[1]

发放执行款时，收款人应当出具合法有效的收款凭证。财务部门另有规定的，依照其规定。[2]

法律依据

[1]《最高人民法院关于执行款物管理工作的规定》（法发〔2017〕6号）

第十四条　财务部门在办理执行款支付手续时，除应当查验执行款发放审批表，还应当按照有关财务管理规定进行审核。

[2]《最高人民法院关于执行款物管理工作的规定》（法发〔2017〕6号）

第十五条　发放执行款时，收款人应当出具合法有效的收款凭证。财务部门另有规定的，依照其规定。

485.【执行款的提存】

有下列情形之一，不能在规定期限内发放执行款的，人民法院可以将执行款提存：

（一）申请执行人无正当理由拒绝领取的；

（二）申请执行人下落不明的；

（三）申请执行人死亡未确定继承人或者丧失民事行为能力未确定监护人的；

（四）按照申请执行人提供的联系方式无法通知其领取的；

（五）其他不能发放的情形。[1]

法律依据

[1]《最高人民法院关于执行款物管理工作的规定》（法发〔2017〕6号）

第十六条　有下列情形之一，不能在规定期限内发放执行款的，人民法院可以将执行款提存：

（一）申请执行人无正当理由拒绝领取的；

（二）申请执行人下落不明的；

（三）申请执行人死亡未确定继承人或者丧失民事行为能力未确定监护人的；

（四）按照申请执行人提供的联系方式无法通知其领取的；

（五）其他不能发放的情形。

486. 【提存的审批】

需要提存执行款的，执行人员应当填写执行款提存审批表并附具有提存情形的证明材料。执行款提存审批表中应注明执行案件案号、当事人姓名或名称、交款人姓名或名称、交款金额、交款时间、交款方式、收款人姓名或名称、提存金额、提存原因等情况。报经执行局局长或主管院领导批准后，办理提存手续。

提存费用应当由申请执行人负担，可以从执行款中扣除。[1]

法律依据

［1］《最高人民法院关于执行款物管理工作的规定》（法发〔2017〕6号）

第十七条　需要提存执行款的，执行人员应当填写执行款提存审批表并附具有提存情形的证明材料。执行款提存审批表中应注明执行案件案号、当事人姓名或名称、交款人姓名或名称、交款金额、交款时间、交款方式、收款人姓名或名称、提存金额、提存原因等情况。报经执行局局长或主管院领导批准后，办理提存手续。

提存费用应当由申请执行人负担，可以从执行款中扣除。

487. 【物品的交付】

被执行人将执行依据确定交付、返还的物品（包括票据、证照等）直接交付给申请执行人的，被执行人应当向人民法院出具物品接收证明；没有物品接收证明的，执行人员应当将履行情况记入笔录，经双方当事人签字后附卷。

被执行人将物品交由人民法院转交给申请执行人或由人民法院主持双方当事人进行交接的，执行人员应当将交付情况记入笔录，经双方当事人签字后附卷。[1]

法律依据

［1］《最高人民法院关于执行款物管理工作的规定》（法发〔2017〕6号）

第十八条 被执行人将执行依据确定交付、返还的物品（包括票据、证照等）直接交付给申请执行人的，被执行人应当向人民法院出具物品接收证明；没有物品接收证明的，执行人员应当将履行情况记入笔录，经双方当事人签字后附卷。

被执行人将物品交由人民法院转交给申请执行人或由人民法院主持双方当事人进行交接的，执行人员应当将交付情况记入笔录，经双方当事人签字后附卷。

488.【物品的交接】

查封、扣押至人民法院或被执行人、担保人等直接向人民法院交付的物品，执行人员应当立即通知保管部门对物品进行清点、登记，有价证券、金银珠宝、古董等贵重物品应当封存，并办理交接。保管部门接收物品后，应当出具收取凭证。

对于在异地查封、扣押，且不便运输或容易毁损的物品，人民法院可以委托物品所在地人民法院代为保管，代为保管的人民法院应当按照前款规定办理。[1]

法律依据

［1］**《最高人民法院关于执行款物管理工作的规定》**（法发〔2017〕6号）

第十九条 查封、扣押至人民法院或被执行人、担保人等直接向人民法院交付的物品，执行人员应当立即通知保管部门对物品进行清点、登记，有价证券、金银珠宝、古董等贵重物品应当封存，并办理交接。保管部门接收物品后，应当出具收取凭证。

对于在异地查封、扣押，且不便运输或容易毁损的物品，人民法院可以委托物品所在地人民法院代为保管，代为保管的人民法院应当按照前款规定办理。

489.【物品的保管场所】

人民法院应当确定专门场所存放本规范第488条规定的物品。[1]

法律依据

［1］《最高人民法院关于执行款物管理工作的规定》（法发〔2017〕6号）

第二十条　人民法院应当确定专门场所存放本规定第十九条规定的物品。

490.【特殊物品的处理】

对季节性商品、鲜活、易腐烂变质以及其他不宜长期保存的物品，人民法院可以责令当事人及时处理，将价款交付人民法院；必要时，执行人员可予以变卖，并将价款依照《最高人民法院关于执行款物管理工作的规定》要求交财务部门。[1]

法律依据

［1］《最高人民法院关于执行款物管理工作的规定》（法发〔2017〕6号）

第二十一条　对季节性商品、鲜活、易腐烂变质以及其他不宜长期保存的物品，人民法院可以责令当事人及时处理，将价款交付人民法院；必要时，执行人员可予以变卖，并将价款依照本规定要求交财务部门。

491.【物品的发放期限】

人民法院查封、扣押或被执行人交付，且属于执行依据确定交付、返还的物品，执行人员应当自查封、扣押或被执行人交付之日起三十日内，完成执行费用的结算、通知申请执行人领取和发放物品等工作。不属于执行依据确定交付、返还的物品，符合处置条件的，执行人员应当依法启动财产处置程序。[1]

法律依据

［1］《最高人民法院关于执行款物管理工作的规定》（法发〔2017〕6号）

第二十二条　人民法院查封、扣押或被执行人交付，且属于执行依据确定交付、返还的物品，执行人员应当自查封、扣押或被执行人交付之日起三十日内，完成执行费用的结算、通知申请执行人领取和发放物品等工作。不属于执行依据确定交付、返还的物品，符合处置条件的，执行人员应当依法启动财产处置程序。

492. 【物品的提存】

符合本规范第 485 条规定情形之一的，人民法院可以对物品进行提存。

物品不适于提存或者提存费用过高的，人民法院可以提存拍卖或者变卖该物品所得价款。[1]

法律依据

[1]《最高人民法院关于执行款物管理工作的规定》（法发〔2017〕6 号）

第二十四条　符合本规定第十六条规定情形之一的，人民法院可以对物品进行提存。

物品不适于提存或者提存费用过高的，人民法院可以提存拍卖或者变卖该物品所得价款。

第七节　执行实施案件结案

493. 【结案方式】

除执行财产保全裁定、恢复执行的案件外，其他执行实施类案件的结案方式包括：

（一）执行完毕；

（二）终结本次执行程序；

（三）终结执行；

（四）销案；

（五）不予执行；

（六）驳回申请。[1]

法律依据

［1］《最高人民法院关于执行案件立案、结案若干问题的意见》（法发〔2014〕26号）

第十四条　除执行财产保全裁定、恢复执行的案件外，其他执行实施类案件的结案方式包括：

（一）执行完毕；

（二）终结本次执行程序；

（三）终结执行；

（四）销案；

（五）不予执行；

（六）驳回申请。

494.【执行完毕】

执行实施案件有下列情形之一的，可以以“执行完毕”结案：

（一）被执行人自动履行完毕；

（二）人民法院强制执行，已全部执行完毕；

（三）当事人达成执行和解协议，且执行和解协议履行完毕。

执行完毕应当制作结案通知书并发送当事人。双方当事人书面认可执行完毕或口头认可执行完毕并记入笔录的，无需制作结案通知书。[1]

法律依据

［1］《最高人民法院关于执行案件立案、结案若干问题的意见》（法发〔2014〕26号）

第十五条第一款　生效法律文书确定的执行内容，经被执行人自动履行、人民法院强制执行，已全部执行完毕，或者是当事人达成执行和解协议，且执行和解协议履行完毕，可以以“执行完毕”方式结案。

第十五条第二款　执行完毕应当制作结案通知书并发送当事人。双方当事人书面认可执行完毕或口头认可执行完毕并记入笔录的，无需制作结案通知书。

495. 【终结本次执行程序】

执行实施案件具备本规范第 103 条规定条件的，可以以“终结本次执行程序”方式结案。[1]

法律依据

[**1**]**《最高人民法院关于严格规范终结本次执行程序的规定（试行）》**（法〔2016〕373 号）

第一条 人民法院终结本次执行程序，应当同时符合下列条件：

（一）已向被执行人发出执行通知、责令被执行人报告财产；

（二）已向被执行人发出限制消费令，并将符合条件的被执行人纳入失信被执行人名单；

（三）已穷尽财产调查措施，未发现被执行人有可供执行的财产或者发现的财产不能处置；

（四）自执行案件立案之日起已超过三个月；

（五）被执行人下落不明的，已依法予以查找；被执行人或者其他人妨害执行的，已依法采取罚款、拘留等强制措施，构成犯罪的，已依法启动刑事责任追究程序。

《最高人民法院关于执行案件立案、结案若干问题的意见》（法发〔2014〕26 号）

第十六条 有下列情形之一的，可以以“终结本次执行程序”方式结案：

（一）被执行人确无财产可供执行，申请执行人书面同意人民法院终结本次执行程序的；

（二）因被执行人无财产而中止执行满两年，经查证被执行人确无财产可供执行的；

（三）申请执行人明确表示提供不出被执行人的财产或财产线索，并在人民法院穷尽财产调查措施之后，对人民法院认定被执行人无财产可供执行书面表示认可的；

（四）被执行人的财产无法拍卖变卖，或者动产经两次拍卖、不动产或其他财产权经三次拍卖仍然流拍，申请执行人拒绝接受或者依法不能交付其抵债，经人民法院穷尽财产调查措施，被执行人确无其他财产可供执行的；

（五）经人民法院穷尽财产调查措施，被执行人确无财产可供执行或虽有财产但不宜强制执行，当事人达成分期履行和解协议，且未履行完毕的；

（六）被执行人确无财产可供执行，申请执行人属于特困群体，执行法院已经给予其适当救助的。

人民法院应当依法组成合议庭，就案件是否终结本次执行程序进行合议。

终结本次执行程序应当制作裁定书，送达申请执行人。裁定应当载明案件的执行情况、申请执行人债权已受偿和未受偿的情况、终结本次执行程序的理由，以及发现被执行人有可供执行财产，可以申请恢复执行等内容。

依据本条第一款第（二）（四）（五）（六）项规定的情形裁定终结本次执行程序前，应当告知申请执行人可以在指定的期限内提出异议。申请执行人提出异议的，应当另行组成合议庭组织当事人就被执行人是否有财产可供执行进行听证；申请执行人提供被执行人财产线索的，人民法院应当就其提供的线索重新调查核实，发现被执行人有财产可供执行的，应当继续执行；经听证认定被执行人确无财产可供执行，申请执行人亦不能提供被执行人有可供执行财产的，可以裁定终结本次执行程序。

本条第一款第（三）（四）（五）项中规定的“人民法院穷尽财产调查措施”，是指至少完成下列调查事项：

（一）被执行人是法人或其他组织的，应当向银行业金融机构查询银行存款，向有关房地产管理部门查询房地产登记，向法人登记机关查询股权，向有关车管部门查询车辆等情况；

（二）被执行人是自然人的，应当向被执行人所在单位及居住地周边群众调查了解被执行人的财产状况或财产线索，包括被执行人的经济收入来源、被执行人到期债权等。如果根据财产线索判断被执行人有较高收入，应当按照对法人或其他组织的调查途径进行调查；

（三）通过最高人民法院的全国法院网络执行查控系统和执行法院所属高级人民法院的“点对点”网络执行查控系统能够完成的调查事项；

（四）法律、司法解释规定必须完成的调查事项。

人民法院裁定终结本次执行程序后，发现被执行人有财产的，可以依申请执行人的申请或依职权恢复执行。申请执行人申请恢复执行的，不受申请执行期限的限制。

496. 【终结执行】

执行实施案件有本规范第 121 条情形之一的，可以以“终结执行”方式结案。[1]

法律依据

［1］**《最高人民法院关于执行案件立案、结案若干问题的意见》**（法发〔2014〕26 号）

第十七条　有下列情形之一的，可以以“终结执行”方式结案：

（一）申请人撤销申请或者是当事人双方达成执行和解协议，申请执行人撤回执行申请的；

（二）据以执行的法律文书被撤销的；

（三）作为被执行人的公民死亡，无遗产可供执行，又无义务承担人的；

（四）追索赡养费、扶养费、抚育费案件的权利人死亡的；

（五）作为被执行人的公民因生活困难无力偿还借款，无收入来源，又丧失劳动能力的；

（六）作为被执行人的企业法人或其他组织被撤销、注销、吊销营业执照或者歇业、终止后既无财产可供执行，又无义务承受人，也没有能够依法追加变更执行主体的；

（七）依照刑法第五十三条规定免除罚金的；

（八）被执行人被人民法院裁定宣告破产的；

（九）行政执行标的灭失的；

（十）案件被上级人民法院裁定提级执行的；

（十一）案件被上级人民法院裁定指定由其他法院执行的；

（十二）按照《最高人民法院关于委托执行若干问题的规定》，办理了委托执行手续，且收到受托法院立案通知书的；

（十三）人民法院认为应当终结执行的其他情形。

前款除第（十）项、第（十一）项、第（十二）项规定的情形外，终结执行的，应当制作裁定书，送达当事人。

497.【销案】

执行实施案件立案后，有下列情形之一的，可以以“销案”方式结案：

（一）被执行人提出管辖异议，经审查异议成立，将案件移送有管辖权的法院或申请执行人撤回申请的；

（二）发现其他有管辖权的人民法院已经立案在先的；

（三）受托法院报经高级人民法院同意退回委托的。[1]

法律依据

［1］《最高人民法院关于执行案件立案、结案若干问题的意见》（法发〔2014〕26 号）

第十八条　执行实施案件立案后，有下列情形之一的，可以以“销案”方式结案：

（一）被执行人提出管辖异议，经审查异议成立，将案件移送有管辖权的法院或申请执行人撤回申请的；

（二）发现其他有管辖权的人民法院已经立案在先的；

（三）受托法院报经高级人民法院同意退回委托的。

498.【不予执行】

执行实施案件立案后，被执行人对仲裁裁决或公证债权文书提出不予执行申请，经人民法院审查，裁定不予执行的，以“不予执行”方式结案。[1]

法律依据

［1］《最高人民法院关于执行案件立案、结案若干问题的意见》（法发〔2014〕26 号）

第十九条　执行实施案件立案后，被执行人对仲裁裁决或公证债权文书提出不予执行申请，经人民法院审查，裁定不予执行的，以“不予执行”方式结案。

499.【驳回申请】

执行实施案件立案后，经审查发现不符合法律、司法解释规定的受理条件，裁定驳回申请的，以“驳回申请”方式结案。[1]

法律依据

[1]《最高人民法院关于执行案件立案、结案若干问题的意见》（法发〔2014〕26 号）

第二十条　执行实施案件立案后，经审查发现不符合《最高人民法院关于人民法院执行工作若干问题的规定（试行）》第 18 条①规定的受理条件，裁定驳回申请的，以“驳回申请”方式结案。

500.【不得结案处理的情形】

下列案件不得作结案处理：

（一）人民法院裁定中止执行的；

（二）人民法院决定暂缓执行的；

（三）执行和解协议未全部履行完毕，且不符合终结本次执行程序、终结执行条件的。[1]

法律依据

[1]《最高人民法院关于执行案件立案、结案若干问题的意见》（法发〔2014〕26 号）

第二十三条　下列案件不得作结案处理：

（一）人民法院裁定中止执行的；

（二）人民法院决定暂缓执行的；

（三）执行和解协议未全部履行完毕，且不符合本意见第十六条、第十七条规定终结本次执行程序、终结执行条件的。

---

①　现为第 16 条。

第二十一章　金钱给付请求权的执行①

第一节　对银行存款的执行

一、一般规定

501.【查询】

人民法院查询被执行人在金融机构的存款时，执行人员应当出示本人工作证和执行公务证，并出具法院协助查询存款通知书。[1]

对人民法院依法向金融机构查询或查阅的有关资料，包括被执行人开户、存款情况以及会计凭证、账簿、有关对账单等资料（含电脑储存资料），金融机构应当及时如实提供并加盖印章；人民法院根据需要可抄录、复制、照相②，但应当依法保守秘密。[2]

---

① 本章所列举的对查询、查封、冻结、扣押等执行行为的工作要求，是对执行人员到现场进行查询、查封、冻结、扣划等执行行为的工作要求。通过网络实施查询、查封、冻结、扣划等执行行为的，优先适用相关专门规定。如对银行存款的网络查控，优先适用《人民法院、银行业金融机构网络执行查控工作规范》，无规定的，适用本章规定。

② 依据本规范第328条规定，对本条调查所需资料的提取留存，不限于上述三种方式。

法律依据

[1]**《最高人民法院、中国人民银行关于依法规范人民法院执行和金融机构协助执行的通知》**（法发〔2000〕21号）

一、（第1款）人民法院查询被执行人在金融机构的存款时，执行人员应当出示本人工作证和执行公务证，并出具法院协助查询存款通知书。金融机构应当立即协助办理查询事宜，不需办理签字手续，对于查询的情况，由经办人签字确认。对协助执行手续完备拒不协助查询的，按照民事诉讼法第一百零二条规定处理。

[2]**《最高人民法院、中国人民银行关于依法规范人民法院执行和金融机构协助执行的通知》**（法发〔2000〕21号）

五、对人民法院依法向金融机构查询或查阅的有关资料，包括被执行人开户、存款情况以及会计凭证、账簿、有关对账单等资料（含电脑储存资料），金融机构应当及时如实提供并加盖印章；人民法院根据需要可抄录、复制、照相，但应当依法保守秘密。

502. 【冻结】

人民法院冻结被执行人在金融机构的存款时，执行人员应当出示本人工作证和执行公务证，并出具法院冻结裁定书和协助冻结存款通知书。[1]

裁定书和协助冻结存款通知书送达时发生法律效力。[2]

法律依据

[1]**《最高人民法院、中国人民银行关于依法规范人民法院执行和金融机构协助执行的通知》**（法发〔2000〕21号）

一、（第2款）人民法院对查询到的被执行人在金融机构的存款，需要冻结的，执行人员应当出示本人工作证和执行公务证，并出具法院冻结裁定书和协助冻结存款通知书。金融机构应当立即协助执行。对协助执行手续完备拒不协助冻结的，按照民事诉讼法第一百零二条规定处理。

[2]**《最高人民法院关于人民法院民事执行中查封、扣押、冻结财产**

的规定》（2020 年 12 月 23 日修正）

第一条第二款　采取查封、扣押、冻结措施需要有关单位或者个人协助的，人民法院应当制作协助执行通知书，连同裁定书副本一并送达协助执行人。查封、扣押、冻结裁定书和协助执行通知书送达时发生法律效力。

503. 【冻结期限】

人民法院冻结被执行人的银行存款的期限不得超过一年。

申请执行人申请延长期限的，人民法院应当在冻结期限届满前办理续行冻结手续，续行期限不得超过前款规定的期限。

人民法院也可以依职权办理续行冻结手续。[1]

法律依据

［1］**《最高人民法院关于适用〈中华人民共和国民事诉讼法〉的解释》**（2020 年 12 月 23 日修正）

第四百八十七条　人民法院冻结被执行人的银行存款的期限不得超过一年，查封、扣押动产的期限不得超过两年，查封不动产、冻结其他财产权的期限不得超过三年。

申请执行人申请延长期限的，人民法院应当在查封、扣押、冻结期限届满前办理续行查封、扣押、冻结手续，续行期限不得超过前款规定的期限。

人民法院也可以依职权办理续行查封、扣押、冻结手续。

504. 【户名与账号不符的处理】

人民法院在完成冻结手续后，金融机构发现被冻结的户名与账号不符时，可以向法院提出存在的问题，但不得自行解冻。[1]

法律依据

［1］**《最高人民法院关于法院冻结财产的户名与账号不符银行能否自行解冻的请示的答复》**（2020 年 12 月 23 日修正）

答复主要内容："江西省高级人民法院：你院赣高法研〔1996〕6 号请示收悉，经研究，答复如下：人民法院根据当事人申请，对财产采取冻结措施，是我国民事诉讼法赋予人民法院的职权，任何组织或者个人不得加以妨碍。人民法院在完成对财产冻结手续后，银行如发现被冻结的户名与账号不符时，应主动向法院提出存在的问题，由法院更正，而不能自行解冻；如因自行解冻不当造成损失，应视其过错程度承担相应的法律责任。”

505.【扣划裁定的效力】

对未冻结的银行存款，人民法院的扣划裁定同时具有冻结的法律效力。[1]

对已冻结的银行存款，人民法院可以直接裁定扣划，无须出具解除冻结的手续，但应当在裁定中载明先前冻结的事实。[2]

法律依据

［1］**《最高人民法院关于适用〈中华人民共和国民事诉讼法〉的解释》**（2020 年 12 月 23 日修正）

第四百八十六条　对被执行的财产，人民法院非经查封、扣押、冻结不得处分。对银行存款等各类可以直接扣划的财产，人民法院的扣划裁定同时具有冻结的法律效力。

［2］**《人民法院、银行业金融机构网络执行查控工作规范》**（法〔2015〕321 号）

14.（第 2 款）执行法院扣划被执行人已经被冻结的存款，无需先行解除原冻结措施。

506.【实施扣划的手续】

人民法院扣划被执行人在金融机构存款的，执行人员应当出示本人工作证和执行公务证，并出具法院扣划裁定书和协助扣划存款通知书。[1]

法律依据

［1］**《人民法院、银行业金融机构网络执行查控工作规范》**（法

〔2015〕321 号）

9.（第 1 款）执行法院通过网络执行查控系统对被执行人采取冻结、续行冻结、解除冻结、扣划等执行措施的，应当向金融机构发送加盖电子印章的执行裁定书、协助执行通知书和执行人员的公务证件电子扫描件。

507.【金融机构留置送达的允许】

人民法院要求金融机构协助冻结、扣划被执行人的存款时，冻结、扣划裁定和协助执行通知书适用留置送达的规定。[1]

法律依据

［1］**《最高人民法院、中国人民银行关于依法规范人民法院执行和金融机构协助执行的通知》**（法发〔2000〕21 号）

二、人民法院要求金融机构协助冻结、扣划被执行人的存款时，冻结、扣划裁定和协助执行通知书适用留置送达的规定。

508.【金融机构的协助义务】

人民法院查询被执行人在金融机构的存款时，金融机构应当立即协助办理查询事宜，不需办理签字手续，对于查询的情况，由经办人签字确认。

人民法院冻结、扣划被执行人在金融机构存款的，金融机构应当立即协助执行。[1]

对协助执行手续完备拒不协助执行的，按照民事诉讼法第一百一十四条[2]规定处理。

法律依据

［1］**《最高人民法院、中国人民银行关于依法规范人民法院执行和金融机构协助执行的通知》**（法发〔2000〕21 号）

一、人民法院查询被执行人在金融机构的存款时，执行人员应当出示本人工作证和执行公务证，并出具法院协助查询存款通知书。金融机构应当立即协助办理查询事宜，不需办理签字手续，对于查询的情况，由经办人签字确认。对协助执行手续完备拒不协助查询的，按照民事诉讼法第一百零二条①规定处理。

人民法院对查询到的被执行人在金融机构的存款，需要冻结的，执行人员应当出示本人工作证和执行公务证，并出具法院冻结裁定书和协助冻结存款通知书。金融机构应当立即协助执行。对协助执行手续完备拒不协助冻结的，按照民事诉讼法第一百零二条规定处理。

人民法院扣划被执行人在金融机构存款的，执行人员应当出示本人工作证和执行公务证，并出具法院扣划裁定书和协助扣划存款通知书，还应当附生效法律文书副本。金融机构应当立即协助执行。对协助执行手续完备拒不协助扣划的，按照民事诉讼法第一百零二条规定处理。

人民法院查询、冻结、扣划被执行人在金融机构的存款时，可以根据工作情况要求存款人开户的营业场所的上级机构责令该营业场所做好协助执行工作，但不得要求该上级机构协助执行。

［**2**］**《中华人民共和国民事诉讼法》**（2017 年 6 月 27 日修正）

第一百一十四条　有义务协助调查、执行的单位有下列行为之一的，人民法院除责令其履行协助义务外，并可以予以罚款：

（一）有关单位拒绝或者妨碍人民法院调查取证的；

（二）有关单位接到人民法院协助执行通知书后，拒不协助查询、扣押、冻结、划拨、变价财产的；

（三）有关单位接到人民法院协助执行通知书后，拒不协助扣留被执行人的收入、办理有关财产权证照转移手续、转交有关票证、证照或者其他财产的；

（四）其他拒绝协助执行的。

人民法院对有前款规定的行为之一的单位，可以对其主要负责人或者直接责任人员予以罚款；对仍不履行协助义务的，可以予以拘留；并可以向监察机关或者有关机关提出予以纪律处分的司法建议。

① 现为第一百一十四条，下同。

509. 【擅自解冻的责任】

金融机构擅自解冻被人民法院冻结的款项，致冻结款项被转移的，人民法院有权责令其限期追回。在限期内未能追回的，应当裁定该金融机构在转移的款项范围内以自己的财产向申请执行人承担责任。[1]

法律依据

[1]《最高人民法院关于人民法院执行工作若干问题的规定（试行）》（2020 年 12 月 23 日修正）

26. 金融机构擅自解冻被人民法院冻结的款项，致冻结款项被转移的，人民法院有权责令其限期追回已转移的款项。在限期内未能追回的，应当裁定该金融机构在转移的款项范围内以自己的财产向申请执行人承担责任。

510. 【存款上优先受偿权的处理】

有权机关、金融机构或第三人对被执行人银行账户中的存款及其他金融资产享有质押权、保证金等优先受偿权的，金融机构应当将所登记的优先受偿权信息在查询结果中载明。执行法院可以采取冻结措施，金融机构反馈查询结果中载明优先受偿权人的，人民法院应在办理后五个工作日内，将采取冻结措施的情况通知优先受偿权人。优先受偿权人可向执行法院主张权利，执行法院应当依法审查处理。审查处理期间，执行法院不得强制扣划。

存款或金融资产的优先受偿权消灭前，其价值不计算在实际冻结总金额内；优先受偿权消灭后，执行法院可以依法采取扣划、强制变价等执行措施。

被执行人与案外人开设联名账户等共有账户，案外人对账户中的存款及其他金融资产享有共有权的，参照前两款规定处理。[1]

法律依据

［1］**《人民法院、银行业金融机构网络执行查控工作规范》**（法〔2015〕321 号）

12. 有权机关、金融机构或第三人对被执行人银行账户中的存款及其他金融资产享有质押权、保证金等优先受偿权的，金融机构应，当将所登记的优先受偿权信息在查询结果中裁明。执行法院可以采取冻结措施，金融机构反馈查询结果中载明优先受偿权人的，人民法院应在办理后五个工作日内，将采取冻结措施的情况通知优先受偿权人。优先受偿权人可向执行法院主张权利，执行法院应当依法审查处理。审查处理期间，执行法院不得强制扣划。

存款或金融资产的优先受偿权消灭前，其价值不计算在实际冻结总金额内；优先受偿权消灭后，执行法院可以依法采取扣划、强制变价等执行措施。

被执行人与案外人开设联名账户等共有账户，案外人对账户中的存款及其他金融资产享有共有权的，参照前两款规定处理。

二、常见特殊账户或特殊资金

511.【工会经费、党费】

对企业的工会经费及“工会经费集中户”的款项、党组织的党费，人民法院不得作为所在企业的财产予以执行。[1]

法律依据

［1］**《最高人民法院关于产业工会、基层工会是否具备社会团体法人资格和工会经费集中户可否冻结划拨问题的批复》**（2020 年 12 月 23 日修正）

三、根据工会法的规定，工会经费包括工会会员缴纳的会费，建立工会组织的企业事业单位、机关按每月全部职工工资总额的百分之二的比例向工会拨交的经费，以及工会所属的企业、事业单位上缴的收入和人民政府的补助等。工会经费要按比例逐月向地方各级总工会和全国总工会拨交。工会的经费一经拨交，所有权随之转移。在银行独立开列的“工会经费集中户”，与企业经营资金无关，专门用于工会经费的集中与分配，不能在此账户开支费用或挪用、转移资金。因此，人民法院在审理案件中，不应将工会经费视为所在企业的财产，在企业欠债的情况下，不应冻结、划拨工会经费及“工会经费集中户”的款项。

《最高人民法院关于强制执行中不应将企业党组织的党费作为企业财产予以冻结或划拨的通知》（法〔2005〕209号）

通知主要内容：“企业党组织的党费是企业每个党员按月工资比例向党组织交纳的用于党组织活动的经费。党费由党委组织部门代党委统一管理，单立账户，专款专用，不属于企业的责任财产。因此，在企业作为被执行人时，人民法院不得冻结或划拨该企业党组织的党费，不得用党费偿还该企业的债务。执行中，如果申请执行人提供证据证明企业的资金存入党费账户，并申请人民法院对该项资金予以执行的，人民法院可以对该项资金先行冻结；被执行人提供充分证据证明该项资金属于党费的，人民法院应当解除冻结。”

512.【军队、武警部队的存款】

军队、武警部队一类保密单位开设的“特种预算存款”“特种其他存款”和连队账户的存款，人民法院原则上不采取冻结或扣划等措施，但该账户存入其他款项的除外；军队、武警部队的其余存款可以冻结和扣划。[1]

法律依据

［1］**《中国人民银行、最高人民法院、最高人民检察院、公安部关于查询、冻结、扣划企业事业单位、机关、团体银行存款的通知》**（银发〔1993〕356号）

五、关于冻结、扣划军队、武警部队存款的问题

军队、武警部队一类保密单位开设的“特种预算存款”、“特种其他存款”和连队账户的存款，原则上不采取冻结或扣划等项诉讼保全措施。但军队、武警部队的其余存款可以冻结和扣划。

513.【封闭贷款结算专户资金】

人民法院不得执行被执行人的封闭贷款结算专户中的款项。

如果有证据证明债务人为逃避债务将其他款项打入封闭贷款结算专户的，人民法院可以仅就所打入的款项采取执行措施。[1]

法律依据

［1］**《最高人民法院关于执行〈封闭贷款管理暂行办法〉和〈外经贸企业封闭贷款管理暂行办法〉中应注意的几个问题的通知》**（法发〔2000〕4号）

二、人民法院在执行案件时，不得执行被执行人的封闭贷款结算专户中的款项。

三、如果有证据证明债务人为逃避债务将其他款项打入封闭贷款结算专户的，人民法院可以仅就所打入的款项采取执行措施。

514.【国有企业下岗职工基本生活保障资金】

对国有企业下岗职工基本生活保障资金，人民法院不得作为所在企业的财产予以执行。[1]

法律依据

［1］**《最高人民法院关于严禁冻结或划拨国有企业下岗职工基本生活保障资金的通知》**（法〔1999〕228号）

通知主要内容："各省、自治区、直辖市高级人民法院，新疆维吾尔自治区高级人民法院生产建设兵团分院：据悉，最近一些地方人民法院在审理或执行经济纠纷案件中，冻结并划拨国有企业下岗职工基本生活保障资金，导致下岗职工基本生活无法保障，影响了社会稳定。为杜绝此类事件发生，特通知如下：国有企业下岗职工基本生活保障资金是采取企业、社会、财政各承担三分之一的办法筹集的，由企业再就业服务中心设立专户管理，专项用于保障下岗职工基本生活，具有专项资金的性质，不得挪作他用，不能与企业的其他财产等同对待。各地人民法院在审理和执行经济纠纷案件时，不得将该项存于企业再就业服务中心的专项资金作为企业财产处置，不得冻结或划拨该项资金用以抵偿企业债务。"

515.【社会保险基金】

对社会保险基金，人民法院不得作为社会保险机构及其原下属企业的财产予以执行。[1]

法律依据

［1］**《最高人民法院关于在审理和执行民事、经济纠纷案件时不得查封、冻结和扣划社会保险基金的通知》**（法〔2000〕19号）

通知主要内容："各省、自治区、直辖市高级人民法院，新疆维吾尔自治区高级人民法院生产建设兵团分院：近一个时期，少数法院在审理和执行社会保险机构原下属企业（现已全部脱勾）与其它企业、单位的经济纠纷案件时，查封社会保险机构开设的社会保险基金账户，影响了社会保险基金的正常发放，不利于社会的稳定。为杜绝此类情况发生，特通知如下：社会保险基金是由社会保险机构代参保人员管理，并最终由参保人员享用的公共基金，不属于社会保险机构所有。社会保险机构对该项基金设立专户管理，专款专用，专项用于保障企业退休职工、失业人员的基本生活需要，属专项资金，不得挪作他用。因此，各地人民法院在审理和执行民事、经济纠纷案件时，不得查封、冻结或扣划社会保险基金；不得用社会保险基金偿还社会保险机构及其原下属企业的债务。各地人民法院如发现有违反上述规定的，应当及时依法予以纠正。"

516.【存款准备金、备付金】

被执行人为金融机构的，对其交存在人民银行的存款准备金和备付金不得冻结和扣划，但对其在本机构、其他金融机构的存款，及其在人民银行的其他存款可以冻结、划拨，并可对被执行人的其他财产采取执行措施，但不得查封其营业场所。[1]

法律依据

［1］**《最高人民法院关于人民法院执行工作若干问题的规定（试行）》**（2020年12月23日修正）

27. 被执行人为金融机构的，对其交存在人民银行的存款准备金和备付金不得冻结和扣划，但对其在本机构、其他金融机构的存款，及其在人民银行的其他存款可以冻结、划拨，并可对被执行人的其他财产采取执行措施，但不得查封其营业场所。

517. 【期货交易所会员的期货保证金】①

期货交易所为被执行人，申请执行人请求冻结、划拨期货交易所会员在期货交易所保证金账户中的资金的，人民法院不予支持。[1]

法律依据

[1]《最高人民法院关于审理期货纠纷案件若干问题的规定（二）》(2020 年 12 月 23 日修正)

第三条第一项 期货交易所为债务人，债权人请求冻结、划拨以下账户中资金或者有价证券的，人民法院不予支持：

（一）期货交易所会员在期货交易所保证金账户中的资金；

518. 【期货公司客户的期货保证金】

期货公司为被执行人，申请执行人请求冻结、划拨客户在期货公司保证金账户中的资金的，人民法院不予支持。[1]

法律依据

[1]《最高人民法院关于审理期货纠纷案件若干问题的规定（二）》(2020 年 12 月 23 日修正)

第四条第一项 期货公司为债务人，债权人请求冻结、划拨以下账户中资

① 人民法院在办理案件过程中，依法需要通过期货交易所、期货公司查询、冻结、划拨资金的，期货交易所、期货公司应当予以协助。应当协助而拒不协助的，按照民事诉讼法第一百一十四条之规定办理。参见《最高人民法院关于审理期货纠纷案件若干问题的规定（二）》（2020 年 12 月 23 日修正）第八条。

金或者有价证券的，人民法院不予支持：

（一）客户在期货公司保证金账户中的资金；

519.【非结算会员的保证金】

实行会员分级结算制度的期货交易所的结算会员为被执行人，申请执行人请求冻结、划拨非结算会员在该被执行人结算会员保证金账户中的资金的，人民法院不予支持。[1]

法律依据

［1］**《最高人民法院关于审理期货纠纷案件若干问题的规定（二）》**（2020年12月23日修正）

第五条第一项　实行会员分级结算制度的期货交易所的结算会员为债务人，债权人请求冻结、划拨结算会员以下资金或者有价证券的，人民法院不予支持：

（一）非结算会员在结算会员保证金账户中的资金；

520.【前述三条的例外】

有证据证明保证金账户中有超过本规范第517条、第518条、第519条规定的资金，期货交易所、期货公司或者期货交易所结算会员在人民法院指定的合理期限内不能提出相反证据的，人民法院可以依法冻结、划拨超出部分的资金。

有证据证明期货交易所、期货公司、期货交易所结算会员自有资金与保证金发生混同，期货交易所、期货公司或者期货交易所结算会员在人民法院指定的合理期限内不能提出相反证据的，人民法院可以依法冻结、划拨相关账户内的资金。[1]

法律依据

［1］**《最高人民法院关于审理期货纠纷案件若干问题的规定（二）》**（2020年12月23日修正）

第六条　有证据证明保证金账户中有超过上述第三条、第四条、第五条规定的资金或者有价证券部分权益的，期货交易所、期货公司或者期货交易所结算会员在人民法院指定的合理期限内不能提出相反证据的，人民法院可以依法冻结、划拨超出部分的资金或者有价证券。

有证据证明期货交易所、期货公司、期货交易所结算会员自有资金与保证金发生混同，期货交易所、期货公司或者期货交易所结算会员在人民法院指定的合理期限内不能提出相反证据的，人民法院可以依法冻结、划拨相关账户内的资金或者有价证券。

521. 【结算担保金】

实行会员分级结算制度的期货交易所或者其结算会员为被执行人，申请执行人请求冻结、划拨期货交易所向其结算会员依法收取的结算担保金的，人民法院不予支持。

有证据证明结算会员在结算担保金专用账户中有超过交易所要求的结算担保金数额部分的，结算会员在人民法院指定的合理期限内不能提出相反证据的，人民法院可以依法冻结、划拨超出部分的资金。[1]

法律依据

[1]《最高人民法院关于审理期货纠纷案件若干问题的规定（二）》（2020 年 12 月 23 日修正）

第七条　实行会员分级结算制度的期货交易所或者其结算会员为债务人，债权人请求冻结、划拨期货交易所向其结算会员依法收取的结算担保金的，人民法院不予支持。

有证据证明结算会员在结算担保金专用账户中有超过交易所要求的结算担保金数额部分的，结算会员在人民法院指定的合理期限内不能提出相反证据的，人民法院可以依法冻结、划拨超出部分的资金。

522. 【旅行服务质量保证金】

人民法院在执行涉及旅行社的案件时，遇有下列情形而旅行社不承担或无力承担赔偿责任的，可以执行旅行服务质量保证金：

（一）旅行社因自身过错未达到合同约定的服务质量标准而造成旅游者的经济权益损失；

（二）旅行社的服务未达到国家或行业规定的标准而造成旅游者的经济权益损失；

（三）旅行社破产后造成旅游者预交旅行费损失；

（四）人民法院判决、裁定及其他生效法律文书认定的旅行社损害旅游者合法权益的情形。

除上述情形之外，不得执行旅行服务质量保证金。同时，执行涉及旅行社的经济赔偿案件时，不得从旅游行政部门行政经费账户上划转行政经费资金。[1]

法律依据

［1］**《最高人民法院关于执行旅行社质量保证金问题的通知》**（法〔2001〕1号）

人民法院在执行涉及旅行社的案件时，遇有下列情形而旅行社不承担或无力承担赔偿责任的，可以执行旅行社质量保证金：

（1）旅行社因自身过错未达到合同约定的服务质量标准而造成旅游者的经济权益损失；

（2）旅行社的服务未达到国家或行业规定的标准而造成旅游者的经济权益损失；

（3）旅行社破产后造成旅游者预交旅行费损失；

（4）人民法院判决、裁定及其他生效法律文书认定的旅行社损害旅游者合法权益的情形。

除上述情形之外，不得执行旅行社质量保证金。同时，执行涉及旅行社的经济赔偿案件时，不得从旅游行政管理部门行政经费账户上划转行政经费资金。

《旅游服务质量保证金存取管理办法》（旅办发〔2013〕170号）

第二条　旅游服务质量保证金（以下简称“保证金”）是指根据《中华人

民共和国旅游法》及《旅行社条例》的规定，由旅行社在指定银行缴存或由银行担保提供的一定数额用于旅游服务质量赔偿支付和团队旅游者人身安全遇有危险时紧急救助费用垫付的资金。

523.【承兑汇票保证金】

人民法院依法可以对银行承兑汇票保证金采取冻结措施，但不得扣划。如果金融机构已对汇票承兑或者已对外付款，根据金融机构的申请，人民法院应当解除对银行承兑汇票保证金相应部分的冻结措施。银行承兑汇票保证金已丧失保证金功能时，人民法院可以依法采取扣划措施。[1]

法律依据

［1］**《最高人民法院、中国人民银行关于依法规范人民法院执行和金融机构协助执行的通知》**（法发〔2000〕21号）

九、人民法院依法可以对银行承兑汇票保证金采取冻结措施，但不得扣划。如果金融机构已对汇票承兑或者已对外付款，根据金融机构的申请，人民法院应当解除对银行承兑汇票保证金相应部分的冻结措施。银行承兑汇票保证金已丧失保证金功能时，人民法院可以依法采取扣划措施。

524.【信用证开证保证金】

人民法院审理和执行案件时，依法可以对信用证开证保证金采取冻结措施，但不得扣划。

如果当事人、开证银行认为人民法院冻结和扣划的某项资金属于信用证开证保证金的，应当依法提出异议并提供证据予以证明。人民法院审查后，可按以下原则处理：对于确系信用证开证保证金的，不得采取扣划措施；如果开证银行履行了对外支付义务，根据该银行的申请，人民法院应当立即解除对信用证开证保证金相应部分的冻结措施；如果申请开证人提供的开证保证金是外汇，当事人又举证证明信用证的受益人提供的单据与信用证条款相符时，人民法院应当立即解除冻结措施。

如果银行因信用证无效、过期，或者因单证不符而拒付信用证款项并且免除了对外支付义务，以及在正常付出了信用证款项并从信用证开证保证金中扣除相应款额后尚有剩余，即在信用证开证保证金账户存款已丧失保证金功能的情况下，人民法院可以依法采取扣划措施。

人民法院对于为逃避债务而提供虚假证据证明属信用证开证保证金的单位和个人，应当依照民事诉讼法的有关规定严肃处理。[1]

法律依据

［**1**］**《最高人民法院关于人民法院能否对信用证开证保证金采取冻结和扣划措施问题的规定》**（2020 年 12 月 23 日修正）

信用证开证保证金属于有进出口经营权的企业向银行申请对国外（境外）方开立信用证而备付的具有担保支付性质的资金。为了严肃执法和保护当事人的合法权益，现就有关冻结、扣划信用证开证保证金的问题规定如下：

一、人民法院在审理或执行案件时，依法可以对信用证开证保证金采取冻结措施，但不得扣划。如果当事人、开证银行认为人民法院冻结和扣划的某项资金属于信用证开证保证金的，应当依法提出异议并提供有关证据予以证明。人民法院审查后，可按以下原则处理：对于确系信用证开证保证金的，不得采取扣划措施；如果开证银行履行了对外支付义务，根据该银行的申请，人民法院应当立即解除对信用证开证保证金相应部分的冻结措施；如果申请开证人提供的开证保证金是外汇，当事人又举证证明信用证的受益人提供的单据与信用证条款相符时，人民法院应当立即解除冻结措施。

二、如果银行因信用证无效、过期，或者因单证不符而拒付信用证款项并且免除了对外支付义务，以及在正常付出了信用证款项并从信用证开证保证金中扣除相应款额后尚有剩余，即在信用证开证保证金账户存款已丧失保证金功能的情况下，人民法院可以依法采取扣划措施。

三、人民法院对于为逃避债务而提供虚假证据证明属信用证开证保证金的单位和个人，应当依照民事诉讼法的有关规定严肃处理。

525.【职工建房集资款、自列住房基金】

对于企业职工建房集资款，人民法院不得作为所在企业的财产予以执行。[1]

对于企业自列职工住房基金用途的资金，人民法院可以作为该企业的财产予以执行。①

法律依据

［1］**《最高人民法院执行工作办公室关于企业职工建房集资款不属企业所得问题的函》**（法经〔1997〕12号）

函主要内容："湖北省高级人民法院：陕西建光机器厂给我院来函反映：你省荆沙市沙市区人民法院在执行荆沙市中级人民法院〔1996〕荆经字第175号生效判决时，将所有权不属于该厂的职工建房集资款六十万元人民币予以冻结。为此，该厂向沙市区人民法院提出异议，沙市区人民法院则以此款是职工预购房款，属该厂所有为由，驳回其异议。经审查，陕西建光机器厂为解决本厂职工住房困难，于1995年12月15日以集资修建职工住房方案为题下发了〔1995〕180号文件，该文件明确了集资对象、条件及方式。经上报市房改办公室获批后，该厂按市房改办批复的要求，将上述职工个人集资款存入指定银行的专项账户。上列事实清楚，证据充分。国务院住房制度改革领导小组办公室还专就此事致函我办，明确指出：'此款其性质属于职工个人的，不应视为企业的其他资金。'请你院接到此函后，通知并监督荆沙市沙市区人民法院立

① 需要注意的是，此类款项直接涉及企业职工的切身利益，执行时应当慎重。确无其他可供执行财产的，应在切实做好有关方面工作的基础上予以执行。参照《最高人民法院关于对企业住房基金执行问题的复函》［经他（1996）17号］。复函主要内容："浙江省高级人民法院：你院（1996）浙高法执字第9号请示报告收悉。经研究，现答复如下：《中华人民共和国民法通则》第四十八条规定：'全民所有制企业法人以国家授予它经营管理的财产承担民事责任，……'临海市化肥厂将属其经管的房产出售给本厂职工，所得二十八万元款项仍属国营企业经营管理的财产。至于作为'住房基金'，仅仅是临海市化肥厂对这笔财产的一种用途，并不能改变这笔财产是国家授予其经营管理的性质。因此，可以用于承担民事责任。鉴于临海市化肥厂已将售房款用作'住房基金'，直接涉及企业职工的切身利益，因此，执行此案时一定要慎重。在确无其他可供执行财产的情况下，应在切实做好有关方面工作的基础上予以执行。"

即将此款解冻。”

526. 【粮棉油政策性收购资金】

对各级财政开支的直接用于粮棉油收购环节的价格补贴款、银行粮棉油政策性收购货款和粮棉油政策性收购企业的粮棉油调销回笼款，只能用于粮棉油收购及相关费用支出。人民法院在审理和执行涉及政策性粮棉油收购业务之外的经济纠纷案件中，不宜对粮棉油政策性收购企业在中国农业发展银行及其代理行或经人民银行当地分行批准的其他金融机构开立账上的这类资金采取财产保全措施和执行措施。[1] 对中国农业发展银行提供的粮棉油收购资金及由该项资金形成的库存的粮棉油，人民法院不宜采取财产保全措施和执行措施。[2]

法律依据

［1］**《最高人民法院关于对粮棉油政策性收购资金是否可以采取财产保全措施问题的复函》**（法函〔1997〕97 号）

复函主要内容：“山东省高级人民法院：你院鲁法经（1997）33 号《关于对粮棉油政策性收购资金专户是否可以采取财产保全措施问题的请示》收悉。经研究，答复如下：同意你院请示的倾向性意见。粮棉油政策性收购资金是用于国家和地方专项储备的粮食、棉花、油料的收购、储备、调销资金和国家定购粮食、棉花收购资金。包括各级财政开支的直接用于粮棉油收购环节的价格补贴款、银行粮棉油政策性收购货款和粮棉油政策性收购企业的粮棉油调销回笼款。该资金只能用于粮棉油收购及相关费用支出。人民法院在审理涉及政策性粮棉油收购业务之外的经济纠纷案件中，不宜对粮棉油政策性收购企业在中国农业发展银行及其代理行或经人民银行当地分行批准的其他金融机构开立账上的这类资金采取财产保全措施，以保证这类资金专款专用，促进农业的发展。”

［2］**《最高人民法院关于对粮棉油政策性收购资金形成的粮棉油不宜采取保全措施和执行措施的通知》**（法〔2000〕164 号）

通知主要内容：“各省、自治区、直辖市高级人民法院，解放军军事法院，新疆维吾尔自治区高级人民法院生产建设兵团分院：根据国务院国发〔1998〕15号《关于进一步深化粮食流通体制改革的决定》和国发〔1998〕42号《关于深化棉花流通体制改革的决定》以及《粮食收购条例》等有关法规和规范性文件的规定，人民法院在保全和执行国有粮棉油购销企业从事粮棉油政策性收购以外业务所形成的案件时，除继续执行我院法函〔1997〕97号《关于对粮棉油政策性收购资金是否可以采取财产保全措施问题的复函》外，对中国农业发展银行提供的粮棉油收购资金及由该项资金形成的库存的粮棉油不宜采取财产保全措施和执行措施。”

527.【凭证式国库券】

被执行人存在银行的凭证式国库券是由被执行人交银行管理的到期偿还本息的有价证券，在性质上与银行的定期储蓄存款相似，属于被执行人的财产。依照民事诉讼法第二百四十二条[1]规定的精神，人民法院有权冻结、划拨被执行人存在银行的凭证式国库券。[2]

法律依据

［1］**《中华人民共和国民事诉讼法》**（2017年6月27日修正）

第二百四十二条　被执行人未按执行通知履行法律文书确定的义务，人民法院有权向有关单位查询被执行人的存款、债券、股票、基金份额等财产情况。人民法院有权根据不同情形扣押、冻结、划拨、变价被执行人的财产。人民法院查询、扣押、冻结、划拨、变价的财产不得超出被执行人应当履行义务的范围。

人民法院决定扣押、冻结、划拨、变价财产，应当作出裁定，并发出协助执行通知书，有关单位必须办理。

［2］**《最高人民法院关于对被执行人存在银行的凭证式国库券可否采取执行措施问题的批复》**（2020年12月23日修正）

批复主要内容：“北京市高级人民法院：你院《关于对被执行人在银行的凭证式记名国库券可否采取冻结、扣划强制措施的请示》（京高法〔1997〕194号）收悉。经研究，答复如下：被执行人存在银行的凭证式国库券是由被执行人交银行管理的到期偿还本息的有价证券，在性质上与银行的定期储蓄存款相似，属于被执行人的财产。依照《中华人民共和国民事诉讼法》第二百四十二条规定的精神，人民法院有权冻结、划拨被执行人存在银行的凭证式国库券。有关银行应当按照人民法院的协助执行通知书将本息划归申请执行人。”

第二节 对机动车辆、船舶的执行

一、对机动车辆的执行

528.【对机动车辆执行的一般规定】

人民法院可以查封、扣押登记在被执行人名下的机动车辆，或者占有的机动车辆。[1]

法律依据

[1]**《中华人民共和国民法典》**（2020 年 5 月 28 日）

第六百四十一条　当事人可以在买卖合同中约定买受人未履行支付价款或者其他义务的，标的物的所有权属于出卖人。

出卖人对标的物保留的所有权，未经登记，不得对抗善意第三人。

《最高人民法院关于适用〈中华人民共和国民法典〉物权编的解释（一）》（法释〔2020〕24 号）

第六条　转让人转让船舶、航空器和机动车等所有权，受让人已经支付合理价款并取得占有，虽未经登记，但转让人的债权人主张其为民法典第二百二十五条所称的“善意第三人”的，不予支持，法律另有规定的除外。

《最高人民法院关于人民法院民事执行中查封、扣押、冻结财产的规定》（2020 年 12 月 23 日修正）

第二条第一款　人民法院可以查封、扣押、冻结被执行人占有的动产、登记在被执行人名下的不动产、特定动产及其他财产权。

529. 【登记车辆的查封】

对已登记的机动车辆查封的，人民法院应当制作协助执行通知书，连同裁定书副本一并送达车辆管理部门。查封裁定书和协助执行通知书送达时发生法律效力。[1]

法律依据

[1]**《最高人民法院关于人民法院民事执行中查封、扣押、冻结财产的规定》**（2020 年 12 月 23 日修正）

第一条第二款　采取查封、扣押、冻结措施需要有关单位或者个人协助的，人民法院应当制作协助执行通知书，连同裁定书副本一并送达协助执行人。查封、扣押、冻结裁定书和协助执行通知书送达时发生法律效力。

530. 【未登记车辆的扣押】

扣押尚未进行权属登记的机动车辆时，人民法院应当在扣押清单上记载该机动车辆的发动机编号。该车辆在扣押期间权利人要求办理权属登记手续的，人民法院应当准许并及时办理相应的扣押登记手续。[1]

法律依据

[1]**《最高人民法院关于人民法院民事执行中查封、扣押、冻结财产的规定》**（2020 年 12 月 23 日修正）

第九条　扣押尚未进行权属登记的机动车辆时，人民法院应当在扣押清单上记载该机动车辆的发动机编号。该车辆在扣押期间权利人要求办理权属登记手续的，人民法院应当准许并及时办理相应的扣押登记手续。

531. 【责令交出或协助查找】

人民法院对已经办理查封登记手续的被执行人机动车未能实际扣押的，可以责令被执行人或实际占有人限期交出车辆，也可以依照相关规定通知有关单位协助查找。[1]

被执行人或实际占有人无正当理由拒不交出的，人民法院按照民事诉讼法第一百一十一条[2]、第一百一十四条[3]规定处理。

法律依据

［1］**《最高人民法院关于民事执行中财产调查若干问题的规定》**（2020年12月23日修正）

第十六条　人民法院对已经办理查封登记手续的被执行人机动车、船舶、航空器等特定动产未能实际扣押的，可以依照相关规定通知有关单位协助查找。

［2］**《中华人民共和国民事诉讼法》**（2017年6月27日修正）

第一百一十一条　诉讼参与人或者其他人有下列行为之一的，人民法院可以根据情节轻重予以罚款、拘留；构成犯罪的，依法追究刑事责任：

（一）伪造、毁灭重要证据，妨碍人民法院审理案件的；

（二）以暴力、威胁、贿买方法阻止证人作证或者指使、贿买、胁迫他人作伪证的；

（三）隐藏、转移、变卖、毁损已被查封、扣押的财产，或者已被清点并责令其保管的财产，转移已被冻结的财产的；

（四）对司法工作人员、诉讼参加人、证人、翻译人员、鉴定人、勘验人、协助执行的人，进行侮辱、诽谤、诬陷、殴打或者打击报复的；

（五）以暴力、威胁或者其他方法阻碍司法工作人员执行职务的；

（六）拒不履行人民法院已经发生法律效力的判决、裁定的。

人民法院对有前款规定的行为之一的单位，可以对其主要负责人或者直接责任人员予以罚款、拘留；构成犯罪的，依法追究刑事责任。

［3］**《中华人民共和国民事诉讼法》**（2017年6月27日修正）

第一百一十四条　有义务协助调查、执行的单位有下列行为之一的，人民法院除责令其履行协助义务外，并可以予以罚款：

（一）有关单位拒绝或者妨碍人民法院调查取证的；

（二）有关单位接到人民法院协助执行通知书后，拒不协助查询、扣押、冻结、划拨、变价财产的；

（三）有关单位接到人民法院协助执行通知书后，拒不协助扣留被执行人的收入、办理有关财产权证照转移手续、转交有关票证、证照或者其他财产的；

（四）其他拒绝协助执行的。

人民法院对有前款规定的行为之一的单位，可以对其主要负责人或者直接责任人员予以罚款；对仍不履行协助义务的，可以予以拘留；并可以向监察机关或者有关机关提出予以纪律处分的司法建议。

532.【扣押机动车辆保管的原则】

扣押的机动车辆，一般由人民法院保管或者委托第三人保管。保管期间，任何人不得使用。[1]

法律依据

[1]**《最高人民法院关于人民法院民事执行中查封、扣押、冻结财产的规定》**（2020年12月23日修正）

第十条 查封、扣押的财产不宜由人民法院保管的，人民法院可以指定被执行人负责保管；不宜由被执行人保管的，可以委托第三人或者申请执行人保管。

由人民法院指定被执行人保管的财产，如果继续使用对该财产的价值无重大影响，可以允许被执行人继续使用；由人民法院保管或者委托第三人、申请执行人保管的，保管人不得使用。

533.【扣押清单及笔录】

扣押机动车辆时，执行人员应当造具清单、制作扣押笔录。

扣押清单，一般应当载明车辆品牌、颜色、所悬挂牌号、车架号、发动机号、里程数等，由在场人签名或者盖章后，交被执行人一份。[1]

扣押笔录，一般应当载明执行措施开始及完成的时间、扣押清单所载内容、机动车辆的保管人、保管场所等内容。执行人员及保管人应当在笔录上签名，有民事诉讼法第二百四十五条[2]规定的人员到场的，到场人员也应当在笔录上签名。[3]

法律依据

[1]《中华人民共和国民事诉讼法》（2017 年 6 月 27 日修正）

第二百四十五条第二款　对被查封、扣押的财产，执行员必须造具清单，由在场人签名或者盖章后，交被执行人一份。被执行人是公民的，也可以交他的成年家属一份。

[2]《中华人民共和国民事诉讼法》（2017 年 6 月 27 日修正）

第二百四十五条　人民法院查封、扣押财产时，被执行人是公民的，应当通知被执行人或者他的成年家属到场；被执行人是法人或者其他组织的，应当通知其法定代表人或者主要负责人到场。拒不到场的，不影响执行。被执行人是公民的，其工作单位或者财产所在地的基层组织应当派人参加。

对被查封、扣押的财产，执行员必须造具清单，由在场人签名或者盖章后，交被执行人一份。被执行人是公民的，也可以交他的成年家属一份。

[3]《最高人民法院关于人民法院民事执行中查封、扣押、冻结财产的规定》（2020 年 12 月 23 日修正）

第十八条　查封、扣押、冻结被执行人的财产时，执行人员应当制作笔录，载明下列内容：

（一）执行措施开始及完成的时间；

（二）财产的所在地、种类、数量；

（三）财产的保管人；

（四）其他应当记明的事项。

执行人员及保管人应当在笔录上签名，有民事诉讼法第二百四十五条规定的人员到场的，到场人员也应当在笔录上签名。

534.【扣押公示】

人民法院将扣押的机动车辆交付其他人控制的，应当在该机动车辆上加贴封条或者采取其他足以公示扣押的适当方式。[1]

法律依据

[1]《最高人民法院关于人民法院民事执行中查封、扣押、冻结财产

的规定》（2020 年 12 月 23 日修正）

第六条 查封、扣押动产的，人民法院可以直接控制该项财产。人民法院将查封、扣押的动产交付其他人控制的，应当在该动产上加贴封条或者采取其他足以公示查封、扣押的适当方式。

二、对船舶的执行

535. 【专属管辖】

除海事法院及其上级人民法院外，地方法院对当事人提出的船舶保全申请应不予受理；地方人民法院为执行生效法律文书需要扣押和拍卖船舶的，应当委托船籍港所在地或者船舶所在地的海事法院执行。[1]

当事人依照民事诉讼法第十五章第七节[2]的规定，申请拍卖船舶实现船舶担保物权的，由船舶所在地或船籍港所在地的海事法院管辖，按照海事诉讼特别程序法以及《最高人民法院关于扣押与拍卖船舶适用法律若干问题的规定》关于船舶拍卖受偿程序的规定处理。[3]

法律依据

[1]**《最高人民法院关于适用〈中华人民共和国海事诉讼特别程序法〉若干问题的解释》**（法释〔2003〕4 号）

第十五条 除海事法院及其上级人民法院外，地方人民法院对当事人提出的船舶保全申请应不予受理；地方人民法院为执行生效法律文书需要扣押和拍卖船舶的，应当委托船籍港所在地或者船舶所在地的海事法院执行。

《最高人民法院民事审判第四庭关于广州海事法院拍卖“新双运机 13”等船舶后价款分配问题的请示的答复》〔（2005）民四他字第 42 号〕

答复主要内容：“广东省高级人民法院：你院（2005）粤高法民四他字第 18 号“关于广州海事法院拍卖‘新双运机 13’等船舶后价款分配问题的请示”报告收悉。经研究，答复如下：依照我院《关于海事法院受理案件范围的若干问题的规定》，江门市新会区人民法院审理的三件船舶抵押贷款纠纷案件，属于海事法院专门管辖的海事纠纷案件。新会区人民法院违反规定受理海事案件显属不当，应予纠正。鉴于该院已经审结三案，并进入执行程序，对该三案可不进入审判监督程序，但你院应当向该院明确指出其在受理案件程序上的错误。根据我院《关于适用〈中华人民共和国海事诉讼特别程序法〉若干问题的解释》的规定，地方人民法院为执行生效法律文书对属于被执行人财产的船舶进行扣押、拍卖的，应当委托船籍港所在地或者船舶所在地的海事法院执行，包括对船舶扣押、拍卖以及债权分配，以保护与船舶相关的特殊债权人的利益，新会区人民法院应将三执行案件移送广州海事法院执行。广州海事法院应当依照《中华人民共和国海事诉讼特别程序法》以及《中华人民共和国海商法》的有关规定，对船舶价款予以清偿。中国银行新会支行作为债权人，可以依据新会区人民法院发生法律效力的判决书确认的债权申请债权登记，参加对船舶价款的清偿。鉴于中国银行新会支行的债权属于船舶抵押权，且已经向新会区人民法院申请强制执行，新会区人民法院也已经委托广州海事法院扣押、拍卖船舶，在中国银行新会支行没有申请债权登记的情况下，可将该行依据新会区人民法院三份判决确认的债权，在船舶价款中依照法定的顺序予以清偿。”

《最高人民法院关于扣押与拍卖船舶适用法律若干问题的规定》（法释〔2015〕6号）

第十一条　拍卖船舶由拍卖船舶委员会实施，海事法院不另行委托拍卖机构进行拍卖。

第二十四条　海事法院的上级人民法院扣押与拍卖船舶的，适用本规定。执行程序中拍卖被扣押船舶清偿债务的，适用本规定。

《最高人民法院关于海事法院受理案件范围的规定》（法释〔2016〕4号）

“根据《中华人民共和国民事诉讼法》《中华人民共和国海事诉讼特别程序法》《中华人民共和国行政诉讼法》以及我国缔结或者参加的有关国际条约，结合我国海事审判实际，现将海事法院受理案件的范围规定如下：……106. 地方人民法院为执行生效法律文书委托扣押、拍卖船舶案件。”上述规定，亦可作参照依据。

〔**2**〕**《中华人民共和国民事诉讼法》**（2017年6月27日修正）

第一百九十六条　申请实现担保物权，由担保物权人以及其他有权请求实现担保物权的人依照物权法等法律，向担保财产所在地或者担保物权登记地基层人民法院提出。

第一百九十七条　人民法院受理申请后，经审查，符合法律规定的，裁定拍卖、变卖担保财产，当事人依据该裁定可以向人民法院申请执行；不符合法律规定的，裁定驳回申请，当事人可以向人民法院提起诉讼。

［3］《最高人民法院关于扣押与拍卖船舶适用法律若干问题的规定》（法释〔2015〕6号）

第二十三条　当事人依照民事诉讼法第十五章第七节的规定，申请拍卖船舶实现船舶担保物权的，由船舶所在地或船籍港所在地的海事法院管辖，按照海事诉讼特别程序法以及本规定关于船舶拍卖受偿程序的规定处理。

第三节　对不动产的执行

一、查封

536.【不动产的查询】

人民法院执行人员到国土资源、房地产管理部门查询土地、房屋权属情况时，应当出示本人工作证和执行公务证，并出具协助查询通知书。[1]

人民法院在国土资源、房地产管理部门查询并复制或者抄录的书面材料，由土地、房屋权属的登记机构或者其所属的档案室（馆）加盖印章。无法查询或者查询无结果的，国土资源、房地产管理部门应当书面告知人民法院。[2]

法律依据

［1］《最高人民法院、国土资源部、建设部关于依法规范人民法院执行和国土资源房地产管理部门协助执行若干问题的通知》（法发〔2004〕5号）

二、（第2款）人民法院执行人员到国土资源、房地产管理部门查询土地、房屋权属情况时，应当出示本人工作证和执行公务证，并出具协助查询通知书。

［2］**《最高人民法院、国土资源部、建设部关于依法规范人民法院执行和国土资源房地产管理部门协助执行若干问题的通知》**（法发〔2004〕5号）

四、人民法院在国土资源、房地产管理部门查询并复制或者抄录的书面材料，由土地、房屋权属的登记机构或者其所属的档案室（馆）加盖印章。无法查询或者查询无结果的，国土资源、房地产管理部门应当书面告知人民法院。

537. 【判断可查封性的一般规定】

人民法院可以查封登记在被执行人名下的不动产。

未登记的建筑物和土地使用权，依据土地使用权的审批文件和其他相关证据确定权属。

对于登记在第三人名下的不动产，第三人书面确认该财产属于被执行人的，人民法院可以查封。[1]

法律依据

［1］**《最高人民法院关于人民法院民事执行中查封、扣押、冻结财产的规定》**（2020年12月23日修正）

第二条　人民法院可以查封、扣押、冻结被执行人占有的动产、登记在被执行人名下的不动产、特定动产及其他财产权。

未登记的建筑物和土地使用权，依据土地使用权的审批文件和其他相关证据确定权属。

对于第三人占有的动产或者登记在第三人名下的不动产、特定动产及其他财产权，第三人书面确认该财产属于被执行人的，人民法院可以查封、扣押、冻结。

538. 【因法定事由而发生物权变动的不动产】

根据民法典第二百二十九条[1]、第二百三十条[2]判断属于被执行人所有的土地使用权、房屋，但尚未办理过户登记的，执行法院可以查封。

法律依据

［1］**《中华人民共和国民法典》**（2020 年 5 月 28 日）

第二百二十九条 因人民法院、仲裁机构的法律文书或者人民政府的征收决定等，导致物权设立、变更、转让或者消灭的，自法律文书或者征收决定等生效时发生效力。

［2］**《中华人民共和国民法典》**（2020 年 5 月 28 日）

第二百三十条 因继承取得物权的，自继承开始时发生效力。

539. 【可分割或不可分割的房屋】

人民法院对可以分割处分的房屋应当在执行标的额的范围内分割查封，不可分割的房屋可以整体查封。

分割查封的，应当在协助执行通知书中明确查封房屋的具体部位。[1]

法律依据

［1］**《最高人民法院、国土资源部、建设部关于依法规范人民法院执行和国土资源房地产管理部门协助执行若干问题的通知》**（法发〔2004〕5 号）

十、人民法院对可以分割处分的房屋应当在执行标的额的范围内分割查封，不可分割的房屋可以整体查封。

分割查封的，应当在协助执行通知书中明确查封房屋的具体部位。

540. 【被执行人出售的需过户登记的不动产】

被执行人将其所有的需要办理过户登记的不动产出卖给第三人，第三人已经支付部分或者全部价款并实际占有该不动产，但尚未办理产权过户登记手续的，人民法院可以查封；第三人已经支付全部价款并实际占有，但未办理过户登记手续的，如果第三人对此没有过错，人民法院不得查封。[1]

法律依据

［1］**《最高人民法院关于人民法院民事执行中查封、扣押、冻结财产的规定》**（2020 年 12 月 23 日修正）

第十五条　被执行人将其所有的需要办理过户登记的财产出卖给第三人，第三人已经支付部分或者全部价款并实际占有该财产，但尚未办理产权过户登记手续的，人民法院可以查封、扣押、冻结；第三人已经支付全部价款并实际占有，但未办理过户登记手续的，如果第三人对此没有过错，人民法院不得查封、扣押、冻结。

541.【被执行人购买的需过户登记的不动产】

被执行人购买需要办理过户登记的第三人的不动产，已经支付部分或者全部价款并实际占有该不动产，虽未办理产权过户登记手续，但申请执行人已向第三人支付剩余价款或者第三人同意剩余价款从该不动产变价款中优先支付的，人民法院可以查封。[1]

法律依据

［1］**《最高人民法院关于人民法院民事执行中查封、扣押、冻结财产的规定》**（2020 年 12 月 23 日修正）

第十七条　被执行人购买需要办理过户登记的第三人的财产，已经支付部分或者全部价款并实际占有该财产，虽未办理产权过户登记手续，但申请执行人已向第三人支付剩余价款或者第三人同意剩余价款从该财产变价款中优先支付的，人民法院可以查封、扣押、冻结。

542.【全部缴纳出让金土地使用权的预查封】

被执行人全部缴纳土地使用权出让金但尚未办理土地使用权登记的，人民法院可以对该土地使用权进行预查封。[1]

法律依据

[1]**《最高人民法院、国土资源部、建设部关于依法规范人民法院执行和国土资源房地产管理部门协助执行若干问题的通知》**（法发〔2004〕5号）

十三、被执行人全部缴纳土地使用权出让金但尚未办理土地使用权登记的，人民法院可以对该土地使用权进行预查封。

543.【部分缴纳出让金土地使用权的预查封】

被执行人部分缴纳土地使用权出让金但尚未办理土地使用权登记的，对可以分割的土地使用权，按已缴付的土地使用权出让金，由国土资源管理部门确认被执行人的土地使用权，人民法院可以对确认后的土地使用权裁定预查封。对不可以分割的土地使用权，可以全部进行预查封。

被执行人在规定的期限内仍未全部缴纳土地出让金的，在人民政府收回土地使用权的同时，应当将被执行人缴纳的按照有关规定应当退还的土地出让金交由人民法院处理，预查封自动解除。[1]

法律依据

[1]**《最高人民法院、国土资源部、建设部关于依法规范人民法院执行和国土资源房地产管理部门协助执行若干问题的通知》**（法发〔2004〕5号）

十四、被执行人部分缴纳土地使用权出让金但尚未办理土地使用权登记的，对可以分割的土地使用权，按已缴付的土地使用权出让金，由国土资源管理部门确认被执行人的土地使用权，人民法院可以对确认后的土地使用权裁定预查封。对不可以分割的土地使用权，可以全部进行预查封。

被执行人在规定的期限内仍未全部缴纳土地出让金的，在人民政府收回土地使用权的同时，应当将被执行人缴纳的按照有关规定应当退还的土地出让金交由人民法院处理，预查封自动解除。

544.【未登记房屋的预查封】

下列房屋虽未进行房屋所有权登记，人民法院也可以进行预查封：

（一）作为被执行人的房地产开发企业，已办理了商品房预售许可证且尚未出售的房屋；

（二）被执行人购买的已由房地产开发企业办理了房屋权属初始登记的房屋；

（三）被执行人购买的办理了商品房预售合同登记备案手续或者商品房预告登记的房屋。[1]

法律依据

［1］**《最高人民法院、国土资源部、建设部关于依法规范人民法院执行和国土资源房地产管理部门协助执行若干问题的通知》**（法发〔2004〕5号）

十五、下列房屋虽未进行房屋所有权登记，人民法院也可以进行预查封：

（一）作为被执行人的房地产开发企业，已办理了商品房预售许可证且尚未出售的房屋；

（二）被执行人购买的已由房地产开发企业办理了房屋权属初始登记的房屋；

（三）被执行人购买的办理了商品房预售合同登记备案手续或者商品房预告登记的房屋。

545.【预查封的办理、期限计算及效力】

国土资源、房地产管理部门应当依据人民法院的协助执行通知书和所附的裁定书办理预查封登记。土地、房屋权属在预查封期间登记在被执行人名下的，预查封登记自动转为查封登记，预查封转为正式查封后，查封期限从预查封之日起开始计算。[1]

预查封的期限和效力等同于正式查封。预查封期限届满之日，人民法院未办理预查封续封手续的，预查封的效力消灭。[2]

法律依据

[1]**《最高人民法院、国土资源部、建设部关于依法规范人民法院执行和国土资源房地产管理部门协助执行若干问题的通知》**（法发〔2004〕5号）

十六、国土资源、房地产管理部门应当依据人民法院的协助执行通知书和所附的裁定书办理预查封登记。土地、房屋权属在预查封期间登记在被执行人名下的，预查封登记自动转为查封登记，预查封转为正式查封后，查封期限从预查封之日起开始计算。

[2]**《最高人民法院、国土资源部、建设部关于依法规范人民法院执行和国土资源房地产管理部门协助执行若干问题的通知》**（法发〔2004〕5号）

十八、预查封的效力等同于正式查封。预查封期限届满之日，人民法院未办理预查封续封手续的，预查封的效力消灭。

546.【过户登记过程中的查封】

对国土资源、房地产管理部门已经受理被执行人转让土地使用权、房屋的过户登记申请，尚未核准登记的，人民法院可以进行查封，已核准登记的，不得进行查封。[1]

法律依据

[1]**《最高人民法院、国土资源部、建设部关于依法规范人民法院执行和国土资源房地产管理部门协助执行若干问题的通知》**（法发〔2004〕5号）

九、对国土资源、房地产管理部门已经受理被执行人转让土地使用权、房屋的过户登记申请，尚未核准登记的，人民法院可以进行查封，已核准登记的，不得进行查封。

547.【查封期限】

人民法院查封不动产的期限不得超过三年。

申请执行人申请延长期限的，人民法院应当在查封期限届满前办理续行查封手续，续行期限不得超过前款规定的期限。

人民法院也可以依职权办理续行查封手续。[1]

续行查封无须上级人民法院批准。①

法律依据

［1］**《最高人民法院关于适用〈中华人民共和国民事诉讼法〉的解释》**（2020年12月23日修正）

第四百八十七条　人民法院冻结被执行人的银行存款的期限不得超过一年，查封、扣押动产的期限不得超过两年，查封不动产、冻结其他财产权的期限不得超过三年。

申请执行人申请延长期限的，人民法院应当在查封、扣押、冻结期限届满前办理续行查封、扣押、冻结手续，续行期限不得超过前款规定的期限。

人民法院也可以依职权办理续行查封、扣押、冻结手续。

548.【查封的程序】

人民法院查封不动产，应当作出裁定，并送达被执行人和申请执行人。

采取查封措施需要有关单位或者个人协助的，人民法院应当制作协助执行通知书，连同裁定书副本一并送达协助执行人。查封裁定书和协助执行通知书送达时发生法律效力。[1]

法律依据

［1］**《最高人民法院关于人民法院民事执行中查封、扣押、冻结财产的规定》**（2020年12月23日修正）

第一条　人民法院查封、扣押、冻结被执行人的动产、不动产及其他财产权，应当作出裁定，并送达被执行人和申请执行人。

---

① 因《最高人民法院关于适用〈中华人民共和国民事诉讼法〉的解释》对查封、续封期限有了新的规定，《最高人民法院、国土资源部、建设部关于依法规范人民法院执行和国土资源房地产管理部门协助执行若干问题的通知》（法发〔2004〕5号）第十一条关于再续封的审批规定不再适用，再续封可以不再经由所属高级人民法院批准。

采取查封、扣押、冻结措施需要有关单位或者个人协助的，人民法院应当制作协助执行通知书，连同裁定书副本一并送达协助执行人。查封、扣押、冻结裁定书和协助执行通知书送达时发生法律效力。

549.【已登记不动产的查封】

查封不动产的，人民法院应当张贴封条或者公告，并可以提取保存有关财产权证照。

查封已登记的不动产，应当通知有关登记机关办理登记手续。未办理登记手续的，不得对抗其他已经办理了登记手续的查封行为。[1]

法律依据

[1]《最高人民法院关于人民法院民事执行中查封、扣押、冻结财产的规定》（2020 年 12 月 23 日修正）

第七条　查封不动产的，人民法院应当张贴封条或者公告，并可以提取保存有关财产权证照。

查封、扣押、冻结已登记的不动产、特定动产及其他财产权，应当通知有关登记机关办理登记手续。未办理登记手续的，不得对抗其他已经办理了登记手续的查封、扣押、冻结行为。

550.【未登记建筑物的查封】

查封尚未进行权属登记的建筑物时，人民法院应当通知其管理人或者该建筑物的实际占有人，并在显著位置张贴公告。[1]

法律依据

[1]《最高人民法院关于人民法院民事执行中查封、扣押、冻结财产的规定》（2020 年 12 月 23 日修正）

第八条　查封尚未进行权属登记的建筑物时，人民法院应当通知其管理人或者该建筑物的实际占有人，并在显著位置张贴公告。

551. 【查封笔录】

查封不动产，执行人员应当制作笔录，载明下列内容：

（一）执行措施开始及完成的时间；

（二）土地使用权、房屋及其他地上建筑物坐落、权属等情况；

（三）土地使用权、房屋及其他地上建筑物的占有、使用、保管情况；

（四）其他应当记明的事项。

执行人员及保管人应当在笔录上签名，有民事诉讼法第二百四十五条规定的人员到场的，到场人员也应当在笔录上签名。[1]

法律依据

［1］**《最高人民法院关于人民法院民事执行中查封、扣押、冻结财产的规定》**（2020 年 12 月 23 日修正）

第十八条　查封、扣押、冻结被执行人的财产时，执行人员应当制作笔录，载明下列内容：

（一）执行措施开始及完成的时间；

（二）财产的所在地、种类、数量；

（三）财产的保管人；

（四）其他应当记明的事项。

执行人员及保管人应当在笔录上签名，有民事诉讼法第二百四十五条规定的人员到场的，到场人员也应当在笔录上签名。

552. 【房地一体原则】[1]

查封地上建筑物的效力及于该地上建筑物使用范围内的土地使用权，查封土地使用权的效力及于地上建筑物，但土地使用权与地上建筑物的所有权分属被执行人与他人的除外。

地上建筑物和土地使用权的登记机关不是同一机关的，应当分别办理查封登记。[2]

法律依据

［1］《中华人民共和国民法典》（2020年5月28日）

第二百条　建设用地使用权抵押后，该土地上新增的建筑物不属于抵押财产。该建设用地使用权实现抵押权时，应当将该土地上新增的建筑物与建设用地使用权一并处分，但是，新增建筑物所得的价款，抵押权人无权优先受偿。

［2］《最高人民法院关于人民法院民事执行中查封、扣押、冻结财产的规定》（2020年12月23日修正）

第二十一条　查封地上建筑物的效力及于该地上建筑物使用范围内的土地使用权，查封土地使用权的效力及于地上建筑物，但土地使用权与地上建筑物的所有权分属被执行人与他人的除外。

地上建筑物和土地使用权的登记机关不是同一机关的，应当分别办理查封登记。

553.【轮候查封之一】

两个以上人民法院对同一宗土地使用权、房屋进行查封的，国土资源、房地产管理部门为首先送达协助执行通知书的人民法院办理查封登记手续后，对后来办理查封登记的人民法院作轮候查封登记，并书面告知该土地使用权、房屋已被其他人民法院查封的事实及查封的有关情况。[1]

法律依据

［1］《最高人民法院、国土资源部、建设部关于依法规范人民法院执行和国土资源房地产管理部门协助执行若干问题的通知》（法发〔2004〕5号）

十九、两个以上人民法院对同一宗土地使用权、房屋进行查封的，国土资源、房地产管理部门为首先送达协助执行通知书的人民法院办理查封登记手续后，对后来办理查封登记的人民法院作轮候查封登记，并书面告知该土地使用权、房屋已被其他人民法院查封的事实及查封的有关情况。

554. 【轮候查封之二】

轮候查封登记的顺序按照人民法院送达协助执行通知书的时间先后进行排列。查封法院依法解除查封的，排列在先的轮候查封自动转为查封；查封法院对查封的土地使用权、房屋全部处理的，排列在后的轮候查封自动失效；查封法院对查封的土地使用权、房屋部分处理的，对剩余部分，排列在后的轮候查封自动转为查封。

预查封的轮候登记参照本规范第553条和本条第一款的规定办理。①

555. 【不动产登记部门的协助义务】

对人民法院查封或者预查封的土地使用权、房屋，国土资源、房地产管理部门应当及时办理查封或者预查封登记。

国土资源、房地产管理部门在协助人民法院执行土地使用权、房屋时，不对生效法律文书和协助执行通知书进行实体审查。国土资源、房地产管理部门认为人民法院查封、预查封或者处理的土地、房屋权属错误的，可以向人民法院提出审查建议，但不应当停止办理协助执行事项。[1]

---

① 参照《最高人民法院、国土资源部、建设部关于依法规范人民法院执行和国土资源房地产管理部门协助执行若干问题的通知》（法发〔2004〕5号）第二十条。另可参考《最高人民法院关于查封法院全部处分标的物后轮候查封的效力问题的批复》（法函〔2007〕100号）。答复主要内容："北京市高级人民法院：你院《关于查封法院全部处分标的物后，轮候查封的效力问题的请示》（京高法〔2007〕208号）收悉。经研究，答复如下：根据最高人民法院《关于人民法院民事执行中查封、扣押、冻结财产的规定》（法释〔2004〕15号）第二十八条第一款的规定，轮候查封、扣押、冻结自在先的查封、扣押、冻结解除时自动生效，故人民法院对已查封、扣押、冻结的全部财产进行处分后，该财产上的轮候查封自始未产生查封、扣押、冻结的效力。同时，根据上述司法解释第三十条的规定，人民法院对已查封、扣押、冻结的财产进行拍卖、变卖或抵债的，原查封、扣押、冻结的效力消灭，人民法院无需先行解除该财产上的查封、扣押、冻结，可直接进行处分，有关单位应当协助办理有关财产权证照转移手续。"

法律依据

［1］**《最高人民法院、国土资源部、建设部关于依法规范人民法院执行和国土资源房地产管理部门协助执行若干问题的通知》**（法发〔2004〕5号）

三、对人民法院查封或者预查封的土地使用权、房屋，国土资源、房地产管理部门应当及时办理查封或者预查封登记。

国土资源、房地产管理部门在协助人民法院执行土地使用权、房屋时，不对生效法律文书和协助执行通知书进行实体审查。国土资源、房地产管理部门认为人民法院查封、预查封或者处理的土地、房屋权属错误的，可以向人民法院提出审查建议，但不应当停止办理协助执行事项。

二、处置①

556.【房地权属的转移原则】

在变价处理土地使用权、房屋时，土地使用权、房屋所有权同时转移；土地使用权与房屋所有权归属不一致的，受让人继受原权利人的合法权利。[1]

法律依据

［1］**《最高人民法院、国土资源部、建设部关于依法规范人民法院执行和国土资源房地产管理部门协助执行若干问题的通知》**（法发〔2004〕5号）

二十三、在变价处理土地使用权、房屋时，土地使用权、房屋所有权同时转移；土地使用权与房屋所有权归属不一致的，受让人继受原权利人的合法权利。

---

① 实践中，强制执行抵押房屋时，被执行人以消防、电梯、配电室等相关配套设施并未设定抵押为由请求排除执行的，执行法院应认定消防、电梯、配电室等相关配套设施属于房屋的组成部分，无法与房屋其他部分分离。房屋抵押的，相关配套设施一并抵押。被执行人的异议没有根据，不予支持。参见《最高人民法院昆明富亨房地产开发经营公司执行申诉案驳回申诉通知书》［（2011）执监字第82号］。

557. 【用途与出让年限改变的禁止】

人民法院执行土地使用权时，不得改变原土地用途和出让年限。[1]

法律依据

［1］**《最高人民法院、国土资源部、建设部关于依法规范人民法院执行和国土资源房地产管理部门协助执行若干问题的通知》**（法发〔2004〕5号）

二十五、人民法院执行土地使用权时，不得改变原土地用途和出让年限。

558. 【一处住房的执行】

金钱债权执行中，符合下列情形之一，被执行人以执行标的系本人及所扶养家属维持生活必需的居住房屋为由提出异议的，人民法院不予支持：

（一）对被执行人有扶养义务的人名下有其他能够维持生活必需的居住房屋的；

（二）执行依据生效后，被执行人为逃避债务转让其名下其他房屋的；

（三）申请执行人按照当地廉租住房保障面积标准为被执行人及所扶养家属提供居住房屋，或者同意参照当地房屋租赁市场平均租金标准从该房屋的变价款中扣除五至八年租金的。[1]

法律依据

［1］**《最高人民法院关于人民法院办理执行异议和复议案件若干问题的规定》**（2020年12月23日修正）

第二十条第一款　金钱债权执行中，符合下列情形之一，被执行人以执行标的系本人及所扶养家属维持生活必需的居住房屋为由提出异议的，人民法院不予支持：

（一）对被执行人有扶养义务的人名下有其他能够维持生活必需的居住房

屋的；

（二）执行依据生效后，被执行人为逃避债务转让其名下其他房屋的；

（三）申请执行人按照当地廉租住房保障面积标准为被执行人及所扶养家属提供居住房屋，或者同意参照当地房屋租赁市场平均租金标准从该房屋的变价款中扣除五至八年租金的。

559.【设定抵押的划拨土地使用权的处理】

以国有划拨土地使用权为标的物设定抵押，土地行政管理部门依法办理抵押登记手续，即视同已经具有审批权限的土地行政管理部门批准，不必再另行办理土地使用权抵押的审批手续。[1]

法律依据

［1］《最高人民法院关于转发国土资源部〈关于国有划拨土地使用权抵押登记有关问题的通知〉的通知》（法发〔2004〕11号）

通知主要内容："各省、自治区、直辖市高级人民法院，解放军军事法院，新疆维吾尔自治区高级人民法院生产建设兵团分院：国土资源部于2004年1月15日发布了国土资发〔2004〕9号《关于国有划拨土地使用权抵押登记有关问题的通知》。现将该《通知》转发给你们，在《通知》发布之日起，人民法院尚未审结的涉及国有划拨土地使用权抵押经过有审批权限的土地行政管理部门依法办理抵押登记手续的案件，不以国有划拨土地使用权抵押未经批准而认定抵押无效。已经审结的案件不应依据该《通知》提起再审。"

560.【集体土地使用权的执行】

人民法院执行集体土地使用权时，经与国土资源部门取得一致意见后，可以裁定予以处理，但应当告知权利受让人，到国土资源管理部门办理土地征用和国有土地使用权出让手续，缴纳土地使用权出让金及有关税费。

对处理农村房屋涉及集体土地的，人民法院应当与国土资源部门协商一致后再行处理。[1]

法律依据

［1］**《最高人民法院、国土资源部、建设部关于依法规范人民法院执行和国土资源房地产管理部门协助执行若干问题的通知》**（法发〔2004〕5号）

二十四、人民法院执行集体土地使用权时，经与国土资源管理部门取得一致意见后，可以裁定予以处理，但应当告知权利受让人到国土资源管理部门办理土地征用和国有土地使用权出让手续，缴纳土地使用权出让金及有关税费。

对处理农村房屋涉及集体土地的，人民法院应当与国土资源管理部门协商一致后再行处理。

561. 【无证房产的执行之一】

人民法院在执行程序中，既要依法履行强制执行职责，又要尊重房屋登记机构依法享有的行政权力；既要保证执行工作的顺利开展，也要防止“违法建筑”等不符合法律、行政法规规定的房屋通过协助执行行为合法化。[1]

法律依据

［1］**《最高人民法院关于转发住房和城乡建设部〈关于无证房产依据协助执行文书办理产权登记有关问题的函〉的通知》**（法〔2012〕151号）

一、各级人民法院在执行程序中，既要依法履行强制执行职责，又要尊重房屋登记机构依法享有的行政权力；既要保证执行工作的顺利开展，也要防止“违法建筑”等不符合法律、行政法规规定的房屋通过协助执行行为合法化。

562. 【无证房产的执行之二】

执行程序中处置未办理初始登记的房屋时，具备初始登记条件的，执行法院处置后可以依法向房屋登记机构发出协助执行通知书；暂时不具备初始登记条件的，执行法院处置后可以向房屋登记机构发出协助执行通知书，并载明待房屋买受人或承受人完善相关手续具备初始登记条件后，由房屋登记机构按照协助执行通知书予以登记；不具备初始登记条件的，原则上进行“现状处置”，即处置前披露房屋不具备初始登记条件的现状，买受人或承受人按照房屋的权利现状取得房屋，后续的产权登记事项由买受人或承受人自行负责。[1]

法律依据

［1］**《最高人民法院关于转发住房和城乡建设部〈关于无证房产依据协助执行文书办理产权登记有关问题的函〉的通知》**（法〔2012〕151号）

二、执行程序中处置未办理初始登记的房屋时，具备初始登记条件的，执行法院处置后可以依法向房屋登记机构发出《协助执行通知书》；暂时不具备初始登记条件的，执行法院处置后可以向房屋登记机构发出《协助执行通知书》，并载明待房屋买受人或承受人完善相关手续具备初始登记条件后，由房屋登记机构按照《协助执行通知书》予以登记；不具备初始登记条件的，原则上进行“现状处置”，即处置前披露房屋不具备初始登记条件的现状，买受人或承受人按照房屋的权利现状取得房屋，后续的产权登记事项由买受人或承受人自行负责。

563.【无证房产的执行之三】

执行法院向房屋登记机构发出协助执行通知书，房屋登记机构认为不具备初始登记条件并作出书面说明的，执行法院应在三十日内依照法律和有关规定，参照行政规章，对其说明理由进行审查。理由成立的，撤销或变更协助执行通知书并书面通知房屋登记机构；理由不成立的，书面通知房屋登记机构限期按协助执行通知书办理。[1]

法律依据

［1］**《最高人民法院关于转发住房和城乡建设部〈关于无证房产依据协助执行文书办理产权登记有关问题的函〉的通知》**（法〔2012〕151 号）

三、执行法院向房屋登记机构发出《协助执行通知书》，房屋登记机构认为不具备初始登记条件并作出书面说明的，执行法院应在30日内依照法律和有关规定，参照行政规章，对其说明理由进行审查。理由成立的，撤销或变更《协助执行通知书》并书面通知房屋登记机构；理由不成立的，书面通知房屋登记机构限期按《协助执行通知书》办理。

564.【变价财产上权利负担的处理】

拍卖财产上原有的担保物权及其他优先受偿权，因拍卖而消灭，拍卖所得价款，应当优先清偿担保物权人及其他优先受偿权人的债权，但当事人另有约定的除外。

拍卖财产上原有的租赁权及其他用益物权，不因拍卖而消灭，但该权利继续存在于拍卖财产上，对在先的担保物权或者其他优先受偿权的实现有影响的，人民法院应当依法将其除去后进行拍卖。[1]

法律依据

［1］**《最高人民法院关于人民法院民事执行中拍卖、变卖财产的规定》**（2020 年 12 月 23 日修正）

第二十八条　拍卖财产上原有的担保物权及其他优先受偿权，因拍卖而消灭，拍卖所得价款，应当优先清偿担保物权人及其他优先受偿权人的债权，但当事人另有约定的除外。

拍卖财产上原有的租赁权及其他用益物权，不因拍卖而消灭，但该权利继续存在于拍卖财产上，对在先的担保物权或者其他优先受偿权的实现有影响的，人民法院应当依法将其除去后进行拍卖。

565. 【租赁的处理之一】

执行程序中，被执行人擅自出租查封财产的，不得对抗申请执行人。人民法院可以裁定解除承租人对该财产的占有，但不应当在裁定中直接宣布租赁合同无效或解除租赁合同。[1]

法律依据

[**1**] **《最高人民法院关于人民法院能否在执行程序中以被执行人擅自出租查封房产为由认定该租赁合同无效或解除该租赁合同的答复》**[（2009）执他字第 7 号]

答复主要内容："山东省高级人民法院：你院《关于被执行人擅自出租已查封的财产执行程序中人民法院排除执行妨害能否认定该合同无效或解除租赁合同的请示》收悉。经研究，答复如下：在执行程序中被执行人擅自处分法院的查封物，包括本案中以出租的形式妨害查封效果的行为，执行法院有权以裁定形式执结予以处理。根据最高人民法院《关于人民法院执行中查封、扣押、冻结财产的规定》第 26 条，被执行人擅自处分查封物，与第三人签订的租赁合同，并不当然无效，只是不得对抗申请执行人。第三人依据租赁合同占有查封物的，人民法院可以解除其占有，但不应当在裁定中直接宣布租赁合同无效或解除租赁合同，而仅应指出租赁合同不能对抗申请执行人。"

566. 【租赁的处理之二】

承租人请求在租赁期内阻止向受让人移交占有被执行的不动产，在人民法院查封之前已签订合法有效的书面租赁合同并占有使用该不动产的，人民法院应予支持。

承租人与被执行人恶意串通，以明显不合理的低价承租被执行的不动产或者伪造交付租金证据的，对其提出的阻止移交占有的请求，人民法院不予支持。[1]①

法律依据

［1］**《中华人民共和国民法典》**（2020 年 5 月 28 日）

第七百二十五条　租赁物在承租人按照租赁合同占有期限内发生所有权变动的，不影响租赁合同的效力。

《最高人民法院关于人民法院办理执行异议和复议案件若干问题的规定》（2020 年 12 月 23 日修正）

第三十一条　承租人请求在租赁期内阻止向受让人移交占有被执行的不动产，在人民法院查封之前已签订合法有效的书面租赁合同并占有使用该不动产的，人民法院应予支持。

承租人与被执行人恶意串通，以明显不合理的低价承租被执行的不动产或者伪造交付租金证据的，对其提出的阻止移交占有的请求，人民法院不予支持。

第四节　对知识产权的执行

567.【对知识产权执行的一般规定】

被执行人不履行生效法律文书确定的义务，人民法院有权裁

① 在实践中，执行机构审查租赁合同是否签订于案涉房屋抵押、查封前，可结合下述情形予以审查判断：如果在抵押、查封前，租赁合同的当事人已经根据城市房地产管理法第五十四条、住房和城乡建设部制定的《商品房屋租赁管理办法》（住房和城乡建设部令第 6 号）第十四条、第十九条的规定办理了租赁登记备案手续的，执行机构应当认定租赁合同签订于抵押、查封前。经审查发现有下列情形之一的，一般也可认定租赁合同签订于抵押、查封前：1. 租赁合同的当事人在抵押、查封前已就相应租赁关系提起诉讼或仲裁的；2. 租赁合同的当事人在抵押、查封前已办理租赁合同公证的；3. 有其他确切证据证明租赁合同签订于抵押、查封前的，如租赁合同当事人已在抵押、查封前缴纳相应租金税、在案涉房屋所在物业公司办理租赁登记、向抵押权人声明过租赁情况等。执行机构审查案外人是否在抵押、查封前已经占有且至今占有案涉房屋，可结合下列情形审查认定案外人在抵押、查封前已经占有且至今占有案涉房屋：1. 案外人在抵押、查封前已经在且至今仍在案涉房屋内生产经营的；2. 案外人在抵押、查封前已经领取以案涉房屋作为住所地的营业执照且至今未变更住所地的；3. 案外人在抵押、查封前已经由其且至今仍由其支付案涉房屋水电、物业管理等费用的；4. 案外人在抵押、查封前已经对案涉房屋根据租赁用途进行装修的；5. 案外人提供其他确切证据证明其已在抵押、查封前直接占有案涉房屋的。

定禁止被执行人转让其专利权、注册商标专用权、著作权（财产权部分）① 等知识产权。上述权利有登记主管部门的，应当同时向有关部门发出协助执行通知书，要求其不得办理财产权转移手续，必要时可以责令被执行人将产权或使用权证照交人民法院保存。

对前款财产权，可以采取拍卖、变卖等执行措施。[1]

法律依据

［1］《最高人民法院关于人民法院执行工作若干问题的规定（试行）》（2020 年 12 月 23 日修正）

35. 被执行人不履行生效法律文书确定的义务，人民法院有权裁定禁止被执行人转让其专利权、注册商标专用权、著作权（财产权部分）等知识产权。上述权利有登记主管部门的，应当同时向有关部门发出协助执行通知书，要求

---

① 关于著作权中的财产权部分，是指著作权人依据著作权法（2020 年 11 月 11 日修正）第十条第一款第五项至第十七项规定而享有的权利。该法第十条规定："著作权包括下列人身权和财产权：（一）发表权，即决定作品是否公之于众的权利；（二）署名权，即表明作者身份，在作品上署名的权利；（三）修改权，即修改或者授权他人修改作品的权利；（四）保护作品完整权，即保护作品不受歪曲、篡改的权利；（五）复制权，即以印刷、复印、拓印、录音、录像、翻录、翻拍等方式将作品制作一份或者多份的权利；（六）发行权，即以出售或者赠与方式向公众提供作品的原件或者复制件的权利；（七）出租权，即有偿许可他人临时使用电影作品和以类似摄制电影的方法创作的作品、计算机软件的权利，计算机软件不是出租的主要标的的除外；（八）展览权，即公开陈列美术作品、摄影作品的原件或者复制件的权利；（九）表演权，即公开表演作品，以及用各种手段公开播送作品的表演的权利；（十）放映权，即通过放映机、幻灯机等技术设备公开再现美术、摄影、电影和以类似摄制电影的方法创作的作品等的权利；（十一）广播权，即以无线方式公开广播或者传播作品，以有线传播或者转播的方式向公众传播广播的作品，以及通过扩音器或者其他传送符号、声音、图像的类似工具向公众传播广播的作品的权利；（十二）信息网络传播权，即以有线或者无线方式向公众提供作品，使公众可以在其个人选定的时间和地点获得作品的权利；（十三）摄制权，即以摄制电影或者以类似摄制电影的方法将作品固定在载体上的权利；（十四）改编权，即改变作品，创作出具有独创性的新作品的权利；（十五）翻译权，即将作品从一种语言文字转换成另一种语言文字的权利；（十六）汇编权，即将作品或者作品的片段通过选择或者编排，汇集成新作品的权利；（十七）应当由著作权人享有的其他权利。著作权人可以许可他人行使前款第（五）项至第（十七）项规定的权利，并依照约定或者本法有关规定获得报酬。著作权人可以全部或者部分转让本条第一款第（五）项至第（十七）项规定的权利，并依照约定或者本法有关规定获得报酬。"

其不得办理财产权转移手续，必要时可以责令被执行人将产权或使用权证照交人民法院保存。

对前款财产权，可以采取拍卖、变卖等执行措施。

568. 【冻结期限】

人民法院冻结著作权（财产权部分）、专利权、商标权的期限不得超过三年。

申请执行人申请延长期限的，人民法院应当在冻结期限届满前办理续行冻结手续，续行期限不得超过前款规定的期限。

人民法院也可以依职权办理续行查封、扣押、冻结手续。[1]

法律依据

[1]《最高人民法院关于适用〈中华人民共和国民事诉讼法〉的解释》（2020 年 12 月 23 日修正）

第四百八十七条　人民法院冻结被执行人的银行存款的期限不得超过一年，查封、扣押动产的期限不得超过两年，查封不动产、冻结其他财产权的期限不得超过三年。

申请执行人申请延长期限的，人民法院应当在查封、扣押、冻结期限届满前办理续行查封、扣押、冻结手续，续行期限不得超过前款规定的期限。

人民法院也可以依职权办理续行查封、扣押、冻结手续。

569. 【专利权的冻结】

人民法院对专利权进行冻结，应当向国务院专利行政部门发出协助执行通知书，载明要求协助执行的事项，以及对专利权冻结的期限，并附人民法院作出的裁定书。[1]

法律依据

[1]《最高人民法院关于审理专利纠纷案件适用法律问题的若干规定》（2020 年 12 月 23 日修正）

第九条第一款　人民法院对专利权进行财产保全，应当向国务院专利行政部门发出协助执行通知书，载明要求协助执行的事项，以及对专利权保全的期限，并附人民法院作出的裁定书。

570.【专利申请权的冻结】

专利申请权属于专利申请人的一项财产权利，可以作为人民法院财产保全的对象。

人民法院根据民事诉讼法有关规定，需要对专利申请权进行保全的，应当向国家知识产权局发出协助执行通知书，载明要求保全的专利申请的名称、申请人、申请号、保全期限以及协助执行保全的内容，包括禁止变更著录事项、中止审批程序等，并附人民法院作出的财产保全民事裁定书。[1]

法律依据

［1］**《最高人民法院对国家知识产权局〈关于征求对协助执行专利申请权财产保全裁定的意见的函〉的答复意见》**［（2000）民三函字第1号］

一、专利申请权属于专利申请人的一项财产权利，可以作为人民法院财产保全的对象。人民法院根据《民事诉讼法》有关规定采取财产保全措施时，需要对专利申请权进行保全的，应当向国家知识产权局发出协助执行通知书，载明要求保全的专利申请的名称、申请人、申请号、保全期限以及协助执行保全的内容，包括禁止变更著录事项、中止审批程序等，并附人民法院作出的财产保全民事裁定书。

571.【出质或独占许可的冻结】

人民法院对出质的专利权可以采取冻结措施，质权人的优先受偿权不受冻结措施的影响；专利权人与被许可人已经签订的独占实施许可合同，不影响人民法院对该专利权进行冻结。[1]

法律依据

［1］**《最高人民法院关于审理专利纠纷案件适用法律问题的若干规定》**

（2020 年 12 月 23 日修正）

第九条第三款　人民法院对出质的专利权可以采取财产保全措施，质权人的优先受偿权不受保全措施的影响；专利权人与被许可人已经签订的独占实施许可合同，不影响人民法院对该专利权进行财产保全。

572. 【注册商标权的冻结】

人民法院对注册商标权进行冻结时，应当向国家知识产权局商标局发出协助执行通知书，载明要求国家知识产权局商标局协助保全的注册商标的名称、注册人、注册证号码、保全期限以及协助执行保全的内容，包括禁止转让、注销注册商标、变更注册事项和办理商标权质押登记等事项。[1]

法律依据

[1]《最高人民法院关于人民法院对注册商标权进行财产保全的解释》（2020 年 12 月 23 日修正）

第一条　人民法院根据民事诉讼法有关规定采取财产保全措施时，需要对注册商标权进行保全的，应当向国家工商行政管理局商标局①（以下简称商标局）发出协助执行通知书，载明要求商标局协助保全的注册商标的名称、注册人、注册证号码、保全期限以及协助执行保全的内容，包括禁止转让、注销注册商标、变更注册事项和办理商标权质押登记等事项。

573. 【注册商标权的一并处置】

对被执行人名下某一注册商标权执行时，人民法院应当将该注册商标及其名下相同或者类似商品上相同和近似商标一并进行评估、拍卖、变卖等，并在采取执行措施时，裁定将相同或近似注册商标一并予以执行。[1]

① 现为国家知识产权局商标局。

法律依据

［1］《最高人民法院民事审判第三庭关于对注册商标专用权进行财产保全和执行等问题的复函》（〔2001〕民三函字第3号）

根据商标法实施细则第二十一条的规定，转让注册商标的，商标注册人对其在同一种类或者类似商品上注册的相同或者近似的商标，必须一并办理。法院在执行注册商标专用权的过程中，应当根据上述规定的原则，对注册商标及相同或者类似商品上相同和近似的商标一并进行评估、拍卖、变卖等，并在采取执行措施时，裁定将相同或近似注册商标一并予以执行。商标局在接到法院有关转让注册商标的裁定时，如发现无上述内容，可以告知执行法院，由执行法院补充裁定后再协助执行。来函中所涉及的具体案件，可按照上述意见处理。”

第五节 对股权、其他投资权益的执行①

574.【查询】

人民法院对股权、其他投资权益进行冻结或者实体处分前，应当查询权属。

人民法院应先通过企业信用信息公示系统查询有关信息。需要进一步获取有关信息的，可以要求市场监督管理机关予以协助。

执行人员到市场监督管理机关查询时，应当出示工作证或者执行公务证，并出具协助查询通知书。协助查询通知书应当载明被查询主体的姓名（名称）、查询内容，并记载执行依据、人民法院经办人员的姓名和电话等内容。[1]

法律依据

［1］《最高人民法院、国家工商总局关于加强信息合作规范执行与协

① 本节所称的股权、其他投资权益，是指在市场监督管理机关登记的股权及其他投资权益。

助执行的通知》（法〔2014〕251 号）

9. 人民法院对股权、其他投资权益进行冻结或者实体处分前，应当查询权属。人民法院应先通过企业信用信息公示系统查询有关信息。需要进一步获取有关信息的，可以要求工商行政管理机关①予以协助。

执行人员到工商行政管理机关查询时，应当出示工作证或者执行公务证，并出具协助查询通知书。协助查询通知书应当载明被查询主体的姓名（名称）、查询内容，并记载执行依据、人民法院经办人员的姓名和电话等内容。

575. 【冻结】

人民法院对从市场监督管理机关业务系统、企业信用信息公示系统以及公司章程中查明属于被执行人名下的股权、其他投资权益，可以冻结。[1]

法律依据

［1］**《最高人民法院、国家工商总局关于加强信息合作规范执行与协助执行的通知》**（法〔2014〕251 号）

10. 人民法院对从工商行政管理机关业务系统、企业信用信息公示系统以及公司章程中查明属于被执行人名下的股权、其他投资权益，可以冻结。

576. 【送达及公示】

人民法院冻结股权、其他投资权益时，应当向被执行人及其股权、其他投资权益所在市场主体送达冻结裁定，并要求市场监督管理机关协助公示。[1]

人民法院向被执行人股权、其他投资权益所在市场主体送达冻结裁定时，应当同时送达协助执行通知书。协助执行通知书应当载明该市场主体于冻结期限内不得办理被冻结投资权益或股权的转移手续，不得向被执行人支付股息或红利。[2]

① 现为市场监督管理机关，下同。

人民法院要求协助公示冻结股权、其他投资权益时，执行人员应当出示工作证或者执行公务证，向被冻结股权、其他投资权益所在市场主体登记的市场监督管理机关送达执行裁定书、协助公示通知书和协助公示执行信息需求书。

协助公示通知书应当载明被执行人姓名（名称），执行依据，被冻结的股权、其他投资权益所在市场主体的姓名（名称），股权、其他投资权益数额，冻结期限，人民法院经办人员的姓名和电话等内容。

市场监督管理机关应当在收到通知后三个工作日内通过企业信用信息公示系统公示。[3]

法律依据

［1］《最高人民法院、国家工商总局关于加强信息合作规范执行与协助执行的通知》（法〔2014〕251 号）

11.（第 1 款）人民法院冻结股权、其他投资权益时，应当向被执行人及其股权、其他投资权益所在市场主体送达冻结裁定，并要求工商行政管理机关协助公示。

［2］《最高人民法院关于人民法院执行工作若干问题的规定（试行）》（2020 年 12 月 23 日修正）

38. 对被执行人在有限责任公司、其他法人企业中的投资权益或股权，人民法院可以采取冻结措施。

冻结投资权益或股权的，应当通知有关企业不得办理被冻结投资权益或股权的转移手续，不得向被执行人支付股息或红利。被冻结的投资权益或股权，被执行人不得自行转让。

［3］《最高人民法院、国家工商总局关于加强信息合作规范执行与协助执行的通知》（法〔2014〕251 号）

11.（第 2 款）人民法院要求协助公示冻结股权、其他投资权益时，执行人员应当出示工作证或者执行公务证，向被冻结股权、其他投资权益所在市场主体登记的工商行政管理机关送达执行裁定书、协助公示通知书和协助公示执行信息需求书。

（第3款）协助公示通知书应当载明被执行人姓名（名称），执行依据，被冻结的股权、其他投资权益所在市场主体的姓名（名称），股权、其他投资权益数额，冻结期限，人民法院经办人员的姓名和电话等内容。

（第4款）工商行政管理机关应当在收到通知后三个工作日内通过企业信用信息公示系统公示。

577.【冻结的效力】

股权、其他投资权益被冻结的，未经人民法院许可，不得转让，不得设定质押或者其他权利负担。

有限责任公司股东的股权被冻结期间，市场监督管理机关不予办理该股东的变更登记、该股东向公司其他股东转让股权被冻结部分的公司章程备案，以及被冻结部分股权的出质登记。[1]

法律依据

［1］**《最高人民法院、国家工商总局关于加强信息合作规范执行与协助执行的通知》**（法〔2014〕251号）

12. 股权、其他投资权益被冻结的，未经人民法院许可，不得转让，不得设定质押或者其他权利负担。

有限责任公司股东的股权被冻结期间，工商行政管理机关不予办理该股东的变更登记、该股东向公司其他股东转让股权被冻结部分的公司章程备案，以及被冻结部分股权的出质登记。

578.【多个冻结及生效冻结】

市场监督管理机关在多家法院要求冻结同一股权、其他投资权益的情况下，应当将所有冻结要求全部公示。首先送达协助公示通知书的执行法院的冻结为生效冻结。送达在后的冻结为轮候冻结。有效的冻结解除的，轮候的冻结中，送达在先的自动生效。[1]

法律依据

［1］**《最高人民法院、国家工商总局关于加强信息合作规范执行与协**

助执行的通知》（法〔2014〕251 号）

13. 工商行政管理机关在多家法院要求冻结同一股权、其他投资权益的情况下，应当将所有冻结要求全部公示。

首先送达协助公示通知书的执行法院的冻结为生效冻结。送达在后的冻结为轮候冻结。有效的冻结解除的，轮候的冻结中，送达在先的自动生效。

579.【冻结期限】

冻结股权、其他投资权益的期限不得超过三年。申请人申请续行冻结的，人民法院应当在本次冻结期限届满三日前按照本规范第 576 条规定办理。续冻期限不得超过三年。续行冻结没有次数限制。

有效的冻结期满，人民法院未办理续行冻结的，冻结的效力消灭。按照前款办理了续行冻结的，冻结效力延续，优先于轮候冻结。[1]

法律依据

［1］**《最高人民法院、国家工商总局关于加强信息合作规范执行与协助执行的通知》**（法〔2014〕251 号）

14. 冻结股权、其他投资权益的期限不得超过两年。申请人申请续行冻结的，人民法院应当在本次冻结期限届满三日前按照本通知第 11 条办理。续冻期限不得超过一年。续行冻结没有次数限制。

有效的冻结期满，人民法院未办理续行冻结的，冻结的效力消灭。按照前款办理了续行冻结的，冻结效力延续，优先于轮候冻结。

580.【解除冻结】

人民法院对被执行人股权、其他投资权益等解除冻结的，应当通知当事人，同时通知市场监督管理机关公示。

人民法院通知和市场监督管理机关公示的程序，按照本规范第 576 条办理。[1]

法律依据

［1］**《最高人民法院、国家工商总局关于加强信息合作规范执行与协助执行的通知》**（法〔2014〕251号）

15. 人民法院对被执行人股权、其他投资权益等解除冻结的，应当通知当事人，同时通知工商行政管理机关公示。人民法院通知和工商行政管理机关公示的程序，按照本通知第11条办理。

581. 【优先购买权的保护及拟制放弃】

人民法院依照法律规定的强制执行程序转让股东的股权时，应当通知公司及全体股东，其他股东在同等条件下有优先购买权。其他股东自人民法院通知之日起满二十日不行使优先购买权的，视为放弃优先购买权。[1]

法律依据

［1］**《中华人民共和国公司法》**（2018年10月26日修正）

第七十二条　人民法院依照法律规定的强制执行程序转让股东的股权时，应当通知公司及全体股东，其他股东在同等条件下有优先购买权。其他股东自人民法院通知之日起满二十日不行使优先购买权的，视为放弃优先购买权。

582. 【变更登记】

人民法院强制转让被执行人的股权、其他投资权益，完成变价等程序后，应当向受让人、被执行人及其股权、其他投资权益所在市场主体送达转让裁定，要求市场监督管理机关协助公示并办理有限责任公司股东变更登记。

人民法院要求办理有限责任公司股东变更登记的，执行人员应当出示工作证或者执行公务证，送达生效法律文书副本或者执行裁定书、协助执行通知书、协助公示执行信息需求书、合法受让人的身份或资格证明，到被执行人股权所在有限责任公司登记的市场监督管理机关办理。

法律、行政法规对股东资格、持股比例等有特殊规定的，人民法院要求市场监督管理机关办理有限责任公司股东变更登记前，应当进行审查，并确认该公司股东变更符合公司法第二十四条[1]、第五十八条[2]的规定。

市场监督管理机关收到人民法院上述文书后，应当在三个工作日内直接在业务系统中办理，不需要该有限责任公司另行申请，并及时公示股东变更登记信息。公示后，该股东权利以公示信息确定。[3]

法律依据

[1]**《中华人民共和国公司法》**（2018 年 10 月 26 日修正）

第二十四条　有限责任公司由五十个以下股东出资设立。

[2]**《中华人民共和国公司法》**（2018 年 10 月 26 日修正）

第五十八条　一个自然人只能投资设立一个一人有限责任公司。该一人有限责任公司不能投资设立新的一人有限责任公司。

[3]**《最高人民法院、国家工商总局关于加强信息合作规范执行与协助执行的通知》**（法〔2014〕251 号）

16. 人民法院强制转让被执行人的股权、其他投资权益，完成变价等程序后，应当向受让人、被执行人或者其股权、其他投资权益所在市场主体送达转让裁定，要求工商行政管理机关协助公示并办理有限责任公司股东变更登记。

人民法院要求办理有限责任公司股东变更登记的，执行人员应当出示工作证或者执行公务证，送达生效法律文书副本或者执行裁定书、协助执行通知书、协助公示执行信息需求书、合法受让人的身份或资格证明，到被执行人股权所在有限责任公司登记的工商行政管理机关办理。

法律、行政法规对股东资格、持股比例等有特殊规定的，人民法院要求工商行政管理机关办理有限责任公司股东变更登记前，应当进行审查，并确认该公司股东变更符合公司法第二十四条、第五十八条的规定。

工商行政管理机关收到人民法院上述文书后，应当在三个工作日内直接在业务系统中办理，不需要该有限责任公司另行申请，并及时公示股东变更登记信息。公示后，该股东权利以公示信息确定。

583.【查询、摘抄、复制材料】

人民法院可以对有关材料查询、摘抄、复制，但不得带走原件。

市场监督管理机关对人民法院复制的书面材料应当核对并加盖印章。人民法院要求提供电子版，市场监督管理机关有条件的，应当提供。

对于市场监督管理机关无法协助的事项，人民法院要求出具书面说明的，市场监督管理机关应当出具。[1]

法律依据

［1］《最高人民法院、国家工商总局关于加强信息合作规范执行与协助执行的通知》（法〔2014〕251号）

17. 人民法院可以对有关材料查询、摘抄、复制，但不得带走原件。

工商行政管理机关对人民法院复制的书面材料应当核对并加盖印章。人民法院要求提供电子版，工商行政管理机关有条件的，应当提供。对于工商行政管理机关无法协助的事项，人民法院要求出具书面说明的，工商行政管理机关应当出具。

584.【协助执行的后果及救济】

市场监督管理机关对按人民法院要求协助执行产生的后果，不承担责任。

当事人、案外人对市场监督管理机关协助执行的行为不服，提出异议或者行政复议的，市场监督管理机关不予受理；向人民法院起诉的，人民法院不予受理。

当事人、案外人认为人民法院协助执行要求存在错误的，应当按照民事诉讼法第二百二十五条之规定，向人民法院提出执行异议，人民法院应当受理。

当事人认为市场监督管理机关在协助执行时扩大了范围或者违法采取措施造成其损害，提起行政诉讼的，人民法院应当受理。[1]

法律依据

［1］《最高人民法院、国家工商总局关于加强信息合作规范执行与协助执行的通知》（法〔2014〕251 号）

18. 工商行政管理机关对按人民法院要求协助执行产生的后果，不承担责任。

当事人、案外人对工商行政管理机关协助执行的行为不服，提出异议或者行政复议的，工商行政管理机关不予受理；向人民法院起诉的，人民法院不予受理。

当事人、案外人认为人民法院协助执行要求存在错误的，应当按照民事诉讼法第二百二十五条之规定，向人民法院提出执行异议，人民法院应当受理。

当事人认为工商行政管理机关在协助执行时扩大了范围或者违法采取措施造成其损害，提起行政诉讼的，人民法院应当受理。

585. 【新旧规定的衔接】

人民法院冻结股权、其他投资权益的通知在 2014 年 2 月 28 日之前送达市场监督管理机关、冻结到期日在 2014 年 3 月 1 日以后的，市场监督管理机关应当在 2014 年 11 月 30 日前将冻结信息公示。公示后续行冻结的，按照本规范第 576 条办理。

冻结到期日在 2014 年 3 月 1 日以后、2014 年 11 月 30 日前，人民法院送达了续行冻结通知书的，续行冻结有效。市场监督管理机关还应当在 2014 年 11 月 30 日前公示续行冻结信息。

人民法院对股权、其他投资权益的冻结未设定期限的，市场监督管理机关应当在 2014 年 11 月 30 日前将冻结信息公示。从公示之日起满两年，人民法院未续行冻结的，冻结的效力消灭。[1]

法律依据

［1］**《最高人民法院、国家工商总局关于加强信息合作规范执行与协助执行的通知》**（法〔2014〕251 号）

19. 人民法院冻结股权、其他投资权益的通知在 2014 年 2 月 28 日之前送达工商行政管理机关、冻结到期日在 2014 年 3 月 1 日以后的，工商行政管理机关应当在 2014 年 11 月 30 日前将冻结信息公示。公示后续行冻结的，按照本通知第 11 条办理。

冻结到期日在 2014 年 3 月 1 日以后、2014 年 11 月 30 日前，人民法院送达了续行冻结通知书的，续行冻结有效。工商行政管理机关还应当在 2014 年 11 月 30 日前公示续行冻结信息。

人民法院对股权、其他投资权益的冻结未设定期限的，工商行政管理机关应当在 2014 年 11 月 30 日前将冻结信息公示。从公示之日起满两年，人民法院未续行冻结的，冻结的效力消灭。

各高级人民法院与各省级工商行政管理局可以根据本通知，结合本地实际，制定贯彻实施办法。对执行本通知的情况和工作中遇到的问题，要及时报告最高人民法院、国家工商行政管理总局。

586. 【股息或红利等收益】

对被执行人从有关企业中应得的已到期的股息或红利等收益，人民法院有权裁定禁止被执行人提取和有关企业向被执行人支付，并要求有关企业直接向申请执行人支付。

对被执行人预期从有关企业中应得的股息或红利等收益，人民法院可以采取冻结措施，禁止到期后被执行人提取和有关企业向被执行人支付。到期后人民法院可从有关企业中提取，并出具提取收据。[1]

法律依据

［1］**《最高人民法院关于人民法院执行工作若干问题的规定（试行）》**（2020 年 12 月 23 日修正）

36. 对被执行人从有关企业中应得的已到期的股息或红利等收益，人民法院有权裁定禁止被执行人提取和有关企业向被执行人支付，并要求有关企业直接向申请执行人支付。

对被执行人预期从有关企业中应得的股息或红利等收益，人民法院可以采取冻结措施，禁止到期后被执行人提取和有关企业向被执行人支付。到期后人民法院可从有关企业中提取，并出具提取收据。

587. 【擅自处理股权及股息、红利的责任】

有关企业收到人民法院发出的协助冻结通知后，擅自向被执行人支付股息或红利，或擅自为被执行人办理已冻结股权的转移手续，造成已转移的财产无法追回的，应当在所支付的股息或红利或转移的股权价值范围内向申请执行人承担赔偿责任。[1]

法律依据

[1]《**最高人民法院关于人民法院执行工作若干问题的规定（试行）**》（2020 年 12 月 23 日修正）

40. 有关企业收到人民法院发出的协助冻结通知后，擅自向被执行人支付股息或红利，或擅自为被执行人办理已冻结股权的转移手续，造成已转移的财产无法追回的，应当在所支付的股息或红利或转移的股权价值范围内向申请执行人承担责任。

第六节 对证券及其交易结算资金的执行

588. 【协助执行机关】

人民法院在办理案件过程中，需要通过证券登记结算机构[1]或者证券公司查询、冻结、扣划证券和证券交易结算资金的，证券登记结算机构或者证券公司应当依法予以协助。[2]

法律依据

［**1**］**《最高人民法院、最高人民检察院、公安部、中国证券监督管理委员会关于查询、冻结、扣划证券和证券交易结算资金问题通知》**（法发〔2008〕4号）

十七、本通知中所规定的证券登记结算机构，是指中国证券登记结算有限责任公司及其分公司。

［**2**］**《最高人民法院、最高人民检察院、公安部、中国证券监督管理委员会关于查询、冻结、扣划证券和证券交易结算资金问题通知》**（法发〔2008〕4号）

一、人民法院、人民检察院、公安机关在办理案件过程中，按照法定权限需要通过证券登记结算机构或者证券公司查询、冻结、扣划证券和证券交易结算资金的，证券登记结算机构或者证券公司应当依法予以协助。

589. 【协助执行的手续及留置送达的允许】

人民法院要求证券登记结算机构或者证券公司协助查询、冻结、扣划证券和证券交易结算资金，执行人员应当依法出具相关证件和有效法律文书。

执行人员证件齐全、手续完备的，证券登记结算机构或者证券公司应当签收有关法律文书并协助办理有关事项。

拒绝签收人民法院生效法律文书的，可以留置送达。[1]

法律依据

［**1**］**《最高人民法院、最高人民检察院、公安部、中国证券监督管理委员会关于查询、冻结、扣划证券和证券交易结算资金问题通知》**（法发〔2008〕4号）

二、人民法院要求证券登记结算机构或者证券公司协助查询、冻结、扣划证券和证券交易结算资金，人民检察院、公安机关要求证券登记结算机构或者证券公司协助查询、冻结证券和证券交易结算资金时，有关执法人员应当依法出具相关证件和有效法律文书。

执法人员证件齐全、手续完备的，证券登记结算机构或者证券公司应当签收有关法律文书并协助办理有关事项。

拒绝签收人民法院生效法律文书的，可以留置送达。

590. 【查询】

人民法院可以依法向证券登记结算机构查询客户和证券公司的证券账户、证券交收账户和资金交收账户内已完成清算交收程序的余额、余额变动、开户资料等内容。

人民法院可以依法向证券公司查询客户的证券账户和资金账户、证券交收账户和资金交收账户内的余额、余额变动、证券及资金流向、开户资料等内容。

查询自然人账户的，应当提供自然人姓名和身份证件号码；查询法人账户的，应当提供法人名称和营业执照或者法人注册登记证书号码。

证券登记结算机构或者证券公司应当出具书面查询结果并加盖业务专用章。人民法院对查询结果有疑问时，证券登记结算机构、证券公司在必要时应当进行书面解释并加盖业务专用章。[1]

法律依据

［1］**《最高人民法院、最高人民检察院、公安部、中国证券监督管理委员会关于查询、冻结、扣划证券和证券交易结算资金问题通知》**（法发〔2008〕4 号）

三、人民法院、人民检察院、公安机关可以依法向证券登记结算机构查询客户和证券公司的证券账户、证券交收账户和资金交收账户内已完成清算交收程序的余额、余额变动、开户资料等内容。

人民法院、人民检察院、公安机关可以依法向证券公司查询客户的证券账户和资金账户、证券交收账户和资金交收账户内的余额、余额变动、证券及资金流向、开户资料等内容。

查询自然人账户的，应当提供自然人姓名和身份证件号码；查询法人账户的，应当提供法人名称和营业执照或者法人注册登记证书号码。

证券登记结算机构或者证券公司应当出具书面查询结果并加盖业务专用章。查询机关对查询结果有疑问时，证券登记结算机构、证券公司在必要时应当进行书面解释并加盖业务专用章。

591.【冻结期限】

人民法院冻结被执行人的证券及其交易结算资金的期限不得超过三年。

申请执行人申请延长期限的，人民法院应当在冻结期限届满前办理续行冻结手续，续行期限不得超过前款规定的期限。

人民法院也可以依职权办理续行冻结手续。[1]

法律依据

［1］**《最高人民法院关于适用〈中华人民共和国民事诉讼法〉的解释》**（2020年12月23日修正）

第四百八十七条　人民法院冻结被执行人的银行存款的期限不得超过一年，查封、扣押动产的期限不得超过两年，查封不动产、冻结其他财产权的期限不得超过三年。

申请执行人申请延长期限的，人民法院应当在查封、扣押、冻结期限届满前办理续行查封、扣押、冻结手续，续行期限不得超过前款规定的期限。

人民法院也可以依职权办理续行查封、扣押、冻结手续。

592.【不得冻结、扣划的证券】

证券登记结算机构依法按照业务规则收取并存放于专门清算交收账户内的下列证券，不得冻结、扣划：

（一）证券登记结算机构设立的证券集中交收账户、专用清偿账户、专用处置账户内的证券；

（二）证券公司在证券登记结算机构开设的客户证券交收账户、自营证券交收账户和证券处置账户内的证券。[1]

法律依据

［1］**《最高人民法院、最高人民检察院、公安部、中国证券监督管理委员会关于查询、冻结、扣划证券和证券交易结算资金问题通知》**（法发〔2008〕4号）

五、证券登记结算机构依法按照业务规则收取并存放于专门清算交收账户内的下列证券，不得冻结、扣划：

（一）证券登记结算机构设立的证券集中交收账户、专用清偿账户、专用处置账户内的证券；

（二）证券公司在证券登记结算机构开设的客户证券交收账户、自营证券交收账户和证券处置账户内的证券。

593.【不得冻结、扣划的资金】

证券登记结算机构依法按照业务规则收取并存放于专门清算交收账户内的下列资金，不得冻结、扣划：

（一）证券登记结算机构设立的资金集中交收账户、专用清偿账户内的资金；

（二）证券登记结算机构依法收取的证券结算风险基金和结算互保金；

（三）证券登记结算机构在银行开设的结算备付金专用存款账户和新股发行验资专户内的资金，以及证券登记结算机构为新股发行网下申购配售对象开立的网下申购资金账户内的资金；

（四）证券公司在证券登记结算机构开设的客户资金交收账户内的资金；

（五）证券公司在证券登记结算机构开设的自营资金交收账户内最低限额自营结算备付金及根据成交结果确定的应付资金。[1]

法律依据

［1］**《最高人民法院、最高人民检察院、公安部、中国证券监督管理**

委员会关于查询、冻结、扣划证券和证券交易结算资金问题通知》（法发〔2008〕4号）

六、证券登记结算机构依法按照业务规则收取并存放于专门清算交收账户内的下列资金，不得冻结、扣划：

（一）证券登记结算机构设立的资金集中交收账户、专用清偿账户内的资金；

（二）证券登记结算机构依法收取的证券结算风险基金和结算互保金；

（三）证券登记结算机构在银行开设的结算备付金专用存款账户和新股发行验资专户内的资金，以及证券登记结算机构为新股发行网下申购配售对象开立的网下申购资金账户内的资金；

（四）证券公司在证券登记结算机构开设的客户资金交收账户内的资金；

（五）证券公司在证券登记结算机构开设的自营资金交收账户内最低限额自营结算备付金及根据成交结果确定的应付资金。

594. 【不得冻结、扣划的担保物】

证券登记结算机构依法按照业务规则要求证券公司等结算参与人、投资者或者发行人提供的回购质押券、价差担保物、行权担保物、履约担保物等担保物，在交收完成之前，不得冻结、扣划。[1]

法律依据

［1］**《最高人民法院、最高人民检察院、公安部、中国证券监督管理委员会关于查询、冻结、扣划证券和证券交易结算资金问题通知》**（法发〔2008〕4号）

七、证券登记结算机构依法按照业务规则要求证券公司等结算参与人、投资者或者发行人提供的回购质押券、价差担保物、行权担保物、履约担保物等担保物，在交收完成之前，不得冻结、扣划。

595. 【自营资金】

证券公司在银行开立的自营资金账户内的资金可以冻结、

扣划。[1]

法律依据

［1］**《最高人民法院、最高人民检察院、公安部、中国证券监督管理委员会关于查询、冻结、扣划证券和证券交易结算资金问题通知》**（法发〔2008〕4号）

八、证券公司在银行开立的自营资金账户内的资金可以冻结、扣划。

596.【充抵保证金的有价证券之一】

期货交易所为被执行人的，期货交易所会员向其提交的用于充抵保证金的有价证券，人民法院不得冻结、划拨。[1]

法律依据

［1］**《最高人民法院关于审理期货纠纷案件若干问题的规定（二）》**（2020年12月23日修正）

第三条　期货交易所为债务人，债权人请求冻结、划拨以下账户中资金或者有价证券的，人民法院不予支持：

（二）期货交易所会员向期货交易所提交的用于充抵保证金的有价证券。

597.【充抵保证金的有价证券之二】

期货公司为被执行人的，客户向其提交的用于充抵保证金的有价证券，人民法院不得冻结、划拨。[1]

法律依据

［1］**《最高人民法院关于审理期货纠纷案件若干问题的规定（二）》**（2020年12月23日修正）

第四条　期货公司为债务人，债权人请求冻结、划拨以下账户中资金或者有价证券的，人民法院不予支持：

（二）客户向期货公司提交的用于充抵保证金的有价证券。

598.【充抵保证金的有价证券之三】

实行会员分级结算制度的期货交易所的结算会员为被执行人的，非结算会员向其提交的用于充抵保证金的有价证券，人民法院不得冻结、划拨。[1]

法律依据

［1］《最高人民法院关于审理期货纠纷案件若干问题的规定（二）》（2020 年 12 月 23 日修正）

第五条　实行会员分级结算制度的期货交易所的结算会员为债务人，债权人请求冻结、划拨结算会员以下资金或者有价证券的，人民法院不予支持：

（二）非结算会员向结算会员提交的用于充抵保证金的有价证券。

599.【前述三条的例外】

有证据证明本规范第 596 条、第 597 条、第 598 条保证金账户中有超出保证范围的有价证券部分权益的，期货交易所、期货公司或者期货交易所结算会员在人民法院指定的合理期限内不能提出相反证据的，人民法院对超出部分可分别作为期货公司、结算会员的财产予以执行。[1]

法律依据

［1］《最高人民法院关于审理期货纠纷案件若干问题的规定（二）》（2020 年 12 月 23 日修正）

第六条　有证据证明保证金账户中有超过上述第三条、第四条、第五条规定的资金或者有价证券部分权益的，期货交易所、期货公司或者期货交易所结算会员在人民法院指定的合理期限内不能提出相反证据的，人民法院可以依法冻结、划拨超出部分的资金或者有价证券。

有证据证明期货交易所、期货公司、期货交易所结算会员自有资金与保证金发生混同，期货交易所、期货公司或者期货交易所结算会员在人民法院指定的合理期限内不能提出相反证据的，人民法院可以依法冻结、划拨相关账户内的资金或者有价证券。

600.【冻结、扣划】

人民法院冻结、扣划相关证券、资金时，应当明确拟冻结、扣划证券、资金所在的账户名称、账户号码、冻结期限，所冻结、扣划证券的名称、数量或者资金的数额。扣划时，还应当明确拟划入的账户名称、账号。

冻结证券和交易结算资金时，应当明确冻结的范围是否及于孳息。

《最高人民法院、最高人民检察院、公安部、中国证券监督管理委员会关于查询冻结扣划证券和证券交易结算资金问题通知》规定的以证券登记结算机构名义建立的各类专门清算交收账户不得整体冻结。[1]

法律依据

［1］**《最高人民法院、最高人民检察院、公安部、中国证券监督管理委员会关于查询、冻结、扣划证券和证券交易结算资金问题通知》**（法发〔2008〕4号）

四、人民法院、人民检察院、公安机关按照法定权限冻结、扣划相关证券、资金时，应当明确拟冻结、扣划证券、资金所在的账户名称、账户号码、冻结期限，所冻结、扣划证券的名称、数量或者资金的数额。扣划时，还应当明确拟划入的账户名称、账号。

冻结证券和交易结算资金时，应当明确冻结的范围是否及于孳息。

本通知规定的以证券登记结算机构名义建立的各类专门清算交收账户不得整体冻结。

601.【冻结期限】

人民法院冻结被执行人的证券、交易结算资金的期限不得超过三年。

申请执行人申请延长期限的，人民法院应当在冻结期限届满前办理续行冻结手续，续行期限不得超过前款规定的期限。

人民法院也可以依职权办理续行冻结手续。[1]

法律依据

［1］**《最高人民法院关于适用〈中华人民共和国民事诉讼法〉的解释》**（2020 年 12 月 23 日修正）

第四百八十七条　人民法院冻结被执行人的银行存款的期限不得超过一年，查封、扣押动产的期限不得超过两年，查封不动产、冻结其他财产权的期限不得超过三年。

申请执行人申请延长期限的，人民法院应当在查封、扣押、冻结期限届满前办理续行查封、扣押、冻结手续，续行期限不得超过前款规定的期限。

人民法院也可以依职权办理续行查封、扣押、冻结手续。

602. 【协助机关的分工】

在证券公司托管的证券的冻结、扣划，既可以在托管的证券公司办理，也可以在证券登记结算机构办理。不同的执法机关同一交易日分别在证券公司、证券登记结算机构对同一笔证券办理冻结、扣划手续的，证券公司协助办理的为在先冻结、扣划。

冻结、扣划未在证券公司或者其他托管机构托管的证券或者证券公司自营证券的，由证券登记结算机构协助办理。[1]

法律依据

［1］**《最高人民法院、最高人民检察院、公安部、中国证券监督管理委员会关于查询、冻结、扣划证券和证券交易结算资金问题通知》**（法发〔2008〕4 号）

九、在证券公司托管的证券的冻结、扣划，既可以在托管的证券公司办理，也可以在证券登记结算机构办理。不同的执法机关同一交易日分别在证券公司、证券登记结算机构对同一笔证券办理冻结、扣划手续的，证券公司协助办理的为在先冻结、扣划。

冻结、扣划未在证券公司或者其他托管机构托管的证券或者证券公司自营证券的，由证券登记结算机构协助办理。

603.【协助机关的办理时限】

证券登记结算机构受理冻结、扣划要求后，应当在受理日对应的交收日交收程序完成后根据交收结果协助冻结、扣划。

证券公司受理冻结、扣划要求后，应当立即停止证券交易，冻结时已经下单但尚未撮合成功的应当采取撤单措施。冻结后，根据成交结果确定的用于交收的应付证券和应付资金可以进行正常交收。在交收程序完成后，对于剩余部分可以扣划。同时，证券公司应当根据成交结果计算出同等数额的应收资金或者应收证券交由执法机关冻结或者扣划。[1]

法律依据

[1]**《最高人民法院、最高人民检察院、公安部、中国证券监督管理委员会关于查询、冻结、扣划证券和证券交易结算资金问题通知》**（法发〔2008〕4号）

十、证券登记结算机构受理冻结、扣划要求后，应当在受理日对应的交收日交收程序完成后根据交收结果协助冻结、扣划。

证券公司受理冻结、扣划要求后，应当立即停止证券交易，冻结时已经下单但尚未撮合成功的应当采取撤单措施。冻结后，根据成交结果确定的用于交收的应付证券和应付资金可以进行正常交收。在交收程序完成后，对于剩余部分可以扣划。同时，证券公司应当根据成交结果计算出同等数额的应收资金或者应收证券交由执法机关冻结或者扣划。

604.【轮候冻结】

已被人民法院冻结的证券或证券交易结算资金，其他机关因不同案件可以进行轮候冻结。冻结解除的，登记在先的轮候冻结自动生效。

轮候冻结生效后，协助冻结的证券登记结算机构或者证券公司应当书面通知做出该轮候冻结的机关。[1]

法律依据

［1］**《最高人民法院、最高人民检察院、公安部、中国证券监督管理委员会关于查询、冻结、扣划证券和证券交易结算资金问题通知》**（法发〔2008〕4号）

十一、已被人民法院、人民检察院、公安机关冻结的证券或证券交易结算资金，其他人民法院、人民检察院、公安机关或者同一机关因不同案件可以进行轮候冻结。冻结解除的，登记在先的轮候冻结自动生效。

轮候冻结生效后，协助冻结的证券登记结算机构或者证券公司应当书面通知做出该轮候冻结的机关。

605.【多机关冻结、扣划或轮候冻结的办理】

不同的人民法院、人民检察院、公安机关对同一笔证券或者交易结算资金要求冻结、扣划或者轮候冻结时，证券登记结算机构或者证券公司应当按照送达协助冻结、扣划通知书的先后顺序办理协助事项。[1]

法律依据

［1］**《最高人民法院、最高人民检察院、公安部、中国证券监督管理委员会关于查询、冻结、扣划证券和证券交易结算资金问题通知》**（法发〔2008〕4号）

十三、不同的人民法院、人民检察院、公安机关对同一笔证券或者交易结算资金要求冻结、扣划或者轮候冻结时，证券登记结算机构或者证券公司应当按照送达协助冻结、扣划通知书的先后顺序办理协助事项。

606. 【多机关冻结、扣划争议的解决】

要求冻结、扣划的人民法院、人民检察院、公安机关之间，因冻结、扣划事项发生争议的，要求冻结、扣划的机关应当自行协商解决。协商不成的，由其共同上级机关决定；没有共同上级机关的，由其各自的上级机关协商解决。

在争议解决之前，协助冻结的证券登记结算机构或者证券公司应当按照争议机关所送达法律文书载明的最大标的范围对争议标的进行控制。[1]

法律依据

［1］**《最高人民法院、最高人民检察院、公安部、中国证券监督管理委员会关于查询、冻结、扣划证券和证券交易结算资金问题通知》**（法发〔2008〕4号）

十四、要求冻结、扣划的人民法院、人民检察院、公安机关之间，因冻结、扣划事项发生争议的，要求冻结、扣划的机关应当自行协商解决。协商不成的，由其共同上级机关决定；没有共同上级机关的，由其各自的上级机关协商解决。

在争议解决之前，协助冻结的证券登记结算机构或者证券公司应当按照争议机关所送达法律文书载明的最大标的范围对争议标的进行控制。

607. 【不协助执行的制裁】

依法应当予以协助而拒绝协助，或者向当事人通风报信，或者与当事人通谋转移、隐匿财产的，对有关的证券登记结算机构或者证券公司和直接责任人应当依法进行制裁。[1]

法律依据

［1］**《最高人民法院、最高人民检察院、公安部、中国证券监督管理委员会关于查询、冻结、扣划证券和证券交易结算资金问题通知》**（法发

〔2008〕4 号）

十五、依法应当予以协助而拒绝协助，或者向当事人通风报信，或者与当事人通谋转移、隐匿财产的，对有关的证券登记结算机构或者证券公司和直接责任人应当依法进行制裁。

608.【可流通证券的变价】

人民法院对被执行人证券账户内的流通证券采取执行措施时，应当查明该流通证券确属被执行人所有。

人民法院执行流通证券，可以指令被执行人所在的证券公司营业部在三十个交易日内通过证券交易将该证券卖出，并将变卖所得价款直接划付到人民法院指定的账户。[1]

法律依据

［1］《最高人民法院关于冻结、扣划证券交易结算资金有关问题的通知》（法〔2004〕239 号）

五、人民法院对被执行人证券账户内的流通证券采取执行措施时，应当查明该流通证券确属被执行人所有。

人民法院执行流通证券，可以指令被执行人所在的证券公司营业部在 30 个交易日内通过证券交易将该证券卖出，并将变卖所得价款直接划付到人民法院指定的账户。

第七节　对债权及收入的执行

一、对债权的执行

609.【对到期债权执行的一般规定】

人民法院执行被执行人对他人的到期债权，可以作出冻结债权的裁定，并通知该他人向申请执行人履行。

该他人对到期债权有异议，申请执行人请求对异议部分强制执行的，人民法院不予支持。利害关系人对到期债权有异议的，人民法院应当按照民事诉讼法第二百二十七条规定处理。

对生效法律文书确定的到期债权，该他人予以否认的，人民法院不予支持。[1]

法律依据

[1]《**最高人民法院关于适用〈中华人民共和国民事诉讼法〉的解释**》（2020年12月23日修正）

第五百零一条　人民法院执行被执行人对他人的到期债权，可以作出冻结债权的裁定，并通知该他人向申请执行人履行。

该他人对到期债权有异议，申请执行人请求对异议部分强制执行的，人民法院不予支持。利害关系人对到期债权有异议的，人民法院应当按照民事诉讼法第二百二十七条规定处理。

对生效法律文书确定的到期债权，该他人予以否认的，人民法院不予支持。

610.【冻结期限】

人民法院冻结被执行人对他人的到期债权的期限不得超过三年。

申请执行人申请延长期限的，人民法院应当在冻结期限届满前办理续行冻结手续，续行期限不得超过前款规定的期限。

人民法院也可以依职权办理续行冻结手续。[1]

法律依据

[1]《**最高人民法院关于适用〈中华人民共和国民事诉讼法〉的解释**》（2020年12月23日修正）

第四百八十七条　人民法院冻结被执行人的银行存款的期限不得超过一年，查封、扣押动产的期限不得超过两年，查封不动产、冻结其他财产权的期限不得超过三年。

申请执行人申请延长期限的，人民法院应当在查封、扣押、冻结期限届满前办理续行查封、扣押、冻结手续，续行期限不得超过前款规定的期限。

人民法院也可以依职权办理续行查封、扣押、冻结手续。

611. 【履行通知】

人民法院通知次债务人①向申请执行人履行的，应制作履行通知。履行通知应当包含下列内容：

（一）次债务人直接向申请执行人履行其对被执行人所负的债务，不得向被执行人清偿；

（二）次债务人应当在收到履行通知后的十五日内向申请执行人履行债务；

（三）次债务人对履行到期债务有异议的，应当在收到履行通知后的十五日内向执行法院提出；

（四）次债务人违背上述义务的法律后果。

履行通知必须直接送达次债务人。[1]

法律依据

[1]《最高人民法院关于人民法院执行工作若干问题的规定（试行）》（2020年12月23日修正）

45. 被执行人不能清偿债务，但对本案以外的第三人享有到期债权的，人民法院可以依申请执行人或被执行人的申请，向第三人发出履行到期债务的通知（以下简称履行通知）。履行通知必须直接送达第三人。

履行通知应当包含下列内容：

(1) 第三人直接向申请执行人履行其对被执行人所负的债务，不得向被执行人清偿；

(2) 第三人应当在收到履行通知后的15日内向申请执行人履行债务；

(3) 第三人对履行到期债权有异议的，应当在收到履行通知后的15日内

---

① 本节中的次债务人皆指本规范第609条中的“该他人”。

向执行法院提出；

（4）第三人违背上述义务的法律后果。

612. 【提出异议的形式】

次债务人对履行通知的异议一般应当以书面形式提出，口头提出的，执行人员应记入笔录，并由次债务人签字或盖章。[1]

法律依据

［1］**《最高人民法院关于人民法院执行工作若干问题的规定（试行）》**（2020 年 12 月 23 日修正）

46. 第三人对履行通知的异议一般应当以书面形式提出，口头提出的，执行人员应记入笔录，并由第三人签字或盖章。

613. 【指定期限内的异议】

次债务人在履行通知指定的期间内提出异议的，人民法院不得对次债务人强制执行，对提出的异议不进行审查。[1]

法律依据

［1］**《最高人民法院关于人民法院执行工作若干问题的规定（试行）》**（2020 年 12 月 23 日修正）

47. 第三人在履行通知指定的期间内提出异议的，人民法院不得对第三人强制执行，对提出的异议不进行审查。

614. 【无直接法律关系的异议】

次债务人提出自己无履行能力或其与申请执行人无直接法律关系，不属于本规范第 609 条规定所指的异议。

次债务人对债务部分承认、部分有异议的，可以对其承认的部分强制执行。[1]

法律依据

［1］《最高人民法院关于人民法院执行工作若干问题的规定（试行）》（2020 年 12 月 23 日修正）

48. 第三人提出自己无履行能力或其与申请执行人无直接法律关系，不属于本规定所指的异议。

第三人对债务部分承认、部分有异议的，可以对其承认的部分强制执行。

615.【指定期限内未提异议】

次债务人在履行通知指定的期限内没有提出异议，而又不履行的，执行法院有权裁定对其强制执行。此裁定同时送达次债务人和被执行人。[1]

法律依据

［1］《最高人民法院关于人民法院执行工作若干问题的规定（试行）》（2020 年 12 月 23 日修正）

49. 第三人在履行通知指定的期限内没有提出异议，而又不履行的，执行法院有权裁定对其强制执行。此裁定同时送达第三人和被执行人。

616.【放弃债权或延缓履行期限】

被执行人收到人民法院履行通知后，放弃其对次债务人的债权或延缓次债务人履行期限的行为无效，人民法院仍可在次债务人无异议又不履行的情况下予以强制执行。[1]

法律依据

［1］《最高人民法院关于人民法院执行工作若干问题的规定（试行）》（2020 年 12 月 23 日修正）

50. 被执行人收到人民法院履行通知后，放弃其对第三人的债权或延缓第三人履行期限的行为无效，人民法院仍可在第三人无异议又不履行的情况下予以强制执行。

617.【擅自履行的责任】

次债务人收到人民法院要求其履行到期债务的通知后，擅自向被执行人履行，造成已向被执行人履行的财产不能追回的，除在已履行的财产范围内与被执行人承担连带清偿责任外，可以追究其妨害执行的责任。[1]

法律依据

［1］《最高人民法院关于人民法院执行工作若干问题的规定（试行）》（2020年12月23日修正）

51. 第三人收到人民法院要求其履行到期债务的通知后，擅自向被执行人履行，造成已向被执行人履行的财产不能追回的，除在已履行的财产范围内与被执行人承担连带清偿责任外，可以追究其妨害执行的责任。

618.【次债务人到期债权追索的禁止】

在对次债务人作出强制执行裁定后，次债务人确无财产可供执行的，不得就次债务人对他人享有的到期债权强制执行。[1]

法律依据

［1］《最高人民法院关于人民法院执行工作若干问题的规定（试行）》（2020年12月23日修正）

52. 在对第三人作出强制执行裁定后，第三人确无财产可供执行的，不得就第三人对他人享有的到期债权强制执行。

619.【履行证明】

次债务人按照人民法院履行通知向申请执行人履行了债务或已被强制执行后，人民法院应当出具有关证明。[1]

法律依据

［1］《最高人民法院关于人民法院执行工作若干问题的规定（试行）》（2020年12月23日修正）

53. 第三人按照人民法院履行通知向申请执行人履行了债务或已被强制执行后，人民法院应当出具有关证明。

620. 【生效法律文书确定的到期债权】

被执行人对他人享有经生效法律文书确定的到期债权，被执行人未申请强制执行的，人民法院按照法律、司法解释关于到期债权执行的相关规定办理。已进入强制执行程序的，人民法院可以请求该到期债权的执行法院协助冻结、提取被执行人的应得款项。[1]

法律依据

［1］最高人民法院指导案例36号：“中投信用担保有限公司与海通证券股份有限公司等证券权益纠纷执行复议案”（2014年12月18日）

裁判要点：“被执行人在收到执行法院执行通知之前，收到另案执行法院要求其向申请执行人的债权人直接清偿已经法院生效法律文书确认的债务的通知，并清偿债务的，执行法院不能将该部分已清偿债务纳入执行范围。”

621. 【未到期债权的执行】

对被执行人的未到期债权，执行法院可以依法冻结，待债权到期后参照到期债权予以执行。次债务人仅以该债务未到期为由提出异议的，不影响对该债权的冻结。[1]

法律依据

［1］《最高人民法院关于依法制裁规避执行行为的若干的意见》（法〔2011〕195号）

13. 依法保全被执行人的未到期债权。对被执行人的未到期债权，执行法院可以依法冻结，待债权到期后参照到期债权予以执行。第三人仅以该债务未到期为由提出异议的，不影响对该债权的保全。

二、对收入的执行

622.【对收入执行的一般规定】

被执行人未按执行通知履行生效法律文书确定的义务，人民法院有权扣留、提取被执行人应当履行义务部分的收入。但应当保留被执行人及其所扶养家属的生活必需费用。

人民法院扣留、提取收入时，应当作出裁定，并发出协助执行通知书，被执行人所在单位、银行、信用合作社和其他有储蓄业务的单位必须办理。[1]

法律依据

[1]**《中华人民共和国民事诉讼法》**（2017 年 6 月 27 日修正）

第二百四十三条　被执行人未按执行通知履行法律文书确定的义务，人民法院有权扣留、提取被执行人应当履行义务部分的收入。但应当保留被执行人及其所扶养家属的生活必需费用。

人民法院扣留、提取收入时，应当作出裁定，并发出协助执行通知书，被执行人所在单位、银行、信用合作社和其他有储蓄业务的单位必须办理。

623.【尚未支取的收入】

被执行人①在有关单位的收入尚未支取的，人民法院应当作出裁定，向该单位发出协助执行通知书，由其协助扣留或提取。[1]

① 此处的被执行人，仅指作为自然人的被执行人，不包括法人、其他组织。

法律依据

［1］《最高人民法院关于人民法院执行工作若干问题的规定（试行）》（2020 年 12 月 23 日修正）

29. 被执行人在有关单位的收入尚未支取的，人民法院应当作出裁定，向该单位发出协助执行通知书，由其协助扣留或提取。

624.【擅自支付的责任】

有关单位收到人民法院协助执行被执行人收入的通知后，擅自向被执行人或其他人支付的，人民法院有权责令其限期追回；逾期未追回的，应当裁定其在支付的数额内向申请执行人承担责任。[1]

法律依据

［1］《最高人民法院关于人民法院执行工作若干问题的规定（试行）》（2020 年 12 月 23 日修正）

30. 有关单位收到人民法院协助执行被执行人收入的通知后，擅自向被执行人或其他人支付的，人民法院有权责令其限期追回；逾期未追回的，应当裁定其在支付的数额内向申请执行人承担责任。

625.【离休金、退休金、养老金】

对于离休金、退休金、养老金，在留出必要的生活费用外，人民法院可以作为被执行人的财产予以执行。[1]

法律依据

［1］《最高人民法院研究室关于执行程序中能否扣划离退休人员离休金退休金清偿其债务问题的答复》（法研〔2002〕13 号）

答复主要内容："天津市高级人民法院：你院津高法〔2001〕28 号《关于劳动保障部门应依法协助人民法院扣划被执行人工资收入的请示》收悉。经研究，答复如下：为公平保护债权人和离退休债务人的合法权益，根据《民法通则》和《民事诉讼法》的有关规定，在离退休人员的其他可供执行的财产或者收入不足偿还其债务的情况下，人民法院可以要求其离退休金发放单位或者社会保障机构协助扣划其离休金或退休金，用以偿还该离退休人员的债务。上述单位或者机构应当予以协助。人民法院在执行时应当为离退休人员留出必要的生活费用。生活费用标准可参照当地的有关标准确定。”

《最高人民法院关于能否要求社保机构协助冻结、扣划被执行人的养老金问题的复函》［（2014）执他字第22号］

一、被执行人应得的养老金应当视为被执行人在第三人处的固定收入，属于其责任财产的范围，依照《中华人民共和国民事诉讼法》第二百四十三条之规定，人民法院有权冻结、扣划。但是，在冻结、扣划前，应当预留被执行人及其所抚养家属必需的生活费用。

626.【住房公积金】

被执行人符合国务院《住房公积金管理条例》第二十四条[1]规定的提取职工住房公积金账户内的存储余额的条件的，在保障被执行人依法享有的基本生活及居住条件的情况下，人民法院可以对被执行人住房公积金账户内的存储余额强制执行。[2]

法律依据

［**1**］**《住房公积金管理条例》**（2019年3月24日修订）

第二十四条　职工有下列情形之一的，可以提取职工住房公积金账户内的存储余额：

（一）购买、建造、翻建、大修自住住房的；

（二）离休、退休的；

（三）完全丧失劳动能力，并与单位终止劳动关系的；

（四）出境定居的；

（五）偿还购房贷款本息的；

（六）房租超出家庭工资收入的规定比例的。

依照前款第（二）、（三）、（四）项规定，提取职工住房公积金的，应当同时注销职工住房公积金账户。职工死亡或者被宣告死亡的，职工的继承人、受遗赠人可以提取职工住房公积金账户内的存储余额；无继承人也无受遗赠人的，职工住房公积金账户内的存储余额纳入住房公积金的增值收益。

［**2**］**《最高人民法院关于安徽省高级人民法院〈关于强制划拨被执行人住房公积金问题的请示报告〉的批复》**［（2013）执他字第14号］

批复主要内容："安徽省高级人民法院：你院（2012）皖执他字第00050号《关于强制划拨被执行人住房公积金问题的请示报告》收悉。经研究，答复如下：根据你院报告中所述事实情况，被执行人吴某某已经符合国务院《住房公积金管理条例》第二十四条规定的提取职工住房公积金账户内的存储余额的条件，在保障被执行人依法享有的基本生活及居住条件的情况下，执行法院可以对被执行人住房公积金账户内的存储余额强制执行。"

第二十二章　非金钱给付请求权的执行

第一节　物的交付请求权的执行

627. 【物的交付请求权执行的一般规定】

法律文书指定交付的财物或者票证，由执行员传唤双方当事人当面交付，或者由执行员转交，并由被交付人签收。

有关单位持有该项财物或者票证的，应当根据人民法院的协助执行通知书转交，并由被交付人签收。

有关公民持有该项财物或者票证的，人民法院通知其交出。拒不交出的，强制执行。[1]

法律依据

[1]《中华人民共和国民事诉讼法》(2017 年 6 月 27 日修正)

第二百四十九条　法律文书指定交付的财物或者票证，由执行员传唤双方当事人当面交付，或者由执行员转交，并由被交付人签收。

有关单位持有该项财物或者票证的，应当根据人民法院的协助执行通知书转交，并由被交付人签收。

有关公民持有该项财物或者票证的，人民法院通知其交出。拒不交出的，强制执行。

628. 【房屋的强制迁出或土地的强制退出】

强制迁出房屋或者强制退出土地，由院长签发公告，责令被执行人在指定期间履行。被执行人逾期不履行的，由执行员强制执行。

强制执行时，被执行人是公民的，应当通知被执行人或者他的成年家属到场；被执行人是法人或者其他组织的，应当通知其法定代表人或者主要负责人到场。拒不到场的，不影响执行。被执行人是公民的，其工作单位或者房屋、土地所在地的基层组织应当派人参加。执行员应当将强制执行情况记入笔录，由在场人签名或者盖章。

强制迁出房屋被搬出的财物，由人民法院派人运至指定处所，交给被执行人。被执行人是公民的，也可以交给他的成年家属。因拒绝接收而造成的损失，由被执行人承担。[1]

法律依据

［1］**《中华人民共和国民事诉讼法》**（2017 年 6 月 27 日修正）

第二百五十条　强制迁出房屋或者强制退出土地，由院长签发公告，责令被执行人在指定期间履行。被执行人逾期不履行的，由执行员强制执行。

强制执行时，被执行人是公民的，应当通知被执行人或者他的成年家属到场；被执行人是法人或者其他组织的，应当通知其法定代表人或者主要负责人到场。拒不到场的，不影响执行。被执行人是公民的，其工作单位或者房屋、土地所在地的基层组织应当派人参加。执行员应当将强制执行情况记入笔录，由在场人签名或者盖章。

强制迁出房屋被搬出的财物，由人民法院派人运至指定处所，交给被执行人。被执行人是公民的，也可以交给他的成年家属。因拒绝接收而造成的损失，由被执行人承担。

629. 【生活必需房屋异议的处理】

执行依据确定被执行人交付居住的房屋，自执行通知送达之日起，已经给予三个月的宽限期，被执行人以该房屋系本人及所扶养家属维持生活的必需品为由提出异议的，人民法院不予支持。[1]

法律依据

[1]《**最高人民法院关于人民法院办理执行异议和复议案件若干问题的规定**》(2020 年 12 月 23 日修正)

第二十条第二款 执行依据确定被执行人交付居住的房屋，自执行通知送达之日起，已经给予三个月的宽限期，被执行人以该房屋系本人及所扶养家属维持生活的必需品为由提出异议的，人民法院不予支持。

630. 【隐匿资料的处理】

在执行中，被执行人隐匿财产、会计账簿等资料的，人民法院除可依照民事诉讼法第一百一十一条第一款第六项[1]规定对其处理外，还应责令被执行人交出隐匿的财产、会计账簿等资料。被执行人拒不交出的，人民法院可以采取搜查措施。[2]

法律依据

[1]《**中华人民共和国民事诉讼法**》(2017 年 6 月 27 日修正)

第一百一十一条第一款第六项 诉讼参与人或者其他人有下列行为之一的，人民法院可以根据情节轻重予以罚款、拘留；构成犯罪的，依法追究刑事责任：

(六) 拒不履行人民法院已经发生法律效力的判决、裁定的。

[2]《**最高人民法院关于适用〈中华人民共和国民事诉讼法〉的解释**》(2020 年 12 月 23 日修正)

第四百九十六条 在执行中，被执行人隐匿财产、会计账簿等资料的，人民法院除可依照民事诉讼法第一百一十一条第一款第六项规定对其处理外，还应责令被执行人交出隐匿的财产、会计账簿等资料。被执行人拒不交出的，人民法院可以采取搜查措施。

631.【他人持有财物、票证的交付】

他人持有法律文书指定交付的财物或者票证，人民法院依照民事诉讼法第二百四十九条第二款、第三款[1]规定发出协助执行通知后，拒不转交的，可以强制执行，并可依照民事诉讼法第一百一十四条[2]、第一百一十五条[3]规定处理。

他人持有期间财物或者票证毁损、灭失的，参照本规范第633条规定处理。

他人主张合法持有财物或者票证的，可以根据民事诉讼法第二百二十七条规定提出执行异议。[4]

法律依据

［**1**］**《中华人民共和国民事诉讼法》**（2017年6月27日修正）

第二百四十九条第二款、第三款　有关单位持有该项财物或者票证的，应当根据人民法院的协助执行通知书转交，并由被交付人签收。

有关公民持有该项财物或者票证的，人民法院通知其交出。拒不交出的，强制执行。

［**2**］**《中华人民共和国民事诉讼法》**（2017年6月27日修正）

第一百一十四条　有义务协助调查、执行的单位有下列行为之一的，人民法院除责令其履行协助义务外，并可以予以罚款：

（一）有关单位拒绝或者妨碍人民法院调查取证的；

（二）有关单位接到人民法院协助执行通知书后，拒不协助查询、扣押、冻结、划拨、变价财产的；

（三）有关单位接到人民法院协助执行通知书后，拒不协助扣留被执行人的收入、办理有关财产权证照转移手续、转交有关票证、证照或者其他财产的；

（四）其他拒绝协助执行的。

人民法院对有前款规定的行为之一的单位，可以对其主要负责人或者直接责任人员予以罚款；对仍不履行协助义务的，可以予以拘留；并可以向监察机关或者有关机关提出予以纪律处分的司法建议。

[**3**]**《中华人民共和国民事诉讼法》**（2017 年 6 月 27 日修正）

第一百一十五条 对个人的罚款金额，为人民币十万元以下。对单位的罚款金额，为人民币五万元以上一百万元以下。

拘留的期限，为十五日以下。

被拘留的人，由人民法院交公安机关看管。在拘留期间，被拘留人承认并改正错误的，人民法院可以决定提前解除拘留。

[**4**]**《最高人民法院关于适用〈中华人民共和国民事诉讼法〉的解释》**（2020 年 12 月 23 日修正）

第四百九十五条 他人持有法律文书指定交付的财物或者票证，人民法院依照民事诉讼法第二百四十九条第二款、第三款规定发出协助执行通知后，拒不转交的，可以强制执行，并可依照民事诉讼法第一百一十四条、第一百一十五条规定处理。

他人持有期间财物或者票证毁损、灭失的，参照本解释第四百九十四条规定处理。

他人主张合法持有财物或者票证的，可以根据民事诉讼法第二百二十七条规定提出执行异议。

632. 【他人无合法依据占有的处理】

案外人无合法依据占有被执行的标的物不动产的，执行法院依法可以强制迁出；案外人拒不迁出，对标的物上的财产，执行法院可以指定他人保管并通知领取；案外人不领取或下落不明的，为避免保管费用过高或财产价值减损，执行法院可以处分该财产，处分所得价款，扣除搬迁、保管及拍卖变卖等相关费用后，保存于执行法院账户，通知该案外人领取。[1]

法律依据

[**1**]**《最高人民法院关于法院执行程序中能否对案外人财产进行处理**

的请示的答复》［（2010）执他字第 1 号］

答复主要内容："吉林省高级人民法院：你院《关于法院执行程序中能否对案外人财产进行处理的请示》收悉。经研究，答复如下：执行程序中案外人无合法依据占有被执行的标的物不动产的，执行法院依法可以强制迁出；案外人拒不迁出，对标的物上的财产，执行法院可以指定他人保管并通知领取；案外人不领取或下落不明的，为避免保管费过高或财产价值减损，执行法院可以处分该财产，处分所得价款，扣除搬迁、保管及拍卖变卖等相关费用后，保存于执行法院账户，通知该案外人领取。"

633. 【特定物毁损、灭失的处理】

执行标的物为特定物的，应当执行原物。原物确已毁损或者灭失的，经双方当事人同意，可以折价赔偿。

双方当事人对折价赔偿不能协商一致的，人民法院应当终结执行程序。申请执行人可以另行起诉。[1]

法律依据

［**1**］**《最高人民法院关于适用〈中华人民共和国民事诉讼法〉的解释》**（2020 年 12 月 23 日修正）

第四百九十四条　执行标的物为特定物的，应当执行原物。原物确已毁损或者灭失的，经双方当事人同意，可以折价赔偿。

双方当事人对折价赔偿不能协商一致的，人民法院应当终结执行程序。申请执行人可以另行起诉。

第二节　行为请求权的执行

634. 【行为请求权执行的一般规定】

对判决、裁定和其他法律文书指定的行为，被执行人未按执行通知履行的，人民法院可以强制执行或者委托有关单位或者其他人完成，费用由被执行人承担。[1]

法律依据

［1］**《中华人民共和国民事诉讼法》**（2017 年 6 月 27 日修正）

第二百五十二条　对判决、裁定和其他法律文书指定的行为，被执行人未按执行通知履行的，人民法院可以强制执行或者委托有关单位或者其他人完成，费用由被执行人承担。

635.【可代替履行行为】

被执行人不履行生效法律文书确定的行为义务，该义务可由他人完成的，人民法院可以选定代履行人；法律、行政法规对履行该行为义务有资格限制的，应当从有资格的人中选定。必要时，可以通过招标的方式确定代履行人。

申请执行人可以在符合条件的人中推荐代履行人，也可以申请自己代为履行，是否准许，由人民法院决定。[1]

法律依据

［1］**《最高人民法院关于适用〈中华人民共和国民事诉讼法〉的解释》**（2020 年 12 月 23 日修正）

第五百零三条　被执行人不履行生效法律文书确定的行为义务，该义务可由他人完成的，人民法院可以选定代履行人；法律、行政法规对履行该行为义务有资格限制的，应当从有资格的人中选定。必要时，可以通过招标的方式确定代履行人。

申请执行人可以在符合条件的人中推荐代履行人，也可以申请自己代为履行，是否准许，由人民法院决定。

636.【代履行费用】

代履行费用的数额由人民法院根据案件具体情况确定，并由被执行人在指定期限内预先支付。被执行人未预付的，人民法院可以对该费用强制执行。

代履行结束后，被执行人可以查阅、复制费用清单以及主要凭证。[1]

法律依据

［**1**］**《中华人民共和国民法典》**（2020 年 5 月 28 日）

第五百八十一条　当事人一方不履行债务或者履行债务不符合约定，根据债务的性质不得强制履行的，对方可以请求其负担由第三人替代履行的费用。

《最高人民法院关于适用〈中华人民共和国民事诉讼法〉的解释》（2020 年 12 月 23 日修正）

第五百零四条　代履行费用的数额由人民法院根据案件具体情况确定，并由被执行人在指定期限内预先支付。被执行人未预付的，人民法院可以对该费用强制执行。

代履行结束后，被执行人可以查阅、复制费用清单以及主要凭证。

637.【不可代替履行行为】

被执行人不履行法律文书指定的行为，且该项行为只能由被执行人完成的，人民法院可以依照民事诉讼法第一百一十一条第一款第六项①规定处理。

被执行人在人民法院确定的履行期间内仍不履行的，人民法院可以依照民事诉讼法第一百一十一条第一款第六项规定再次处理。[1]

法律依据

［**1**］**《最高人民法院关于适用〈中华人民共和国民事诉讼法〉的解释》**（2020 年 12 月 23 日修正）

第五百零五条　被执行人不履行法律文书指定的行为，且该项行为只能由

---

①　参见本规范第 630 条法律依据［1］。

被执行人完成的，人民法院可以依照民事诉讼法第一百一十一条第一款第六项规定处理。

被执行人在人民法院确定的履行期间内仍不履行的，人民法院可以依照民事诉讼法第一百一十一条第一款第六项规定再次处理。

638.【不作为】

生效法律文书确定被执行人不得为一定行为或者容忍他人为一定行为，被执行人不履行的，人民法院可以依照民事诉讼法第一百一十一条第一款第六项规定处理。必要时，还可以依申请执行人的申请，责令被执行人交付费用，除去被执行人行为的结果。

639.【探望权】

对于拒不协助另一方行使探望权的有关个人或者组织，可以由人民法院依法采取拘留、罚款等强制措施，但是不能对子女的人身、探望行为进行强制执行。[1]

法律依据

[1]**《最高人民法院关于适用〈中华人民共和国民法典〉婚姻家庭编的解释（一）》**（法释〔2001〕30号）

第六十八条　对于拒不协助另一方行使探望权的有关个人或者组织，可以由人民法院依法采取拘留、罚款等强制措施，但是不能对子女的人身、探望行为进行强制执行。

第二十三章　特殊案件的执行

第一节　财产保全与先予执行案件的执行

一、财产保全

640.【诉讼保全的一般规定】

人民法院对于可能因当事人一方的行为或者其他原因，使判决难以执行或者造成当事人其他损害的案件，根据对方当事人的申请，可以裁定对其财产进行保全、责令其作出一定行为或者禁止其作出一定行为；当事人没有提出申请的，人民法院在必要时也可以裁定采取保全措施。

人民法院采取保全措施，可以责令申请人提供担保，申请人不提供担保的，裁定驳回申请。[1]

法律依据

[1]《中华人民共和国民事诉讼法》（2017 年 6 月 27 日修正）

第一百条第一款、第二款　人民法院对于可能因当事人一方的行为或者其他原因，使判决难以执行或者造成当事人其他损害的案件，根据对方当事人的申请，可以裁定对其财产进行保全、责令其作出一定行为或者禁止其作出一定行为；当事人没有提出申请的，人民法院在必要时也可以裁定采取保全措施。

人民法院采取保全措施，可以责令申请人提供担保，申请人不提供担保的，裁定驳回申请。

641. 【诉前保全】

利害关系人因情况紧急，不立即申请保全将会使其合法权益受到难以弥补的损害的，可以在提起诉讼或者申请仲裁前向被保全财产所在地、被申请人住所地或者对案件有管辖权的人民法院申请采取保全措施。申请人应当提供担保，不提供担保的，裁定驳回申请。

人民法院接受申请后，必须在四十八小时内作出裁定；裁定采取保全措施的，应当立即开始执行。

申请人在人民法院采取保全措施后三十日内不依法提起诉讼或者申请仲裁的，人民法院应当解除保全。[1]

法律依据

[**1**]**《中华人民共和国民事诉讼法》**（2017 年 6 月 27 日修正）

第一百零一条　利害关系人因情况紧急，不立即申请保全将会使其合法权益受到难以弥补的损害的，可以在提起诉讼或者申请仲裁前向被保全财产所在地、被申请人住所地或者对案件有管辖权的人民法院申请采取保全措施。申请人应当提供担保，不提供担保的，裁定驳回申请。

人民法院接受申请后，必须在四十八小时内作出裁定；裁定采取保全措施的，应当立即开始执行。

申请人在人民法院采取保全措施后三十日内不依法提起诉讼或者申请仲裁的，人民法院应当解除保全。

642. 【法律文书生效后，进入执行程序前的保全】①

法律文书生效后，进入执行程序前，债权人因对方当事人转

---

① 法律文书生效后，进入执行程序前采取保全措施，需要使用网络查控系统的，参照本规范第 654 条、第 655 条规定办理。

移财产等紧急情况，不申请保全将可能导致生效法律文书不能执行或者难以执行的，可以向执行法院申请采取保全措施。债权人申请财产保全的，应当写明生效法律文书的制作机关、文号和主要内容，并附生效法律文书副本。

债权人申请财产保全的，人民法院可以不要求提供担保。

债权人在法律文书指定的履行期间届满后五日内不申请执行的，人民法院应当解除保全。[1]

法律依据

［1］**《最高人民法院关于适用〈中华人民共和国民事诉讼法〉的解释》**（2020年12月23日修正）

第一百六十三条　法律文书生效后，进入执行程序前，债权人因对方当事人转移财产等紧急情况，不申请保全将可能导致生效法律文书不能执行或者难以执行的，可以向执行法院申请采取保全措施。债权人在法律文书指定的履行期间届满后五日内不申请执行的，人民法院应当解除保全。

《最高人民法院关于人民法院办理财产保全案件若干问题的规定》（2020年12月23日修正）

第一条第二款　申请书应当载明下列事项：

（一）申请保全人与被保全人的身份、送达地址、联系方式

（二）请求事项和所根据的事实与理由；

（三）请求保全数额或者争议标的；

（四）明确的被保全财产信息或者具体的被保全财产线索；

（五）为财产保全提供担保的财产信息或资信证明，或者不需要提供担保的理由；

（六）其他需要载明的事项。

第九条第二款　法律文书生效后，进入执行程序前，债权人申请财产保全的，人民法院可以不要求提供担保。

643.【仲裁案件的财产保全】

在国内仲裁过程中，一方当事人因另一方当事人的行为或者

其他原因，可能使裁决不能执行或者难以执行的，可以申请财产保全。申请有错误的，申请人应当赔偿被申请人因财产保全所遭受的损失。[1]

当事人申请财产保全，应当通过仲裁机构向被申请人住所地或被申请保全的财产所在地的基层人民法院提交申请书及仲裁案件受理通知书等相关材料。

人民法院裁定采取保全措施或者裁定驳回申请的，应当将裁定书送达当事人，并通知仲裁机构。[2]

法律依据

［1］**《中华人民共和国仲裁法》**（2017 年 9 月 1 日修正）

第二十八条第一款、第三款　一方当事人因另一方当事人的行为或者其他原因，可能使裁决不能执行或者难以执行的，可以申请财产保全。

申请有错误的，申请人应当赔偿被申请人因财产保全所遭受的损失。

［2］**《最高人民法院关于执行工作若干问题的规定（试行）》**（2020 年 12 月 23 日修正）

9. 在国内仲裁过程中，当事人申请财产保全，经仲裁机构提交人民法院的，由被申请人住所地或被申请保全的财产所在地的基层人民法院裁定并执行；申请证据保全的，由证据所在地的基层人民法院裁定并执行。

《最高人民法院关于人民法院办理财产保全案件若干问题的规定》（2020 年 12 月 23 日修正）

第三条　仲裁过程中，当事人申请财产保全的，应当通过仲裁机构向人民法院提交申请书及仲裁案件受理通知书等相关材料。人民法院裁定采取保全措施或者裁定驳回申请的，应当将裁定书送达当事人，并通知仲裁机构。

644. 【上诉、再审案件保全措施的实施】

对当事人不服一审判决提起上诉的案件，在第二审人民法院接到报送的案件之前，当事人有转移、隐匿、出卖或者毁损财产等行为，必须采取保全措施的，由第一审人民法院依当事人申请或者依职权采取。第一审人民法院的保全裁定，应当及时报送第二审人民法院。[1]

第二审人民法院裁定对第一审人民法院采取的保全措施予以续保或者采取新的保全措施的，可以自行实施，也可以委托第一审人民法院实施。

再审人民法院裁定对原保全措施予以续保或者采取新的保全措施的，可以自行实施，也可以委托原审人民法院或者执行法院实施。[2]

法律依据

[1]**《最高人民法院关于适用〈中华人民共和国民事诉讼法〉的解释》**（2020 年 12 月 23 日修正）

第一百六十一条　对当事人不服一审判决提起上诉的案件，在第二审人民法院接到报送的案件之前，当事人有转移、隐匿、出卖或者毁损财产等行为，必须采取保全措施的，由第一审人民法院依当事人申请或者依职权采取。第一审人民法院的保全裁定，应当及时报送第二审人民法院。

[2]**《最高人民法院关于适用〈中华人民共和国民事诉讼法〉的解释》**（2020 年 12 月 23 日修正）

第一百六十二条　第二审人民法院裁定对第一审人民法院采取的保全措施予以续保或者采取新的保全措施的，可以自行实施，也可以委托第一审人民法院实施。

再审人民法院裁定对原保全措施予以续保或者采取新的保全措施的，可以自行实施，也可以委托原审人民法院或者执行法院实施。

645.【保全申请】

当事人、利害关系人申请财产保全，应当向人民法院提交申请书，并提供相关证据材料。

申请书应当载明下列事项：

（一）申请保全人与被保全人的身份、送达地址、联系方式；

（二）请求事项和所根据的事实与理由；

（三）请求保全数额或者争议标的；

（四）明确的被保全财产信息或者具体的被保全财产线索；

（五）为财产保全提供担保的财产信息或资信证明，或者不需要提供担保的理由；

（六）其他需要载明的事项。

法律文书生效后，进入执行程序前，债权人申请财产保全的，应当写明生效法律文书的制作机关、文号和主要内容，并附生效法律文书副本。[1]

法律依据

［1］**《最高人民法院关于人民法院办理财产保全案件若干问题的规定》**（2020 年 12 月 23 日修正）

第一条　当事人、利害关系人申请财产保全，应当向人民法院提交申请书，并提供相关证据材料。

申请书应当载明下列事项：

（一）申请保全人与被保全人的身份、送达地址、联系方式

（二）请求事项和所根据的事实与理由；

（三）请求保全数额或者争议标的；

（四）明确的被保全财产信息或者具体的被保全财产线索；

（五）为财产保全提供担保的财产信息或资信证明，或者不需要提供担保的理由；

（六）其他需要载明的事项。

法律文书生效后，进入执行程序前，债权人申请财产保全的，应当写明生效法律文书的制作机关、文号和主要内容，并附生效法律文书副本。

646.【法院内部职责分工】

人民法院进行财产保全，由立案、审判机构作出裁定，一般应当移送执行机构实施。[1]移送执行机构实施的，应当立即将保全裁定、申请人提供的财产线索等材料一并移送给执行机构。

人民法院执行财产保全裁定的，案件类型代字为“执保字”。[2]

法律依据

［1］**《最高人民法院关于人民法院办理财产保全案件若干问题的规定》**（2020年12月23日修正）

第二条 人民法院进行财产保全，由立案、审判机构作出裁定，一般应当移送执行机构实施。

［2］**《最高人民法院关于执行案件立案、结案若干问题的意见》**（法发〔2014〕26号）

第五条 执行实施类案件类型代字为“执字”，按照立案时间的先后顺序确定案件编号，单独进行排序；但执行财产保全裁定的，案件类型代字为“执保字”，按照立案时间的先后顺序确定案件编号，单独进行排序；恢复执行的，案件类型代字为“执恢字”，按照立案时间的先后顺序确定案件编号，单独进行排序。

647. 【采取措施时限】

人民法院接受财产保全申请后，应当在五日内作出裁定；需要提供担保的，应当在提供担保后五日内作出裁定；裁定采取保全措施的，应当在五日内开始执行。对情况紧急的，必须在四十八小时内作出裁定；裁定采取保全措施的，应当立即开始执行。[1]

法律依据

［1］**《最高人民法院关于人民法院办理财产保全案件若干问题的规定》**（2020年12月23日修正）

第四条 人民法院接受财产保全申请后，应当在五日内作出裁定；需要提供担保的，应当在提供担保后五日内作出裁定；裁定采取保全措施的，应当在五日内开始执行。对情况紧急的，必须在四十八小时内作出裁定；裁定采取保全措施的，应当立即开始执行。

648. 【担保数额】

人民法院依照民事诉讼法第一百条[1]规定责令申请保全人提供财产保全担保的，担保数额不超过请求保全数额的百分之三十；申请保全的财产系争议标的的，担保数额不超过争议标的价值的百分之三十。

利害关系人申请诉前财产保全的，应当提供相当于请求保全数额的担保；情况特殊的，人民法院可以酌情处理。

财产保全期间，申请保全人提供的担保不足以赔偿可能给被保全人造成的损失的，人民法院可以责令其追加相应的担保；拒不追加的，可以裁定解除或者部分解除保全。[2]

法律依据

[1]**《中华人民共和国民事诉讼法》**（2017 年 6 月 27 日修正）

第一百条　人民法院对于可能因当事人一方的行为或者其他原因，使判决难以执行或者造成当事人其他损害的案件，根据对方当事人的申请，可以裁定对其财产进行保全、责令其作出一定行为或者禁止其作出一定行为；当事人没有提出申请的，人民法院在必要时也可以裁定采取保全措施。

人民法院采取保全措施，可以责令申请人提供担保，申请人不提供担保的，裁定驳回申请。

人民法院接受申请后，对情况紧急的，必须在四十八小时内作出裁定；裁定采取保全措施的，应当立即开始执行。

[2]**《最高人民法院关于人民法院办理财产保全案件若干问题的规定》**（2020 年 12 月 23 日修正）

第五条　人民法院依照民事诉讼法第一百条规定责令申请保全人提供财产保全担保的，担保数额不超过请求保全数额的百分之三十；申请保全的财产系争议标的的，担保数额不超过争议标的价值的百分之三十。

利害关系人申请诉前财产保全的，应当提供相当于请求保全数额的担保；情况特殊的，人民法院可以酌情处理。

财产保全期间，申请保全人提供的担保不足以赔偿可能给被保全人造成的损失的，人民法院可以责令其追加相应的担保；拒不追加的，可以裁定解除或者部分解除保全。

649.【物保和人保】

申请保全人或第三人为财产保全提供财产担保的，应当向人民法院出具担保书。担保书应当载明担保人、担保方式、担保范围、担保财产及其价值、担保责任承担等内容，并附相关证据材料。

第三人为财产保全提供保证担保的，应当向人民法院提交保证书。保证书应当载明保证人、保证方式、保证范围、保证责任承担等内容，并附相关证据材料。

对财产保全担保，人民法院经审查，认为违反民法典、公司法等有关法律禁止性规定的，应当责令申请保全人在指定期限内提供其他担保；逾期未提供的，裁定驳回申请。[1]

法律依据

［**1**］**《最高人民法院关于人民法院办理财产保全案件若干问题的规定》**(2020 年 12 月 23 日修正)

第六条　申请保全人或第三人为财产保全提供财产担保的，应当向人民法院出具担保书。担保书应当载明担保人、担保方式、担保范围、担保财产及其价值、担保责任承担等内容，并附相关证据材料。

第三人为财产保全提供保证担保的，应当向人民法院提交保证书。保证书应当载明保证人、保证方式、保证范围、保证责任承担等内容，并附相关证据材料。

对财产保全担保，人民法院经审查，认为违反民法典、公司法等有关法律禁止性规定的，应当责令申请保全人在指定期限内提供其他担保；逾期未提供的，裁定驳回申请。

650.【保险人提供担保】

保险人以其与申请保全人签订财产保全责任险合同的方式为

财产保全提供担保的，应当向人民法院出具担保书。

担保书应当载明，因申请财产保全错误，由保险人赔偿被保全人因保全所遭受的损失等内容，并附相关证据材料。[1]

法律依据

[**1**]**《最高人民法院关于人民法院办理财产保全案件若干问题的规定》**(2020 年 12 月 23 日修正)

第七条 保险人以其与申请保全人签订财产保全责任险合同的方式为财产保全提供担保的，应当向人民法院出具担保书。

担保书应当载明，因申请财产保全错误，由保险人赔偿被保全人因保全所遭受的损失等内容，并附相关证据材料。

651.【金融机构提供担保】

金融监管部门批准设立的金融机构以独立保函形式为财产保全提供担保的，人民法院应当依法准许。[1]

法律依据

[**1**]**《最高人民法院关于人民法院办理财产保全案件若干问题的规定》**(2020 年 12 月 23 日修正)

第八条 金融监管部门批准设立的金融机构以独立保函形式为财产保全提供担保的，人民法院应当依法准许。

652.【不要求提供担保的情形】

当事人在诉讼中申请财产保全，有下列情形之一的，人民法院可以不要求提供担保：

（一）追索赡养费、扶养费、抚育费、抚恤金、医疗费用、劳动报酬、工伤赔偿、交通事故人身损害赔偿的；

（二）婚姻家庭纠纷案件中遭遇家庭暴力且经济困难的；

（三）人民检察院提起的公益诉讼涉及损害赔偿的；

（四）因见义勇为遭受侵害请求损害赔偿的；

（五）案件事实清楚、权利义务关系明确，发生保全错误可能性较小的；

（六）申请保全人为商业银行、保险公司等由金融监管部门批准设立的具有独立偿付债务能力的金融机构及其分支机构的。

法律文书生效后，进入执行程序前，债权人申请财产保全的，人民法院可以不要求提供担保。[1]

法律依据

［1］**《最高人民法院关于人民法院办理财产保全案件若干问题的规定》**（2020年12月23日修正）

第九条　当事人在诉讼中申请财产保全，有下列情形之一的，人民法院可以不要求提供担保：

（一）追索赡养费、扶养费、抚育费、抚恤金、医疗费用、劳动报酬、工伤赔偿、交通事故人身损害赔偿的；

（二）婚姻家庭纠纷案件中遭遇家庭暴力且经济困难的；

（三）人民检察院提起的公益诉讼涉及损害赔偿的；

（四）因见义勇为遭受侵害请求损害赔偿的；

（五）案件事实清楚、权利义务关系明确，发生保全错误可能性较小的；

（六）申请保全人为商业银行、保险公司等由金融监管部门批准设立的具有独立偿付债务能力的金融机构及其分支机构的。

法律文书生效后，进入执行程序前，债权人申请财产保全的，人民法院可以不要求提供担保。

653.【对担保财产的查封】①

对申请保全人或者他人提供的担保财产，人民法院应当对该财产的权属证书予以扣押，并依法办理查封、扣押、冻结等手续。[1]

---

① 申请执行人要求变更担保财产的，参照本规范672条第一款规定处理。

法律依据

［1］**《最高人民法院关于适用〈中华人民共和国民事诉讼法〉的解释》**（2020 年 12 月 23 日修正）

第一百六十四条　对申请保全人或者他人提供的担保财产，人民法院应当依法办理查封、扣押、冻结等手续。

654.【提供被保全财产信息】

当事人、利害关系人申请财产保全，应当向人民法院提供明确的被保全财产信息。

当事人在诉讼中申请财产保全，确因客观原因不能提供明确的被保全财产信息，但提供了具体财产线索的，人民法院可以依法裁定采取财产保全措施。[1]

法律依据

［1］**《最高人民法院关于人民法院办理财产保全案件若干问题的规定》**（2020 年 12 月 23 日修正）

第十条　当事人、利害关系人申请财产保全，应当向人民法院提供明确的被保全财产信息。

当事人在诉讼中申请财产保全，确因客观原因不能提供明确的被保全财产信息，但提供了具体财产线索的，人民法院可以依法裁定采取财产保全措施。

655.【网络查控财产信息】

人民法院依照本规范第 654 条第二款规定作出保全裁定的，在该裁定执行过程中，申请保全人可以向已经建立网络执行查控系统的执行法院，书面申请通过该系统查询被保全人的财产。

申请保全人提出查询申请的，执行法院可以利用网络执行查控系统，对裁定保全的财产或者保全数额范围内的财产进行查询，并采取相应的查封、扣押、冻结措施。

人民法院利用网络执行查控系统未查询到可供保全财产的，应当书面告知申请保全人。[1]

法律依据

［1］《最高人民法院关于人民法院办理财产保全案件若干问题的规定》（2020年12月23日修正）

第十一条　人民法院依照本规定第十条第二款规定作出保全裁定的，在该裁定执行过程中，申请保全人可以向已经建立网络执行查控系统的执行法院，书面申请通过该系统查询被保全人的财产。

申请保全人提出查询申请的，执行法院可以利用网络执行查控系统，对裁定保全的财产或者保全数额范围内的财产进行查询，并采取相应的查封、扣押、冻结措施。

人民法院利用网络执行查控系统未查询到可供保全财产的，应当书面告知申请保全人。

656.【对被保全人财产的保密义务】

人民法院对查询到的被保全人财产信息，应当依法保密。除依法保全的财产外，不得泄露被保全人其他财产信息，也不得在财产保全、强制执行以外使用相关信息。[1]

法律依据

［1］《最高人民法院关于人民法院办理财产保全案件若干问题的规定》（2020年12月23日修正）

第十二条　人民法院对查询到的被保全人财产信息，应当依法保密。除依法保全的财产外，不得泄露被保全人其他财产信息，也不得在财产保全、强制执行以外使用相关信息。

657.【财产权益保护原则】

保全限于请求的范围，或者与本案有关的财物。[1]被保全人有多项财产可供保全的，在能够实现保全目的的情况下，人民法院应当选择对其生产经营活动影响较小的财产进行保全。

人民法院对厂房、机器设备等生产经营性财产进行保全时，指定被保全人保管的，应当允许其继续使用。[2]

财产已被查封、冻结的，不得重复查封、冻结。[3]

法律依据

[1]**《中华人民共和国民事诉讼法》**（2017 年 6 月 27 日修正）

第一百零二条　保全限于请求的范围，或者与本案有关的财物。

[2]**《最高人民法院关于人民法院办理财产保全案件若干问题的规定》**（2020 年 12 月 23 日修正）

第十三条　被保全人有多项财产可供保全的，在能够实现保全目的的情况下，人民法院应当选择对其生产经营活动影响较小的财产进行保全。

人民法院对厂房、机器设备等生产经营性财产进行保全时，指定被保全人保管的，应当允许其继续使用。

[3]**《中华人民共和国民事诉讼法》**（2017 年 6 月 27 日修正）

第一百零三条第二款　财产已被查封、冻结的，不得重复查封、冻结。

658. 【同等价值保全原则】

人民法院应当依据财产保全裁定采取相应的查封、扣押、冻结措施。

可供保全的土地、房屋等不动产的整体价值明显高于保全裁定载明金额的，人民法院应当对该不动产的相应价值部分采取查封、扣押、冻结措施，但该不动产在使用上不可分或者分割会严重减损其价值的除外。

对银行账户内资金采取冻结措施的，人民法院应当明确具体的冻结数额。[1]

法律依据

[1]**《最高人民法院关于人民法院办理财产保全案件若干问题的规定》**

(2020 年 12 月 23 日修正)

第十五条　人民法院应当依据财产保全裁定采取相应的查封、扣押、冻结措施。

可供保全的土地、房屋等不动产的整体价值明显高于保全裁定载明金额的，人民法院应当对该不动产的相应价值部分采取查封、扣押、冻结措施，但该不动产在使用上不可分或者分割会严重减损其价值的除外。

对银行账户内资金采取冻结措施的，人民法院应当明确具体的冻结数额。

659.【保全措施】

人民法院采取财产保全的方法和措施，依照执行程序相关规定办理。[1]

人民法院在财产保全中采取查封、扣押、冻结措施，需要有关单位协助办理登记手续的，有关单位应当在裁定书和协助执行通知书送达后立即办理。针对同一财产有多个裁定书和协助执行通知书的，应当按照送达的时间先后办理登记手续。[2]

人民法院保全财产后，应当立即通知被保全财产的人。[3]

法律依据

[**1**]**《最高人民法院关于适用〈中华人民共和国民事诉讼法〉的解释》**(2020 年 12 月 23 日修正)

第一百五十六条　人民法院采取财产保全的方法和措施，依照执行程序相关规定办理。

[**2**]**《最高人民法院关于人民法院办理财产保全案件若干问题的规定》**(2020 年 12 月 23 日修正)

第十六条　人民法院在财产保全中采取查封、扣押、冻结措施，需要有关单位协助办理登记手续的，有关单位应当在裁定书和协助执行通知书送达后立即办理。针对同一财产有多个裁定书和协助执行通知书的，应当按照送达的时间先后办理登记手续。

[**3**]**《中华人民共和国民事诉讼法》**(2017 年 6 月 27 日修正)

第一百零三条第一款　财产保全采取查封、扣押、冻结或者法律规定的其他方法。人民法院保全财产后，应当立即通知被保全财产的人。

660.【保全财产的保管和使用】

人民法院在财产保全中采取查封、扣押、冻结财产措施时，应当妥善保管被查封、扣押、冻结的财产。不宜由人民法院保管的，人民法院可以指定被保全人负责保管；不宜由被保全人保管的，可以委托他人或者申请保全人保管。

查封、扣押、冻结担保物权人占有的担保财产，一般由担保物权人保管；由人民法院保管的，质权、留置权不因采取保全措施而消灭。[1]

由人民法院指定被保全人保管的财产，如果继续使用对该财产的价值无重大影响，可以允许被保全人继续使用；由人民法院保管或者委托他人、申请保全人保管的财产，人民法院和其他保管人不得使用。[2]

法律依据

[1]《**最高人民法院关于适用〈中华人民共和国民事诉讼法〉的解释**》(2020年12月23日修正)

第一百五十四条　人民法院在财产保全中采取查封、扣押、冻结财产措施时，应当妥善保管被查封、扣押、冻结的财产。不宜由人民法院保管的，人民法院可以指定被保全人负责保管；不宜由被保全人保管的，可以委托他人或者申请保全人保管。

查封、扣押、冻结担保物权人占有的担保财产，一般由担保物权人保管；由人民法院保管的，质权、留置权不因采取保全措施而消灭。

[2]《**最高人民法院关于适用〈中华人民共和国民事诉讼法〉的解释**》(2020年12月23日修正)

第一百五十五条　由人民法院指定被保全人保管的财产，如果继续使用对该财产的价值无重大影响，可以允许被保全人继续使用；由人民法院保管或者委托他人、申请保全人保管的财产，人民法院和其他保管人不得使用。

661.【特殊动产的保全】

被保全财产系机动车、航空器等特殊动产的，除被保全人下落不明的以外，人民法院应当责令被保全人书面报告该动产的权属和占有、使用等情况，并予以核实。[1]

法律依据

［1］**《最高人民法院关于人民法院办理财产保全案件若干问题的规定》**（2020年12月23日修正）

第十四条　被保全财产系机动车、航空器等特殊动产的，除被保全人下落不明的以外，人民法院应当责令被保全人书面报告该动产的权属和占有、使用等情况，并予以核实。

662.【不宜长期保管物品的保全或执行】

人民法院对季节性商品、鲜活、易腐烂变质以及其他不宜长期保存的物品采取保全措施时，可以责令当事人及时处理，由人民法院保存价款；必要时，人民法院可予以变卖，保存价款。[1]

法律依据

［1］**《最高人民法院关于适用〈中华人民共和国民事诉讼法〉的解释》**（2020年12月23日修正）

第一百五十三条　人民法院对季节性商品、鲜活、易腐烂变质以及其他不宜长期保存的物品采取保全措施时，可以责令当事人及时处理，由人民法院保存价款；必要时，人民法院可予以变卖，保存价款。

663.【到期收益的保全】

人民法院对债务人到期应得的收益，可以采取财产保全措施，限制其支取，通知有关单位协助执行。[1]

法律依据

[1]《最高人民法院关于适用〈中华人民共和国民事诉讼法〉的解释》(2020 年 12 月 23 日修正)

第一百五十八条　人民法院对债务人到期应得的收益，可以采取财产保全措施，限制其支取，通知有关单位协助执行。

664.【到期债权的保全】①

债务人的财产不能满足保全请求，但对他人有到期债权的，人民法院可以依债权人的申请裁定该他人不得对本案债务人清偿。该他人要求偿付的，由人民法院提存财物或者价款。[1]

法律依据

[1]《最高人民法院关于适用〈中华人民共和国民事诉讼法〉的解释》(2020 年 12 月 23 日修正)

第一百五十九条　债务人的财产不能满足保全请求，但对他人有到期债权的，人民法院可以依债权人的申请裁定该他人不得对本案债务人清偿。该他人要求偿付的，由人民法院提存财物或者价款。

665.【保全效力的延续】

利害关系人申请诉前财产保全，在人民法院采取保全措施后三十日内依法提起诉讼或者申请仲裁的，诉前财产保全措施自动转为诉讼或仲裁中的保全措施；进入执行程序后，保全措施自动转为执行中的查封、扣押、冻结措施。

依前款规定，自动转为诉讼、仲裁中的保全措施或者执行中的查封、扣押、冻结措施的，期限连续计算，人民法院无需重新

① 未到期债权的保全，可以参照本规范第 621 条规定办理。

制作裁定书①。[1]

法律依据

［1］《最高人民法院关于人民法院办理财产保全案件若干问题的规定》（2020年12月23日修正）

第十七条　利害关系人申请诉前财产保全，在人民法院采取保全措施后三十日内依法提起诉讼或者申请仲裁的，诉前财产保全措施自动转为诉讼或仲裁中的保全措施；进入执行程序后，保全措施自动转为执行中的查封、扣押、冻结措施。

依前款规定，自动转为诉讼、仲裁中的保全措施或者执行中的查封、扣押、冻结措施的，期限连续计算，人民法院无需重新制作裁定书。

666.【保全、审理、执行法院不一致的处理】

当事人向采取诉前保全措施以外的其他有管辖权的人民法院起诉的，采取诉前保全措施的人民法院应当将保全手续移送受理案件的人民法院。诉前保全的裁定视为受移送人民法院作出的裁定。[1]

对人民法院采取财产保全措施的案件，申请执行人向采取保全措施的人民法院以外的其他有管辖权的人民法院申请执行的，采取保全措施的人民法院应当将保全的财产交执行法院处理。[2]

法律依据

［1］《最高人民法院关于适用〈中华人民共和国民事诉讼法〉的解释》（2020年12月23日修正）

第一百六十条　当事人向采取诉前保全措施以外的其他有管辖权的人民法院起诉的，采取诉前保全措施的人民法院应当将保全手续移送受理案件的人民法院。诉前保全的裁定视为受移送人民法院作出的裁定。

① 对保全的财产，人民法院在执行程序中可以直接裁定续行保全或者处置，但裁定中应当载明保全的事实。

[2]**《最高人民法院关于适用〈中华人民共和国民事诉讼法〉执行程序若干问题的解释》**（2020年12月23日修正）

第四条 对人民法院采取财产保全措施的案件，申请执行人向采取保全措施的人民法院以外的其他有管辖权的人民法院申请执行的，采取保全措施的人民法院应当将保全的财产交执行法院处理。

667.【续行保全】

保全的期限适用本规范第369条规定。

申请保全人申请续行财产保全的，应当在保全期限届满七日前向人民法院提出；逾期申请或者不申请的，自行承担不能续行保全的法律后果。

人民法院进行财产保全时，应当书面告知申请保全人明确的保全期限届满日以及前款有关申请续行保全的事项。[1]

法律依据

[1]**《最高人民法院关于人民法院办理财产保全案件若干问题的规定》**（2020年12月23日修正）

第十八条 申请保全人申请续行财产保全的，应当在保全期限届满七日前向人民法院提出；逾期申请或者不申请的，自行承担不能续行保全的法律后果。

人民法院进行财产保全时，应当书面告知申请保全人明确的保全期限届满日以及前款有关申请续行保全的事项。

668.【再审期间对保全申请的处理】

再审审查期间，债务人申请保全生效法律文书确定给付的财产的，人民法院不予受理。

再审审理期间，原生效法律文书中止执行，当事人申请财产保全的，人民法院应当受理。[1]

法律依据

［1］《最高人民法院关于人民法院办理财产保全案件若干问题的规定》(2020 年 12 月 23 日修正)

第十九条　再审审查期间，债务人申请保全生效法律文书确定给付的财产的，人民法院不予受理。

再审审理期间，原生效法律文书中止执行，当事人申请财产保全的，人民法院应当受理。

669.【保全不影响优先权】

人民法院对抵押物、质押物、留置物可以采取财产保全措施，但不影响抵押权人、质权人、留置权人的优先受偿权。[1]

法律依据

［1］《最高人民法院关于适用〈中华人民共和国民事诉讼法〉的解释》(2020 年 12 月 23 日修正)

第一百五十七条　人民法院对抵押物、质押物、留置物可以采取财产保全措施，但不影响抵押权人、质权人、留置权人的优先受偿权。

670.【保全的效力】

人民法院裁定采取保全措施后，除作出保全裁定的人民法院自行解除或者其上级人民法院决定解除外，在保全期限内，任何单位不得解除保全措施。[1]

法律依据

［1］《最高人民法院关于适用〈中华人民共和国民事诉讼法〉的解释》(2020 年 12 月 23 日修正)

第一百六十五条　人民法院裁定采取保全措施后，除作出保全裁定的人民法院自行解除或者其上级人民法院决定解除外，在保全期限内，任何单位不得解除保全措施。

671. 【保全财产的自行处分】

财产保全期间，被保全人请求对被保全财产自行处分，人民法院经审查，认为不损害申请保全人和其他执行债权人合法权益的，可以准许，但应当监督被保全人按照合理价格在指定期限内处分，并控制相应价款。

被保全人请求对作为争议标的的被保全财产自行处分的，须经申请保全人同意。

人民法院准许被保全人自行处分被保全财产的，应当通知申请保全人；申请保全人不同意的，可以依照民事诉讼法第二百二十五条规定提出异议。[1]

法律依据

［**1**］**《最高人民法院关于人民法院办理财产保全案件若干问题的规定》**（2020年12月23日修正）

第二十条 财产保全期间，被保全人请求对被保全财产自行处分，人民法院经审查，认为不损害申请保全人和其他执行债权人合法权益的，可以准许，但应当监督被保全人按照合理价格在指定期限内处分，并控制相应价款。

被保全人请求对作为争议标的的被保全财产自行处分的，须经申请保全人同意。

人民法院准许被保全人自行处分被保全财产的，应当通知申请保全人；申请保全人不同意的，可以依照民事诉讼法第二百二十五条规定提出异议。

672. 【保全财产的变更】

财产保全的被保全人提供其他等值担保财产且有利于执行的，人民法院可以裁定变更保全标的物为被保全人提供的担保财产。[1]

财产纠纷案件，被保全人或第三人提供充分有效担保请求解除保全，人民法院应当裁定准许。被保全人请求对作为争议标的的财产解除保全的，须经申请保全人同意。[2]

法律依据

［**1**］**《最高人民法院关于适用〈中华人民共和国民事诉讼法〉的解释》**（2020 年 12 月 23 日修正）

第一百六十七条　财产保全的被保全人提供其他等值担保财产且有利于执行的，人民法院可以裁定变更保全标的物为被保全人提供的担保财产。

［**2**］**《最高人民法院关于人民法院办理财产保全案件若干问题的规定》**（2020 年 12 月 23 日修正）

第二十二条　财产纠纷案件，被保全人或第三人提供充分有效担保请求解除保全，人民法院应当裁定准许。被保全人请求对作为争议标的的财产解除保全的，须经申请保全人同意。

673.【保全解除之一】

裁定采取保全措施后，有下列情形之一的，人民法院应当作出解除保全裁定：

（一）保全错误的；

（二）申请人撤回保全申请的；

（三）申请人的起诉或者诉讼请求被生效裁判驳回的；

（四）人民法院认为应当解除保全的其他情形。

解除以登记方式实施的保全措施的，应当向登记机关发出协助执行通知书。[1]

法律依据

［**1**］**《最高人民法院关于适用〈中华人民共和国民事诉讼法〉的解释》**（2020 年 12 月 23 日修正）

第一百六十六条　裁定采取保全措施后，有下列情形之一的，人民法院应当作出解除保全裁定：

（一）保全错误的；

（二）申请人撤回保全申请的；

（三）申请人的起诉或者诉讼请求被生效裁判驳回的；

（四）人民法院认为应当解除保全的其他情形。

解除以登记方式实施的保全措施的，应当向登记机关发出协助执行通知书。

674.【保全解除之二】

人民法院采取财产保全措施后，有下列情形之一的，申请保全人应当及时申请解除保全：

（一）采取诉前财产保全措施后三十日内不依法提起诉讼或者申请仲裁的；

（二）仲裁机构不予受理仲裁申请、准许撤回仲裁申请或者按撤回仲裁申请处理的；

（三）仲裁申请或者请求被仲裁裁决驳回的；

（四）其他人民法院对起诉不予受理、准许撤诉或者按撤诉处理的；

（五）起诉或者诉讼请求被其他人民法院生效裁判驳回的；

（六）申请保全人应当申请解除保全的其他情形。

人民法院收到解除保全申请后，应当在五日内裁定解除保全；对情况紧急的，必须在四十八小时内裁定解除保全。

申请保全人未及时申请人民法院解除保全，应当赔偿被保全人因财产保全所遭受的损失。

被保全人申请解除保全，人民法院经审查认为符合法律规定的，应当在本条第二款规定的期间内裁定解除保全。[1]

法律依据

［**1**］**《最高人民法院关于人民法院办理财产保全案件若干问题的规定》**（2020 年 12 月 23 日修正）

第二十三条　人民法院采取财产保全措施后，有下列情形之一的，申请保全人应当及时申请解除保全：

（一）采取诉前财产保全措施后三十日内不依法提起诉讼或者申请仲裁的；

（二）仲裁机构不予受理仲裁申请、准许撤回仲裁申请或者按撤回仲裁申请处理的；

（三）仲裁申请或者请求被仲裁裁决驳回的；

（四）其他人民法院对起诉不予受理、准许撤诉或者按撤诉处理的；

（五）起诉或者诉讼请求被其他人民法院生效裁判驳回的；

（六）申请保全人应当申请解除保全的其他情形。

人民法院收到解除保全申请后，应当在五日内裁定解除保全；对情况紧急的，必须在四十八小时内裁定解除保全。

申请保全人未及时申请人民法院解除保全，应当赔偿被保全人因财产保全所遭受的损失。

被保全人申请解除保全，人民法院经审查认为符合法律规定的，应当在本条第二款规定的期间内裁定解除保全。

675. 【保全裁定的撤销、变更或者补正】

财产保全裁定执行中，人民法院发现保全裁定的内容与被保全财产的实际情况不符的，应当予以撤销、变更或补正。[1]

法律依据

[1]《最高人民法院关于人民法院办理财产保全案件若干问题的规定》(2020 年 12 月 23 日修正)

第二十四条　财产保全裁定执行中，人民法院发现保全裁定的内容与被保全财产的实际情况不符的，应当予以撤销、变更或补正。

676. 【对保全与否裁定的复议】

申请保全人、被保全人对保全裁定或者驳回申请裁定不服的，可以自裁定书送达之日起五日内向作出裁定的人民法院申请复议一次。人民法院应当自收到复议申请后十日内审查。

对保全裁定不服申请复议的，人民法院经审查，理由成立的，裁定撤销或变更；理由不成立的，裁定驳回。

对驳回申请裁定不服申请复议的，人民法院经审查，理由成立的，裁定撤销，并采取保全措施；理由不成立的，裁定驳回。[1]

法律依据

[1]《**最高人民法院关于人民法院办理财产保全案件若干问题的规定**》（2020年12月23日修正）

第二十五条　申请保全人、被保全人对保全裁定或者驳回申请裁定不服的，可以自裁定书送达之日起五日内向作出裁定的人民法院申请复议一次。人民法院应当自收到复议申请后十日内审查。

对保全裁定不服申请复议的，人民法院经审查，理由成立的，裁定撤销或变更；理由不成立的，裁定驳回。

对驳回申请裁定不服申请复议的，人民法院经审查，理由成立的，裁定撤销，并采取保全措施；理由不成立的，裁定驳回。

677. 【保全执行行为异议】

申请保全人、被保全人、利害关系人认为保全裁定实施过程中的执行行为违反法律规定提出书面异议的，人民法院应当依照民事诉讼法第二百二十五条规定审查处理。[1]

法律依据

[1]《**中华人民共和国民事诉讼法**》（2017年6月27日修正）

第二百二十五条　当事人、利害关系人认为执行行为违反法律规定的，可以向负责执行的人民法院提出书面异议。当事人、利害关系人提出书面异议的，人民法院应当自收到书面异议之日起十五日内审查，理由成立的，裁定撤销或者改正；理由不成立的，裁定驳回。当事人、利害关系人对裁定不服的，可以自裁定送达之日起十日内向上一级人民法院申请复议。

《最高人民法院关于人民法院办理财产保全案件若干问题的规定》（2020 年 12 月 23 日修正）

第二十六条　申请保全人、被保全人、利害关系人认为保全裁定实施过程中的执行行为违反法律规定提出书面异议的，人民法院应当依照民事诉讼法第二百二十五条规定审查处理。

678.【案外人异议】

人民法院对诉讼争议标的以外的财产进行保全，案外人对保全裁定或者保全裁定实施过程中的执行行为不服，基于实体权利对被保全财产提出书面异议的，人民法院应当依照民事诉讼法第二百二十七条规定审查处理并作出裁定。案外人、申请保全人对该裁定不服的，可以自裁定送达之日起十五日内向人民法院提起执行异议之诉。

人民法院裁定案外人异议成立后，申请保全人在法律规定的期间内未提起执行异议之诉的，人民法院应当自起诉期限届满之日起七日内对该被保全财产解除保全。[1]

法律依据

［1］**《最高人民法院关于人民法院办理财产保全案件若干问题的规定》**（2020 年 12 月 23 日修正）

第二十七条　人民法院对诉讼争议标的以外的财产进行保全，案外人对保全裁定或者保全裁定实施过程中的执行行为不服，基于实体权利对被保全财产提出书面异议的，人民法院应当依照民事诉讼法第二百二十七条规定审查处理并作出裁定。案外人、申请保全人对该裁定不服的，可以自裁定送达之日起十五日内向人民法院提起执行异议之诉。

人民法院裁定案外人异议成立后，申请保全人在法律规定的期间内未提起执行异议之诉的，人民法院应当自起诉期限届满之日起七日内对该被保全财产解除保全。

679. 【海事保全】

海事诉讼中，海事请求人申请海事请求保全，适用海事诉讼特别程序法及相关司法解释。[1]

法律依据

［1］《最高人民法院关于人民法院办理财产保全案件若干问题的规定》（2020年12月23日修正）

第二十八条　海事诉讼中，海事请求人申请海事请求保全，适用《中华人民共和国海事诉讼特别程序法》及相关司法解释。

680. 【财产保全案件的结案】

执行财产保全裁定案件的结案方式包括：

（一）保全完毕，即保全事项全部实施完毕；

（二）部分保全，即因未查询到足额财产，致使保全事项未能全部实施完毕；

（三）无标的物可实施保全，即未查到财产可供保全。[1]

法律依据

［1］《最高人民法院关于执行案件立案、结案若干问题的意见》（法发〔2014〕26号）

第二十一条　执行财产保全裁定案件的结案方式包括：

（一）保全完毕，即保全事项全部实施完毕；

（二）部分保全，即因未查询到足额财产，致使保全事项未能全部实施完毕；

（三）无标的物可实施保全，即未查到财产可供保全。

二、先予执行

681.【先予执行的情形】

人民法院对下列案件，根据当事人的申请，可以裁定先予执行：

（一）追索赡养费、扶养费、抚育费、抚恤金、医疗费用的；

（二）追索劳动报酬的；

（三）需要立即停止侵害、排除妨碍的；

（四）需要立即制止某项行为的；

（五）追索恢复生产、经营急需的保险理赔费的；

（六）需要立即返还社会保险金、社会救助资金的；

（七）不立即返还款项，将严重影响权利人生活和生产经营的；

（八）因情况紧急需要先予执行的。[1]

法律依据

[**1**]**《中华人民共和国民事诉讼法》**（2017年6月27日修正）

第一百零六条　人民法院对下列案件，根据当事人的申请，可以裁定先予执行：

（一）追索赡养费、扶养费、抚育费、抚恤金、医疗费用的；

（二）追索劳动报酬的；

（三）因情况紧急需要先予执行的。

《最高人民法院关于适用〈中华人民共和国民事诉讼法〉的解释》（2020年12月23日修正）

第一百七十条　民事诉讼法第一百零六条第三项规定的情况紧急，包括：

（一）需要立即停止侵害、排除妨碍的；

（二）需要立即制止某项行为的；

（三）追索恢复生产、经营急需的保险理赔费的；

（四）需要立即返还社会保险金、社会救助资金的；

（五）不立即返还款项，将严重影响权利人生活和生产经营的。

682.【先予执行的条件】

人民法院裁定先予执行的，应当符合下列条件：

（一）当事人之间权利义务关系明确，不先予执行将严重影响申请人的生活或者生产经营的；

（二）被申请人有履行能力。

人民法院可以责令申请人提供担保，申请人不提供担保的，驳回申请。申请人败诉的，应当赔偿被申请人因先予执行遭受的财产损失。[1]

法律依据

[**1**]**《中华人民共和国民事诉讼法》**（2017 年 6 月 27 日修正）

第一百零七条　人民法院裁定先予执行的，应当符合下列条件：

（一）当事人之间权利义务关系明确，不先予执行将严重影响申请人的生活或者生产经营的；

（二）被申请人有履行能力。

人民法院可以责令申请人提供担保，申请人不提供担保的，驳回申请。申请人败诉的，应当赔偿被申请人因先予执行遭受的财产损失。

683.【先予执行的期间和范围】

民事诉讼法规定的先予执行，人民法院应当在受理案件后终审判决作出前采取。先予执行应当限于当事人诉讼请求的范围，并以当事人的生活、生产经营的急需为限。[1]

法律依据

[**1**]**《最高人民法院关于适用〈中华人民共和国民事诉讼法〉的解释》**（2020 年 12 月 23 日修正）

第一百六十九条　民事诉讼法规定的先予执行，人民法院应当在受理案件后终审判决作出前采取。先予执行应当限于当事人诉讼请求的范围，并以当事人的生活、生产经营的急需为限。

684.【法院内部职责分工】

先予执行的申请由审判机构审查并作出裁定。裁定先予执行的，移交执行机构执行。[1]

法律依据

［1］**《最高人民法院关于执行权合理配置和科学运行的若干意见》**（法发〔2011〕15 号）

16. 诉中财产保全、先予执行的申请由相关审判机构审查并作出裁定；裁定财产保全或者先予执行的，移交执行局执行。

685.【法律适用】

先予执行裁定的执行适用民事执行的有关规定。[1]

法律依据

［1］**《最高人民法院关于人民法院民事执行中查封、扣押、冻结财产的规定》**（2020 年 12 月 23 日修正）

第二十九条　财产保全裁定和先予执行裁定的执行适用本规定。

《最高人民法院、中国人民银行关于依法规范人民法院执行和金融机构协助执行的通知》（法发〔2000〕21 号）

十一、财产保全和先予执行依照上述规定办理。

《最高人民法院、国土资源部、建设部关于依法规范人民法院执行和国土资源房地产管理部门协助执行若干问题的通知》（法发〔2004〕5 号）

二十八、人民法院进行财产保全和先予执行时适用本通知。

686. 【对先予执行裁定的复议】

当事人对先予执行的裁定不服的，可以申请复议一次。复议期间不停止裁定的执行。[1]

当事人对先予执行裁定不服的，可以自收到裁定书之日起五日内向作出裁定的人民法院申请复议。人民法院应当在收到复议申请后十日内审查。裁定正确的，驳回当事人的申请；裁定不当的，变更或者撤销原裁定。[2]

利害关系人对先予执行的裁定不服申请复议的，由作出裁定的人民法院依照本条第一款规定处理。[3]

法律依据

[1]**《中华人民共和国民事诉讼法》**（2017 年 6 月 27 日修正）

第一百零八条　当事人对保全或者先予执行的裁定不服的，可以申请复议一次。复议期间不停止裁定的执行。

[2]**《最高人民法院关于适用〈中华人民共和国民事诉讼法〉的解释》**（2020 年 12 月 23 日修正）

第一百七十一条　当事人对保全或者先予执行裁定不服的，可以自收到裁定书之日起五日内向作出裁定的人民法院申请复议。人民法院应当在收到复议申请后十日内审查。裁定正确的，驳回当事人的申请；裁定不当的，变更或者撤销原裁定。

[3]**《最高人民法院关于适用〈中华人民共和国民事诉讼法〉的解释》**（2020 年 12 月 23 日修正）

第一百七十二条　利害关系人对保全或者先予执行的裁定不服申请复议的，由作出裁定的人民法院依照民事诉讼法第一百零八条规定处理。

687. 【先予执行的回转】

人民法院先予执行后，根据发生法律效力的判决，申请人应当返还因先予执行所取得的利益的，适用民事诉讼法第二百三十三条[1]的规定。[2]

法律依据

［1］**《中华人民共和国民事诉讼法》**（2017 年 6 月 27 日修正）

第二百三十三条　执行完毕后，据以执行的判决、裁定和其他法律文书确有错误，被人民法院撤销的，对已被执行的财产，人民法院应当作出裁定，责令取得财产的人返还；拒不返还的，强制执行。

［2］**《最高人民法院关于适用〈中华人民共和国民事诉讼法〉的解释》**（2020 年 12 月 23 日修正）

第一百七十三条　人民法院先予执行后，根据发生法律效力的判决，申请人应当返还因先予执行所取得的利益的，适用民事诉讼法第二百三十三条的规定。

第二节　仲裁裁决的执行①

688. 【立案和管辖】

对依法设立的仲裁机构的裁决，一方当事人不履行的，对方当事人可以向有管辖权的人民法院申请执行。受申请的人民法院应当执行。[1]

当事人申请执行仲裁裁决案件，由被执行人住所地或者被执行的财产所在地的中级人民法院管辖。[2]

当事人向人民法院申请执行我国仲裁机构作出已经发生法律效力的仲裁裁决和调解书的，应提交符合本规范第 30 条、第 31 条规定要求的材料。[3]

法律依据

［1］**《中华人民共和国民事诉讼法》**（2017 年 6 月 27 日修正）

① 本节所指的仲裁裁决仅指国内仲裁机构作出的不具有涉外因素的仲裁裁决。

第二百三十七条第一款 对依法设立的仲裁机构的裁决，一方当事人不履行的，对方当事人可以向有管辖权的人民法院申请执行。受申请的人民法院应当执行。

[2]**《最高人民法院关于适用〈中华人民共和国仲裁法〉若干问题的解释》**（法释〔2006〕7号）

第二十九条 当事人申请执行仲裁裁决案件，由被执行人住所地或者被执行的财产所在地的中级人民法院管辖。

[3]**《最高人民法院关于人民法院执行工作若干问题的规定（试行）》**（2020年12月23日修正）

18. 人民法院受理执行案件应当符合下列条件：

（1）申请或移送执行的法律文书已经生效；

（2）申请执行人是生效法律文书确定的权利人或其继承人、权利承受人；

（3）申请执行的法律文书有给付内容，且执行标的和被执行人明确；

（4）义务人在生效法律文书确定的期限内未履行义务；

（5）属于受申请执行的人民法院管辖。

人民法院对符合上述条件的申请，应当在七日内予以立案；不符合上述条件之一的，应当在七日内裁定不予受理。

19.（第1款）申请执行仲裁机构的仲裁裁决，应当向人民法院提交有仲裁条款的合同书或仲裁协议书。

689.【仲裁案卷的调阅】

根据执行仲裁裁决案件的实际需要，人民法院可以要求仲裁机构作出说明或者向相关仲裁机构调阅仲裁案卷。

人民法院在办理涉及仲裁的案件过程中作出的裁定，可以送相关的仲裁机构。[1]

法律依据

[1]**《最高人民法院关于适用〈中华人民共和国仲裁法〉若干问题的解释》**（法释〔2006〕7号）

第三十条 根据审理撤销、执行仲裁裁决案件的实际需要，人民法院可以要求仲裁机构作出说明或者向相关仲裁机构调阅仲裁案卷。

人民法院在办理涉及仲裁的案件过程中作出的裁定，可以送相关的仲裁机构。

690.【申请撤销仲裁裁决对执行程序的影响】

人民法院受理当事人撤销仲裁裁决的申请后，另一方当事人申请执行同一仲裁裁决的，受理执行申请的人民法院应当在受理后裁定中止执行。[1]

一方当事人申请执行裁决，另一方当事人申请撤销裁决的，人民法院应当裁定中止执行。

人民法院裁定撤销裁决的，应当裁定终结执行。撤销裁决的申请被裁定驳回的，人民法院应当裁定恢复执行。[2]

法律依据

［1］**《最高人民法院关于适用〈中华人民共和国仲裁法〉若干问题的解释》**（法释〔2006〕7号）

第二十五条　人民法院受理当事人撤销仲裁裁决的申请后，另一方当事人申请执行同一仲裁裁决的，受理执行申请的人民法院应当在受理后裁定中止执行。

［2］**《中华人民共和国仲裁法》**（2017年9月1日修正）

第六十四条　一方当事人申请执行裁决，另一方当事人申请撤销裁决的，人民法院应当裁定中止执行。

人民法院裁定撤销裁决的，应当裁定终结执行。撤销裁决的申请被裁定驳回的，人民法院应当裁定恢复执行。

691.【不予执行】

当事人在执行程序终结前向执行法院提起对仲裁裁决申请不予执行的，参照本规范第二十五章第三节的相关规定处理。[1]

法律依据

［1］**《最高人民法院关于适用〈中华人民共和国民事诉讼法〉执行程序若干问题的解释》**（2020 年 12 月 23 日修正）

第四百八十一条　当事人请求不予执行仲裁裁决或者公证债权文书的，应当在执行终结前向执行法院提出。

692. 【结案】

执行实施案件立案后，被执行人对仲裁裁决提出不予执行申请，经人民法院审查，裁定不予执行的，以“不予执行”方式结案；[1]

人民法院裁定撤销裁决的，以“终结执行”方式结案；[2]

其他情形下，参照本规范第二十章第七节的其他相关规定结案。

法律依据

［1］**《最高人民法院关于执行案件立案、结案若干问题的意见》**（法发〔2014〕26 号）

第十九条　执行实施案件立案后，被执行人对仲裁裁决或公证债权文书提出不予执行申请，经人民法院审查，裁定不予执行的，以“不予执行”方式结案。

［2］**《中华人民共和国仲裁法》**（2017 年 9 月 1 日修正）

第六十四条第二款　人民法院裁定撤销裁决的，应当裁定终结执行。撤销裁决的申请被裁定驳回的，人民法院应当裁定恢复执行。

第三节　劳动人事争议仲裁裁决的执行

693. 【劳动人事争议仲裁裁决的执行】

当事人对劳动人事争议仲裁委员会作出的发生法律效力的调

解书、裁决书[1]，应当依照规定的期限履行。一方当事人逾期不履行的，另一方当事人可以依照民事诉讼法的有关规定向人民法院申请执行。受理申请的人民法院应当依法执行。[2]

法律依据

[1]**《中华人民共和国劳动争议调解仲裁法》**（2007 年 12 月 29 日）

第四十七条　下列劳动争议，除本法另有规定的外，仲裁裁决为终局裁决，裁决书自作出之日起发生法律效力：

（一）追索劳动报酬、工伤医疗费、经济补偿或者赔偿金，不超过当地月最低工资标准十二个月金额的争议；

（二）因执行国家的劳动标准在工作时间、休息休假、社会保险等方面发生的争议。

第四十八条　劳动者对本法第四十七条规定的仲裁裁决不服的，可以自收到仲裁裁决书之日起十五日内向人民法院提起诉讼。

第五十条　当事人对本法第四十七条规定以外的其他劳动争议案件的仲裁裁决不服的，可以自收到仲裁裁决书之日起十五日内向人民法院提起诉讼；期满不起诉的，裁决书发生法律效力。

[2]**《中华人民共和国劳动争议调解仲裁法》**（2007 年 12 月 29 日）

第五十一条　当事人对发生法律效力的调解书、裁决书，应当依照规定的期限履行。一方当事人逾期不履行的，另一方当事人可以依照民事诉讼法的有关规定向人民法院申请执行。受理申请的人民法院应当依法执行。

694. 【预先支付报酬、费用裁决的执行】

当事人不服劳动争议仲裁机构作出的预先支付劳动者劳动报酬、工伤医疗费、经济补偿或者赔偿金的裁决，人民法院不予受理。

用人单位不履行上述裁决中的给付义务，劳动者依法申请强制执行的，人民法院应予受理。[1]

法律依据

[1]**《最高人民法院关于审理劳动争议案件适用法律若干问题的解释**

(一)》(法释〔2020〕26 号)

第十条 当事人不服劳动争议仲裁机构作出的预先支付劳动者劳动报酬、工伤医疗费、经济补偿或者赔偿金的裁决，人民法院不予受理。

用人单位不履行上述裁决中的给付义务，劳动者依法申请强制执行的，人民法院应予受理。

695. 【先予执行】

仲裁庭对追索劳动报酬、工伤医疗费、经济补偿或者赔偿金的案件，根据当事人的申请，可以裁决先予执行，移送人民法院执行。

仲裁庭裁决先予执行的，应当符合下列条件：

（一）当事人之间权利义务关系明确；

（二）不先予执行将严重影响申请人的生活。

劳动者申请先予执行的，可以不提供担保。[1]

法律依据

[1]《**中华人民共和国劳动争议调解仲裁法**》(2007 年 12 月 29 日)

第四十四条 仲裁庭对追索劳动报酬、工伤医疗费、经济补偿或者赔偿金的案件，根据当事人的申请，可以裁决先予执行，移送人民法院执行。

仲裁庭裁决先予执行的，应当符合下列条件：

（一）当事人之间权利义务关系明确；

（二）不先予执行将严重影响申请人的生活。

劳动者申请先予执行的，可以不提供担保。

696. 【劳动人事争议仲裁裁决不予执行审查期间的执行】

劳动争议仲裁机构作出终局裁决[1]，劳动者向人民法院申请执行，用人单位向劳动争议仲裁机构所在地的中级人民法院申请撤销的，人民法院应当裁定中止执行。

用人单位撤回撤销终局裁决申请或者其申请被驳回的，人民法院应当裁定恢复执行。仲裁裁决被撤销的，人民法院应当裁定终结执行。[2]

法律依据

［**1**］**《中华人民共和国劳动争议调解仲裁法》**（2007 年 12 月 29 日）

第四十七条　下列劳动争议，除本法另有规定的外，仲裁裁决为终局裁决，裁决书自作出之日起发生法律效力：

（一）追索劳动报酬、工伤医疗费、经济补偿或者赔偿金，不超过当地月最低工资标准十二个月金额的争议；

（二）因执行国家的劳动标准在工作时间、休息休假、社会保险等方面发生的争议。

［**2**］**《最高人民法院关于审理劳动争议案件适用法律若干问题的解释（一）》**（法释〔2020〕26 号）

第十八条第一款、第二款　劳动争议仲裁机构作出终局裁决，劳动者向人民法院申请执行，用人单位向劳动争议仲裁机构所在地的中级人民法院申请撤销的，人民法院应当裁定中止执行。

用人单位撤回撤销终局裁决申请或者其申请被驳回的，人民法院应当裁定恢复执行。仲裁裁决被撤销的，人民法院应当裁定终结执行。

第四节　公证债权文书的执行

697.【立案和管辖】

一方当事人不履行公证机关依法赋予强制执行效力的债权文书，对方当事人可以凭原公证书及执行证书，向被执行人住所地或被执行的财产所在地人民法院申请执行，受申请的人民法院应当执行。[1]

法律依据

［**1**］**《中华人民共和国民事诉讼法》**（2017 年 6 月 27 日修正）

第二百三十八条 对公证机关依法赋予强制执行效力的债权文书，一方当事人不履行的，对方当事人可以向有管辖权的人民法院申请执行，受申请的人民法院应当执行。

公证债权文书确有错误的，人民法院裁定不予执行，并将裁定书送达双方当事人和公证机关。

《最高人民法院关于公证债权文书执行若干问题的规定》（法释〔2018〕18号）

第二条 公证债权文书执行案件，由被执行人住所地或者被执行的财产所在地人民法院管辖。

《最高人民法院、司法部关于公证机关赋予强制执行效力的债权文书执行有关问题的联合通知》（司发通〔2000〕107号）

七、债权人凭原公证书及执行证书可以向有管辖权的人民法院申请执行。

698.【公证机关赋予强制执行效力的债权文书的条件】

公证机关赋予强制执行效力的债权文书应当具备以下条件：

（一）债权文书具有给付货币、物品、有价证券的内容；

（二）债权债务关系明确，债权人和债务人对债权文书有关给付内容无疑义；

（三）债权文书中载明债务人不履行义务或不完全履行义务时，债务人愿意接受依法强制执行的承诺。[1]

法律依据

〔1〕**《最高人民法院、司法部关于公证机关赋予强制执行效力的债权文书执行有关问题的联合通知》**（司发通〔2000〕107号）

一、公证机关赋予强制执行效力的债权文书应当具备以下条件：

（一）债权文书具有给付货币、物品、有价证券的内容；

（二）债权债务关系明确，债权人和债务人对债权文书有关给付内容无疑义；

（三）债权文书中载明债务人不履行义务或不完全履行义务时，债务人愿意接受依法强制执行的承诺。

699.【公证机关赋予强制执行效力的债权文书的范围】

公证机关赋予强制执行效力的债权文书的范围：

（一）借款合同、借用合同、无财产担保的租赁合同；

（二）赊欠货物的债权文书；

（三）各种借据、欠单；

（四）还款（物）协议；

（五）以给付赡养费、扶养费、抚育费、学费、赔（补）偿金为内容的协议；

（六）符合赋予强制执行效力条件的其他债权文书。[1]

法律依据

［**1**］**《最高人民法院、司法部关于公证机关赋予强制执行效力的债权文书执行有关问题的联合通知》**（司发通〔2000〕107号）

二、公证机关赋予强制执行效力的债权文书的范围：

（一）借款合同、借用合同、无财产担保的租赁合同；

（二）赊欠货物的债权文书；

（三）各种借据、欠单；

（四）还款（物）协议；

（五）以给付赡养费、扶养费、抚育费、学费、赔（补）偿金为内容的协议；

（六）符合赋予强制执行效力条件的其他债权文书。

700.【债权文书强制执行力的赋予】

公证机关在办理符合赋予强制执行的条件和范围的合同、协议、借据、欠单等债权文书公证时，应当依法赋予该债权文书具有强制执行效力。

未经公证的符合本规范第699条规定的合同、协议、借据、欠单等债权文书，在履行过程中，债权人申请公证机关赋予强制执行效力的，公证机关必须征求债务人的意见；如债务人同意公证并愿意接受强制执行的，公证机关可以依法赋予该债权文书强制执行效力。[1]

法律依据

［1］**《最高人民法院、司法部关于公证机关赋予强制执行效力的债权文书执行有关问题的联合通知》**（司发通〔2000〕107 号）

三、公证机关在办理符合赋予强制执行的条件和范围的合同、协议、借据、欠单等债权文书公证时，应当依法赋予该债权文书具有强制执行效力。

未经公证的符合本通知第二条规定的合同、协议、借据、欠单等债权文书，在履行过程中，债权人申请公证机关赋予强制执行效力的，公证机关必须征求债务人的意见；如债务人同意公证并愿意接受强制执行的，公证机关可以依法赋予该债权文书强制执行效力。

701. 【执行证书】

债务人不履行或不完全履行公证机关赋予强制执行效力的债权文书的，债权人可以向原公证机关申请执行证书。[1]

公证机关签发执行证书应当注明被执行人、执行标的和申请执行的期限。债务人已经履行的部分，在执行证书中予以扣除。因债务人不履行或不完全履行而发生的违约金、利息、滞纳金等，可以列入执行标的。[2]

法律依据

［1］**《最高人民法院关于公证债权文书执行若干问题的规定》**（法释〔2018〕18 号）

第三条　债权人申请执行公证债权文书，除应当提交作为执行依据的公证债权文书等申请执行所需的材料外，还应当提交证明履行情况等内容的执行证书。

《最高人民法院、司法部关于公证机关赋予强制执行效力的债权文书

执行有关问题的联合通知》（司发通〔2000〕107 号）

四、债务人不履行或不完全履行公证机关赋予强制执行效力的债权文书的，债权人可以向原公证机关申请执行证书。

［**2**］**《最高人民法院、司法部关于公证机关赋予强制执行效力的债权文书执行有关问题的联合通知》**（司发通〔2000〕107 号）

六、公证机关签发执行证书应当注明被执行人、执行标的和申请执行的期限。债务人已经履行的部分，在执行证书中予以扣除。因债务人不履行或不完全履行而发生的违约金、利息、滞纳金等，可以列入执行标的。

702. 【公证卷宗的调阅】

人民法院接到申请执行书，应当依法按规定程序办理。必要时，可以向公证机关调阅公证卷宗，公证机关应当提供。案件执行完毕后，由人民法院在十五日内将公证卷宗附结案通知退回公证机关。[1]

法律依据

［**1**］**《最高人民法院、司法部关于公证机关赋予强制执行效力的债权文书执行有关问题的联合通知》**（司发通〔2000〕107 号）

八、人民法院接到申请执行书，应当依法按规定程序办理。必要时，可以向公证机关调阅公证卷宗，公证机关应当提供。案件执行完毕后，由人民法院在 15 日内将公证卷宗附结案通知退回公证机关。

703. 【不予执行】

当事人在执行程序终结前向执行法院提起对公证债权文书申请不予执行的，参照本规范第二十五章第三节的相关规定处理。[1]

法律依据

［**1**］**《最高人民法院关于适用〈中华人民共和国民事诉讼法〉的解**

释》（2020 年 12 月 23 日修正）

第四百八十一条　当事人请求不予执行仲裁裁决或者公证债权文书的，应当在执行终结前向执行法院提出。

704. 【结案】

执行实施案件立案后，被执行人对公证债权文书提出不予执行申请，经人民法院审查，裁定不予执行的，以“不予执行”方式结案。[1]

其他情形下，参照本规范第二十章第七节的其他相关规定结案。

法律依据

［1］**《最高人民法院关于执行案件立案、结案若干问题的意见》**（法发〔2014〕26 号）

第十九条　执行实施案件立案后，被执行人对仲裁裁决或公证债权文书提出不予执行申请，经人民法院审查，裁定不予执行的，以“不予执行”方式结案。

第五节　刑事裁判涉财产部分的执行

705. 【执行机构负责执行的事项】

本规范所称刑事裁判涉财产部分的执行，是指发生法律效力的刑事裁判主文确定的下列事项的执行：

（一）罚金、没收财产；

（二）责令退赔；

（三）处置随案移送的赃款赃物；

（四）没收随案移送的供犯罪所用本人财物；

（五）其他应当由人民法院执行的相关事项。

刑事附带民事裁判的执行，适用民事执行的有关规定。[1]

法律依据

［1］《最高人民法院关于刑事裁判涉财产部分执行的若干规定》（法释〔2014〕13号）

第一条　本规定所称刑事裁判涉财产部分的执行，是指发生法律效力的刑事裁判主文确定的下列事项的执行：

（一）罚金、没收财产；

（二）责令退赔；

（三）处置随案移送的赃款赃物；

（四）没收随案移送的供犯罪所用本人财物；

（五）其他应当由人民法院执行的相关事项。

刑事附带民事裁判的执行，适用民事执行的有关规定。

706.【管辖和委托执行】

刑事裁判涉财产部分，由第一审人民法院执行。第一审人民法院可以委托财产所在地的同级人民法院执行。[1]

法律依据

［1］《最高人民法院关于刑事裁判涉财产部分执行的若干规定》（法释〔2014〕13号）

第二条　刑事裁判涉财产部分，由第一审人民法院执行。第一审人民法院可以委托财产所在地的同级人民法院执行。

707.【执行期限】

人民法院办理刑事裁判涉财产部分执行案件的期限为六个月。有特殊情况需要延长的，经本院院长批准，可以延长。[1]

法律依据

［1］《最高人民法院关于刑事裁判涉财产部分执行的若干规定》（法释

〔2014〕13 号）

第三条　人民法院办理刑事裁判涉财产部分执行案件的期限为六个月。有特殊情况需要延长的，经本院院长批准，可以延长。

708.【审判期间财产的调查与控制】

人民法院刑事审判中可能判处被告人财产刑、责令退赔的，刑事审判部门应当依法对被告人的财产状况进行调查；发现可能隐匿、转移财产的，应当及时查封、扣押、冻结其相应财产。[1]

法律依据

[1]《**最高人民法院关于刑事裁判涉财产部分执行的若干规定**》（法释〔2014〕13 号）

第四条　人民法院刑事审判中可能判处被告人财产刑、责令退赔的，刑事审判部门应当依法对被告人的财产状况进行调查；发现可能隐匿、转移财产的，应当及时查封、扣押、冻结其相应财产。

709.【不同机关对同案查封效力的衔接】

刑事审判或者执行中，对于侦查机关已经采取的查封、扣押、冻结，人民法院应当在期限届满前及时续行查封、扣押、冻结。人民法院续行查封、扣押、冻结的顺位与侦查机关查封、扣押、冻结的顺位相同。

对侦查机关查封、扣押、冻结的财产，人民法院执行中可以直接裁定处置，无需侦查机关出具解除手续，但裁定中应当指明侦查机关查封、扣押、冻结的事实。[1]

法律依据

[1]《**最高人民法院关于刑事裁判涉财产部分执行的若干规定**》（法释〔2014〕13 号）

第五条　刑事审判或者执行中，对于侦查机关已经采取的查封、扣押、冻结，人民法院应当在期限届满前及时续行查封、扣押、冻结。人民法院续行查封、扣押、冻结的顺位与侦查机关查封、扣押、冻结的顺位相同。

对侦查机关查封、扣押、冻结的财产，人民法院执行中可以直接裁定处置，无需侦查机关出具解除手续，但裁定中应当指明侦查机关查封、扣押、冻结的事实。

710. 【裁判内容的明确、具体要求】

刑事裁判涉财产部分的裁判内容，应当明确、具体。涉案财物或者被害人人数较多，不宜在判决主文中详细列明的，可以概括叙明并另附清单。

判处没收部分财产的，应当明确没收的具体财物或者金额。

判处追缴或者责令退赔的，应当明确追缴或者退赔的金额或财物的名称、数量等相关情况。[1]

法律依据

［1］**《最高人民法院关于刑事裁判涉财产部分执行的若干规定》**（法释〔2014〕13号）

第六条　刑事裁判涉财产部分的裁判内容，应当明确、具体。涉案财物或者被害人人数较多，不宜在判决主文中详细列明的，可以概括叙明并另附清单。

判处没收部分财产的，应当明确没收的具体财物或者金额。

判处追缴或者责令退赔的，应当明确追缴或者退赔的金额或财物的名称、数量等相关情况。

711. 【移送执行及立案审查】

由人民法院执行机构负责执行的刑事裁判涉财产部分，刑事审判部门应当及时移送立案部门审查立案。移送立案应当提交生效裁判文书及其附件和其他相关材料，并填写移送执行表，移送执行表应当载明以下内容：

（一）被执行人、被害人的基本信息；

（二）已查明的财产状况或者财产线索；

（三）随案移送的财产和已经处置财产的情况；

（四）查封、扣押、冻结财产的情况；

（五）移送执行的时间；

（六）其他需要说明的情况。

人民法院立案部门经审查，认为属于移送范围且移送材料齐全的，应当在七日内立案，并移送执行机构。[1]

法律依据

［1］**《最高人民法院关于刑事裁判涉财产部分执行的若干规定》**（法释〔2014〕13号）

第七条　由人民法院执行机构负责执行的刑事裁判涉财产部分，刑事审判部门应当及时移送立案部门审查立案。

移送立案应当提交生效裁判文书及其附件和其他相关材料，并填写《移送执行表》。《移送执行表》应当载明以下内容：

（一）被执行人、被害人的基本信息；

（二）已查明的财产状况或者财产线索；

（三）随案移送的财产和已经处置财产的情况；

（四）查封、扣押、冻结财产的情况；

（五）移送执行的时间；

（六）其他需要说明的情况。

人民法院立案部门经审查，认为属于移送范围且移送材料齐全的，应当在七日内立案，并移送执行机构。

712.【刑罚执行机关、社区矫正机构等单位的协助执行】

人民法院可以向刑罚执行机关、社区矫正机构等有关单位调查被执行人的财产状况，并可以根据不同情形要求有关单位协助采取查封、扣押、冻结、划拨等执行措施。[1]

法律依据

［**1**］**《最高人民法院关于刑事裁判涉财产部分执行的若干规定》**（法释〔2014〕13号）

第八条　人民法院可以向刑罚执行机关、社区矫正机构等有关单位调查被执行人的财产状况，并可以根据不同情形要求有关单位协助采取查封、扣押、冻结、划拨等执行措施。

713.【没收财产的执行原则】

判处没收财产的，应当执行刑事裁判生效时被执行人合法所有的财产。

执行没收财产或罚金刑，应当参照被扶养人住所地政府公布的上年度当地居民最低生活费标准，保留被执行人及其所扶养家属的生活必需费用。[1]

法律依据

［**1**］**《最高人民法院关于刑事裁判涉财产部分执行的若干规定》**（法释〔2014〕13号）

第九条　判处没收财产的，应当执行刑事裁判生效时被执行人合法所有的财产。

执行没收财产或罚金刑，应当参照被扶养人住所地政府公布的上年度当地居民最低生活费标准，保留被执行人及其所扶养家属的生活必需费用。

714.【赃款赃物、收益及转化物的追缴】

对赃款赃物及其收益，人民法院应当一并追缴。

被执行人将赃款赃物投资或者置业，对因此形成的财产及其收益，人民法院应予追缴。

被执行人将赃款赃物与其他合法财产共同投资或者置业，对因此形成的财产中与赃款赃物对应的份额及其收益，人民法院应予追缴。

对于被害人的损失，应当按照刑事裁判认定的实际损失予以发还或者赔偿。[1]

法律依据

〔1〕**《最高人民法院关于刑事裁判涉财产部分执行的若干规定》**（法释〔2014〕13 号）

第十条　对赃款赃物及其收益，人民法院应当一并追缴。

被执行人将赃款赃物投资或者置业，对因此形成的财产及其收益，人民法院应予追缴。

被执行人将赃款赃物与其他合法财产共同投资或者置业，对因此形成的财产中与赃款赃物对应的份额及其收益，人民法院应予追缴。

对于被害人的损失，应当按照刑事裁判认定的实际损失予以发还或者赔偿。

715.【涉第三人赃款赃物的认定和追缴】

被执行人将刑事裁判认定为赃款赃物的涉案财物用于清偿债务、转让或者设置其他权利负担，具有下列情形之一的，人民法院应予追缴：

（一）第三人明知是涉案财物而接受的；

（二）第三人无偿或者以明显低于市场的价格取得涉案财物的；

（三）第三人通过非法债务清偿或者违法犯罪活动取得涉案财物的；

（四）第三人通过其他恶意方式取得涉案财物的。

第三人善意取得涉案财物的，执行程序中不予追缴。作为原所有人的被害人对该涉案财物主张权利的，人民法院应当告知其通过诉讼程序处理。[1]

法律依据

［1］**《最高人民法院关于刑事裁判涉财产部分执行的若干规定》**（法释〔2014〕13 号）

第十一条　被执行人将刑事裁判认定为赃款赃物的涉案财物用于清偿债务、转让或者设置其他权利负担，具有下列情形之一的，人民法院应予追缴：

（一）第三人明知是涉案财物而接受的；

（二）第三人无偿或者以明显低于市场的价格取得涉案财物的；

（三）第三人通过非法债务清偿或者违法犯罪活动取得涉案财物的；

（四）第三人通过其他恶意方式取得涉案财物的。

第三人善意取得涉案财物的，执行程序中不予追缴。作为原所有人的被害人对该涉案财物主张权利的，人民法院应当告知其通过诉讼程序处理。

716.【财产变价的特殊程序】

被执行财产需要变价的，执行机构应当依法采取拍卖、变卖等变价措施。

涉案财物最后一次拍卖未能成交，需要上缴国库的，人民法院应当通知有关财政机关以该次拍卖保留价予以接收；有关财政机关要求继续变价的，可以进行无保留价拍卖。需要退赔被害人的，以该次拍卖保留价以物退赔；被害人不同意以物退赔的，可以进行无保留价拍卖。[1]

法律依据

［1］**《最高人民法院关于刑事裁判涉财产部分执行的若干规定》**（法释〔2014〕13 号）

第十二条　被执行财产需要变价的，人民法院执行机构应当依法采取拍卖、变卖等变价措施。

涉案财物最后一次拍卖未能成交，需要上缴国库的，人民法院应当通知有关财政机关以该次拍卖保留价予以接收；有关财政机关要求继续变价的，可以进行无保留价拍卖。需要退赔被害人的，以该次拍卖保留价以物退赔；被害人不同意以物退赔的，可以进行无保留价拍卖。

717. 【承担多项清偿义务时的清偿原则】

被执行人在执行中同时承担刑事责任、民事责任，其财产不足以支付的，按照下列顺序执行：

（一）人身损害赔偿中的医疗费用；

（二）退赔被害人的损失；

（三）其他民事债务；

（四）罚金；

（五）没收财产。

债权人对执行标的依法享有优先受偿权，其主张优先受偿的，人民法院应当在前款第一项规定的医疗费用受偿后，予以支持。[1]

法律依据

［1］**《最高人民法院关于刑事裁判涉财产部分执行的若干规定》**（法释〔2014〕13 号）

第十三条　被执行人在执行中同时承担刑事责任、民事责任，其财产不足以支付的，按照下列顺序执行：

（一）人身损害赔偿中的医疗费用；

（二）退赔被害人的损失；

（三）其他民事债务；

（四）罚金；

（五）没收财产。

债权人对执行标的依法享有优先受偿权，其主张优先受偿的，人民法院应当在前款第（一）项规定的医疗费用受偿后，予以支持。

718. 【案外人异议的特殊审查程序】

执行过程中，当事人、利害关系人认为执行行为违反法律规定，或者案外人对执行标的主张足以阻止执行的实体权利，向执行法院提出书面异议的，执行法院应当依照民事诉讼法第二百二十五条的规定处理。

人民法院审查案外人异议、复议，应当公开听证。[1]

法律依据

［1］《最高人民法院关于刑事裁判涉财产部分执行的若干规定》（法释〔2014〕13号）

第十四条　执行过程中，当事人、利害关系人认为执行行为违反法律规定，或者案外人对执行标的主张足以阻止执行的实体权利，向执行法院提出书面异议的，执行法院应当依照民事诉讼法第二百二十五条的规定处理。

人民法院审查案外人异议、复议，应当公开听证。

719. 【赃款赃物认定异议的审查】

执行过程中，案外人或被害人认为刑事裁判中对涉案财物是否属于赃款赃物认定错误或者应予认定而未认定，向执行法院提出书面异议，可以通过裁定补正的，执行机构应当将异议材料移送刑事审判部门处理；无法通过裁定补正的，应当告知异议人通过审判监督程序处理。[1]

法律依据

［1］《最高人民法院关于刑事裁判涉财产部分执行的若干规定》（法释〔2014〕13号）

第十五条　执行过程中，案外人或被害人认为刑事裁判中对涉案财物是否属于赃款赃物认定错误或者应予认定而未认定，向执行法院提出书面异议，可以通过裁定补正的，执行机构应当将异议材料移送刑事审判部门处理；无法通过裁定补正的，应当告知异议人通过审判监督程序处理。

720. 【财产刑的中止执行】

执行财产刑过程中，具有下列情形之一的，人民法院应当裁定中止执行：

（一）执行标的物系人民法院或者仲裁机构正在审理案件的争议标的物，需等待该案件审理完毕确定权属的；

（二）案外人对执行标的物提出异议的；

（三）应当中止执行的其他情形。

中止执行的原因消除后，应当恢复执行。[1]

法律依据

［1］《最高人民法院关于适用〈中华人民共和国刑事诉讼法〉的解释》（法释〔2012〕21 号）

第四百四十三条　执行财产刑过程中，具有下列情形之一的，人民法院应当裁定中止执行：

（一）执行标的物系人民法院或者仲裁机构正在审理案件的争议标的物，需等待该案件审理完毕确定权属的；

（二）案外人对执行标的物提出异议的；

（三）应当中止执行的其他情形。

中止执行的原因消除后，应当恢复执行。

721. 【财产刑的终结执行】

执行刑事裁判涉财产部分、附带民事裁判过程中，具有下列情形之一的，人民法院应当裁定终结执行：

（一）据以执行的判决、裁定被撤销的；

（二）被执行人死亡或者被执行死刑，且无财产可供执行的；

（三）被判处罚金的单位终止，且无财产可供执行的；

（四）依照刑法第五十三条[1]规定免除罚金的；

（五）应当终结执行的其他情形。

裁定终结执行后，发现被执行人的财产有被隐匿、转移等情形的，应当追缴。[2]

法律依据

［1］《中华人民共和国刑法》（2020年12月26日修正）

第五十三条　罚金在判决指定的期限内一次或者分期缴纳。期满不缴纳的，强制缴纳。对于不能全部缴纳罚金的，人民法院在任何时候发现被执行人有可以执行的财产，应当随时追缴。

由于遭遇不能抗拒的灾祸等原因缴纳确实有困难的，经人民法院裁定，可以延期缴纳、酌情减少或者免除。

［2］《最高人民法院关于适用〈中华人民共和国刑事诉讼法〉的解释》（法释〔2021〕1号）

第五百二十九条　执行刑事裁判涉财产部分、附带民事裁判过程中，具有下列情形之一的，人民法院应当裁定终结执行：

（一）据以执行的判决、裁定被撤销的；

（二）被执行人死亡或者被执行死刑，且无财产可供执行的；

（三）被判处罚金的单位终止，且无财产可供执行的；

（四）依照刑法第五十三条规定免除罚金的；

（五）应当终结执行的其他情形。

裁定终结执行后，发现被执行人的财产有被隐匿、转移等情形的，应当追缴。

722.【协作机制】

有需要时，执行法院可以要求负责办理减刑、假释案件的人民法院协助执行生效裁判中的财产性判项。[1]

执行法院在执行继续追缴或者责令退赔的事项中，可以要求人民检察院、公安机关、国家安全机关、司法行政机关等予以配合。[2]

法律依据

［1］《最高人民法院关于办理减刑、假释案件具体应用法律的规定》（法释〔2016〕23号）

第三十八条第三款　刑罚执行期间，负责办理减刑、假释案件的人民法院可以协助原一审人民法院执行生效裁判中的财产性判项。

第四十一条　本规定所称“财产性判项”是指判决罪犯承担的附带民事赔偿义务判项，以及追缴、责令退赔、罚金、没收财产等判项。

[2]《中共中央办公厅、国务院办公厅印发〈关于进一步规范刑事诉讼涉案财物处置工作的意见〉的通知》(中办发〔2015〕7号)

九、完善违法所得追缴、执行工作机制。对审判时尚未追缴到案或者尚未足额退赔的违法所得，人民法院应当判决继续追缴或者责令退赔，并由人民法院负责执行，人民检察院、公安机关、国家安全机关、司法行政机关等应当予以配合。

723. 【财产刑的执行回转】

财产刑全部或者部分被撤销的，已经执行的财产应当全部或者部分返还被执行人；无法返还的，应当依法赔偿①。[1]

法律依据

[1]《最高人民法院关于适用〈中华人民共和国刑事诉讼法〉的解释》(法释〔2021〕1号)

第四百四十五条　刑事裁判涉财产部分、附带民事裁判全部或者部分被撤销的，已经执行的财产应当全部或者部分返还被执行人；无法返还的，应当依法赔偿。

724. 【法律适用】

人民法院办理刑事裁判涉财产部分执行案件，刑法、刑事诉讼法及有关司法解释没有相应规定的，参照适用民事执行的有关规定。[1]

法律依据

[1]《最高人民法院关于刑事裁判涉财产部分执行的若干规定》(法释

---

① 赔偿要依照国家赔偿法的相关规定办理。

〔2014〕13 号）

第十六条　人民法院办理刑事裁判涉财产部分执行案件，刑法、刑事诉讼法及有关司法解释没有相应规定的，参照适用民事执行的有关规定。

第六节　行政案件的执行

725.【执行前保全】

行政机关或者行政行为确定的权利人申请人民法院强制执行前，有充分理由认为被执行人可能逃避执行的，可以申请人民法院采取财产保全措施。后者申请强制执行的，应当提供相应的财产担保。[1]

法律依据

［1］《最高人民法院关于适用〈中华人民共和国行政诉讼法〉的解释》（法释〔2018〕1 号）

第一百五十九条　行政机关或者行政行为确定的权利人申请人民法院强制执行前，有充分理由认为被执行人可能逃避执行的，可以申请人民法院采取财产保全措施。后者申请强制执行的，应当提供相应的财产担保。

一、对行政判决书、行政裁定书、行政赔偿判决书、行政调解书的执行

726.【一般规定】

对发生法律效力的行政判决书、行政裁定书、行政赔偿判决书和行政调解书，负有义务的一方当事人拒绝履行的，对方当事人可以依法申请人民法院强制执行。

人民法院判决行政机关履行行政赔偿、行政补偿或者其他行政给付义务，行政机关拒不履行的，对方当事人可以依法向法院

申请强制执行。[1]

法律依据

［1］**《最高人民法院关于适用〈中华人民共和国行政诉讼法〉的解释》**（法释〔2018〕1号）

第一百五十二条　对发生法律效力的行政判决书、行政裁定书、行政赔偿判决书和行政调解书，负有义务的一方当事人拒绝履行的，对方当事人可以依法申请人民法院强制执行。

人民法院判决行政机关履行行政赔偿、行政补偿或者其他行政给付义务，行政机关拒不履行的，对方当事人可以依法向法院申请强制执行。

727.【管辖】

发生法律效力的行政判决书、行政裁定书、行政赔偿判决书和行政调解书，由第一审人民法院执行。

第一审人民法院认为情况特殊需要由第二审人民法院执行的，可以报请第二审人民法院执行；第二审人民法院可以决定由其执行，也可以决定由第一审人民法院执行。[1]

法律依据

［1］**《最高人民法院关于适用〈中华人民共和国行政诉讼法〉的解释》**（法释〔2018〕1号）

第一百五十四条　发生法律效力的行政判决书、行政裁定书、行政赔偿判决书和行政调解书，由第一审人民法院执行。

第一审人民法院认为情况特殊，需要由第二审人民法院执行的，可以报请第二审人民法院执行；第二审人民法院可以决定由其执行，也可以决定由第一审人民法院执行。

728.【特别执行措施】

行政机关拒绝履行判决、裁定、调解书的，第一审人民法院可以采取下列措施：

（一）对应当归还的罚款或者应当给付的款额，通知银行从该行政机关的账户内划拨；

（二）在规定期限内不履行的，从期满之日起，对该行政机关负责人按日处五十元至一百元的罚款；

（三）将行政机关拒绝履行的情况予以公告；

（四）向监察机关或者该行政机关的上一级行政机关提出司法建议。接受司法建议的机关，根据有关规定进行处理，并将处理情况告知人民法院；

（五）拒不履行判决、裁定、调解书，社会影响恶劣的，可以对该行政机关直接负责的主管人员和其他直接责任人员予以拘留；情节严重，构成犯罪的，依法追究刑事责任。[1]

法律依据

［**1**］**《中华人民共和国行政诉讼法》**（2017年6月27日修正）

第九十六条　行政机关拒绝履行判决、裁定、调解书的，第一审人民法院可以采取下列措施：

（一）对应当归还的罚款或者应当给付的款额，通知银行从该行政机关的账户内划拨；

（二）在规定期限内不履行的，从期满之日起，对该行政机关负责人按日处五十元至一百元的罚款；

（三）将行政机关拒绝履行的情况予以公告；

（四）向监察机关或者该行政机关的上一级行政机关提出司法建议。接受司法建议的机关，根据有关规定进行处理，并将处理情况告知人民法院；

（五）拒不履行判决、裁定、调解书，社会影响恶劣的，可以对该行政机关直接负责的主管人员和其他直接责任人员予以拘留；情节严重，构成犯罪的，依法追究刑事责任。

二、对行政机关作出的行政决定的执行

729.【申请执行时效】

当事人在法定期限内不申请行政复议或者提起行政诉讼，又不履行行政决定的，没有行政强制执行权的行政机关可以自期限届满之日起三个月内，依照行政强制法第五章规定申请人民法院强制执行。[1]

法律依据

[1]**《中华人民共和国行政强制法》**（2011 年 6 月 30 日）

第五十三条　当事人在法定期限内不申请行政复议或者提起行政诉讼，又不履行行政决定的，没有行政强制执行权的行政机关可以自期限届满之日起三个月内，依照本章规定申请人民法院强制执行。

730.【申请执行的前置条件及地域管辖原则】

行政机关申请人民法院强制执行前，应当催告当事人履行义务。催告书送达十日[1]后当事人仍未履行义务的，行政机关可以向所在地有管辖权的人民法院申请强制执行；执行对象是不动产的，向不动产所在地有管辖权的人民法院申请强制执行。[2]

法律依据

[1]**《中华人民共和国行政强制法》**（2011 年 6 月 30 日）

第六十九条　本法中十日以内期限的规定是指工作日，不含法定节假日。

[2]**《中华人民共和国行政强制法》**（2011 年 6 月 30 日）

第五十四条　行政机关申请人民法院强制执行前，应当催告当事人履行义务。催告书送达十日后当事人仍未履行义务的，行政机关可以向所在地有管辖权的人民法院申请强制执行；执行对象是不动产的，向不动产所在地有管辖权的人民法院申请强制执行。

731. 【省部级行政机关决定的执行管辖】

国务院各部门、各省、自治区、直辖市人民政府和海关依照法律、法规作出的处理决定和处罚决定，由被执行人住所地或财产所在地的中级人民法院执行。[1]

法律依据

［1］《最高人民法院关于人民法院执行工作若干问题的规定（试行）》（2020 年 12 月 23 日修正）

12. 国务院各部门、各省、自治区、直辖市人民政府和海关依照法律、法规作出的处理决定和处罚决定，由被执行人住所地或财产所在地的中级人民法院执行。

732. 【专利管理机关决定的执行管辖】

专利管理机关依法作出的处理决定和处罚决定，由被执行人住所地或财产所在地的省、自治区、直辖市有权受理专利纠纷案件的中级人民法院执行。[1]

法律依据

［1］《最高人民法院关于人民法院执行工作若干问题的规定（试行）》（2020 年 12 月 23 日修正）

11. 专利管理机关依法作出的处理决定和处罚决定，由被执行人住所地或财产所在地的省、自治区、直辖市有权受理专利纠纷案件的中级人民法院执行。

733. 【申请资料】

行政机关向人民法院申请强制执行，应当提供下列材料：

（一）强制执行申请书；

（二）行政决定书及作出决定的事实、理由和依据；

（三）当事人的意见及行政机关催告情况；

（四）申请强制执行标的情况；

（五）法律、行政法规规定的其他材料。

强制执行申请书应当由行政机关负责人签名，加盖行政机关的印章，并注明日期。[1]

法律依据

［1］《中华人民共和国行政强制法》（2011 年 6 月 30 日）

第五十五条　行政机关向人民法院申请强制执行，应当提供下列材料：

（一）强制执行申请书；

（二）行政决定书及作出决定的事实、理由和依据；

（三）当事人的意见及行政机关催告情况；

（四）申请强制执行标的情况；

（五）法律、行政法规规定的其他材料。

强制执行申请书应当由行政机关负责人签名，加盖行政机关的印章，并注明日期。

734. 【受理时限及救济程序】

人民法院接到行政机关强制执行的申请，应当在五日[1]内受理。

行政机关对人民法院不予受理的裁定有异议的，可以在十五日内向上一级人民法院申请复议，上一级人民法院应当自收到复议申请之日起十五日内作出是否受理的裁定。[2]

法律依据

［1］《中华人民共和国行政强制法》（2011 年 6 月 30 日）

第六十九条　本法中十日以内期限的规定是指工作日，不含法定节假日。

［2］《中华人民共和国行政强制法》（2011 年 6 月 30 日）

第五十六条　人民法院接到行政机关强制执行的申请，应当在五日内受理。

行政机关对人民法院不予受理的裁定有异议的，可以在十五日内向上一级人民法院申请复议，上一级人民法院应当自收到复议申请之日起十五日内作出是否受理的裁定。

735.【处理时限】

人民法院对行政机关强制执行的申请进行书面审查，对符合本规范第733条规定，且行政决定具备法定执行效力的，除本规范第737条规定的情形外，人民法院应当自受理之日起七日内作出执行裁定。[1]

法律依据

［1］《中华人民共和国行政强制法》（2011年6月30日）

第五十七条　人民法院对行政机关强制执行的申请进行书面审查，对符合本法第五十五条规定，且行政决定具备法定执行效力的，除本法第五十八条规定的情形外，人民法院应当自受理之日起七日内作出执行裁定。

736.【不予执行的情形】

被申请执行的行政行为有下列情形之一的，人民法院应当裁定不准予执行：

（一）实施主体不具有行政主体资格的；

（二）明显缺乏事实根据的；

（三）明显缺乏法律、法规依据的；

（四）其他明显违法并损害被执行人合法权益的情形。[1]

法律依据

［1］《最高人民法院关于适用〈中华人民共和国行政诉讼法〉的解释》（法释〔2018〕1号）

第一百六十一条第一款　被申请执行的行政行为有下列情形之一的，人民法院应当裁定不准予执行：

（一）实施主体不具有行政主体资格的；

（二）明显缺乏事实根据的；

（三）明显缺乏法律、法规依据的；

（四）其他明显违法并损害被执行人合法权益的情形。

737. 【不予执行的条件及救济程序】

人民法院发现有下列情形之一的，在作出裁定前可以听取被执行人和行政机关的意见：

（一）明显缺乏事实根据的；

（二）明显缺乏法律、法规依据的；

（三）其他明显违法并损害被执行人合法权益的。

人民法院应当自受理之日起三十日内作出是否执行的裁定。裁定不予执行的，应当说明理由，并在五日[1]内将不予执行的裁定送达行政机关。

行政机关对人民法院不予执行的裁定有异议的，可以自收到裁定之日起十五日内向上一级人民法院申请复议，上一级人民法院应当自收到复议申请之日起三十日内作出是否执行的裁定。[2]

法律依据

[**1**]**《中华人民共和国行政强制法》**（2011年6月30日）

第六十九条　本法中十日以内期限的规定是指工作日，不含法定节假日。

[**2**]**《中华人民共和国行政强制法》**（2011年6月30日）

第五十八条　人民法院发现有下列情形之一的，在作出裁定前可以听取被执行人和行政机关的意见：

（一）明显缺乏事实根据的；

（二）明显缺乏法律、法规依据的；

（三）其他明显违法并损害被执行人合法权益的。

人民法院应当自受理之日起三十日内作出是否执行的裁定。裁定不予执行的，应当说明理由，并在五日内将不予执行的裁定送达行政机关。

行政机关对人民法院不予执行的裁定有异议的，可以自收到裁定之日起十五日内向上一级人民法院申请复议，上一级人民法院应当自收到复议申请之日起三十日内作出是否执行的裁定。

738.【涉公共安全的特殊启动执行程序】

因情况紧急，为保障公共安全，行政机关可以申请人民法院立即执行。经人民法院院长批准，人民法院应当自作出执行裁定之日起五日[1]内执行。[2]

法律依据

[1]《中华人民共和国行政强制法》（2011 年 6 月 30 日）

第六十九条　本法中十日以内期限的规定是指工作日，不含法定节假日。

[2]《中华人民共和国行政强制法》（2011 年 6 月 30 日）

第五十九条　因情况紧急，为保障公共安全，行政机关可以申请人民法院立即执行。经人民法院院长批准，人民法院应当自作出执行裁定之日起五日内执行。

739.【费用承担】

行政机关申请人民法院强制执行，不缴纳申请费。强制执行的费用由被执行人承担。[1]

法律依据

[1]《中华人民共和国行政强制法》（2011 年 6 月 30 日）

第六十条第一款　行政机关申请人民法院强制执行，不缴纳申请费。强制执行的费用由被执行人承担。

740.【不直接变更被执行人】

人民法院在办理行政机关申请人民法院强制执行其行政行为的案件过程中，作为被执行人的法人出现分立、合并、兼并、合营等情况，原行政行为仍应执行的，人民法院应当通知申请机关变更被执行人。对变更后的被执行人，人民法院应当依法进行审查。[1]

法律依据

[1]《**最高人民法院对〈关于非诉执行案件中作为被执行人的法人终止，人民法院是否可以直接裁定变更被执行人的请示〉的答复**》（法行〔2000〕16号）

答复主要内容："山东省高级人民法院：你院鲁高法函〔1999〕62号《关于非诉执行案件中作为被执行人的法人终止，人民法院是否可以直接裁定变更被执行人的请示》收悉。经研究，答复如下：人民法院在办理行政机关申请人民法院强制执行其具体行政行为的案件过程中，作为被执行人的法人出现分立、合并、兼并、合营等情况，原具体行政行为仍应执行的，人民法院应当通知申请机关变更被执行人。对变更后的被执行人，人民法院应当依法进行审查。"

741. 【违法建筑拆除决定的不予受理】

对行政机关涉及违反城乡规划法的违法建筑物、构筑物、设施等的强制拆除决定，人民法院不予受理行政机关对其提出的非诉行政执行申请。[1]

法律依据

[1]《**最高人民法院关于违法的建筑物、构筑物、设施等强制拆除问题的批复**》（法释〔2013〕5号）

批复主要内容："北京市高级人民法院：根据行政强制法和城乡规划法有关规定精神，对涉及违反城乡规划法的违法建筑物、构筑物、设施等的强制拆除，法律已经授予行政机关强制执行权，人民法院不受理行政机关提出的非诉行政执行申请。"

742. 【国有土地上房屋征收决定的管辖】

申请人民法院强制执行征收补偿决定案件，由房屋所在地基层人民法院管辖，高级人民法院可以根据本地实际情况决定管辖法院。[1]

法律依据

［1］**《最高人民法院关于办理申请人民法院强制执行国有土地上房屋征收补偿决定案件若干问题的规定》**（法释〔2012〕4 号）

第一条　申请人民法院强制执行征收补偿决定案件，由房屋所在地基层人民法院管辖，高级人民法院可以根据本地实际情况决定管辖法院。

743.【征收决定的执行申请】

申请机关向人民法院申请强制执行，除提供《国有土地上房屋征收与补偿条例》第二十八条[1]规定的强制执行申请书及附具材料外，还应当提供下列材料：

（一）征收补偿决定及相关证据和所依据的规范性文件；

（二）征收补偿决定送达凭证、催告情况及房屋被征收人、直接利害关系人的意见；

（三）社会稳定风险评估材料；

（四）申请强制执行的房屋状况；

（五）被执行人的姓名或者名称、住址及与强制执行相关的财产状况等具体情况；

（六）法律、行政法规规定应当提交的其他材料。

强制执行申请书应当由申请机关负责人签名，加盖申请机关印章，并注明日期。

强制执行的申请应当自被执行人的法定起诉期限届满之日起三个月内提出；逾期申请的，除有正当理由外，人民法院不予受理。[2]

法律依据

［1］**《国有土地上房屋征收与补偿条例》**（2011 年 1 月 21 日）

第二十八条　被征收人在法定期限内不申请行政复议或者不提起行政诉

讼，在补偿决定规定的期限内又不搬迁的，由作出房屋征收决定的市、县级人民政府依法申请人民法院强制执行。

强制执行申请书应当附具补偿金额和专户存储账号、产权调换房屋和周转用房的地点和面积等材料。

［2］《最高人民法院关于办理申请人民法院强制执行国有土地上房屋征收补偿决定案件若干问题的规定》（法释〔2012〕4号）

第二条 申请机关向人民法院申请强制执行，除提供《条例》第二十八条规定的强制执行申请书及附具材料外，还应当提供下列材料：

（一）征收补偿决定及相关证据和所依据的规范性文件；

（二）征收补偿决定送达凭证、催告情况及房屋被征收人、直接利害关系人的意见；

（三）社会稳定风险评估材料；

（四）申请强制执行的房屋状况；

（五）被执行人的姓名或者名称、住址及与强制执行相关的财产状况等具体情况；

（六）法律、行政法规规定应当提交的其他材料。

强制执行申请书应当由申请机关负责人签名，加盖申请机关印章，并注明日期。

强制执行的申请应当自被执行人的法定起诉期限届满之日起三个月内提出；逾期申请的，除有正当理由外，人民法院不予受理。

744.【征收决定执行申请的受理及救济】

人民法院认为强制执行的申请符合形式要件且材料齐全的，应当在接到申请后五日内立案受理，并通知申请机关；不符合形式要件或者材料不全的应当限期补正，并在最终补正的材料提供后五日内立案受理；不符合形式要件或者逾期无正当理由不补正材料的，裁定不予受理。

申请机关对不予受理的裁定有异议的，可以自收到裁定之日起十五日内向上一级人民法院申请复议，上一级人民法院应当自收到复议申请之日起十五日内作出裁定。[1]

法律依据

[1]**《最高人民法院关于办理申请人民法院强制执行国有土地上房屋征收补偿决定案件若干问题的规定》**（法释〔2012〕4号）

第三条　人民法院认为强制执行的申请符合形式要件且材料齐全的，应当在接到申请后五日内立案受理，并通知申请机关；不符合形式要件或者材料不全的应当限期补正，并在最终补正的材料提供后五日内立案受理；不符合形式要件或者逾期无正当理由不补正材料的，裁定不予受理。

申请机关对不予受理的裁定有异议的，可以自收到裁定之日起十五日内向上一级人民法院申请复议，上一级人民法院应当自收到复议申请之日起十五日内作出裁定。

745.【征收决定执行申请的审查】

人民法院应当自立案之日起三十日内作出是否准予执行的裁定；有特殊情况需要延长审查期限的，由高级人民法院批准。[1]

人民法院在审查期间，可以根据需要调取相关证据、询问当事人、组织听证或者进行现场调查。[2]

法律依据

[1]**《最高人民法院关于办理申请人民法院强制执行国有土地上房屋征收补偿决定案件若干问题的规定》**（法释〔2012〕4号）

第四条　人民法院应当自立案之日起三十日内作出是否准予执行的裁定；有特殊情况需要延长审查期限的，由高级人民法院批准。

[2]**《最高人民法院关于办理申请人民法院强制执行国有土地上房屋征收补偿决定案件若干问题的规定》**（法释〔2012〕4号）

第五条　人民法院在审查期间，可以根据需要调取相关证据、询问当事人、组织听证或者进行现场调查。

746.【征收决定不准予执行的情形】

征收补偿决定存在下列情形之一的，人民法院应当裁定不准予执行：

（一）明显缺乏事实根据；

（二）明显缺乏法律、法规依据；

（三）明显不符合公平补偿原则，严重损害被执行人合法权益，或者使被执行人基本生活、生产经营条件没有保障；

（四）明显违反行政目的，严重损害公共利益；

（五）严重违反法定程序或者正当程序；

（六）超越职权；

（七）法律、法规、规章等规定的其他不宜强制执行的情形。

人民法院裁定不准予执行的，应当说明理由，并在五日内将裁定送达申请机关。[1]

法律依据

[1]**《最高人民法院关于办理申请人民法院强制执行国有土地上房屋征收补偿决定案件若干问题的规定》**（法释〔2012〕4号）

第六条　征收补偿决定存在下列情形之一的，人民法院应当裁定不准予执行：

（一）明显缺乏事实根据；

（二）明显缺乏法律、法规依据；

（三）明显不符合公平补偿原则，严重损害被执行人合法权益，或者使被执行人基本生活、生产经营条件没有保障；

（四）明显违反行政目的，严重损害公共利益；

（五）严重违反法定程序或者正当程序；

（六）超越职权；

（七）法律、法规、规章等规定的其他不宜强制执行的情形。

人民法院裁定不准予执行的，应当说明理由，并在五日内将裁定送达申请机关。

747.【准予执行裁定的送达】

人民法院裁定准予执行的，应当在五日内将裁定送达申请机关和被执行人，并可以根据实际情况建议申请机关依法采取必要措施，保障征收与补偿活动顺利实施。[1]

法律依据

［1］**《最高人民法院关于办理申请人民法院强制执行国有土地上房屋征收补偿决定案件若干问题的规定》**（法释〔2012〕4号）

第八条　人民法院裁定准予执行的，应当在五日内将裁定送达申请机关和被执行人，并可以根据实际情况建议申请机关依法采取必要措施，保障征收与补偿活动顺利实施。

748.【准予执行裁定的实施机关】

人民法院裁定准予执行的，一般由作出征收补偿决定的市、县级人民政府组织实施，也可以由人民法院执行。[1]

凡由人民法院强制执行的，须报经上一级人民法院审查批准方可采取强制手段。[2]

法律依据

［1］**《最高人民法院关于办理申请人民法院强制执行国有土地上房屋征收补偿决定案件若干问题的规定》**（法释〔2012〕4号）

第九条　人民法院裁定准予执行的，一般由作出征收补偿决定的市、县级人民政府组织实施，也可以由人民法院执行。

［2］**《最高人民法院关于在征收拆迁案件中进一步严格规范司法行为积极推进“裁执分离”的通知》**（法〔2014〕191号）

四、进一步加强上级法院监督力度

针对下级法院办理征收拆迁案件，上级法院必须严格把关，切实发挥审级监督指导作用。要建立和完善有案不立、有诉不理的发现机制，严肃追究限制收案、拖延立案的违法违纪行为。要集中清理和废止不符合法律法规和司法解释要求的征地拆迁“土政策”，带头抵制各种非法干预，坚决为下级法院审判执行法官撑腰。要建立科学、合理的考评机制，准确、客观评价下级法院工作，改变以协调撤诉率排名等不科学的考核方式。要严禁下级法院执行机构在未经行政审判庭审查并作出准予执行裁定情况下，擅自采取执行措施以及擅自扩大强制执行范围。要尽快完善申诉、申请再审案件分流机制，避免将有限力量耗费于无理缠访和陈年旧案上。要积极探索行政审判体制改革，在有条件的地方尽早建立与行政区划适当分离的司法管辖制度。今后，凡是未及时向下级法院传达相关司法解释、司法文件精神，或者案件经最高人民法院改判纠正的，最高人民法院将一律予以通报。下级法院在探索司法改革、推进“裁执分离”过程中的各种好经验、好做法与现实困难，要及时向上级法院反映，确保改革依法有序、统筹兼顾；在办案中遇到法律适用方面的各种新情况新问题，要依照法定程序逐级向上级法院反映；在原则上不准先予执行的前提下，确需先予执行的，须报上一级法院批准；在个别例外情形下法院认为自身有足够能力直接执行时，须报上一级法院审查同意；对不按要求向上级法院报告，无视“裁执分离”原则，擅自使用司法强制手段导致矛盾激化，造成人员伤亡、财产严重损失以及大规模群体性事件，或者对重大舆情隐瞒不服、歪曲事实的，要依法依纪严肃追究有关法院领导和直接责任人员的责任。

749. 【适用规定】

《国有土地上房屋征收与补偿条例》施行前已依法取得房屋拆迁许可证的项目，人民法院裁定准予执行房屋拆迁裁决的，参照本规范第 748 条第一款精神办理。[1]

法律依据

［1］**《最高人民法院关于办理申请人民法院强制执行国有土地上房屋征收补偿决定案件若干问题的规定》**（法释〔2012〕4 号）

第十条 《条例》施行前已依法取得房屋拆迁许可证的项目，人民法院裁定准予执行房屋拆迁裁决的，参照本规定第九条精神办理。

750. 【民事争议行政裁决的执行】

行政机关根据法律的授权对平等主体之间民事争议作出裁决后，当事人在法定期限内不起诉又不履行，作出裁决的行政机关在申请执行的期限内未申请人民法院强制执行的，生效行政裁决确定的权利人或者其继承人、权利承受人在六个月内可以申请人民法院强制执行。

享有权利的公民、法人或者其他组织申请人民法院强制执行生效行政裁决，参照行政机关申请人民法院强制执行行政行为的规定。[1]

法律依据

[1]《最高人民法院关于适用〈中华人民共和国行政诉讼法〉的解释》（法释〔2018〕1号）

第一百五十八条　行政机关根据法律的授权对平等主体之间民事争议作出裁决后，当事人在法定期限内不起诉又不履行，作出裁决的行政机关在申请执行的期限内未申请人民法院强制执行的，生效行政裁决确定的权利人或者其继承人、权利承受人在六个月内可以申请人民法院强制执行。

享有权利的公民、法人或者其他组织申请人民法院强制执行生效行政裁决，参照行政机关申请人民法院强制执行行政行为的规定。

第七节　涉外案件的执行

一、对我国法院作出的涉外判决、裁定的执行

751.【国外执行的途径】

人民法院作出的发生法律效力的判决、裁定，如果被执行人或者其财产不在中华人民共和国领域内，当事人请求执行的，可以由当事人直接向有管辖权的外国法院申请承认和执行，也可以由人民法院依照中华人民共和国缔结或者参加的国际条约的规定，或者按照互惠原则，请求外国法院承认和执行。[1]

法律依据

[1]《中华人民共和国民事诉讼法》（2017年6月27日修正）

第二百八十条第一款 人民法院作出的发生法律效力的判决、裁定，如果被执行人或者其财产不在中华人民共和国领域内，当事人请求执行的，可以由当事人直接向有管辖权的外国法院申请承认和执行，也可以由人民法院依照中华人民共和国缔结或者参加的国际条约的规定，或者按照互惠原则，请求外国法院承认和执行。

752. 【判决、裁定法律效力的证明】

当事人在中华人民共和国领域外使用中华人民共和国法院的判决书、裁定书，要求中华人民共和国法院证明其法律效力的，或者外国法院要求中华人民共和国法院证明判决书、裁定书的法律效力的，作出判决、裁定的中华人民共和国法院，可以本法院的名义出具证明。[1]

法律依据

［**1**］**《最高人民法院关于适用〈中华人民共和国民事诉讼法〉的解释》**（2020 年 12 月 23 日修正）

第五百五十条 当事人在中华人民共和国领域外使用中华人民共和国法院的判决书、裁定书，要求中华人民共和国法院证明其法律效力的，或者外国法院要求中华人民共和国法院证明判决书、裁定书的法律效力的，作出判决、裁定的中华人民共和国法院，可以本法院的名义出具证明。

二、对我国仲裁机构作出的涉外裁决的执行①

753. 【保全的管辖】

当事人申请采取保全的，中华人民共和国的涉外仲裁机构应当将当事人的申请，提交被申请人住所地或者财产所在地的中级人民法院裁定。[1]

① 我国仲裁机构作出的具有涉外因素的裁决，适用本部分规定；不具有涉外因素的裁决，不适用本部分规定。

法律依据

［1］**《中华人民共和国民事诉讼法》**（2017 年 6 月 27 日修正）

第二百七十二条　当事人申请采取保全的，中华人民共和国的涉外仲裁机构应当将当事人的申请，提交被申请人住所地或者财产所在地的中级人民法院裁定。

754.【保全的担保】

依照本规范第 753 条规定，中华人民共和国涉外仲裁机构将当事人的保全申请提交人民法院裁定的，人民法院可以进行审查，裁定是否进行保全。裁定保全的，应当责令申请人提供担保，申请人不提供担保的，裁定驳回申请。

当事人申请证据保全，人民法院经审查认为无须提供担保的，申请人可以不提供担保。[1]

法律依据

［1］**《最高人民法院关于适用〈中华人民共和国民事诉讼法〉的解释》**（2020 年 12 月 23 日修正）

第五百四十二条　依照民事诉讼法第二百七十二条规定，中华人民共和国涉外仲裁机构将当事人的保全申请提交人民法院裁定的，人民法院可以进行审查，裁定是否进行保全。裁定保全的，应当责令申请人提供担保，申请人不提供担保的，裁定驳回申请。

当事人申请证据保全，人民法院经审查认为无需提供担保的，申请人可以不提供担保。

755.【申请执行涉外裁决的材料】

申请人向人民法院申请执行中华人民共和国涉外仲裁机构的裁决，应当提出书面申请，并附裁决书正本。如申请人为外国当事人，其申请书应当用中文文本提出。[1]

法律依据

[1]《最高人民法院关于适用〈中华人民共和国民事诉讼法〉的解释》（2020年12月23日修正）

第五百四十条　申请人向人民法院申请执行中华人民共和国涉外仲裁机构的裁决，应当提出书面申请，并附裁决书正本。如申请人为外国当事人，其申请书应当用中文文本提出。

756.【涉外仲裁裁决的管辖】

经中华人民共和国涉外仲裁机构裁决的，当事人不得向人民法院起诉。一方当事人不履行仲裁裁决的，对方当事人可以向被申请人住所地或者财产所在地的中级人民法院申请执行。[1]

法律依据

[1]《中华人民共和国民事诉讼法》（2017年6月27日修正）

第二百七十三条　经中华人民共和国涉外仲裁机构裁决的，当事人不得向人民法院起诉。一方当事人不履行仲裁裁决的，对方当事人可以向被申请人住所地或者财产所在地的中级人民法院申请执行。

757.【向外国法院申请承认和执行】

中华人民共和国涉外仲裁机构作出的发生法律效力的仲裁裁决，当事人请求执行的，如果被执行人或者其财产不在中华人民共和国领域内，应当由当事人直接向有管辖权的外国法院申请承认和执行。[1]

法律依据

[1]《中华人民共和国民事诉讼法》（2017年6月27日修正）

第二百八十条第二款　中华人民共和国涉外仲裁机构作出的发生法律效力的仲裁裁决，当事人请求执行的，如果被执行人或者其财产不在中华人民共和国领域内，应当由当事人直接向有管辖权的外国法院申请承认和执行。

758.【申请不予执行涉外仲裁裁决案件的处理】

对中华人民共和国涉外仲裁机构作出的裁决①，被申请人提出证据证明仲裁裁决有下列情形之一的，经人民法院组成合议庭审查核实，裁定不予执行：

（一）当事人在合同中没有订有仲裁条款或者事后没有达成书面仲裁协议的；

（二）被申请人没有得到指定仲裁员或者进行仲裁程序的通知，或者由于其他不属于被申请人负责的原因未能陈述意见的；

（三）仲裁庭的组成或者仲裁的程序与仲裁规则不符的；

（四）裁决的事项不属于仲裁协议的范围或者仲裁机构无权仲裁的。

经审查不符合前款规定情形的，裁定驳回不予执行仲裁裁决申请。

人民法院认定执行该裁决违背社会公共利益的，裁定不予执行。[1]

执行法院拟裁定不予执行的，应当按照《最高人民法院关于人民法院处理与涉外仲裁及外国仲裁事项有关问题的通知》的规定办理[2]。

法律依据

[**1**]**《中华人民共和国民事诉讼法》**（2017年6月27日修正）

第二百七十四条　对中华人民共和国涉外仲裁机构作出的裁决，被申请人提出证据证明仲裁裁决有下列情形之一的，经人民法院组成合议庭审查核实，裁定不予执行：

---

① 我国仲裁机构作出的具有涉外因素的裁决，适用本条审查；不具有涉外因素的裁决，适用本规范第938条审查。

（一）当事人在合同中没有订有仲裁条款或者事后没有达成书面仲裁协议的；

（二）被申请人没有得到指定仲裁员或者进行仲裁程序的通知，或者由于其他不属于被申请人负责的原因未能陈述意见的；

（三）仲裁庭的组成或者仲裁的程序与仲裁规则不符的；

（四）裁决的事项不属于仲裁协议的范围或者仲裁机构无权仲裁的。

人民法院认定执行该裁决违背社会公共利益的，裁定不予执行。

［**2**］**《最高人民法院关于人民法院处理与涉外仲裁及外国仲裁事项有关问题的通知》**（法〔1995〕18号）

二、凡一方当事人向人民法院申请执行我国涉外仲裁机构裁决，或者向人民法院申请承认和执行外国仲裁机构的裁决，如果人民法院认为我国涉外仲裁机构裁决具有民事诉讼法第二百六十条①情形之一的，或者申请承认和执行的外国仲裁裁决不符合我国参加的国际公约的规定或者不符合互惠原则的，在裁定不予执行或者拒绝承认和执行之前，必须报请本辖区所属高级人民法院进行审查；如果高级人民法院同意不予执行或者拒绝承认和执行，应将其审查意见报最高人民法院。待最高人民法院答复后，方可裁定不予执行或者拒绝承认和执行。

759. 【涉外仲裁裁决不予执行后的救济途径】

人民法院裁定不予执行涉外仲裁裁决、驳回不予执行涉外仲裁裁决申请后，当事人对该裁定提出执行异议或者复议的，人民法院不予受理。

涉外仲裁裁决被人民法院裁定不予执行的，当事人可以根据双方达成的书面仲裁协议重新申请仲裁，也可以向人民法院起诉。[1]

法律依据

［**1**］**《中华人民共和国民事诉讼法》**（2017年6月27日修正）

---

① 现为第二百七十四条。

第二百七十五条　仲裁裁决被人民法院裁定不予执行的，当事人可以根据双方达成的书面仲裁协议重新申请仲裁，也可以向人民法院起诉。

《中华人民共和国仲裁法》（2017年9月1日修正）

第九条第二款　裁决被人民法院依法裁定撤销或者不予执行的，当事人就该纠纷可以根据双方重新达成的仲裁协议申请仲裁，也可以向人民法院起诉。

三、对外国法院作出的判决、裁定的执行

760. 【承认和执行的途径】

外国法院作出的发生法律效力的判决、裁定，需要中华人民共和国人民法院承认和执行的，可以由当事人直接向中华人民共和国有管辖权的中级人民法院申请承认和执行，也可以由外国法院依照该国与中华人民共和国缔结或者参加的国际条约的规定，或者按照互惠原则，请求人民法院承认和执行。[1]

法律依据

［**1**］**《中华人民共和国民事诉讼法》**（2017年6月27日修正）

第二百八十一条　外国法院作出的发生法律效力的判决、裁定，需要中华人民共和国人民法院承认和执行的，可以由当事人直接向中华人民共和国有管辖权的中级人民法院申请承认和执行，也可以由外国法院依照该国与中华人民共和国缔结或者参加的国际条约的规定，或者按照互惠原则，请求人民法院承认和执行。

761. 【承认和执行的审查原则】

人民法院对申请或者请求承认和执行的外国法院作出的发生法律效力的判决、裁定，依照中华人民共和国缔结或者参加的国际条约，或者按照互惠原则进行审查后，认为不违反中华人民共和国法律的基本原则或者国家主权、安全、社会公共利益的，裁定承认其效力，需要执行的，发出执行令，依照民事诉讼法的有

关规定执行。违反中华人民共和国法律的基本原则或者国家主权、安全、社会公共利益的，不予承认和执行。[1]

法律依据

[1]《中华人民共和国民事诉讼法》(2017 年 6 月 27 日修正)

第二百八十二条　人民法院对申请或者请求承认和执行的外国法院作出的发生法律效力的判决、裁定，依照中华人民共和国缔结或者参加的国际条约，或者按照互惠原则进行审查后，认为不违反中华人民共和国法律的基本原则或者国家主权、安全、社会公共利益的，裁定承认其效力，需要执行的，发出执行令，依照本法的有关规定执行。违反中华人民共和国法律的基本原则或者国家主权、安全、社会公共利益的，不予承认和执行。

762. 【国际间平行诉讼】

中华人民共和国法院和外国法院都有管辖权的案件，一方当事人向外国法院起诉，而另一方当事人向中华人民共和国法院起诉的，人民法院可予受理。判决后，外国法院申请或者当事人请求人民法院承认和执行外国法院对本案作出的判决、裁定的，不予准许；但双方共同缔结或者参加的国际条约另有规定的除外。

外国法院判决、裁定已经被人民法院承认，当事人就同一争议向人民法院起诉的，人民法院不予受理。[1]

法律依据

[1]《最高人民法院关于适用〈中华人民共和国民事诉讼法〉的解释》(2020 年 12 月 23 日修正)

第五百三十三条　中华人民共和国法院和外国法院都有管辖权的案件，一方当事人向外国法院起诉，而另一方当事人向中华人民共和国法院起诉的，人民法院可予受理。判决后，外国法院申请或者当事人请求人民法院承认和执行外国法院对本案作出的判决、裁定的，不予准许；但双方共同缔结或者参加的国际条约另有规定的除外。

外国法院判决、裁定已经被人民法院承认，当事人就同一争议向人民法院起诉的，人民法院不予受理。

763. 【先承认后执行】

对外国法院作出的发生法律效力的判决、裁定或者外国仲裁裁决，需要中华人民共和国法院执行的，当事人应当先向人民法院申请承认。人民法院经审查，裁定承认后，再根据民事诉讼法第三编的规定予以执行。

当事人仅申请承认而未同时申请执行的，人民法院仅对应否承认进行审查并作出裁定。[1]

法律依据

［1］**《最高人民法院关于适用〈中华人民共和国民事诉讼法〉的解释》**（2020 年 12 月 23 日修正）

第五百四十六条　对外国法院作出的发生法律效力的判决、裁定或者外国仲裁裁决，需要中华人民共和国法院执行的，当事人应当先向人民法院申请承认。人民法院经审查，裁定承认后，再根据民事诉讼法第三编的规定予以执行。

当事人仅申请承认而未同时申请执行的，人民法院仅对应否承认进行审查并作出裁定。

764. 【申请期间】

当事人申请承认和执行外国法院作出的发生法律效力的判决、裁定的期间，适用本规范第 22 条第一款、第二款的规定。

当事人仅申请承认而未同时申请执行的，申请执行的期间自人民法院对承认申请作出的裁定生效之日起重新计算。[1]

法律依据

［1］**《最高人民法院关于适用〈中华人民共和国民事诉讼法〉的解释》**（2020 年 12 月 23 日修正）

第五百四十七条　当事人申请承认和执行外国法院作出的发生法律效力的判决、裁定或者外国仲裁裁决的期间，适用民事诉讼法第二百三十九条的规定。

当事人仅申请承认而未同时申请执行的，申请执行的期间自人民法院对承认申请作出的裁定生效之日起重新计算。

765.【申请材料】

申请人向人民法院申请承认和执行外国法院作出的发生法律效力的判决、裁定，应当提交申请书，并附外国法院作出的发生法律效力的判决、裁定正本或者经证明无误的副本以及中文译本。外国法院判决、裁定为缺席判决、裁定的，申请人应当同时提交该外国法院已经合法传唤的证明文件，但判决、裁定已经对此予以明确说明的除外。

中华人民共和国缔结或者参加的国际条约对提交文件有规定的，按照规定办理。[1]

法律依据

[1]《最高人民法院关于适用〈中华人民共和国民事诉讼法〉的解释》（2020 年 12 月 23 日修正）

第五百四十三条　申请人向人民法院申请承认和执行外国法院作出的发生法律效力的判决、裁定，应当提交申请书，并附外国法院作出的发生法律效力的判决、裁定正本或者经证明无误的副本以及中文译本。外国法院判决、裁定为缺席判决、裁定的，申请人应当同时提交该外国法院已经合法传唤的证明文件，但判决、裁定已经对此予以明确说明的除外。

中华人民共和国缔结或者参加的国际条约对提交文件有规定的，按照规定办理。

766.【语言要求及翻译机构的确定】

当事人向人民法院提交的书面材料是外文的，应当同时向人民法院提交中文翻译件。

当事人对中文翻译件有异议的，应当共同委托翻译机构提供翻译文本；当事人对翻译机构的选择不能达成一致的，由人民法院确定。[1]

法律依据

［1］**《最高人民法院关于适用〈中华人民共和国民事诉讼法〉的解释》**（2020 年 12 月 23 日修正）

第五百二十七条　当事人向人民法院提交的书面材料是外文的，应当同时向人民法院提交中文翻译件。

当事人对中文翻译件有异议的，应当共同委托翻译机构提供翻译文本；当事人对翻译机构的选择不能达成一致的，由人民法院确定。

767. 【审查程序】

承认和执行外国法院作出的发生法律效力的判决、裁定的案件，人民法院应当组成合议庭进行审查。

人民法院应当将申请书送达被申请人。被申请人可以陈述意见。

人民法院经审查作出的裁定，一经送达即发生法律效力。[1]

法律依据

［1］**《最高人民法院关于适用〈中华人民共和国民事诉讼法〉的解释》**（2020 年 12 月 23 日修正）

第五百四十八条　承认和执行外国法院作出的发生法律效力的判决、裁定或者外国仲裁裁决的案件，人民法院应当组成合议庭进行审查。

人民法院应当将申请书送达被申请人。被申请人可以陈述意见。

人民法院经审查作出的裁定，一经送达即发生法律效力。

768. 【无条约和互惠关系国裁判的承认和执行申请】

当事人向中华人民共和国有管辖权的中级人民法院申请承认

和执行外国法院作出的发生法律效力的判决、裁定的，如果该法院所在国与中华人民共和国没有缔结或者共同参加国际条约，也没有互惠关系的，裁定驳回申请，但当事人向人民法院申请承认外国法院作出的发生法律效力的离婚判决的除外。

承认和执行申请被裁定驳回的，当事人可以向人民法院起诉。[1]

法律依据

[1]《**最高人民法院关于适用〈中华人民共和国民事诉讼法〉的解释**》（2020 年 12 月 23 日修正）

第五百四十四条　当事人向中华人民共和国有管辖权的中级人民法院申请承认和执行外国法院作出的发生法律效力的判决、裁定的，如果该法院所在国与中华人民共和国没有缔结或者共同参加国际条约，也没有互惠关系的，裁定驳回申请，但当事人向人民法院申请承认外国法院作出的发生法律效力的离婚判决的除外。

承认和执行申请被裁定驳回的，当事人可以向人民法院起诉。

769.【司法协助的文本要求】

外国法院请求人民法院提供司法协助的请求书及其所附文件，应当附有中文译本或者国际条约规定的其他文字文本。

人民法院请求外国法院提供司法协助的请求书及其所附文件，应当附有该国文字译本或者国际条约规定的其他文字文本。[1]

法律依据

[1]《**中华人民共和国民事诉讼法**》（2017 年 6 月 27 日修正）

第二百七十八条　外国法院请求人民法院提供司法协助的请求书及其所附文件，应当附有中文译本或者国际条约规定的其他文字文本。

人民法院请求外国法院提供司法协助的请求书及其所附文件，应当附有该国文字译本或者国际条约规定的其他文字文本。

770.【司法协助的途径】

请求和提供司法协助，应当依照中华人民共和国缔结或者参加的国际条约所规定的途径进行；没有条约关系的，通过外交途径进行。[1]

法律依据

［1］**《中华人民共和国民事诉讼法》**（2017 年 6 月 27 日修正）

第二百七十七条第一款　请求和提供司法协助，应当依照中华人民共和国缔结或者参加的国际条约所规定的途径进行；没有条约关系的，通过外交途径进行。

771.【不合规司法协助请求的处理】

与中华人民共和国没有司法协助条约又无互惠关系的国家的法院，未通过外交途径，直接请求人民法院提供司法协助的，人民法院应予退回，并说明理由。[1]

法律依据

［1］**《最高人民法院关于适用〈中华人民共和国民事诉讼法〉的解释》**（2020 年 12 月 23 日修正）

第五百四十九条　与中华人民共和国没有司法协助条约又无互惠关系的国家的法院，未通过外交途径，直接请求人民法院提供司法协助的，人民法院应予退回，并说明理由。

四、对外国仲裁机构作出的裁决的执行

772.【一般规定】

国外仲裁机构的裁决，需要中华人民共和国人民法院承认和

执行的，应当由当事人直接向被执行人住所地或者其财产所在地的中级人民法院申请，人民法院应当依照中华人民共和国缔结或者参加的国际条约，或者按照互惠原则办理。[1]

法律依据

[1]《中华人民共和国民事诉讼法》（2017 年 6 月 27 日修正）

第二百八十三条 国外仲裁机构的裁决，需要中华人民共和国人民法院承认和执行的，应当由当事人直接向被执行人住所地或者其财产所在地的中级人民法院申请，人民法院应当依照中华人民共和国缔结或者参加的国际条约，或者按照互惠原则办理。

773. 【申请期间】

当事人申请承认和执行外国仲裁裁决的期间，适用本规范第 22 条第一款、第二款的规定。

当事人仅申请承认而未同时申请执行的，申请执行的期间自人民法院对承认申请作出的裁定生效之日起重新计算。[1]

法律依据

[1]《最高人民法院关于适用〈中华人民共和国民事诉讼法〉的解释》（2020 年 12 月 23 日修正）

第五百四十七条 当事人申请承认和执行外国法院作出的发生法律效力的判决、裁定或者外国仲裁裁决的期间，适用民事诉讼法第二百三十九条的规定。

当事人仅申请承认而未同时申请执行的，申请执行的期间自人民法院对承认申请作出的裁定生效之日起重新计算。

774. 【审查程序】

承认和执行外国仲裁裁决的案件，人民法院应当组成合议庭进行审查。

人民法院应当将申请书送达被申请人。被申请人可以陈述意见。

人民法院经审查作出的裁定，一经送达即发生法律效力。[1]

法律依据

［1］**《最高人民法院关于适用〈中华人民共和国民事诉讼法〉的解释》**（2020 年 12 月 23 日修正）

第五百四十八条　承认和执行外国法院作出的发生法律效力的判决、裁定或者外国仲裁裁决的案件，人民法院应当组成合议庭进行审查。

人民法院应当将申请书送达被申请人。被申请人可以陈述意见。

人民法院经审查作出的裁定，一经送达即发生法律效力。

775.【临时仲裁庭裁决承认和执行的处理】

对临时仲裁庭在中华人民共和国领域外作出的仲裁裁决，一方当事人向人民法院申请承认和执行的，人民法院应当依照本规范第 772 条规定处理。[1]

法律依据

［1］**《最高人民法院关于适用〈中华人民共和国民事诉讼法〉的解释》**（2020 年 12 月 23 日修正）

第五百四十五条　对临时仲裁庭在中华人民共和国领域外作出的仲裁裁决，一方当事人向人民法院申请承认和执行的，人民法院应当依照民事诉讼法第二百八十三条规定处理。

五、其他

776.【海事涉外案件的承认和执行】

当事人申请执行海事仲裁裁决，申请承认和执行外国法院判决、裁定以及国外海事仲裁裁决的，向被执行的财产所在地或者被执行人住所地海事法院提出。被执行的财产所在地或者被执行人的住所地没有海事法院的，向被执行的财产所在地或者被执行人住所地的中级人民法院提出。[1]

法律依据

［**1**］**《中华人民共和国海事诉讼特别程序法》**（1999 年 12 月 25 日）

第十一条　当事人申请执行海事仲裁裁决，申请承认和执行外国法院判决、裁定以及国外海事仲裁裁决的，向被执行的财产所在地或者被执行人住所地海事法院提出。被执行的财产所在地或者被执行人住所地没有海事法院的，向被执行的财产所在地或者被执行人住所地的中级人民法院提出。

第八节　港澳台地区法院与仲裁机构作出的生效法律文书的执行

一、对香港特别行政区法院作出的法律文书的认可与执行

777.【可予认可与执行的范围】

香港特别行政区法院在具有书面管辖协议的民商事案件中作出的须支付款项的具有执行力的终审判决，当事人可以向内地人民法院申请认可和执行。[1]

前款所称“具有执行力的终审判决”是指香港特别行政区终审法院、高等法院上诉法庭及原讼法庭和区域法院作出的生效判决书、命令和诉讼费评定证明书。[2]

法律依据

［**1**］**《最高人民法院关于内地与香港特别行政区法院相互认可和执行当事人协议管辖的民商事案件判决的安排》**（法释〔2008〕9 号）

第一条　内地人民法院和香港特别行政区法院在具有书面管辖协议的民商

事案件中作出的须支付款项的具有执行力的终审判决，当事人可以根据本安排向内地人民法院或者香港特别行政区法院申请认可和执行。

［2］**《最高人民法院关于内地与香港特别行政区法院相互认可和执行当事人协议管辖的民商事案件判决的安排》**（法释〔2008〕9号）

第二条　本安排所称“具有执行力的终审判决”：

（一）在内地是指：

1. 最高人民法院的判决；

2. 高级人民法院、中级人民法院以及经授权管辖第一审涉外、涉港、澳、台民商事案件的基层人民法院（名单附后）依法不准上诉或者已经超过法定期限没有上诉的第一审判决，第二审判决和依照审判监督程序由上一级人民法院提审后作出的生效判决。

（二）在香港特别行政区是指终审法院、高等法院上诉法庭及原讼法庭和区域法院作出的生效判决。

本安排所称判决，在内地包括判决书、裁定书、调解书、支付令；在香港特别行政区包括判决书、命令和诉讼费评定证明书。

当事人向香港特别行政区法院申请认可和执行判决后，内地人民法院对该案件依法再审的，由作出生效判决的上一级人民法院提审。

778. 【书面管辖协议】

本规范第777条所称“书面管辖协议”，是指当事人为解决与特定法律关系有关的已经发生或者可能发生的争议，自2008年8月1日起，以书面形式明确约定香港特别行政区法院具有唯一管辖权的协议。

前款所称“特定法律关系”，是指当事人之间的民商事合同，不包括雇佣合同以及自然人因个人消费、家庭事宜或者其他非商业目的而作为协议一方的合同。

本条第一款所称“书面形式”是指合同书、信件和数据电文（包括电报、电传、传真、电子数据交换和电子邮件）等可以有形地表现所载内容、可以调取以备日后查用的形式。

书面管辖协议可以由一份或者多份书面形式组成。

除非合同另有规定，合同中的管辖协议条款独立存在，合同的变更、解除、终止或者无效，不影响管辖协议条款的效力。[1]

法律依据

[1]《最高人民法院关于内地与香港特别行政区法院相互认可和执行当事人协议管辖的民商事案件判决的安排》（法释〔2008〕9号）

第三条　本安排所称"书面管辖协议"，是指当事人为解决与特定法律关系有关的已经发生或者可能发生的争议，自本安排生效之日起，以书面形式明确约定内地人民法院或者香港特别行政区法院具有唯一管辖权的协议。

本条所称"特定法律关系"，是指当事人之间的民商事合同，不包括雇佣合同以及自然人因个人消费、家庭事宜或者其他非商业目的而作为协议一方的合同。

本条所称"书面形式"是指合同书、信件和数据电文（包括电报、电传、传真、电子数据交换和电子邮件）等可以有形地表现所载内容、可以调取以备日后查用的形式。

书面管辖协议可以由一份或者多份书面形式组成。

除非合同另有规定，合同中的管辖协议条款独立存在，合同的变更、解除、终止或者无效，不影响管辖协议条款的效力。

779. 【管辖】

申请认可和执行香港特别行政区法院作出的民商事判决，向被申请人住所地、经常居住地或者财产所在地的中级人民法院提出。[1]

法律依据

[1]《最高人民法院关于内地与香港特别行政区法院相互认可和执行当事人协议管辖的民商事案件判决的安排》（法释〔2008〕9号）

第四条　申请认可和执行符合本安排规定的民商事判决，在内地向被申请人住所地、经常居住地或者财产所在地的中级人民法院提出，在香港特别行政区向香港特别行政区高等法院提出。

780. 【管辖竞合】

被申请人住所地、经常居住地或者财产所在地在不同的中级人民法院辖区的，申请人应当选择向其中一个人民法院提出认可和执行的申请，不得分别向两个或者两个以上人民法院提出申请。

被申请人的住所地、经常居住地或者财产所在地，既在内地又在香港特别行政区的，申请人可以同时分别向两地法院提出申请，两地法院分别执行判决的总额，不得超过判决确定的数额。已经部分或者全部执行判决的法院应当根据对方法院的要求提供已执行判决的情况。[1]

法律依据

［1］**《最高人民法院关于内地与香港特别行政区法院相互认可和执行当事人协议管辖的民商事案件判决的安排》**（法释〔2008〕9号）

第五条　被申请人住所地、经常居住地或者财产所在地在内地不同的中级人民法院辖区的，申请人应当选择向其中一个人民法院提出认可和执行的申请，不得分别向两个或者两个以上人民法院提出申请。

被申请人的住所地、经常居住地或者财产所在地，既在内地又在香港特别行政区的，申请人可以同时分别向两地法院提出申请，两地法院分别执行判决的总额，不得超过判决确定的数额。已经部分或者全部执行判决的法院应当根据对方法院的要求提供已执行判决的情况。

781. 【申请材料】

申请人向有关法院申请认可和执行判决的，应当提交以下文件：

（一）请求认可和执行的申请书；

（二）经作出终审判决的法院盖章的判决书副本；

（三）作出终审判决的法院出具的证明书，证明该判决属于本规范第 777 条第二款所指的终审判决，在判决作出地可以执行；

（四）身份证明材料：

1. 申请人为自然人的，应当提交身份证或者经公证的身份证复印件；

2. 申请人为法人或者其他组织的，应当提交经公证的法人或者其他组织注册登记证书的复印件；

3. 申请人是外国籍法人或者其他组织的，应当提交相应的公证和认证材料。

向内地人民法院提交的文件没有中文文本的，申请人应当提交证明无误的中文译本。

执行地法院对于本条所规定的法院出具的证明书，无需另行要求公证。[1]

法律依据

[1]《最高人民法院关于内地与香港特别行政区法院相互认可和执行当事人协议管辖的民商事案件判决的安排》（法释〔2008〕9 号）

第六条　申请人向有关法院申请认可和执行判决的，应当提交以下文件：

（一）请求认可和执行的申请书；

（二）经作出终审判决的法院盖章的判决书副本；

（三）作出终审判决的法院出具的证明书，证明该判决属于本安排第二条所指的终审判决，在判决作出地可以执行；

（四）身份证明材料：

1. 申请人为自然人的，应当提交身份证或者经公证的身份证复印件；

2. 申请人为法人或者其他组织的，应当提交经公证的法人或者其他组织注册登记证书的复印件；

3. 申请人是外国籍法人或者其他组织的，应当提交相应的公证和认证材料。

向内地人民法院提交的文件没有中文文本的，申请人应当提交证明无误的中文译本。

执行地法院对于本条所规定的法院出具的证明书，无需另行要求公证。

782.【申请书的内容】

请求认可和执行申请书应当载明下列事项：

（一）当事人为自然人的，其姓名、住所；当事人为法人或者其他组织的，法人或者其他组织的名称、住所以及法定代表人或者主要负责人的姓名、职务和住所；

（二）申请执行的理由与请求的内容，被申请人的财产所在地以及财产状况；

（三）判决是否在原审法院地申请执行以及已执行的情况。[1]

法律依据

[1]**《最高人民法院关于内地与香港特别行政区法院相互认可和执行当事人协议管辖的民商事案件判决的安排》**（法释〔2008〕9号）

第七条　请求认可和执行申请书应当载明下列事项：

（一）当事人为自然人的，其姓名、住所；当事人为法人或者其他组织的，法人或者其他组织的名称、住所以及法定代表人或者主要负责人的姓名、职务和住所；

（二）申请执行的理由与请求的内容，被申请人的财产所在地以及财产状况；

（三）判决是否在原审法院地申请执行以及已执行的情况。

783.【法律适用】

申请人申请认可和执行香港特别行政区法院判决的程序，依据内地法律的规定。《最高人民法院关于内地与香港特别行政区法院相互认可和执行当事人协议管辖的民商事案件判决的安排》另有规定的除外。[1]

法律依据

[1]**《最高人民法院关于内地与香港特别行政区法院相互认可和执行**

当事人协议管辖的民商事案件判决的安排》（法释〔2008〕9号）

第八条第一款　申请人申请认可和执行内地人民法院或者香港特别行政区法院判决的程序，依据执行地法律的规定。本安排另有规定的除外。

784.【申请期间】

申请人申请认可和执行的期间为二年。

前款规定的期间，从判决可强制执行之日起计算，该日为判决上注明的判决日期，判决对履行期间另有规定的，从规定的履行期间届满后开始计算。[1]

法律依据

［**1**］**《最高人民法院关于内地与香港特别行政区法院相互认可和执行当事人协议管辖的民商事案件判决的安排》**（法释〔2008〕9号）

第八条第二款　申请人申请认可和执行的期间为二年。

第八条第三款　前款规定的期间，内地判决到香港特别行政区申请执行的，从判决规定履行期间的最后一日起计算，判决规定分期履行的，从规定的每次履行期间的最后一日起计算，判决未规定履行期间的，从判决生效之日起计算；香港特别行政区判决到内地申请执行的，从判决可强制执行之日起计算，该日为判决上注明的判决日期，判决对履行期间另有规定的，从规定的履行期间届满后开始计算。

785.【不予认可与执行的情形】

对申请认可和执行的判决，原审判决中的债务人提供证据证明有下列情形之一的，受理申请的法院经审查核实，应当裁定不予认可和执行：

（一）根据当事人协议选择的原审法院地的法律，管辖协议属于无效。但选择法院已经判定该管辖协议为有效的除外；

（二）判决已获完全履行；

（三）根据内地的法律，内地人民法院对该案享有专属管辖权；

（四）根据内地法律，未曾出庭的败诉一方当事人未经合法传唤或者虽经合法传唤但未获依法律规定的答辩时间。但原审法院根据其法律或者有关规定公告送达的，不属于上述情形；

（五）判决是以欺诈方法取得的；

（六）内地人民法院就相同诉讼请求作出判决，或者外国、境外地区法院就相同诉讼请求作出判决，或者有关仲裁机构作出仲裁裁决，已经为内地人民法院所认可或者执行的。

在内地执行香港特别行政区法院判决违反内地社会公共利益的，不予认可和执行。[1]

法律依据

［1］《最高人民法院关于内地与香港特别行政区法院相互认可和执行当事人协议管辖的民商事案件判决的安排》（法释〔2008〕9号）

第九条　对申请认可和执行的判决，原审判决中的债务人提供证据证明有下列情形之一的，受理申请的法院经审查核实，应当裁定不予认可和执行：

（一）根据当事人协议选择的原审法院地的法律，管辖协议属于无效。但选择法院已经判定该管辖协议为有效的除外；

（二）判决已获完全履行；

（三）根据执行地的法律，执行地法院对该案享有专属管辖权；

（四）根据原审法院地的法律，未曾出庭的败诉一方当事人未经合法传唤或者虽经合法传唤但未获依法律规定的答辩时间。但原审法院根据其法律或者有关规定公告送达的，不属于上述情形；

（五）判决是以欺诈方法取得的；

（六）执行地法院就相同诉讼请求作出判决，或者外国、境外地区法院就相同诉讼请求作出判决，或者有关仲裁机构作出仲裁裁决，已经为执行地法院所认可或者执行的。

内地人民法院认为在内地执行香港特别行政区法院判决违反内地社会公共利益，或者香港特别行政区法院认为在香港特别行政区执行内地人民法院判决违反香港特别行政区公共政策的，不予认可和执行。

786. 【认可与执行的阻却】

对于香港特别行政区法院作出的判决，判决确定的债务人已经提出上诉，或者上诉程序尚未完结的，内地人民法院审查核实后，可以中止认可和执行程序。经上诉，维持全部或者部分原判决的，恢复认可和执行程序；完全改变原判决的，终止认可和执行程序。[1]

法律依据

[1]**《最高人民法院关于内地与香港特别行政区法院相互认可和执行当事人协议管辖的民商事案件判决的安排》**（法释〔2008〕9号）

第十条第一款　对于香港特别行政区法院作出的判决，判决确定的债务人已经提出上诉，或者上诉程序尚未完结的，内地人民法院审查核实后，可以中止认可和执行程序。经上诉，维持全部或者部分原判决的，恢复认可和执行程序；完全改变原判决的，终止认可和执行程序。

787. 【对认可与执行裁定的复议】

当事人对认可和执行与否的裁定不服的，可以向上一级人民法院申请复议。[1]

法律依据

[1]**《最高人民法院关于内地与香港特别行政区法院相互认可和执行当事人协议管辖的民商事案件判决的安排》**（法释〔2008〕9号）

第十二条　当事人对认可和执行与否的裁定不服的，在内地可以向上一级人民法院申请复议，在香港特别行政区可以根据其法律规定提出上诉。

788. 【另诉的不予受理及重复申请的禁止】

在法院受理当事人申请认可和执行判决期间，当事人依相同事实再行提起诉讼的，法院不予受理。

已获认可和执行的判决，当事人依相同事实再行提起诉讼的，法院不予受理。[1]

对于根据本规范第785条不予认可和执行的判决，申请人不得再行提起认可和执行的申请，但是可以按照内地的法律依相同案件事实向相关法院提起诉讼。[2]

法律依据

［1］**《最高人民法院关于内地与香港特别行政区法院相互认可和执行当事人协议管辖的民商事案件判决的安排》**（法释〔2008〕9号）

第十三条第一款　在法院受理当事人申请认可和执行判决期间，当事人依相同事实再行提起诉讼的，法院不予受理。

第二款　已获认可和执行的判决，当事人依相同事实再行提起诉讼的，法院不予受理。

［2］**《最高人民法院关于内地与香港特别行政区法院相互认可和执行当事人协议管辖的民商事案件判决的安排》**（法释〔2008〕9号）

第十三条第三款　对于根据本安排第九条不予认可和执行的判决，申请人不得再行提起认可和执行的申请，但是可以按照执行地的法律依相同案件事实向执行地法院提起诉讼。

789. 【财产保全】

法院受理认可和执行判决的申请之前或者之后，可以按照内地法律关于财产保全的规定，根据申请人的申请，对被申请人的财产采取保全措施。[1]

法律依据

［1］**《最高人民法院关于内地与香港特别行政区法院相互认可和执行当事人协议管辖的民商事案件判决的安排》**（法释〔2008〕9号）

第十四条　法院受理认可和执行判决的申请之前或者之后，可以按照执行地法律关于财产保全或者禁止资产转移的规定，根据申请人的申请，对被申请人的财产采取保全或强制措施。

790.【费用交纳】

当事人向内地人民法院申请执行判决，应当根据内地有关诉讼收费的规定交纳执行费。[1]

法律依据

[1]《**最高人民法院关于内地与香港特别行政区法院相互认可和执行当事人协议管辖的民商事案件判决的安排**》（法释〔2008〕9号）

第十五条　当事人向有关法院申请执行判决，应当根据执行地有关诉讼收费的法律和规定交纳执行费或者法院费用。

791.【认可和执行的标的范围】

内地与香港特别行政区法院相互认可和执行的标的范围，除判决确定的数额外，还包括根据该判决须支付的利息、经法院核定的律师费以及诉讼费，但不包括税收和罚款。

在香港特别行政区诉讼费是指经法官或者司法常务官在诉讼费评定证明书中核定或者命令支付的诉讼费用。[1]

法律依据

[1]《**最高人民法院关于内地与香港特别行政区法院相互认可和执行当事人协议管辖的民商事案件判决的安排**》（法释〔2008〕9号）

第十六条　内地与香港特别行政区法院相互认可和执行的标的范围，除判决确定的数额外，还包括根据该判决须支付的利息、经法院核定的律师费以及诉讼费，但不包括税收和罚款。

在香港特别行政区诉讼费是指经法官或者司法常务官在诉讼费评定证明书中核定或者命令支付的诉讼费用。

792.【适用时点】

香港特别行政区法院自2008年8月1日（含本日）起作出

的判决，适用《最高人民法院关于内地与香港特别行政区法院相互认可和执行当事人协议管辖的民商事案件判决的安排》。[1]

法律依据

[1]**《最高人民法院关于内地与香港特别行政区法院相互认可和执行当事人协议管辖的民商事案件判决的安排》**（法释〔2008〕9号）

第十七条　内地与香港特别行政区法院自本安排生效之日（含本日）起作出的判决，适用本安排。

二、对香港特别行政区仲裁机构作出的裁决的执行

793.【可申请执行的范围】

当事人可以向内地人民法院申请执行香港特别行政区（以下简称香港特区）按香港特区《仲裁条例》所作出的裁决、在香港特区做出的临时仲裁裁决、国际商会仲裁院等国外仲裁机构在香港特区作出的仲裁裁决。[1]

法律依据

[1]**《最高人民法院关于香港仲裁裁决在内地执行有关问题的通知》**（法〔2009〕415号）

通知主要内容："各省、自治区、直辖市高级人民法院，新疆维吾尔自治区高级人民法院生产建设兵团分院：近期，有关人民法院或者当事人向我院反映，在香港特别行政区做出的临时仲裁裁决、国际商会仲裁院在香港作出的仲裁裁决，当事人可否依据《关于内地与香港特别行政区相互执行仲裁裁决的安排》（以下简称《安排》）在内地申请执行。为了确保人民法院在办理该类案件中正确适用《安排》，统一执法尺度，现就有关问题通知如下：当事人向人民法院申请执行在香港特别行政区做出的临时仲裁裁决、国际商会仲裁院等国外仲裁机构在香港特别行政区作出的仲裁裁决的，人民法院应当按照《安排》的规定进行审查。不存在《安排》第七条规定的情形的，该仲裁裁决可以在内地得到执行。特此通知。"

《最高人民法院关于内地与香港特别行政区相互执行仲裁裁决的安排》①（法释〔2007〕3号）

引言部分："根据《中华人民共和国香港特别行政区基本法》第九十五条的规定，经最高人民法院与香港特别行政区（以下简称香港特区）政府协商，现就仲裁裁决的相互执行问题作出如下安排：……"

794.【管辖】

内地人民法院执行按香港特区《仲裁条例》作出的仲裁裁决，香港特区法院执行按《中华人民共和国仲裁法》作出的仲裁裁定适用《最高人民法院关于内地与香港特别行政区相互执行仲裁裁决的安排》。[1]

被申请人住所地或者财产所在地在内地不同的中级人民法院辖区的，申请人可以选择其中一个人民法院申请执行裁决，不得分别向两个或者两个以上人民法院提出申请。

被申请人在内地和香港特区均有住所地或者可供执行财产的，申请人可以分别向两地法院申请执行。应对方法院要求，两地法院应当相互提供本方执行仲裁裁决的情况。两地法院执行财产的总额，不得超过裁决确定的数额。[2]

法律依据

［1］《最高人民法院关于内地与香港特别行政区相互执行仲裁裁决的安排》（法释〔2000〕3号）

一、内地人民法院执行按香港特区《仲裁条例》作出的仲裁裁决，香港特区法院执行按《中华人民共和国仲裁法》作出的仲裁裁定适用本安排。

---

① 2020年11月9日由最高人民法院审判委员会第1815次会议通过，并于2020年11月26日公告：本司法解释第一条、第四条自2020年11月27日起施行，第二条、第三条在香港特别行政区完成有关程序后，由最高人民法院公布施行日期。现香港特别行政区已完成有关程序，本司法解释第二条、第三条自2021年5月19日起施行，下同。

二、（第一款）上条所述的有关法院，在内地指被申请人住所地或者财产所在地的中级人民法院，在香港特区指香港特区高等法院。

［**2**］**《最高人民法院关于内地与香港特别行政区相互执行仲裁裁决的安排》**（法释〔2000〕3号）

二、（第二款）被申请人住所地或者财产所在地在内地不同的中级人民法院辖区内的，申请人可以选择其中一个人民法院申请执行裁决，不得分别向两个或者两个以上人民法院提出申请。

二、（第三款）被申请人在内地和香港特区均有住所地或者可供执行财产的，申请人可以分别向两地法院申请执行。应对方法院要求，两地法院应当相互提供本方执行仲裁裁决的情况。两地法院执行财产的总额，不得超过裁决确定的数额。

795. 【申请材料】

申请人向有关法院申请执行香港特区作出的仲裁裁决的，应当提交以下文书：

（一）执行申请书；

（二）仲裁裁决书；

（三）仲裁协议。[1]

法律依据

［**1**］**《最高人民法院关于内地与香港特别行政区相互执行仲裁裁决的安排》**（法释〔2000〕3号）

三、申请人向有关法院申请执行在内地或者香港特区作出的仲裁裁决的，应当提交以下文书：

（一）执行申请书；

（二）仲裁裁决书；

（三）仲裁协议。

796. 【申请书的内容】

执行申请书的内容应当载明下列事项：

（一）申请人为自然人的情况下，该人的姓名、地址；申请人为法人或者其他组织的情况下，该法人或其他组织的名称、地址及法定代表人姓名；

（二）被申请人为自然人的情况下，该人的姓名、地址；被申请人为法人或者其他组织的情况下，该法人或其他组织的名称、地址及法定代表人姓名；

（三）申请人为法人或者其他组织的，应当提交企业注册登记的副本。申请人是外国籍法人或者其他组织的，应当提交相应的公证和认证材料；

（四）申请执行的理由与请求的内容，被申请人的财产所在地及财产状况。

执行申请书应当以中文文本提出，裁决书或者仲裁协议没有中文文本的，申请人应当提交正式证明的中文译本。[1]

法律依据

［1］《最高人民法院关于内地与香港特别行政区相互执行仲裁裁决的安排》（法释〔2000〕3号）

四、执行申请书的内容应当载明下列事项：

（一）申请人为自然人的情况下，该人的姓名、地址；申请人为法人或者其他组织的情况下，该法人或其他组织的名称、地址及法定代表人姓名；

（二）被申请人为自然人的情况下，该人的姓名、地址；被申请人为法人或者其他组织的情况下，该法人或其他组织的名称、地址及法定代表人姓名；

（三）申请人为法人或者其他组织的，应当提交企业注册登记的副本。申请人是外国籍法人或者其他组织的，应当提交相应的公证和认证材料；

（四）申请执行的理由与请求的内容，被申请人的财产所在地及财产状况。

执行申请书应当以中文文本提出，裁决书或者仲裁协议没有中文文本的，申请人应当提交正式证明的中文译本。

797. 【申请时限】

申请人向有关法院申请执行香港特区仲裁裁决的期限依据内地法律有关时限的规定。[1]

法律依据

[1]《最高人民法院关于内地与香港特别行政区相互执行仲裁裁决的安排》（法释〔2000〕3号）

五、申请人向有关法院申请执行内地或者香港特区仲裁裁决的期限依据执行地法律有关时限的规定。

798. 【法律适用】

有关法院接到申请人申请后，应当按内地法律程序处理及执行。

有关法院在受理执行仲裁裁决申请之前或者之后，可从申请并按照执行地法律规定采取保全或者强制措施。[1]

法律依据

[1]《最高人民法院关于内地与香港特别行政区相互执行仲裁裁决的安排》（法释〔2000〕3号）

六、有关法院接到申请人申请后，应当按执行地法律程序处理及执行。

有关法院在受理执行仲裁裁决申请之前或者之后，可从申请并按照执行地法律规定采取保全或者强制措施。

799. 【申请不予执行香港仲裁裁决案件的处理】

在内地申请执行的仲裁裁决，被申请人接到通知后，提出证据证明有下列情形之一的，经审查核实，人民法院可裁定不予执行：

（一）仲裁协议当事人依对其适用的法律属于某种无行为能

力的情形；或者该项仲裁协议依约定的准据法无效；或者未指明以何种法律为准时，依仲裁裁决地的法律是无效的；

（二）被申请人未接到指派仲裁员的适当通知，或者因他故未能陈述意见的；

（三）裁决所处理的争议不是交付仲裁的标的或者不在仲裁协议条款之内，或者裁决载有关于交付仲裁范围以外事项的决定的；但交付仲裁事项的决定可与未交付仲裁的事项划分时，裁决中关于交付仲裁事项的决定部分应当予以执行；

（四）仲裁庭的组成或者仲裁庭程序与当事人之间的协议不符，或者在有关当事人没有这种协议时与仲裁地的法律不符的；

（五）裁决对当事人尚无约束力，或者业经仲裁地的法院或者按仲裁地的法律撤销或者停止执行的。

人民法院认定依内地法律，争议事项不能以仲裁解决的，则可不予执行该裁决。

人民法院认定在内地执行该仲裁裁决违反内地社会公共利益，则可不予执行该裁决。[1]

人民法院拟裁定不予执行的，应当参照《最高人民法院关于人民法院处理与涉外仲裁及外国仲裁事项有关问题的通知》的规定办理[2]。

人民法院裁定不予执行仲裁裁决、驳回不予执行仲裁裁决申请后，当事人对该裁定提出执行异议或者复议的，人民法院不予受理。

法律依据

［**1**］**《最高人民法院关于内地与香港特别行政区相互执行仲裁裁决的安排》**（法释〔2000〕3号）

七、在内地或者香港特区申请执行的仲裁裁决，被申请人接到通知后，提出证据证明有下列情形之一的，经审查核实，有关法院可裁定不予执行：

（一）仲裁协议当事人依对其适用的法律属于某种无行为能力的情形；或

者该项仲裁协议依约定的准据法无效；或者未指明以何种法律为准时，依仲裁裁决地的法律是无效的；

（二）被申请人未接到指派仲裁员的适当通知，或者因他故未能陈述意见的；

（三）裁决所处理的争议不是交付仲裁的标的或者不在仲裁协议条款之内，或者裁决载有关于交付仲裁范围以外事项的决定的；但交付仲裁事项的决定可与未交付仲裁的事项划分时，裁决中关于交付仲裁事项的决定部分应当予以执行；

（四）仲裁庭的组成或者仲裁庭程序与当事人之间的协议不符，或者在有关当事人没有这种协议时与仲裁地的法律不符的；

（五）裁决对当事人尚无约束力，或者业经仲裁地的法院或者按仲裁地的法律撤销或者停止执行的。

有关法院认定依执行地法律，争议事项不能以仲裁解决的，则可不予执行该裁决。

内地法院认定在内地执行该仲裁裁决违反内地社会公共利益，或者香港特区法院决定在香港特区执行该仲裁裁决违反香港特区的公共政策，则可不予执行该裁决。

［2］**《最高人民法院关于人民法院处理与涉外仲裁及外国仲裁事项有关问题的通知》**（法发〔1995〕18号）

二、凡一方当事人向人民法院申请执行我国涉外仲裁机构裁决，或者向人民法院申请承认和执行外国仲裁机构的裁决，如果人民法院认为我国涉外仲裁机构裁决具有民事诉讼法第二百六十条①情形之一的，或者申请承认和执行的外国仲裁裁决不符合我国参加的国际公约的规定或者不符合互惠原则的，在裁定不予执行或者拒绝承认和执行之前，必须报请本辖区所属高级人民法院进行审查；如果高级人民法院同意不予执行或者拒绝承认和执行，应将其审查意见报最高人民法院。待最高人民法院答复后，方可裁定不予执行或者拒绝承认和执行。

800.【费用交纳】

申请人向有关法院申请执行在香港特区作出的仲裁裁决，应

---

① 现为第二百七十四条。

当根据内地有关诉讼收费的办法交纳执行费用。[1]

法律依据

［1］**《最高人民法院关于内地与香港特别行政区相互执行仲裁裁决的安排》**（法释〔2000〕3号）

八、申请人向有关法院申请执行在内地或者香港特区作出的仲裁裁决，应当根据执行地法院有关诉讼收费的办法交纳执行费用。

801.【适用时点】

1997年7月1日以后申请执行在香港特区作出的仲裁裁决按《最高人民法院关于内地与香港特别行政区相互执行仲裁裁决的安排》执行。[1]

法律依据

［1］**《最高人民法院关于内地与香港特别行政区相互执行仲裁裁决的安排》**（法释〔2000〕3号）

九、1997年7月1日以后申请执行在内地或者香港特区作出的仲裁裁决按本安排执行。

802.【1997年7月1日至2000年8月1日之间裁决的执行申请】

对1997年7月1日至2000年8月1日期间因故未能向内地法院或者香港特区法院申请执行，申请人为法人或者其他组织的，可以在2000年8月1日后六个月内提出；如申请人为自然人的，可以在2000年8月1日后一年内提出。

对于内地或香港特区法院在1997年7月1日至2000年8月1日拒绝受理或者拒绝执行仲裁裁决的案件，应允许当事人重新申请。[1]

法律依据

［1］**《最高人民法院关于内地与香港特别行政区相互执行仲裁裁决的安排》**（法释〔2000〕3 号）

十、对 1997 年 7 月 1 日至本安排生效之日的裁决申请问题，双方同意：

1997 年 7 月 1 日至本安排生效之日因故未能向内地或者香港特区法院申请执行，申请人为法人或者其他组织的，可以在本安排生效后六个月内提出；如申请人为自然人的，可以在本安排生效后一年内提出。

对于内地或香港特区法院在 1997 年 7 月 1 日至本安排生效之日拒绝受理或者拒绝执行仲裁裁决的案件，应允许当事人重新申请。

三、对澳门特别行政区法院作出的民商事判决的执行

803.【可予认可和执行的范围】

对澳门特别行政区民商事案件（包括劳动民事案件）判决的认可和执行，适用《最高人民法院内地与澳门特别行政区关于互相认可和执行民商事判决的安排》。

该安排亦适用于刑事案件中有关民事损害赔偿的判决、裁定。

该安排不适用于行政案件。[1]

法律依据

［1］**《最高人民法院内地与澳门特别行政区关于互相认可和执行民商事判决的安排》**（法释〔2006〕2 号）

第一条　内地与澳门特别行政区民商事案件（在内地包括劳动争议案件，在澳门特别行政区包括劳动民事案件）判决的相互认可和执行，适用本安排。

本安排亦适用于刑事案件中有关民事损害赔偿的判决、裁定。

本安排不适用于行政案件。

804. 【澳门法院作出的民商事判决的范围】

本部分所称"判决"，包括澳门特别行政区的裁判、判决、确认和解的裁定、法官的决定或者批示。

本部分所称"被请求方"，指内地法院。[1]

法律依据

[1]《最高人民法院内地与澳门特别行政区关于互相认可和执行民商事判决的安排》（法释〔2006〕2号）

第二条　本安排所称"判决"，在内地包括：判决、裁定、决定、调解书、支付令；在澳门特别行政区包括：裁判、判决、确认和解的裁定、法官的决定或者批示。

本安排所称"被请求方"，指内地或者澳门特别行政区双方中，受理认可和执行判决申请的一方。

805. 【申请认可和执行】

澳门特别行政区作出的具有给付内容的生效判决，当事人可以向内地有管辖权的法院申请认可和执行。[1]

法律依据

[1]《最高人民法院内地与澳门特别行政区关于互相认可和执行民商事判决的安排》（法释〔2006〕2号）

第三条第一款　一方法院作出的具有给付内容的生效判决，当事人可以向对方有管辖权的法院申请认可和执行。

806. 【管辖】

内地有权受理认可和执行判决申请的法院为被申请人住所地、经常居住地或者财产所在地的中级人民法院。两个或者两个以上中级人民法院均有管辖权的，申请人应当选择向其中一个中级人民法院提出申请。[1]

法律依据

［1］《最高人民法院内地与澳门特别行政区关于互相认可和执行民商事判决的安排》（法释〔2006〕2号）

第四条第一款　内地有权受理认可和执行判决申请的法院为被申请人住所地、经常居住地或者财产所在地的中级人民法院。两个或者两个以上中级人民法院均有管辖权的，申请人应当选择向其中一个中级人民法院提出申请。

807.【管辖竞合】

被申请人在内地和澳门特别行政区均有可供执行财产的，申请人可以向一地法院提出执行申请。

申请人向一地法院提出执行申请的同时，可以向另一地法院申请查封、扣押或者冻结被执行人的财产。待一地法院执行完毕后，可以根据该地法院出具的执行情况证明，就不足部分向另一地法院申请采取处分财产的执行措施。

两地法院执行财产的总额，不得超过依据判决和法律规定所确定的数额。[1]

法律依据

［1］《最高人民法院内地与澳门特别行政区关于互相认可和执行民商事判决的安排》（法释〔2006〕2号）

第五条　被申请人在内地和澳门特别行政区均有可供执行财产的，申请人可以向一地法院提出执行申请。

申请人向一地法院提出执行申请的同时，可以向另一地法院申请查封、扣押或者冻结被执行人的财产。待一地法院执行完毕后，可以根据该地法院出具的执行情况证明，就不足部分向另一地法院申请采取处分财产的执行措施。

两地法院执行财产的总额，不得超过依据判决和法律规定所确定的数额。

808. 【申请书的内容】

请求认可和执行判决的申请书，应当载明下列事项：

（一）申请人或者被申请人为自然人的，应当载明其姓名及住所；为法人或者其它组织的，应当载明其名称及住所，以及其法定代表人或者主要负责人的姓名、职务和住所；

（二）请求认可和执行的判决的案号和判决日期；

（三）请求认可和执行判决的理由、标的，以及该判决在判决作出地法院的执行情况。[1]

法律依据

［1］**《最高人民法院内地与澳门特别行政区关于互相认可和执行民商事判决的安排》**（法释〔2006〕2号）

第六条　请求认可和执行判决的申请书，应当载明下列事项：

（一）申请人或者被申请人为自然人的，应当载明其姓名及住所；为法人或者其他组织的，应当载明其名称及住所，以及其法定代表人或者主要负责人的姓名、职务和住所；

（二）请求认可和执行的判决的案号和判决日期；

（三）请求认可和执行判决的理由、标的，以及该判决在判决作出地法院的执行情况。

809. 【申请材料】

申请书应当附生效判决书副本，或者经作出生效判决的法院盖章的证明书，同时应当附作出生效判决的法院或者有权限机构出具的证明下列事项的相关文件：

（一）传唤属依法作出，但判决书已经证明的除外；

（二）无诉讼行为能力人依法得到代理，但判决书已经证明的除外；

（三）根据判决作出地的法律，判决已经送达当事人，并已生效；

（四）申请人为法人的，应当提供法人营业执照副本或者法人登记证明书；

（五）判决作出地法院发出的执行情况证明。

如被请求方法院认为已充分了解有关事项时，可以免除提交相关文件。

被请求方法院对当事人提供的判决书的真实性有疑问时，可以请求作出生效判决的法院予以确认。[1]

法律依据

［1］《最高人民法院内地与澳门特别行政区关于互相认可和执行民商事判决的安排》（法释〔2006〕2 号）

第七条　申请书应当附生效判决书副本，或者经作出生效判决的法院盖章的证明书，同时应当附作出生效判决的法院或者有权限机构出具的证明下列事项的相关文件：

（一）传唤属依法作出，但判决书已经证明的除外；

（二）无诉讼行为能力人依法得到代理，但判决书已经证明的除外；

（三）根据判决作出地的法律，判决已经送达当事人，并已生效；

（四）申请人为法人的，应当提供法人营业执照副本或者法人登记证明书；

（五）判决作出地法院发出的执行情况证明。

如被请求方法院认为已充分了解有关事项时，可以免除提交相关文件。

被请求方法院对当事人提供的判决书的真实性有疑问时，可以请求作出生效判决的法院予以确认。

810. 【语言要求】

申请书应当用中文制作。所附司法文书及其相关文件未用中文制作的，应当提供中文译本。其中法院判决书未用中文制作的，应当提供由法院出具的中文译本。[1]

法律依据

［1］《最高人民法院内地与澳门特别行政区关于互相认可和执行民商事判决的安排》（法释〔2006〕2号）

第八条　申请书应当用中文制作。所附司法文书及其相关文件未用中文制作的，应当提供中文译本。其中法院判决书未用中文制作的，应当提供由法院出具的中文译本。

811.【审查程序】

法院收到申请人请求认可和执行判决的申请后，应当将申请书送达被申请人。

被申请人有权提出答辩。[1]

人民法院应当尽快审查认可和执行的请求，并作出裁定。[2]

法律依据

［1］《最高人民法院内地与澳门特别行政区关于互相认可和执行民商事判决的安排》（法释〔2006〕2号）

第九条　法院收到申请人请求认可和执行判决的申请后，应当将申请书送达被申请人。

被申请人有权提出答辩。

［2］《最高人民法院内地与澳门特别行政区关于互相认可和执行民商事判决的安排》（法释〔2006〕2号）

第十条　被请求方法院应当尽快审查认可和执行的请求，并作出裁定。

812.【不予认可的情形】

人民法院经审查核实存在下列情形之一的，裁定不予认可：

（一）根据内地法律，判决所确认的事项属于内地法院专属管辖；

（二）在内地法院已存在相同诉讼，该诉讼先于待认可判决的诉讼提起，且内地法院具有管辖权；

（三）内地法院已认可或者执行内地法院以外的法院或仲裁机构就相同诉讼作出的判决或仲裁裁决；

（四）根据澳门特别行政区的法律规定，败诉的当事人未得到合法传唤，或者无诉讼行为能力人未依法得到代理；

（五）根据澳门特别行政区的法律规定，申请认可和执行的判决尚未发生法律效力，或者因再审被裁定中止执行；

（六）在内地认可和执行判决将违反内地法律的基本原则或者社会公共利益。[1]

法律依据

［1］**《最高人民法院内地与澳门特别行政区关于互相认可和执行民商事判决的安排》**（法释〔2006〕2号）

第十一条　被请求方法院经审查核实存在下列情形之一的，裁定不予认可：

（一）根据被请求方的法律，判决所确认的事项属被请求方法院专属管辖；

（二）在被请求方法院已存在相同诉讼，该诉讼先于待认可判决的诉讼提起，且被请求方法院具有管辖权；

（三）被请求方法院已认可或者执行被请求方法院以外的法院或仲裁机构就相同诉讼作出的判决或仲裁裁决；

（四）根据判决作出地的法律规定，败诉的当事人未得到合法传唤，或者无诉讼行为能力人未依法得到代理；

（五）根据判决作出地的法律规定，申请认可和执行的判决尚未发生法律效力，或者因再审被裁定中止执行；

（六）在内地认可和执行判决将违反内地法律的基本原则或者社会公共利益；在澳门特别行政区认可和执行判决将违反澳门特别行政区法律的基本原则或者公共秩序。

813.【不服认可与否或执行行为的救济】

法院就认可和执行判决的请求作出裁定后，应当及时送达。

当事人对认可与否的裁定不服的，可以向上一级人民法院提请复议；对执行中作出的裁定不服的，可以根据内地法律的规定，向相关法院寻求救济。[1]

法律依据

［1］**《最高人民法院内地与澳门特别行政区关于互相认可和执行民商事判决的安排》**（法释〔2006〕2号）

第十二条　法院就认可和执行判决的请求作出裁定后，应当及时送达。

当事人对认可与否的裁定不服的，在内地可以向上一级人民法院提请复议，在澳门特别行政区可以根据其法律规定提起上诉；对执行中作出的裁定不服的，可以根据被请求方法律的规定，向上级法院寻求救济。

814.【认可的判决的效力】

经裁定予以认可的判决，与内地法院的判决具有同等效力。判决有给付内容的，当事人可以向内地有管辖权的法院申请执行。[1]

法律依据

［1］**《最高人民法院内地与澳门特别行政区关于互相认可和执行民商事判决的安排》**（法释〔2006〕2号）

第十三条　经裁定予以认可的判决，与被请求方法院的判决具有同等效力。判决有给付内容的，当事人可以向该方有管辖权的法院申请执行。

815.【部分认可与执行】

内地法院不能对判决所确认的所有请求予以认可和执行时，可以认可和执行其中的部分请求。[1]

法律依据

［1］**《最高人民法院内地与澳门特别行政区关于互相认可和执行民商事判决的安排》**（法释〔2006〕2号）

第十四条　被请求方法院不能对判决所确认的所有请求予以认可和执行时，可以认可和执行其中的部分请求。

816. 【财产保全】

人民法院受理认可和执行判决的申请之前或者之后，可以按照内地法律关于财产保全的规定，根据申请人的申请，对被申请人的财产采取保全措施。[1]

法律依据

［1］**《最高人民法院内地与澳门特别行政区关于互相认可和执行民商事判决的安排》**（法释〔2006〕2号）

第十五条　法院受理认可和执行判决的申请之前或者之后，可以按照被请求方法律关于财产保全的规定，根据申请人的申请，对被申请人的财产采取保全措施。

817. 【认可和执行程序对另诉的排除】

在内地法院受理认可和执行判决的申请期间，或者判决已获认可和执行，当事人再行提起相同诉讼的，内地法院不予受理。[1]

法律依据

［1］**《最高人民法院内地与澳门特别行政区关于互相认可和执行民商事判决的安排》**（法释〔2006〕2号）

第十六条　在被请求方法院受理认可和执行判决的申请期间，或者判决已获认可和执行，当事人再行提起相同诉讼的，被请求方法院不予受理。

818.【不予认可后的权利保障】

对于根据本规范第 812 条第一、四、六项不予认可的判决，申请人不得再行提起认可和执行的申请。但根据内地的法律，内地法院有管辖权的，当事人可以就相同案件事实向内地法院另行提起诉讼。

本规范第 812 条第五项所指的判决，在不予认可的情形消除后，申请人可以再行提起认可和执行的申请。[1]

法律依据

［1］**《最高人民法院内地与澳门特别行政区关于互相认可和执行民商事判决的安排》**（法释〔2006〕2 号）

第十七条　对于根据本安排第十一条第（一）、（四）、（六）项不予认可的判决，申请人不得再行提起认可和执行的申请。但根据被请求方的法律，被请求方法院有管辖权的，当事人可以就相同案件事实向当地法院另行提起诉讼。

本安排第十一条第（五）项所指的判决，在不予认可的情形消除后，申请人可以再行提起认可和执行的申请。

819.【公共机构作成或公证的文书认证的免除】

为适用《最高人民法院内地与澳门特别行政区关于互相认可和执行民商事判决的安排》，由一方有权限公共机构（包括公证员）作成或者公证的文书正本、副本及译本，免除任何认证手续而可以在对方使用。[1]

法律依据

［1］**《最高人民法院内地与澳门特别行政区关于互相认可和执行民商事判决的安排》**（法释〔2006〕2 号）

第十八条　为适用本安排，由一方有权限公共机构（包括公证员）作成或者公证的文书正本、副本及译本，免除任何认证手续而可以在对方使用。

820. 【费用交纳】

申请人依据《最高人民法院内地与澳门特别行政区关于互相认可和执行民商事判决的安排》申请认可和执行判决，应当根据内地法律规定，交纳诉讼费用、执行费用。

申请人在澳门特别行政区获准缓交、减交、免交诉讼费用的，在内地法院申请认可和执行判决时，应当享有同等待遇。[1]

法律依据

[1]**《最高人民法院内地与澳门特别行政区关于互相认可和执行民商事判决的安排》**（法释〔2006〕2号）

第十九条　申请人依据本安排申请认可和执行判决，应当根据被请求方法律规定，交纳诉讼费用、执行费用。

申请人在生效判决作出地获准缓交、减交、免交诉讼费用的，在被请求方法院申请认可和执行判决时，应当享有同等待遇。

821. 【法律适用】

对民商事判决的认可和执行，除《最高人民法院内地与澳门特别行政区关于互相认可和执行民商事判决的安排》有规定的以外，适用内地的法律规定。[1]

法律依据

[1]**《最高人民法院内地与澳门特别行政区关于互相认可和执行民商事判决的安排》**（法释〔2006〕2号）

第二十条　对民商事判决的认可和执行，除本安排有规定的以外，适用被请求方的法律规定。

四、对澳门特别行政区仲裁机构作出的裁决的执行

822. 【一般规定】

内地人民法院认可和执行澳门特别行政区仲裁机构及仲裁员按照澳门特别行政区仲裁法规在澳门作出的民商事仲裁裁决，适用《最高人民法院关于内地与澳门特别行政区相互认可和执行仲裁裁决的安排》。

该安排没有规定的，适用内地的程序法律规定。[1]

法律依据

[1]《最高人民法院关于内地与澳门特别行政区相互认可和执行仲裁裁决的安排》（法释〔2007〕17号）

第一条　内地人民法院认可和执行澳门特别行政区仲裁机构及仲裁员按照澳门特别行政区仲裁法规在澳门作出的民商事仲裁裁决，澳门特别行政区法院认可和执行内地仲裁机构依据《中华人民共和国仲裁法》在内地作出的民商事仲裁裁决，适用本安排。

本安排没有规定的，适用认可和执行地的程序法律规定。

823. 【管辖】

在澳门特别行政区作出的仲裁裁决，一方当事人不履行的，另一方当事人可以向被申请人住所地、经常居住地或者财产所在地的内地中级人民法院申请认可和执行。

两个或者两个以上中级人民法院均有管辖权的，当事人应当选择向其中一个中级人民法院提出申请。[1]

法律依据

[1]《最高人民法院关于内地与澳门特别行政区相互认可和执行仲裁裁决的安排》（法释〔2007〕17号）

第二条第一款、第二款 在内地或者澳门特别行政区作出的仲裁裁决，一方当事人不履行的，另一方当事人可以向被申请人住所地、经常居住地或者财产所在地的有关法院申请认可和执行。

内地有权受理认可和执行仲裁裁决申请的法院为中级人民法院。两个或者两个以上中级人民法院均有管辖权的，当事人应当选择向其中一个中级人民法院提出申请。

824. 【管辖竞合】

被申请人的住所地、经常居住地或者财产所在地分别在内地和澳门特别行政区的，申请人可以向一地法院提出认可和执行申请，也可以分别向两地法院提出申请。

当事人分别向两地法院提出申请的，两地法院都应当依法进行审查。予以认可的，采取查封、扣押或者冻结被执行人财产等执行措施。仲裁地法院应当先进行执行清偿；另一地法院在收到仲裁地法院关于经执行债权未获清偿情况的证明后，可以对申请人未获清偿的部分进行执行清偿。两地法院执行财产的总额，不得超过依据裁决和法律规定所确定的数额。[1]

法律依据

［1］《最高人民法院关于内地与澳门特别行政区相互认可和执行仲裁裁决的安排》（法释〔2007〕17号）

第三条 被申请人的住所地、经常居住地或者财产所在地分别在内地和澳门特别行政区的，申请人可以向一地法院提出认可和执行申请，也可以分别向两地法院提出申请。

当事人分别向两地法院提出申请的，两地法院都应当依法进行审查。予以认可的，采取查封、扣押或者冻结被执行人财产等执行措施。仲裁地法院应当先进行执行清偿；另一地法院在收到仲裁地法院关于经执行债权未获清偿情况的证明后，可以对申请人未获清偿的部分进行执行清偿。两地法院执行财产的总额，不得超过依据裁决和法律规定所确定的数额。

825. 【申请材料】

申请人向有关法院申请认可和执行仲裁裁决的，应当提交以下文件或者经公证的副本：

（一）申请书；

（二）申请人身份证明；

（三）仲裁协议；

（四）仲裁裁决书或者仲裁调解书。

上述文件没有中文文本的，申请人应当提交经正式证明的中文译本。[1]

法律依据

[1]**《最高人民法院关于内地与澳门特别行政区相互认可和执行仲裁裁决的安排》**（法释〔2007〕17号）

第四条 申请人向有关法院申请认可和执行仲裁裁决的，应当提交以下文件或者经公证的副本：

（一）申请书；

（二）申请人身份证明；

（三）仲裁协议；

（四）仲裁裁决书或者仲裁调解书。

上述文件没有中文文本的，申请人应当提交经正式证明的中文译本。

826. 【申请书的内容】

申请书应当包括下列内容：

（一）申请人或者被申请人为自然人的，应当载明其姓名及住所；为法人或者其他组织的，应当载明其名称及住所，以及其法定代表人或者主要负责人的姓名、职务和住所；申请人是外国籍法人或者其他组织的，应当提交相应的公证和认证材料；

（二）请求认可和执行的仲裁裁决书或者仲裁调解书的案号

或识别资料和生效日期；

（三）申请认可和执行仲裁裁决的理由及具体请求，以及被申请人财产所在地、财产状况及该仲裁裁决的执行情况。[1]

法律依据

［1］**《最高人民法院关于内地与澳门特别行政区相互认可和执行仲裁裁决的安排》**（法释〔2007〕17号）

第五条　申请书应当包括下列内容：

（一）申请人或者被申请人为自然人的，应当载明其姓名及住所；为法人或者其他组织的，应当载明其名称及住所，以及其法定代表人或者主要负责人的姓名、职务和住所；申请人是外国籍法人或者其他组织的，应当提交相应的公证和认证材料；

（二）请求认可和执行的仲裁裁决书或者仲裁调解书的案号或识别资料和生效日期；

（三）申请认可和执行仲裁裁决的理由及具体请求，以及被申请人财产所在地、财产状况及该仲裁裁决的执行情况。

827.【确定申请期限的法律适用】

申请人向有关法院申请认可和执行澳门特别行政区仲裁裁决的期限，依据内地法律确定。[1]

法律依据

［1］**《最高人民法院关于内地与澳门特别行政区相互认可和执行仲裁裁决的安排》**（法释〔2007〕17号）

第六条　申请人向有关法院申请认可和执行内地或者澳门特别行政区仲裁裁决的期限，依据认可和执行地的法律确定。

828.【申请不予执行澳门仲裁裁决案件的处理】

对申请认可和执行的仲裁裁决，被申请人提出证据证明有下列情形之一的，经审查核实，人民法院可以裁定不予认可：

（一）仲裁协议一方当事人依对其适用的法律在订立仲裁协议时属于无行为能力的；或者依当事人约定的准据法，或当事人没有约定适用的准据法而依仲裁地法律，该仲裁协议无效的；

（二）被申请人未接到选任仲裁员或者进行仲裁程序的适当通知，或者因他故未能陈述意见的；

（三）裁决所处理的争议不是提交仲裁的争议，或者不在仲裁协议范围之内；或者裁决载有超出当事人提交仲裁范围的事项的决定，但裁决中超出提交仲裁范围的事项的决定与提交仲裁事项的决定可以分开的，裁决中关于提交仲裁事项的决定部分可以予以认可；

（四）仲裁庭的组成或者仲裁程序违反了当事人的约定，或者在当事人没有约定时与仲裁地的法律不符的；

（五）裁决对当事人尚无约束力，或者业经仲裁地的法院撤销或者拒绝执行的。

人民法院认定，依内地法律，争议事项不能以仲裁解决的，不予认可和执行该裁决。

人民法院认定在内地认可和执行该仲裁裁决违反内地法律的基本原则或者社会公共利益，不予认可和执行该裁决。[1]

人民法院拟裁定不予执行的，应当参照《最高人民法院关于人民法院处理与涉外仲裁及外国仲裁事项有关问题的通知》的规定办理。[2]

人民法院裁定不予执行仲裁裁决、驳回不予执行仲裁裁决申请后，当事人对该裁定提出执行异议或者复议的，人民法院不予受理。

法律依据

［**1**］**《最高人民法院、澳门特别行政区关于内地与澳门特别行政区相互认可和执行仲裁裁决的安排》**（法释〔2007〕17 号）

第七条　对申请认可和执行的仲裁裁决，被申请人提出证据证明有下列情形之一的，经审查核实，有关法院可以裁定不予认可：

（一）仲裁协议一方当事人依对其适用的法律在订立仲裁协议时属于无行为能力的；或者依当事人约定的准据法，或当事人没有约定适用的准据法而依仲裁地法律，该仲裁协议无效的；

（二）被申请人未接到选任仲裁员或者进行仲裁程序的适当通知，或者因他故未能陈述意见的；

（三）裁决所处理的争议不是提交仲裁的争议，或者不在仲裁协议范围之内；或者裁决载有超出当事人提交仲裁范围的事项的决定，但裁决中超出提交仲裁范围的事项的决定与提交仲裁事项的决定可以分开的，裁决中关于提交仲裁事项的决定部分可以予以认可；

（四）仲裁庭的组成或者仲裁程序违反了当事人的约定，或者在当事人没有约定时与仲裁地的法律不符的；

（五）裁决对当事人尚无约束力，或者业经仲裁地的法院撤销或者拒绝执行的。

有关法院认定，依执行地法律，争议事项不能以仲裁解决的，不予认可和执行该裁决。

内地法院认定在内地认可和执行该仲裁裁决违反内地法律的基本原则或者社会公共利益，澳门特别行政区法院认定在澳门特别行政区认可和执行该仲裁裁决违反澳门特别行政区法律的基本原则或者公共秩序，不予认可和执行该裁决。

［2］《最高人民法院关于人民法院处理与涉外仲裁及外国仲裁事项有关问题的通知》（法发〔1995〕18号）

二、凡一方当事人向人民法院申请执行我国涉外仲裁机构裁决，或者向人民法院申请承认和执行外国仲裁机构的裁决，如果人民法院认为我国涉外仲裁机构裁决具有民事诉讼法第二百六十条①情形之一的，或者申请承认和执行的外国仲裁裁决不符合我国参加的国际公约的规定或者不符合互惠原则的，在裁定不予执行或者拒绝承认和执行之前，必须报请本辖区所属高级人民法院进行审查；如果高级人民法院同意不予执行或者拒绝承认和执行，应将其审查意见

① 现为第二百七十四条。

报最高人民法院。待最高人民法院答复后，方可裁定不予执行或者拒绝承认和执行。

829.【费用交纳】

申请人依据《最高人民法院关于内地与澳门特别行政区相互认可和执行仲裁裁决的安排》申请认可和执行仲裁裁决的，应当根据内地法律的规定，交纳诉讼费用。[1]

法律依据

[1]《最高人民法院关于内地与澳门特别行政区相互认可和执行仲裁裁决的安排》（法释〔2007〕17号）

第八条　申请人依据本安排申请认可和执行仲裁裁决的，应当根据执行地法律的规定，交纳诉讼费用。

830.【执行申请与撤销申请竞合的处理】

一方当事人向一地法院申请执行仲裁裁决，另一方当事人向另一地法院申请撤销该仲裁裁决，被执行人申请中止执行且提供充分担保的，执行法院应当中止执行。

根据经认可的撤销仲裁裁决的判决、裁定，执行法院应当终结执行程序；撤销仲裁裁决申请被驳回的，执行法院应当恢复执行。

当事人申请中止执行的，应当向执行法院提供其他法院已经受理申请撤销仲裁裁决案件的法律文书。[1]

法律依据

[1]《最高人民法院关于内地与澳门特别行政区相互认可和执行仲裁裁决的安排》（法释〔2007〕17号）

第九条　一方当事人向一地法院申请执行仲裁裁决，另一方当事人向另一地法院申请撤销该仲裁裁决，被执行人申请中止执行且提供充分担保的，执行法院应当中止执行。

根据经认可的撤销仲裁裁决的判决、裁定，执行法院应当终结执行程序；撤销仲裁裁决申请被驳回的，执行法院应当恢复执行。

当事人申请中止执行的，应当向执行法院提供其他法院已经受理申请撤销仲裁裁决案件的法律文书。

831. 【申请的处理】

受理申请的法院应当尽快审查认可和执行的请求，并作出裁定。[1]

法律依据

[1]《**最高人民法院关于内地与澳门特别行政区相互认可和执行仲裁裁决的安排**》（法释〔2007〕17号）

第十条　受理申请的法院应当尽快审查认可和执行的请求，并作出裁定。

832. 【财产保全】

法院在受理认可和执行仲裁裁决申请之前或者之后，可以依当事人的申请，按照内地法律规定，对被申请人的财产采取保全措施。[1]

法律依据

[1]《**最高人民法院关于内地与澳门特别行政区相互认可和执行仲裁裁决的安排**》（法释〔2007〕17号）

第十一条　法院在受理认可和执行仲裁裁决申请之前或者之后，可以依当事人的申请，按照法院地法律规定，对被申请人的财产采取保全措施。

833. 【公共机构作成或公证的文书认证的免除】

由澳门特别行政区有权限公共机构（包括公证员）作成的文书正本或者经公证的文书副本及译本，在适用《最高人民法院关于内地与澳门特别行政区相互认可和执行仲裁裁决的安排》时，可以免除认证手续在内地法院使用。[1]

法律依据

［1］**《最高人民法院关于内地与澳门特别行政区相互认可和执行仲裁裁决的安排》**（法释〔2007〕17号）

第十二条　由一方有权限公共机构（包括公证员）作成的文书正本或者经公证的文书副本及译本，在适用本安排时，可以免除认证手续在对方使用。

五、对台湾地区法院作出的民事判决的执行

834.【一般规定】

台湾地区法院民事判决的当事人可以根据《最高人民法院关于认可和执行台湾地区法院民事判决的规定》，作为申请人向人民法院申请认可和执行台湾地区有关法院民事判决。[1]

法律依据

［1］**《最高人民法院关于认可和执行台湾地区法院民事判决的规定》**（法释〔2015〕13号）

第一条　台湾地区法院民事判决的当事人可以根据本规定，作为申请人向人民法院申请认可和执行台湾地区有关法院民事判决。

835.【可予认可和执行民事判决的范围】

本部分规范所称台湾地区法院民事判决，包括台湾地区法院作出的生效民事判决、裁定、和解笔录、调解笔录、支付命令等。

申请认可台湾地区法院在刑事案件中作出的有关民事损害赔偿的生效判决、裁定、和解笔录的，适用《最高人民法院关于认可和执行台湾地区法院民事判决的规定》。

申请认可由台湾地区乡镇市调解委员会等出具并经台湾地区法院核定，与台湾地区法院生效民事判决具有同等效力的调解文书的，参照适用《最高人民法院关于认可和执行台湾地区法院民事判决的规定》。[1]

法律依据

［**1**］**《最高人民法院关于认可和执行台湾地区法院民事判决的规定》**（法释〔2015〕13 号）

第二条　本规定所称台湾地区法院民事判决，包括台湾地区法院作出的生效民事判决、裁定、和解笔录、调解笔录、支付命令等。

申请认可台湾地区法院在刑事案件中作出的有关民事损害赔偿的生效判决、裁定、和解笔录的，适用本规定。

申请认可由台湾地区乡镇市调解委员会等出具并经台湾地区法院核定，与台湾地区法院生效民事判决具有同等效力的调解文书的，参照适用本规定。

836. 【认可和执行同时申请或直接执行申请的处理】

申请人同时提出认可和执行台湾地区法院民事判决申请的，人民法院先按照认可程序进行审查，裁定认可后，由人民法院执行机构执行。

申请人直接申请执行的，人民法院应当告知其一并提交认可申请；坚持不申请认可的，裁定驳回其申请。[1]

法律依据

［**1**］**《最高人民法院关于认可和执行台湾地区法院民事判决的规定》**（法释〔2015〕13 号）

第三条　申请人同时提出认可和执行台湾地区法院民事判决申请的，人民法院先按照认可程序进行审查，裁定认可后，由人民法院执行机构执行。

申请人直接申请执行的，人民法院应当告知其一并提交认可申请；坚持不申请认可的，裁定驳回其申请。

837. 【管辖】

申请认可台湾地区法院民事判决的案件，由申请人住所地、经常居住地或者被申请人住所地、经常居住地、财产所在地中级人民法院或者专门人民法院受理。

申请人向两个以上有管辖权的人民法院申请认可的，由最先立案的人民法院管辖。

申请人向被申请人财产所在地人民法院申请认可的，应当提供财产存在的相关证据。[1]

法律依据

[1]《最高人民法院关于认可和执行台湾地区法院民事判决的规定》（法释〔2015〕13号）

第四条　申请认可台湾地区法院民事判决的案件，由申请人住所地、经常居住地或者被申请人住所地、经常居住地、财产所在地中级人民法院或者专门人民法院受理。

申请人向两个以上有管辖权的人民法院申请认可的，由最先立案的人民法院管辖。

申请人向被申请人财产所在地人民法院申请认可的，应当提供财产存在的相关证据。

838. 【认可申请的审查机构】

对申请认可台湾地区法院民事判决的案件，人民法院应当组成合议庭进行审查。[1]

法律依据

[1]《最高人民法院关于认可和执行台湾地区法院民事判决的规定》（法释〔2015〕13号）

第五条　对申请认可台湾地区法院民事判决的案件，人民法院应当组成合议庭进行审查。

839. 【委托代理的文件要求】

申请人委托他人代理申请认可台湾地区法院民事判决的，应当向人民法院提交由委托人签名或者盖章的授权委托书。

台湾地区、香港特别行政区、澳门特别行政区或者外国当事人签名或者盖章的授权委托书应当履行相关的公证、认证或者其他证明手续，但授权委托书在人民法院法官的见证下签署或者经中国大陆公证机关公证证明是在中国大陆签署的除外。[1]

法律依据

［**1**］**《最高人民法院关于认可和执行台湾地区法院民事判决的规定》**（法释〔2015〕13 号）

第六条　申请人委托他人代理申请认可台湾地区法院民事判决的，应当向人民法院提交由委托人签名或者盖章的授权委托书。

台湾地区、香港特别行政区、澳门特别行政区或者外国当事人签名或者盖章的授权委托书应当履行相关的公证、认证或者其他证明手续，但授权委托书在人民法院法官的见证下签署或者经中国大陆公证机关公证证明是在中国大陆签署的除外。

840. 【申请书的内容及应附文件】

申请人申请认可台湾地区法院民事判决，应当提交申请书，并附有台湾地区有关法院民事判决文书和民事判决确定证明书的正本或者经证明无误的副本。台湾地区法院民事判决为缺席判决的，申请人应当同时提交台湾地区法院已经合法传唤当事人的证明文件，但判决已经对此予以明确说明的除外。

申请书应当记明以下事项：

（一）申请人和被申请人姓名、性别、年龄、职业、身份证件号码、住址（申请人或者被申请人为法人或者其他组织的，应当记明法人或者其他组织的名称、地址、法定代表人或者主要负责人姓名、职务）和通讯方式；

（二）请求和理由；

（三）申请认可的判决的执行情况；

（四）其他需要说明的情况。[1]

法律依据

［1］《最高人民法院关于认可和执行台湾地区法院民事判决的规定》（法释〔2015〕13 号）

第七条　申请人申请认可台湾地区法院民事判决，应当提交申请书，并附有台湾地区有关法院民事判决文书和民事判决确定证明书的正本或者经证明无误的副本。台湾地区法院民事判决为缺席判决的，申请人应当同时提交台湾地区法院已经合法传唤当事人的证明文件，但判决已经对此予以明确说明的除外。

申请书应当记明以下事项：

（一）申请人和被申请人姓名、性别、年龄、职业、身份证件号码、住址（申请人或者被申请人为法人或者其他组织的，应当记明法人或者其他组织的名称、地址、法定代表人或者主要负责人姓名、职务）和通讯方式；

（二）请求和理由；

（三）申请认可的判决的执行情况；

（四）其他需要说明的情况。

841. 【立案审查及救济程序】

对于符合本规范第 837 条和第 840 条规定条件的申请，人民法院应当在收到申请后七日内立案，并通知申请人和被申请人，同时将申请书送达被申请人；不符合本规范第 837 条和第 840 条规定条件的，应当在七日内裁定不予受理，同时说明不予受理的理由；申请人对裁定不服的，可以提起上诉。[1]

法律依据

［1］《最高人民法院关于认可和执行台湾地区法院民事判决的规定》

（法释〔2015〕13号）

第八条　对于符合本规定第四条和第七条规定条件的申请，人民法院应当在收到申请后七日内立案，并通知申请人和被申请人，同时将申请书送达被申请人；不符合本规定第四条和第七条规定条件的，应当在七日内裁定不予受理，同时说明不予受理的理由；申请人对裁定不服的，可以提起上诉。

842.【判决真实且生效的证明】

申请人申请认可台湾地区法院民事判决，应当提供相关证明文件，以证明该判决真实并且已经生效。

申请人可以申请人民法院通过海峡两岸调查取证司法互助途径查明台湾地区法院民事判决的真实性和是否生效以及当事人得到合法传唤的证明文件；人民法院认为必要时，也可以就有关事项依职权通过海峡两岸司法互助途径向台湾地区请求调查取证。[1]

法律依据

［1］**《最高人民法院关于认可和执行台湾地区法院民事判决的规定》**（法释〔2015〕13号）

第九条　申请人申请认可台湾地区法院民事判决，应当提供相关证明文件，以证明该判决真实并且已经生效。

申请人可以申请人民法院通过海峡两岸调查取证司法互助途径查明台湾地区法院民事判决的真实性和是否生效以及当事人得到合法传唤的证明文件；人民法院认为必要时，也可以就有关事项依职权通过海峡两岸司法互助途径向台湾地区请求调查取证。

843.【财产保全】

人民法院受理认可台湾地区法院民事判决的申请之前或者之后，可以按照民事诉讼法及相关司法解释的规定，根据申请人的申请，裁定采取保全措施。[1]

法律依据

［1］《最高人民法院关于认可和执行台湾地区法院民事判决的规定》（法释〔2015〕13号）

第十条 人民法院受理认可台湾地区法院民事判决的申请之前或者之后，可以按照民事诉讼法及相关司法解释的规定，根据申请人的申请，裁定采取保全措施。

844.【申请认可和起诉的相互排斥】

人民法院受理认可台湾地区法院民事判决的申请后，当事人就同一争议起诉的，不予受理。

一方当事人向人民法院起诉后，另一方当事人向人民法院申请认可的，对于认可的申请不予受理。[1]

法律依据

［1］《最高人民法院关于认可和执行台湾地区法院民事判决的规定》（法释〔2015〕13号）

第十一条 人民法院受理认可台湾地区法院民事判决的申请后，当事人就同一争议起诉的，不予受理。

一方当事人向人民法院起诉后，另一方当事人向人民法院申请认可的，对于认可的申请不予受理。

845.【未申请认可的可诉性】

案件虽经台湾地区有关法院判决，但当事人未申请认可，而是就同一争议向人民法院起诉的，应予受理。[1]

法律依据

［1］《最高人民法院关于认可和执行台湾地区法院民事判决的规定》（法释〔2015〕13号）

第十二条　案件虽经台湾地区有关法院判决，但当事人未申请认可，而是就同一争议向人民法院起诉的，应予受理。

846.【撤回认可申请的处理】

人民法院受理认可台湾地区法院民事判决的申请后，作出裁定前，申请人请求撤回申请的，可以裁定准许。[1]

法律依据

[1]《最高人民法院关于认可和执行台湾地区法院民事判决的规定》（法释〔2015〕13号）

第十三条　人民法院受理认可台湾地区法院民事判决的申请后，作出裁定前，申请人请求撤回申请的，可以裁定准许。

847.【认可申请的审查期限】

人民法院受理认可台湾地区法院民事判决的申请后，应当在立案之日起六个月内审结。有特殊情况需要延长的，报请上一级人民法院批准。

通过海峡两岸司法互助途径送达文书和调查取证的期间，不计入审查期限。[1]

法律依据

[1]《最高人民法院关于认可和执行台湾地区法院民事判决的规定》（法释〔2015〕13号）

第十四条　人民法院受理认可台湾地区法院民事判决的申请后，应当在立案之日起六个月内审结。有特殊情况需要延长的，报请上一级人民法院批准。

通过海峡两岸司法互助途径送达文书和调查取证的期间，不计入审查期限。

848.【不予认可的情形】

台湾地区法院民事判决具有下列情形之一的，裁定不予认可：

（一）申请认可的民事判决，是在被申请人缺席又未经合法传唤或者在被申请人无诉讼行为能力又未得到适当代理的情况下作出的；

（二）案件系人民法院专属管辖的；

（三）案件双方当事人订有有效仲裁协议，且无放弃仲裁管辖情形的；

（四）案件系人民法院已作出判决或者中国大陆的仲裁庭已作出仲裁裁决的；

（五）香港特别行政区、澳门特别行政区或者外国的法院已就同一争议作出判决且已为人民法院所认可或者承认的；

（六）台湾地区、香港特别行政区、澳门特别行政区或者外国的仲裁庭已就同一争议作出仲裁裁决且已为人民法院所认可或者承认的。

认可该民事判决将违反一个中国原则等国家法律的基本原则或者损害社会公共利益的，人民法院应当裁定不予认可。[1]

法律依据

[1]《最高人民法院关于认可和执行台湾地区法院民事判决的规定》（法释〔2015〕13 号）

第十五条　台湾地区法院民事判决具有下列情形之一的，裁定不予认可：

（一）申请认可的民事判决，是在被申请人缺席又未经合法传唤或者在被申请人无诉讼行为能力又未得到适当代理的情况下作出的；

（二）案件系人民法院专属管辖的；

（三）案件双方当事人订有有效仲裁协议，且无放弃仲裁管辖情形的；

（四）案件系人民法院已作出判决或者中国大陆的仲裁庭已作出仲裁裁决的；

（五）香港特别行政区、澳门特别行政区或者外国的法院已就同一争议作出判决且已为人民法院所认可或者承认的；

（六）台湾地区、香港特别行政区、澳门特别行政区或者外国的仲裁庭已就同一争议作出仲裁裁决且已为人民法院所认可或者承认的。

认可该民事判决将违反一个中国原则等国家法律的基本原则或者损害社会公共利益的，人民法院应当裁定不予认可。

849. 【认可申请的处理】

人民法院经审查能够确认台湾地区法院民事判决真实并且已经生效，而且不具有本规范第 848 条所列情形的，裁定认可其效力；不能确认该民事判决的真实性或者已经生效的，裁定驳回申请人的申请。

裁定驳回申请的案件，申请人再次申请并符合受理条件的，人民法院应予受理。[1]

法律依据

［1］**《最高人民法院关于认可和执行台湾地区法院民事判决的规定》**（法释〔2015〕13 号）

第十六条　人民法院经审查能够确认台湾地区法院民事判决真实并且已经生效，而且不具有本规定第十五条所列情形的，裁定认可其效力；不能确认该民事判决的真实性或者已经生效的，裁定驳回申请人的申请。

裁定驳回申请的案件，申请人再次申请并符合受理条件的，人民法院应予受理。

850. 【认可判决的效力】

经人民法院裁定认可的台湾地区法院民事判决，与人民法院作出的生效判决具有同等效力。[1]

法律依据

［1］**《最高人民法院关于认可和执行台湾地区法院民事判决的规定》**（法释〔2015〕13 号）

第十七条 经人民法院裁定认可的台湾地区法院民事判决，与人民法院作出的生效判决具有同等效力。

851. 【认可裁定的生效时间及复议程序】

人民法院依据本规范第848条和第849条作出的裁定，一经送达即发生法律效力。

当事人对上述裁定不服的，可以自裁定送达之日起十日内向上一级人民法院申请复议。[1]

法律依据

[1]《最高人民法院关于认可和执行台湾地区法院民事判决的规定》（法释〔2015〕13号）

第十八条 人民法院依据本规定第十五条和第十六条作出的裁定，一经送达即发生法律效力。

当事人对上述裁定不服的，可以自裁定送达之日起十日内向上一级人民法院申请复议。

852. 【不予认可后起诉的允许】

对人民法院裁定不予认可的台湾地区法院民事判决，申请人再次提出申请的，人民法院不予受理，但申请人可以就同一争议向人民法院起诉。[1]

法律依据

[1]《最高人民法院关于认可和执行台湾地区法院民事判决的规定》（法释〔2015〕13号）

第十九条 对人民法院裁定不予认可的台湾地区法院民事判决，申请人再次提出申请的，人民法院不予受理，但申请人可以就同一争议向人民法院起诉。

853. 【认可与执行申请期限的确定与中断】

申请人申请认可和执行台湾地区法院民事判决的期间，适用本规范第 22 条第一款、第二款的规定，但申请认可台湾地区法院有关身份关系的判决除外。

申请人仅申请认可而未同时申请执行的，申请执行的期间自人民法院对认可申请作出的裁定生效之日起重新计算。[1]

法律依据

［1］《最高人民法院关于认可和执行台湾地区法院民事判决的规定》（法释〔2015〕13 号）

第二十条　申请人申请认可和执行台湾地区法院民事判决的期间，适用民事诉讼法第二百三十九条的规定，但申请认可台湾地区法院有关身份关系的判决除外。

申请人仅申请认可而未同时申请执行的，申请执行的期间自人民法院对认可申请作出的裁定生效之日起重新计算。

854. 【文书送达】

人民法院在办理申请认可和执行台湾地区法院民事判决案件中作出的法律文书，应当依法送达案件当事人。[1]

法律依据

［1］《最高人民法院关于认可和执行台湾地区法院民事判决的规定》（法释〔2015〕13 号）

第二十一条　人民法院在办理申请认可和执行台湾地区法院民事判决案件中作出的法律文书，应当依法送达案件当事人。

855. 【费用交纳】

申请认可和执行台湾地区法院民事判决，应当参照《诉讼费用交纳办法》的规定，交纳相关费用。[1]

法律依据

[1]《最高人民法院关于认可和执行台湾地区法院民事判决的规定》（法释〔2015〕13 号）

第二十二条 申请认可和执行台湾地区法院民事判决，应当参照《诉讼费用交纳办法》的规定，交纳相关费用。

六、对台湾地区仲裁机构作出的仲裁裁决的执行

856.【一般规定】

台湾地区仲裁裁决的当事人可以根据《最高人民法院关于认可和执行台湾地区仲裁裁决的规定》，作为申请人向人民法院申请认可和执行台湾地区仲裁裁决。[1]

法律依据

[1]《最高人民法院关于认可和执行台湾地区仲裁裁决的规定》（法释〔2015〕14 号）

第一条 台湾地区仲裁裁决的当事人可以根据本规定，作为申请人向人民法院申请认可和执行台湾地区仲裁裁决。

857.【可予认可和执行的范围】

本部分规定所称台湾地区仲裁裁决是指，有关常设仲裁机构及临时仲裁庭在台湾地区按照台湾地区仲裁规定就有关民商事争议作出的仲裁裁决，包括仲裁判断、仲裁和解和仲裁调解。[1]

法律依据

[1]《最高人民法院关于认可和执行台湾地区仲裁裁决的规定》（法释〔2015〕14 号）

第二条 本规定所称台湾地区仲裁裁决是指，有关常设仲裁机构及临时仲裁庭在台湾地区按照台湾地区仲裁规定就有关民商事争议作出的仲裁裁决，包括仲裁判断、仲裁和解和仲裁调解。

858.【认可和执行同时申请或直接执行申请的处理】

申请人同时提出认可和执行台湾地区仲裁裁决申请的，人民法院先按照认可程序进行审查，裁定认可后，由人民法院执行机构执行。

申请人直接申请执行的，人民法院应当告知其一并提交认可申请；坚持不申请认可的，裁定驳回其申请。[1]

法律依据

［**1**］**《最高人民法院关于认可和执行台湾地区仲裁裁决的规定》**（法释〔2015〕14号）

第三条 申请人同时提出认可和执行台湾地区仲裁裁决申请的，人民法院先按照认可程序进行审查，裁定认可后，由人民法院执行机构执行。

申请人直接申请执行的，人民法院应当告知其一并提交认可申请；坚持不申请认可的，裁定驳回其申请。

859.【管辖】

申请认可台湾地区仲裁裁决的案件，由申请人住所地、经常居住地或者被申请人住所地、经常居住地、财产所在地中级人民法院或者专门人民法院受理。

申请人向两个以上有管辖权的人民法院申请认可的，由最先立案的人民法院管辖。

申请人向被申请人财产所在地人民法院申请认可的，应当提供财产存在的相关证据。[1]

法律依据

［**1**］**《最高人民法院关于认可和执行台湾地区仲裁裁决的规定》**（法释

〔2015〕14号）

第四条 申请认可台湾地区仲裁裁决的案件，由申请人住所地、经常居住地或者被申请人住所地、经常居住地、财产所在地中级人民法院或者专门人民法院受理。

申请人向两个以上有管辖权的人民法院申请认可的，由最先立案的人民法院管辖。

申请人向被申请人财产所在地人民法院申请认可的，应当提供财产存在的相关证据。

860.【认可申请的审查机构】

对申请认可台湾地区仲裁裁决的案件，人民法院应当组成合议庭进行审查。[1]

法律依据

［1］**《最高人民法院关于认可和执行台湾地区仲裁裁决的规定》**（法释〔2015〕14号）

第五条 对申请认可台湾地区仲裁裁决的案件，人民法院应当组成合议庭进行审查。

861.【委托代理的文件要求】

申请人委托他人代理申请认可台湾地区仲裁裁决的，应当向人民法院提交由委托人签名或者盖章的授权委托书。

台湾地区、香港特别行政区、澳门特别行政区或者外国当事人签名或者盖章的授权委托书应当履行相关的公证、认证或者其他证明手续，但授权委托书在人民法院法官的见证下签署或者经中国大陆公证机关公证证明是在中国大陆签署的除外。[1]

法律依据

［1］**《最高人民法院关于认可和执行台湾地区仲裁裁决的规定》**（法释

〔2015〕14 号）

第六条　申请人委托他人代理申请认可台湾地区仲裁裁决的，应当向人民法院提交由委托人签名或者盖章的授权委托书。

台湾地区、香港特别行政区、澳门特别行政区或者外国当事人签名或者盖章的授权委托书应当履行相关的公证、认证或者其他证明手续，但授权委托书在人民法院法官的见证下签署或者经中国大陆公证机关公证证明是在中国大陆签署的除外。

862. 【申请材料】

申请人申请认可台湾地区仲裁裁决，应当提交以下文件或者经证明无误的副本：

（一）申请书；

（二）仲裁协议；

（三）仲裁判断书、仲裁和解书或者仲裁调解书。[1]

法律依据

[1]**《最高人民法院关于认可和执行台湾地区仲裁裁决的规定》**（法释〔2015〕14 号）

第七条第一款　申请人申请认可台湾地区仲裁裁决，应当提交以下文件或者经证明无误的副本：

（一）申请书；

（二）仲裁协议；

（三）仲裁判断书、仲裁和解书或者仲裁调解书。

863. 【申请书的内容】

申请书应当记明以下事项：

（一）申请人和被申请人姓名、性别、年龄、职业、身份证件号码、住址（申请人或者被申请人为法人或者其他组织的，应当记明法人或者其他组织的名称、地址、法定代表人或者主要负责人姓名、职务）和通讯方式；

（二）申请认可的仲裁判断书、仲裁和解书或者仲裁调解书的案号或者识别资料和生效日期；

（三）请求和理由；

（四）被申请人财产所在地、财产状况及申请认可的仲裁裁决的执行情况；

（五）其他需要说明的情况。[1]

法律依据

［1］《最高人民法院关于认可和执行台湾地区仲裁裁决的规定》（法释〔2015〕14号）

第七条第二款　申请书应当记明以下事项：

（一）申请人和被申请人姓名、性别、年龄、职业、身份证件号码、住址（申请人或者被申请人为法人或者其他组织的，应当记明法人或者其他组织的名称、地址、法定代表人或者主要负责人姓名、职务）和通讯方式；

（二）申请认可的仲裁判断书、仲裁和解书或者仲裁调解书的案号或者识别资料和生效日期；

（三）请求和理由；

（四）被申请人财产所在地、财产状况及申请认可的仲裁裁决的执行情况；

（五）其他需要说明的情况。

864.【立案审查及救济程序】

对于符合本规范第859条、第862条和第863条规定条件的申请，人民法院应当在收到申请后七日内立案，并通知申请人和被申请人，同时将申请书送达被申请人；不符合本规范第859条、第862条和第863条规定条件的，应当在七日内裁定不予受理，同时说明不予受理的理由；申请人对裁定不服的，可以提起上诉。[1]

法律依据

［1］《**最高人民法院关于认可和执行台湾地区仲裁裁决的规定**》（法释〔2015〕14 号）

第八条　对于符合本规定第四条和第七条规定条件的申请，人民法院应当在收到申请后七日内立案，并通知申请人和被申请人，同时将申请书送达被申请人；不符合本规定第四条和第七条规定条件的，应当在七日内裁定不予受理，同时说明不予受理的理由；申请人对裁定不服的，可以提起上诉。

865.【裁决真实性的证明】

申请人申请认可台湾地区仲裁裁决，应当提供相关证明文件，以证明该仲裁裁决的真实性。

申请人可以申请人民法院通过海峡两岸调查取证司法互助途径查明台湾地区仲裁裁决的真实性；人民法院认为必要时，也可以就有关事项依职权通过海峡两岸司法互助途径向台湾地区请求调查取证。[1]

法律依据

［1］《**最高人民法院关于认可和执行台湾地区仲裁裁决的规定**》（法释〔2015〕14 号）

第九条　申请人申请认可台湾地区仲裁裁决，应当提供相关证明文件，以证明该仲裁裁决的真实性。

申请人可以申请人民法院通过海峡两岸调查取证司法互助途径查明台湾地区仲裁裁决的真实性；人民法院认为必要时，也可以就有关事项依职权通过海峡两岸司法互助途径向台湾地区请求调查取证。

866.【财产保全】

人民法院受理认可台湾地区仲裁裁决的申请之前或者之后，可以按照民事诉讼法及相关司法解释的规定，根据申请人的申请，裁定采取保全措施。[1]

法律依据

［1］**《最高人民法院关于认可和执行台湾地区仲裁裁决的规定》**（法释〔2015〕14 号）

第十条　人民法院受理认可台湾地区仲裁裁决的申请之前或者之后，可以按照民事诉讼法及相关司法解释的规定，根据申请人的申请，裁定采取保全措施。

867.【申请认可和起诉的相互排斥】

人民法院受理认可台湾地区仲裁裁决的申请后，当事人就同一争议起诉的，不予受理。

当事人未申请认可，而是就同一争议向人民法院起诉的，亦不予受理，但仲裁协议无效的除外。[1]

法律依据

［1］**《最高人民法院关于认可和执行台湾地区仲裁裁决的规定》**（法释〔2015〕14 号）

第十一条　人民法院受理认可台湾地区仲裁裁决的申请后，当事人就同一争议起诉的，不予受理。

当事人未申请认可，而是就同一争议向人民法院起诉的，亦不予受理，但仲裁协议无效的除外。

868.【撤回认可申请的处理】

人民法院受理认可台湾地区仲裁裁决的申请后，作出裁定前，申请人请求撤回申请的，可以裁定准许。[1]

法律依据

［1］**《最高人民法院关于认可和执行台湾地区仲裁裁决的规定》**（法释

〔2015〕14 号）

第十二条　人民法院受理认可台湾地区仲裁裁决的申请后，作出裁定前，申请人请求撤回申请的，可以裁定准许。

869.【认可申请的审查期限】

人民法院应当尽快审查认可台湾地区仲裁裁决的申请，决定予以认可的，应当在立案之日起两个月内作出裁定；决定不予认可或者驳回申请的，应当在作出决定前按有关规定自立案之日起两个月内上报最高人民法院。

通过海峡两岸司法互助途径送达文书和调查取证的期间，不计入审查期限。[1]

法律依据

［1］**《最高人民法院关于认可和执行台湾地区仲裁裁决的规定》**（法释〔2015〕14 号）

第十三条　人民法院应当尽快审查认可台湾地区仲裁裁决的申请，决定予以认可的，应当在立案之日起两个月内作出裁定；决定不予认可或者驳回申请的，应当在作出决定前按有关规定自立案之日起两个月内上报最高人民法院。

通过海峡两岸司法互助途径送达文书和调查取证的期间，不计入审查期限。

870.【不予认可的情形】

对申请认可和执行的仲裁裁决，被申请人提出证据证明有下列情形之一的，经审查核实，人民法院裁定不予认可：

（一）仲裁协议一方当事人依对其适用的法律在订立仲裁协议时属于无行为能力的；或者依当事人约定的准据法，或当事人没有约定适用的准据法而依台湾地区仲裁规定，该仲裁协议无效的；或者当事人之间没有达成书面仲裁协议的，但申请认可台湾地区仲裁调解的除外；

（二）被申请人未接到选任仲裁员或进行仲裁程序的适当通知，或者由于其他不可归责于被申请人的原因而未能陈述意见的；

（三）裁决所处理的争议不是提交仲裁的争议，或者不在仲裁协议范围之内；或者裁决载有超出当事人提交仲裁范围的事项的决定，但裁决中超出提交仲裁范围的事项的决定与提交仲裁事项的决定可以分开的，裁决中关于提交仲裁事项的决定部分可以予以认可；

（四）仲裁庭的组成或者仲裁程序违反当事人的约定，或者在当事人没有约定时与台湾地区仲裁规定不符的；

（五）裁决对当事人尚无约束力，或者业经台湾地区法院撤销或者驳回执行申请的。

依据国家法律，该争议事项不能以仲裁解决的，或者认可该仲裁裁决将违反一个中国原则等国家法律的基本原则或损害社会公共利益的，人民法院应当裁定不予认可。[1]

法律依据

［**1**］**《最高人民法院关于认可和执行台湾地区仲裁裁决的规定》**（法释〔2015〕14号）

第十四条 对申请认可和执行的仲裁裁决，被申请人提出证据证明有下列情形之一的，经审查核实，人民法院裁定不予认可：

（一）仲裁协议一方当事人依对其适用的法律在订立仲裁协议时属于无行为能力的；或者依当事人约定的准据法，或当事人没有约定适用的准据法而依台湾地区仲裁规定，该仲裁协议无效的；或者当事人之间没有达成书面仲裁协议的，但申请认可台湾地区仲裁调解的除外；

（二）被申请人未接到选任仲裁员或进行仲裁程序的适当通知，或者由于其他不可归责于被申请人的原因而未能陈述意见的；

（三）裁决所处理的争议不是提交仲裁的争议，或者不在仲裁协议范围之内；或者裁决载有超出当事人提交仲裁范围的事项的决定，但裁决中超出提交仲裁范围的事项的决定与提交仲裁事项的决定可以分开的，裁决中关于提交仲裁事项的决定部分可以予以认可；

（四）仲裁庭的组成或者仲裁程序违反当事人的约定，或者在当事人没有约定时与台湾地区仲裁规定不符的；

（五）裁决对当事人尚无约束力，或者业经台湾地区法院撤销或者驳回执行申请的。

依据国家法律，该争议事项不能以仲裁解决的，或者认可该仲裁裁决将违反一个中国原则等国家法律的基本原则或损害社会公共利益的，人民法院应当裁定不予认可。

871.【认可申请的处理】

人民法院经审查能够确认台湾地区仲裁裁决真实，而且不具有本规范第 870 条所列情形的，裁定认可其效力；不能确认该仲裁裁决真实性的，裁定驳回申请。

裁定驳回申请的案件，申请人再次申请并符合受理条件的，人民法院应予受理。[1]

法律依据

［**1**］**《最高人民法院关于认可和执行台湾地区仲裁裁决的规定》**（法释〔2015〕14 号）

第十五条　人民法院经审查能够确认台湾地区仲裁裁决真实，而且不具有本规定第十四条所列情形的，裁定认可其效力；不能确认该仲裁裁决真实性的，裁定驳回申请。

裁定驳回申请的案件，申请人再次申请并符合受理条件的，人民法院应予受理。

872.【认可裁定的生效时间】

人民法院依据本规范第 870 条和第 871 条作出的裁定，一经送达即发生法律效力。[1]

法律依据

［**1**］**《最高人民法院关于认可和执行台湾地区仲裁裁决的规定》**（法释

〔2015〕14 号）

第十六条　人民法院依据本规定第十四条和第十五条作出的裁定，一经送达即发生法律效力。

873. 【认可或执行申请与撤销申请竞合的处理】

一方当事人向人民法院申请认可或者执行台湾地区仲裁裁决，另一方当事人向台湾地区法院起诉撤销该仲裁裁决，被申请人申请中止认可或者执行并且提供充分担保的，人民法院应当中止认可或者执行程序。

申请中止认可或者执行的，应当向人民法院提供台湾地区法院已经受理撤销仲裁裁决案件的法律文书。

台湾地区法院撤销该仲裁裁决的，人民法院应当裁定不予认可或者裁定终结执行；台湾地区法院驳回撤销仲裁裁决请求的，人民法院应当恢复认可或者执行程序。[1]

法律依据

［1］《最高人民法院关于认可和执行台湾地区仲裁裁决的规定》（法释〔2015〕14 号）

第十七条　一方当事人向人民法院申请认可或者执行台湾地区仲裁裁决，另一方当事人向台湾地区法院起诉撤销该仲裁裁决，被申请人申请中止认可或者执行并且提供充分担保的，人民法院应当中止认可或者执行程序。

申请中止认可或者执行的，应当向人民法院提供台湾地区法院已经受理撤销仲裁裁决案件的法律文书。

台湾地区法院撤销该仲裁裁决的，人民法院应当裁定不予认可或者裁定终结执行；台湾地区法院驳回撤销仲裁裁决请求的，人民法院应当恢复认可或者执行程序。

874. 【不予认可后的权利保障途径】

对人民法院裁定不予认可的台湾地区仲裁裁决，申请人再次提出申请的，人民法院不予受理。但当事人可以根据双方重新达成的仲裁协议申请仲裁，也可以就同一争议向人民法院起诉。[1]

法律依据

［1］**《最高人民法院关于认可和执行台湾地区仲裁裁决的规定》**（法释〔2015〕14号）

第十八条　对人民法院裁定不予认可的台湾地区仲裁裁决，申请人再次提出申请的，人民法院不予受理。但当事人可以根据双方重新达成的仲裁协议申请仲裁，也可以就同一争议向人民法院起诉。

875.【认可和执行申请期限的确定与中断】

申请人申请认可和执行台湾地区仲裁裁决的期间，适用本规范第22条第一款、第二款的规定。

申请人仅申请认可而未同时申请执行的，申请执行的期间自人民法院对认可申请作出的裁定生效之日起重新计算。[1]

法律依据

［1］**《最高人民法院关于认可和执行台湾地区仲裁裁决的规定》**（法释〔2015〕14号）

第十九条　申请人申请认可和执行台湾地区仲裁裁决的期间，适用民事诉讼法第二百三十九条的规定。

申请人仅申请认可而未同时申请执行的，申请执行的期间自人民法院对认可申请作出的裁定生效之日起重新计算。

876.【文书送达】

人民法院在办理申请认可和执行台湾地区仲裁裁决案件中所作出的法律文书，应当依法送达案件当事人。[1]

法律依据

［1］**《最高人民法院关于认可和执行台湾地区仲裁裁决的规定》**（法释

〔2015〕14 号）

第二十条　人民法院在办理申请认可和执行台湾地区仲裁裁决案件中所作出的法律文书，应当依法送达案件当事人。

877.【费用交纳】

申请认可和执行台湾地区仲裁裁决，应当参照《诉讼费用交纳办法》的规定，交纳相关费用。[1]

法律依据

［**1**］**《最高人民法院关于认可和执行台湾地区仲裁裁决的规定》**（法释〔2015〕14 号）

第二十一条　申请认可和执行台湾地区仲裁裁决，应当参照《诉讼费用交纳办法》的规定，交纳相关费用。

第三编

执行审查案件办理规范

第二十四章　一般规定

878.【执行审查案件的范围】

本规范所称执行审查案件是指执行异议、复议、监督、请示、协调等案件。[1]

法律依据

[1]《最高人民法院关于执行案件立案、结案若干问题的意见》（法发〔2014〕26号）

第一条第二款　执行实施类案件是指人民法院因申请执行人申请、审判机构移送、受托、提级、指定和依职权，对已发生法律效力且具有可强制执行内容的法律文书所确定的事项予以执行的案件。

第八条　执行审查类案件按下列规则确定类型代字和案件编号：

（一）执行异议案件类型代字为"执异字"，按照立案时间的先后顺序确定案件编号，单独进行排序；

（二）执行复议案件类型代字为"执复字"，按照立案时间的先后顺序确定案件编号，单独进行排序；

（三）执行监督案件类型代字为"执监字"，按照立案时间的先后顺序确定案件编号，单独进行排序；

（四）执行请示案件类型代字为"执请字"，按照立案时间的先后顺序确定案件编号，单独进行排序；

（五）执行协调案件类型代字为"执协字"，按照立案时间的先后顺序确定案件编号，单独进行排序。

《最高人民法院关于人民法院办理执行异议和复议案件若干问题的规定》（2020 年 12 月 23 日修正）

第十一条　人民法院审查执行异议或者复议案件，应当依法组成合议庭。

指令重新审查的执行异议案件，应当另行组成合议庭。

办理执行实施案件的人员不得参与相关执行异议和复议案件的审查。

879.【执行审查案件的立案】

执行审查案件依法由立案机构根据当事人的申请或者执行机构的移送登记立案。[1]

法律依据

［1］**《最高人民法院关于执行权合理配置和科学运行的若干意见》**（法发〔2011〕15 号）

2. 地方人民法院执行局应当按照分权运行机制设立和其他业务庭平行的执行实施和执行审查部门，分别行使执行实施权和执行审查权。

11. 办理执行实施、执行异议、执行复议、执行监督、执行协调、执行请示等执行案件和案外人执行异议之诉、申请执行人执行异议之诉、执行分配方案异议之诉、代位析产之诉等涉执行的诉讼案件，由立案机构进行立案审查，并纳入审判和执行案件统一管理体系。

人民法庭经授权执行自审案件，可由其自行办理立案登记手续，并纳入执行案件的统一管理。

880.【审查合议制原则】

执行审查案件的办理采取合议制，由法官组成合议庭或者法官与人民陪审员共同组成合议庭审查处理。办理实施案件的执行人员不得参与相关执行审查案件的合议庭。[1]

指令重新审查的，原执行法院应另行组成合议庭。[2] 当事人、利害关系人对重新审查后作出的裁定不服申请复议的，原复议案件的合议庭成员可以继续参与审查。[3]

合议庭组成人员确定后，应当在三日内告知当事人，[4] 执行请示、协调案件除外。

法律依据

[**1**]**《最高人民法院关于执行权合理配置和科学运行的若干意见》**(法发〔2011〕15号)

4. 执行审查权的范围主要是审查和处理执行异议、复议、申诉以及决定执行管辖权的移转等审查事项。执行审查权由法官行使。

5. 执行实施事项的处理应当采取审批制，执行审查事项的处理应当采取合议制。

[**2**]**《中华人民共和国民事诉讼法》**(2017年6月27日修正)

第三十九条第一款 人民法院审理第一审民事案件，由审判员、陪审员共同组成合议庭或者由审判员组成合议庭。合议庭的成员人数，必须是单数。

第四十条第一款 人民法院审理第二审民事案件，由审判员组成合议庭。合议庭的成员人数，必须是单数。

《最高人民法院关于人民法院办理执行异议和复议案件若干问题的规定》(2020年12月23日修正)

第十一条 人民法院审查执行异议或者复议案件，应当依法组成合议庭。

指令重新审查的执行异议案件，应当另行组成合议庭。

办理执行实施案件的人员不得参与相关执行异议和复议案件的审查。

[**3**]**《最高人民法院关于适用〈中华人民共和国民事诉讼法〉的解释》**(2020年12月23日修正)

第四十五条 在一个审判程序中参与过本案审判工作的审判人员，不得再参与该案其他程序的审判。

发回重审的案件，在一审法院作出裁判后又进入第二审程序的，原第二审程序中合议庭组成人员不受前款规定的限制。

[**4**]**《中华人民共和国民事诉讼法》**(2017年6月27日修正)

第一百二十八条 合议庭组成人员确定后，应当在三日内告知当事人。

881.【书面审查原则】

人民法院对执行异议和复议案件实行书面审查。案情复杂、争议较大的，应当进行听证。[1]

执行监督、请示、协调案件原则上实行书面审查，必要时也可以进行听证。

异议人或者复议申请人经合法传唤，无正当理由拒不参加听证，或者未经法庭许可中途退出听证，致使人民法院无法查清相关事实的，由其自行承担不利后果。[2]

法律依据

［1］**《最高人民法院关于人民法院办理执行异议和复议案件若干问题的规定》**（2020 年 12 月 23 日修正）

第十二条　人民法院对执行异议和复议案件实行书面审查。案情复杂、争议较大的，应当进行听证。

［2］**《最高人民法院关于人民法院办理执行异议和复议案件若干问题的规定》**（2020 年 12 月 23 日修正）

第十四条　异议人或者复议申请人经合法传唤，无正当理由拒不参加听证，或者未经法庭许可中途退出听证，致使人民法院无法查清相关事实的，由其自行承担不利后果。

882.【撤回申请的处理】

执行异议、复议案件审查期间，异议人、复议申请人申请撤回异议、复议申请的，是否准许由人民法院裁定。[1]

执行监督案件审查期间，申诉人撤回督促、监督申请的，参照《最高人民法院关于人民法院办理执行异议和复议案件若干问题的规定》第十二条规定办理。

法律依据

［1］**《最高人民法院关于人民法院办理执行异议和复议案件若干问题的规定》**（2020 年 12 月 23 日修正）

第十三条　执行异议、复议案件审查期间，异议人、复议申请人申请撤回异议、复议申请的，是否准许由人民法院裁定。

883. 【执行听证的公开】

执行听证应当公开进行，除涉及国家秘密、个人隐私或法律另有规定的除外。[1]

法律依据

[1]《中华人民共和国民事诉讼法》（2017 年 6 月 27 日修正）

第一百三十四条　人民法院审理民事案件，除涉及国家秘密、个人隐私或者法律另有规定的以外，应当公开进行。

离婚案件，涉及商业秘密的案件，当事人申请不公开审理的，可以不公开审理。

884. 【听证前的准备】

听证前，合议庭应当认真审核案件材料，并可以根据有关规定调查收集必要的证据。[1]

听证参与人对因客观原因不能自行收集的证据，向人民法院提出申请的，人民法院应当调查收集。人民法院认为审查案件需要的证据，可以根据有关规定调查收集。[2]

法律依据

[1]《中华人民共和国民事诉讼法》（2017 年 6 月 27 日修正）

第一百二十九条　审判人员必须认真审核诉讼材料，调查收集必要的证据。

[2]《中华人民共和国民事诉讼法》（2017 年 6 月 27 日修正）

第六十四条　当事人对自己提出的主张，有责任提供证据。

当事人及其诉讼代理人因客观原因不能自行收集的证据，或者人民法院认为审理案件需要的证据，人民法院应当调查收集。

人民法院应当按照法定程序，全面地、客观地审查核实证据。

885. 【执行听证事项的告知】

执行听证应在听证会召开前三天通知听证参与人。

886. 【执行听证开始】

听证会召开前，书记员应当查明听证参与人是否到庭，并宣布听证纪律。

听证时，由审判长核对听证参与人，宣布听证事由和合议庭成员、书记员名单，告知听证参与人有关的权利义务，询问听证参与人是否提出回避申请。[1]

法律依据

[**1**] **《中华人民共和国民事诉讼法》**（2017 年 6 月 27 日修正）

第一百三十七条　开庭审理前，书记员应当查明当事人和其他诉讼参与人是否到庭，宣布法庭纪律。

开庭审理时，由审判长核对当事人，宣布案由，宣布审判人员、书记员名单，告知当事人有关的诉讼权利义务，询问当事人是否提出回避申请。

887. 【听证程序】

听证一般包括调查、辩论和最后陈述等阶段。调查一般按下列顺序进行：

（一）提出申请、异议或复议的一方陈述其主张以及相关事实、理由；

（二）相对方予以承认或者反驳，陈述相关事实、理由；

（三）举证、质证；

（四）合议庭向听证参与人发问，核实有关情况。

888. 【听证的延期】

有下列情形之一的，人民法院可以决定延期召开听证会：

（一）必须出席听证会的听证参与人有正当理由不能出席的；

（二）听证参与人临时提出回避申请，一时难以决定的；

（三）需要通知新的证人到庭，调取新的证据，或者需要补充调查的；

（四）其他应当延期召开听证会的情形。[1]

法律依据

［1］**《中华人民共和国民事诉讼法》**（2017 年 6 月 27 日修正）

第一百四十六条　有下列情形之一的，可以延期开庭审理：

（一）必须到庭的当事人和其他诉讼参与人有正当理由没有到庭的；

（二）当事人临时提出回避申请的；

（三）需要通知新的证人到庭，调取新的证据，重新鉴定、勘验，或者需要补充调查的；

（四）其他应当延期的情形。

889.【听证会的记录】

书记员应当将听证的全部活动记入笔录，听证笔录由合议庭成员、书记员以及各方听证参与人签名。拒绝签名的，记明情况附卷。

听证参与人认为对自己的陈述记录有遗漏或者差错的，有权申请补正。不予补正的，应当将申请记录在案。[1]

法律依据

［1］**《中华人民共和国民事诉讼法》**（2017 年 6 月 27 日修正）

第一百四十七条　书记员应当将法庭审理的全部活动记入笔录，由审判人员和书记员签名。

法庭笔录应当当庭宣读，也可以告知当事人和其他诉讼参与人当庭或者在五日内阅读。当事人和其他诉讼参与人认为对自己的陈述记录有遗漏或者差错的，有权申请补正。如果不予补正，应当将申请记录在案。

法庭笔录由当事人和其他诉讼参与人签名或者盖章。拒绝签名盖章的，记明情况附卷。

第二十五章　执行异议案件

第一节　执行行为异议

890.【执行行为异议的一般规定】

执行过程中，当事人、利害关系人认为执行法院的执行行为违反法律或司法解释规定的，可以向执行法院提出执行行为异议。[1]

执行法院审查处理执行行为异议，应当自收到书面异议之日起十五日内作出裁定。[2]

法律依据

[**1**]**《最高人民法院关于适用〈中华人民共和国民事诉讼法〉执行程序若干问题的解释》**（2020年12月23日修正）

第五条第一款　执行过程中，当事人、利害关系人认为执行法院的执行行为违反法律规定的，可以依照民事诉讼法第二百二十五条的规定提出异议。

[**2**]**《中华人民共和国民事诉讼法》**（2017年6月27日修正）

第二百二十五条　当事人、利害关系人认为执行行为违反法律规定的，可以向负责执行的人民法院提出书面异议。当事人、利害关系人提出书面异议的，人民法院应当自收到书面异议之日起十五日内审查，理由成立的，裁定撤销或者改正；理由不成立的，裁定驳回。当事人、利害关系人对裁定不服的，可以自裁定送达之日起十日内向上一级人民法院申请复议。

《最高人民法院关于适用〈中华人民共和国民事诉讼法〉执行程序若干问题的解释》（2020年12月23日修正）

第五条第二款 执行法院审查处理执行异议，应当自收到书面异议之日起十五日内作出裁定。

891.【执行行为异议的形式要件】

异议人提出执行异议或者复议申请人申请复议，应当向人民法院提交申请书。申请书应当载明具体的异议或者复议请求、事实、理由等内容，并附下列材料：

（一）异议人或者复议申请人的身份证明；

（二）相关证据材料；

（三）送达地址和联系方式。[1]

法律依据

[1]**《最高人民法院关于人民法院办理执行异议和复议案件若干问题的规定》**（2020年12月23日修正）

第一条 异议人提出执行异议或者复议申请人申请复议，应当向人民法院提交申请书。申请书应当载明具体的异议或者复议请求、事实、理由等内容，并附下列材料：

（一）异议人或者复议申请人的身份证明；

（二）相关证据材料；

（三）送达地址和联系方式。

892.【执行行为异议的提出时间】

当事人、利害关系人依照民事诉讼法第二百二十五条规定提出异议的，应当在执行程序终结之前提出①，但对终结执行措施提出异议的除外。[1]

当事人、利害关系人对终结执行行为②提出异议的，应当自收到终结执行法律文书之日起六十日内提出；未收到法律文书的，应当自知道或者应当知道人民法院终结执行之日起六十日内提出。[2]

法律依据

［1］**《最高人民法院关于人民法院办理执行异议和复议案件若干问题的规定》**（2020 年 12 月 23 日修正）

第六条第一款　当事人、利害关系人依照民事诉讼法第二百二十五条规定提出异议的，应当在执行程序终结之前提出，但对终结执行措施提出异议的除外。

［2］**《最高人民法院关于对人民法院终结执行行为提出执行异议期限问题的批复》**（法释〔2016〕3 号）

批复主要内容："湖北省高级人民法院：你院《关于咸宁市广泰置业有限公司与咸宁市枫丹置业有限公司房地产开发经营合同纠纷案的请示》（鄂高法〔2015〕295 号）收悉。经研究，批复如下：当事人、利害关系人依照民事诉讼法第二百二十五条规定对终结执行行为提出异议的，应当自收到终结执行法律文书之日起六十日内提出；未收到法律文书的，应当自知道或者应当知道人民法院终结执行之日起六十日内提出。批复发布前终结执行的，自批复发布之日起六十日内提出。超出该期限提出执行异议的，人民法院不予受理。"

893.【执行行为异议的立案】

执行异议符合民事诉讼法第二百二十五条或者第二百二十七

---

① 执行程序终结后，当事人、利害关系人认为执行法院的执行行为违反法律或司法解释规定，可以向执行法院或上级法院申诉。执行法院或上级法院认为情况属实的，可以按照执行监督程序处理。

② 可以提出异议的终结执行行为，包括执行完毕、终结本次执行程序、终结执行、销案。

条规定条件的，人民法院应当在三日内立案，并在立案后三日内通知异议人和相关当事人。不符合受理条件的，裁定不予受理；立案后发现不符合受理条件的，裁定驳回申请。

执行异议申请材料不齐备的，人民法院应当一次性告知异议人在三日内补足，逾期未补足的，不予受理。

异议人对不予受理或者驳回申请裁定不服的，可以自裁定送达之日起十日内向上一级人民法院申请复议。上一级人民法院审查后认为符合受理条件的，应当裁定撤销原裁定，指令执行法院立案或者对执行异议进行审查。[1]

法律依据

[1]**《最高人民法院关于人民法院办理执行异议和复议案件若干问题的规定》**（2020年12月23日修正）

第二条　执行异议符合民事诉讼法第二百二十五条或者第二百二十七条规定条件的，人民法院应当在三日内立案，并在立案后三日内通知异议人和相关当事人。不符合受理条件的，裁定不予受理；立案后发现不符合受理条件的，裁定驳回申请。

执行异议申请材料不齐备的，人民法院应当一次性告知异议人在三日内补足，逾期未补足的，不予受理。

异议人对不予受理或者驳回申请裁定不服的，可以自裁定送达之日起十日内向上一级人民法院申请复议。上一级人民法院审查后认为符合受理条件的，应当裁定撤销原裁定，指令执行法院立案或者对执行异议进行审查。

894.【消极立案、审查的救济】

执行法院收到执行行为异议后三日内既不立案又不作出不予受理裁定，或者受理后无正当理由超过法定期限不作出异议裁定的，异议人可以向上一级人民法院提出异议。上一级人民法院审查后认为理由成立的，应当指令执行法院在三日内立案或者在十五日内作出异议裁定。[1]

法律依据

［1］《最高人民法院关于人民法院办理执行异议和复议案件若干问题的规定》（2020 年 12 月 23 日修正）

第三条　执行法院收到执行异议后三日内既不立案又不作出不予受理裁定，或者受理后无正当理由超过法定期限不作出异议裁定的，异议人可以向上一级人民法院提出异议。上一级人民法院审查后认为理由成立的，应当指令执行法院在三日内立案或者在十五日内作出异议裁定。

895. 【通知异议人和相关当事人】

人民法院应当在执行异议案件立案后三日内通知异议人和相关当事人。[1]

法律依据

［1］见本规范第 893 条法律依据［1］第二条第一款。

896. 【执行法院变更后的异议审查】

执行案件被指定执行、提级执行、委托执行后，当事人、利害关系人对原执行法院的执行行为提出异议的，由提出异议时负责该案件执行的人民法院审查处理；受指定或者受委托的人民法院是原执行法院的下级人民法院的，仍由原执行法院审查处理。[1]

法律依据

［1］《最高人民法院关于人民法院办理执行异议和复议案件若干问题的规定》（2020 年 12 月 23 日修正）

第四条第一款　执行案件被指定执行、提级执行、委托执行后，当事人、利害关系人对原执行法院的执行行为提出异议的，由提出异议时负责该案件执行的人民法院审查处理；受指定或者受委托的人民法院是原执行法院的下级人民法院的，仍由原执行法院审查处理。

897.【利害关系人的范围】

有下列情形之一的，当事人以外的自然人、法人和非法人组织，可以作为利害关系人提出执行行为异议：

（一）认为人民法院的执行行为违法，妨碍其轮候查封、扣押、冻结的债权受偿的；

（二）认为人民法院的拍卖措施违法，妨碍其参与公平竞价的；

（三）认为人民法院的拍卖、变卖或者以物抵债措施违法，侵害其对执行标的的优先购买权的；

（四）认为人民法院要求协助执行的事项超出其协助范围或者违反法律规定的；

（五）认为其他合法权益受到人民法院违法执行行为侵害的。[1]

法律依据

［**1**］**《最高人民法院关于人民法院办理执行异议和复议案件若干问题的规定》**（2020 年 12 月 23 日修正）

第五条　有下列情形之一的，当事人以外的自然人、法人和非法人组织，可以作为利害关系人提出执行行为异议：

（一）认为人民法院的执行行为违法，妨碍其轮候查封、扣押、冻结的债权受偿的；

（二）认为人民法院的拍卖措施违法，妨碍其参与公平竞价的；

（三）认为人民法院的拍卖、变卖或者以物抵债措施违法，侵害其对执行标的的优先购买权的；

（四）认为人民法院要求协助执行的事项超出其协助范围或者违反法律规定的；

（五）认为其他合法权益受到人民法院违法执行行为侵害的。

898.【执行行为的范围】

当事人、利害关系人认为执行过程中或者执行保全、先予执行裁定过程中的下列行为违法提出异议的，人民法院应当依照民事诉讼法第二百二十五条规定进行审查：

（一）查封、扣押、冻结、拍卖、变卖、以物抵债、暂缓执行、中止执行、终结执行等执行措施；

（二）执行的期间、顺序等应当遵守的法定程序；

（三）人民法院作出的侵害当事人、利害关系人合法权益的其他行为。[1]

法律依据

［1］**《最高人民法院关于人民法院办理执行异议和复议案件若干问题的规定》**（2020 年 12 月 23 日修正）

第七条第一款　当事人、利害关系人认为执行过程中或者执行保全、先予执行裁定过程中的下列行为违法提出异议的，人民法院应当依照民事诉讼法第二百二十五条规定进行审查：

（一）查封、扣押、冻结、拍卖、变卖、以物抵债、暂缓执行、中止执行、终结执行等执行措施；

（二）执行的期间、顺序等应当遵守的法定程序；

（三）人民法院作出的侵害当事人、利害关系人合法权益的其他行为。

899.【2008 年 4 月 1 日前后的执行行为】

当事人、利害关系人根据民事诉讼法第二百二十五条的规定，提出异议或申请复议，只适用于发生在 2008 年 4 月 1 日后作出的执行行为；对于 2008 年 4 月 1 日前发生的执行行为，当事人、利害关系人可以依法提起申诉，按监督案件处理。[1]

法律依据

［1］**《最高人民法院关于执行工作中正确适用修改后民事诉讼法第 202**

条、第204条规定的通知》（法明传〔2008〕1223号）

一、当事人、利害关系人根据民事诉讼法第202条①的规定，提出异议或申请复议，只适用于发生在2008年4月1日后作出的执行行为；对于2008年4月1日前发生的执行行为，当事人、利害关系人可以依法提起申诉，按监督案件处理。

900.【再次提出异议的处理】

当事人、利害关系人对同一执行行为有多个异议事由，但未在异议审查过程中一并提出，撤回异议或者被裁定驳回异议后，再次就该执行行为提出异议的，人民法院不予受理。[1]

法律依据

［1］**《最高人民法院关于人民法院办理执行异议和复议案件若干问题的规定》**（2020年12月23日修正）

第十五条第一款 当事人、利害关系人对同一执行行为有多个异议事由，但未在异议审查过程中一并提出，撤回异议或者被裁定驳回异议后，再次就该执行行为提出异议的，人民法院不予受理。

901.【执行实施机构的配合】

执行审查机构在审查执行行为异议案件过程中，根据案情需要可以向执行实施机构了解案件情况或者调取卷宗。

902.【执行行为异议的审查处理】

人民法院对执行行为异议，经审查应当按照下列情形，分别处理：

（一）异议不成立的，裁定驳回异议②；

① 现为第二百二十五条。

② 发现不符合受理条件的，裁定驳回异议申请；经审查异议不成立的，裁定驳回异议请求。

（二）异议成立的，裁定撤销相关执行行为；

（三）异议部分成立的，裁定变更相关执行行为；

（四）异议成立或者部分成立，但执行行为无撤销、变更内容的，裁定异议成立或者相应部分异议成立。[1]

法律依据

［1］**《最高人民法院关于人民法院办理执行异议和复议案件若干问题的规定》**（2020年12月23日修正）

第十七条　人民法院对执行行为异议，应当按照下列情形，分别处理：

（一）异议不成立的，裁定驳回异议；

（二）异议成立的，裁定撤销相关执行行为；

（三）异议部分成立的，裁定变更相关执行行为；

（四）异议成立或者部分成立，但执行行为无撤销、变更内容的，裁定异议成立或者相应部分异议成立。

903.【申请复议权及其载明】

当事人、利害关系人对执行行为异议裁定不服的，可以自裁定送达之日起十日内向上一级人民法院申请复议。[1]

人民法院依照民事诉讼法第二百二十五条规定作出裁定时，应当告知相关权利人申请复议的权利和期限。[2]

法律依据

［1］**《中华人民共和国民事诉讼法》**（2017年6月27日修正）

第二百二十五条　当事人、利害关系人认为执行行为违反法律规定的，可以向负责执行的人民法院提出书面异议。当事人、利害关系人提出书面异议的，人民法院应当自收到书面异议之日起十五日内审查，理由成立的，裁定撤销或者改正；理由不成立的，裁定驳回。当事人、利害关系人对裁定不服的，可以自裁定送达之日起十日内向上一级人民法院申请复议。

［2］**《最高人民法院关于人民法院办理执行异议和复议案件若干问题的规定》**（2020年12月23日修正）

第十六条第一款 人民法院依照民事诉讼法第二百二十五条规定作出裁定时，应当告知相关权利人申请复议的权利和期限。

904. 【执行行为异议审查期间的执行】

执行行为异议审查期间，不停止执行。

被执行人、利害关系人提供充分、有效的担保请求停止相应处分措施的，人民法院可以准许；申请执行人提供充分、有效的担保请求继续执行的，应当继续执行。[1]

法律依据

[1]**《最高人民法院关于适用〈中华人民共和国民事诉讼法〉执行程序若干问题的解释》**（2020年12月23日修正）

第九条 执行异议审查和复议期间，不停止执行。

被执行人、利害关系人提供充分、有效的担保请求停止相应处分措施的，人民法院可以准许；申请执行人提供充分、有效的担保请求继续执行的，应当继续执行。

905. 【执行行为异议与案外人异议同时提出的处理】

案外人基于实体权利既对执行标的提出排除执行异议又作为利害关系人提出执行行为异议的，人民法院应当依照民事诉讼法第二百二十七条规定进行审查。

案外人既基于实体权利对执行标的提出排除执行异议又作为利害关系人提出与实体权利无关的执行行为异议的，人民法院应当分别依照民事诉讼法第二百二十七条和第二百二十五条规定进行审查。[1]

法律依据

[1]**《最高人民法院关于人民法院办理执行异议和复议案件若干问题的规定》**（2020年12月23日修正）

第八条　案外人基于实体权利既对执行标的提出排除执行异议又作为利害关系人提出执行行为异议的，人民法院应当依照民事诉讼法第二百二十七条规定进行审查。

案外人既基于实体权利对执行标的提出排除执行异议又作为利害关系人提出与实体权利无关的执行行为异议的，人民法院应当分别依照民事诉讼法第二百二十七条和第二百二十五条规定进行审查。

906.【执行行为异议与案外人异议相混淆的处理】

人民法院在审查过程中发现第三人对执行行为提出异议，但其主张的实质内容是对执行标的主张实体权利以对抗执行的，应当告知第三人变更其异议请求的内容和理由，第三人拒不变更的，依照民事诉讼法第二百二十七条的规定处理。

907.【案件受理异议的审查处理】

被执行人认为执行案件不符合受理条件而提出异议，或者虽针对执行通知、执行裁定书等提出异议，但实质是认为执行案件不符合受理条件的，执行审查机构应当参照执行行为异议的规定进行审查。理由成立的，裁定异议成立，并驳回申请执行人的执行申请，已经采取执行措施的，予以纠正；理由不成立的，裁定驳回异议。

异议审查和复议期间，不停止执行。

908.【执行管辖异议的审查处理】

人民法院受理执行申请后，当事人对管辖权有异议的，应当自收到执行通知书之日起十日内提出。[1]

对当事人提出的异议，执行审查机构应当参照执行行为异议的规定进行审查。异议成立的，应当撤销执行案件，并告知当事人向有管辖权的人民法院申请执行①；异议不成立的，裁定驳回。当事人对裁定不服的，可以向上一级人民法院申请复议。[2] 人民法院作出裁定时，应当告知相关权利人申请复议的权利和期限。[3]

管辖权异议审查和复议期间，不停止执行。[4]

法律依据

［1］**《最高人民法院关于适用〈中华人民共和国民事诉讼法〉执行程序若干问题的解释》**（2020 年 12 月 23 日修正）

第三条第一款　人民法院受理执行申请后，当事人对管辖权有异议的，应当自收到执行通知书之日起十日内提出。

［2］**《最高人民法院关于适用〈中华人民共和国民事诉讼法〉执行程序若干问题的解释》**（2020 年 12 月 23 日修正）

第三条第二款　人民法院对当事人提出的异议，应当审查。异议成立的，应当撤销执行案件，并告知当事人向有管辖权的人民法院申请执行；异议不成立的，裁定驳回。当事人对裁定不服的，可以向上一级人民法院申请复议。

《最高人民法院关于执行案件立案、结案若干问题的意见》（法发〔2014〕26 号）

第九条第三项　下列案件，人民法院应当按照执行异议案件予以立案：

（三）人民法院受理执行申请后，当事人对管辖权提出异议的；

［3］**《最高人民法院关于人民法院办理执行异议和复议案件若干问题的规定》**（2020 年 12 月 23 日修正）

第十六条第三款　人民法院作出其他裁定和决定时，法律、司法解释规定了相关权利人申请复议的权利和期限的，应当进行告知。

［4］**《最高人民法院关于适用〈中华人民共和国民事诉讼法〉执行程序若干问题的解释》**（2020 年 12 月 23 日修正）

第三条第三款　管辖权异议审查和复议期间，不停止执行。

① 撤销执行案件后，执行实施机构应当参照本规范第 10 条的规定处理。

909. 【债务人实体异议的审查处理】①

被执行人以债权消灭、丧失强制执行效力[1]等执行依据生效之后的实体事由提出排除执行异议的，人民法院应当参照民事诉讼法第二百二十五条规定进行审查。[2]

除本规范第910条规定的抵销情形外，被执行人以执行依据生效之前的实体事由提出排除执行异议的，人民法院应当告知其依法申请再审或者通过其他程序解决。[3]

发生法律效力的异议或复议裁定确认债务已经消灭或部分消灭的，执行实施机构应当依此确定应执行的标的额。已执行标的额超过应执行标的额的，应当责令申请执行人退回相应案款，拒不退回的，予以强制执行。

法律依据

［1］《最高人民法院关于执行案件立案、结案规定若干问题的意见》（法发〔2014〕26号）

第九条第五项　下列案件，人民法院应当按照执行异议案件予以立案：

（五）被执行人以债权消灭、超过申请执行期间或者其他阻止执行的实体事由提出阻止执行的；

［2］《最高人民法院关于人民法院办理执行异议和复议案件若干问题的规定》（2020年12月23日修正）

第七条第二款　被执行人以债权消灭、丧失强制执行效力等执行依据生效之后的实体事由提出排除执行异议的，人民法院应当参照民事诉讼法第二百二十五条规定进行审查。

［3］《最高人民法院关于人民法院办理执行异议和复议案件若干问题的规定》（2020年12月23日修正）

第七条第三款　除本规定第十九条规定的情形外，被执行人以执行依据生

① 对债务人异议审查时，一般应进行听证。

效之前的实体事由提出排除执行异议的，人民法院应当告知其依法申请再审或者通过其他程序解决。

910.【债务抵销的审查处理】

当事人互负到期债务，被执行人请求抵销，请求抵销的债务符合下列情形的，除依照法律规定或者按照债务性质不得抵销的以外，人民法院应予支持：

（一）已经生效法律文书确定或者经申请执行人认可；

（二）与被执行人所负债务的标的物种类、品质相同。[1]

法律依据

［1］**《最高人民法院关于人民法院办理执行异议和复议案件若干问题的规定》**（2020 年 12 月 23 日修正）

第十九条　当事人互负到期债务，被执行人请求抵销，请求抵销的债务符合下列情形的，除依照法律规定或者按照债务性质不得抵销的以外，人民法院应予支持：

（一）已经生效法律文书确定或者经申请执行人认可；

（二）与被执行人所负债务的标的物种类、品质相同。

第二节　案外人异议

911.【案外人异议的一般规定】

执行过程中，案外人对执行标的主张所有权或者有其他足以排除执行标的转让、交付的实体权利的，可以向执行法院提出案外人异议。[1]

对案外人提出的异议，人民法院应当自收到书面异议之日起十五日内审查。[2]

法律依据

［**1**］**《最高人民法院关于适用〈中华人民共和国民事诉讼法〉执行程序若干问题的解释》**（2020 年 12 月 23 日修正）

第五条　执行过程中，当事人、利害关系人认为执行法院的执行行为违反法律规定的，可以依照民事诉讼法第二百二十五条的规定提出异议。

执行法院审查处理执行异议，应当自收到书面异议之日起十五日内作出裁定。

［**2**］**《中华人民共和国民事诉讼法》**（2017 年 6 月 27 日修正）

第二百二十七条　执行过程中，案外人对执行标的提出书面异议的，人民法院应当自收到书面异议之日起十五日内审查，理由成立的，裁定中止对该标的的执行；理由不成立的，裁定驳回。案外人、当事人对裁定不服，认为原判决、裁定错误的，依照审判监督程序办理；与原判决、裁定无关的，可以自裁定送达之日起十五日内向人民法院提起诉讼。

912. 【案外人异议的形式要件】

异议人提出执行异议或者复议申请人申请复议，应当向人民法院提交申请书。申请书应当载明具体的异议或者复议请求、事实、理由等内容，并附下列材料：

（一）异议人或者复议申请人的身份证明；

（二）相关证据材料；

（三）送达地址和联系方式。[1]

法律依据

［**1**］**《最高人民法院关于人民法院办理执行异议和复议案件若干问题的规定》**（2020 年 12 月 23 日修正）

第一条　异议人提出执行异议或者复议申请人申请复议，应当向人民法院提交申请书。申请书应当载明具体的异议或者复议请求、事实、理由等内容，并附下列材料：

（一）异议人或者复议申请人的身份证明；

（二）相关证据材料；

（三）送达地址和联系方式。

913. 【案外人异议的提出时间】

案外人依照民事诉讼法第二百二十七条规定提出异议的，应当在异议指向的执行标的执行终结之前提出；执行标的由当事人受让的，应当在执行程序终结之前提出。[1]

法律依据

[1] **《最高人民法院关于人民法院办理执行异议和复议案件若干问题的规定》**（2020年12月23日修正）

第六条第二款　案外人依照民事诉讼法第二百二十七条规定提出异议的，应当在异议指向的执行标的执行终结之前提出；执行标的由当事人受让的，应当在执行程序终结之前提出。

914. 【案外人异议的立案】

案外人异议符合民事诉讼法第二百二十七条规定条件的，人民法院应当在三日内立案。不符合受理条件的，裁定不予受理；立案后发现不符合受理条件的，裁定驳回申请。

案外人异议申请材料不齐备的，人民法院应当一次性告知异议人在三日内补足，逾期未补足的，不予受理。

异议人对不予受理或者驳回申请裁定不服的，可以自裁定送达之日起十日内向上一级人民法院申请复议。[1]

法律依据

[1] **《最高人民法院关于人民法院办理执行异议和复议案件若干问题的规定》**（2020年12月23日修正）

第二条　执行异议符合民事诉讼法第二百二十五条或者第二百二十七条规定条件的，人民法院应当在三日内立案，并在立案后三日内通知异议人和相关当事人。不符合受理条件的，裁定不予受理；立案后发现不符合受理条件的，裁定驳回申请。

执行异议申请材料不齐备的，人民法院应当一次性告知异议人在三日内补足，逾期未补足的，不予受理。

异议人对不予受理或者驳回申请裁定不服的，可以自裁定送达之日起十日内向上一级人民法院申请复议。上一级人民法院审查后认为符合受理条件的，应当裁定撤销原裁定，指令执行法院立案或者对执行异议进行审查。

915.【消极立案、审查的救济】

执行法院收到案外人异议后三日内既不立案又不作出不予受理裁定，或者受理后无正当理由超过法定期限不作出异议裁定的，异议人可以向上一级人民法院提出异议。上一级人民法院审查后认为理由成立的，应当指令执行法院在三日内立案或者在十五日内作出异议裁定。[1]

法律依据

[1]《最高人民法院关于人民法院办理执行异议和复议案件若干问题的规定》（2020 年 12 月 23 日修正）

第三条　执行法院收到执行异议后三日内既不立案又不作出不予受理裁定，或者受理后无正当理由超过法定期限不作出异议裁定的，异议人可以向上一级人民法院提出异议。上一级人民法院审查后认为理由成立的，应当指令执行法院在三日内立案或者在十五日内作出异议裁定。

916.【通知异议人和相关当事人】

人民法院应当在案外人异议案件立案后三日内通知异议人和相关当事人。[1]

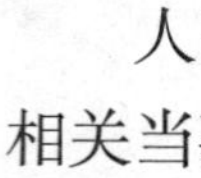

法律依据

[1]《最高人民法院关于人民法院办理执行异议和复议案件若干问题的规定》（2020 年 12 月 23 日修正）

见本规范第914条法律依据［1］第一款。

917. 【执行法院变更后的异议审查】

执行案件被指定执行、提级执行、委托执行后，案外人对原执行法院的执行标的提出异议的，由提出异议时负责该案件执行的人民法院审查处理；受指定或者受委托的人民法院是原执行法院的下级人民法院的，仍由原执行法院审查处理。[1]

首先查封、扣押、冻结法院将财产移送其他法院执行后，案外人对该财产提出异议的，参照前款规定审查处理。

法律依据

［1］**《最高人民法院关于人民法院办理执行异议和复议案件若干问题的规定》**（2020年12月23日修正）

第四条第二款　执行案件被指定执行、提级执行、委托执行后，案外人对原执行法院的执行标的提出异议的，参照前款规定处理。

918. 【再次提出异议的处理】

案外人撤回异议或者被裁定驳回异议后，再次就同一执行标的提出异议的，人民法院不予受理。[1]

法律依据

［1］**《最高人民法院关于人民法院办理执行异议和复议案件若干问题的规定》**（2020年12月23日修正）

第十五条第二款　案外人撤回异议或者被裁定驳回异议后，再次就同一执行标的提出异议的，人民法院不予受理。

919. 【执行实施机构的配合】

执行审查机构在审查案外人异议案件过程中，根据案情需要可以向执行实施机构了解案件情况或者调取卷宗。

920.【案外人异议案件的审查内容】

对案外人提出的排除执行异议，人民法院应当审查下列内容：

（一）案外人是否系权利人；

（二）该权利的合法性与真实性；

（三）该权利能否排除执行。[1]

法律依据

[1]《最高人民法院关于人民法院办理执行异议和复议案件若干问题的规定》（2020年12月23日修正）

第二十四条　对案外人提出的排除执行异议，人民法院应当审查下列内容：

（一）案外人是否系权利人；

（二）该权利的合法性与真实性；

（三）该权利能否排除执行。

921.【权利人的判断标准】

对案外人的异议，人民法院应当按照下列标准判断其是否系权利人：

（一）已登记的不动产，按照不动产登记簿判断；未登记的建筑物、构筑物及其附属设施，按照土地使用权登记簿、建设工程规划许可、施工许可等相关证据判断；

（二）已登记的机动车、船舶、航空器等特定动产，按照相关管理部门的登记判断；未登记的特定动产和其他动产，按照实际占有情况判断；

（三）银行存款和存管在金融机构的有价证券，按照金融机构和登记结算机构登记的账户名称判断；有价证券由具备合法经营资质的托管机构名义持有的，按照该机构登记的实际投资人账户名称判断；

（四）股权按照市场监督管理机关的登记和企业信用信息公示系统公示的信息判断；

（五）其他财产和权利，有登记的，按照登记机构的登记判断；无登记的，按照合同等证明财产权属或者权利人的证据判断。

案外人依据另案生效法律文书提出排除执行异议，该法律文书认定的执行标的权利人与依照前款规定得出的判断不一致的，依照本规范第922条规定处理。[1]

法律依据

［1］**《最高人民法院关于人民法院办理执行异议和复议案件若干问题的规定》**（2020年12月23日修正）

第二十五条　对案外人的异议，人民法院应当按照下列标准判断其是否系权利人：

（一）已登记的不动产，按照不动产登记簿判断；未登记的建筑物、构筑物及其附属设施，按照土地使用权登记簿、建设工程规划许可、施工许可等相关证据判断；

（二）已登记的机动车、船舶、航空器等特定动产，按照相关管理部门的登记判断；未登记的特定动产和其他动产，按照实际占有情况判断；

（三）银行存款和存管在金融机构的有价证券，按照金融机构和登记结算机构登记的账户名称判断；有价证券由具备合法经营资质的托管机构名义持有的，按照该机构登记的实际出资人账户名称判断；

（四）股权按照工商行政管理机关的登记和企业信用信息公示系统公示的信息判断；

（五）其他财产和权利，有登记的，按照登记机构的登记判断；无登记的，按照合同等证明财产权属或者权利人的证据判断。

案外人依据另案生效法律文书提出排除执行异议，该法律文书认定的执行标的权利人与依照前款规定得出的判断不一致的，依照本规定第二十六条规定处理。

922. 【另案生效法律文书排除执行异议的处理】

金钱债权执行中，案外人依据执行标的被查封、扣押、冻结前作出的另案生效法律文书提出排除执行异议，人民法院应当按照下列情形，分别处理：

（一）该法律文书系就案外人与被执行人之间的权属纠纷以及租赁、借用、保管等不以转移财产权属为目的的合同纠纷，判决、裁决执行标的归属于案外人或者向其返还执行标的且其权利能够排除执行的，应予支持；

（二）该法律文书系就案外人与被执行人之间除前项所列合同之外的债权纠纷，判决、裁决执行标的归属于案外人或者向其交付、返还执行标的的，不予支持；

（三）该法律文书系案外人受让执行标的的拍卖、变卖成交裁定或者以物抵债裁定且其权利能够排除执行的，应予支持。

金钱债权执行中，案外人依据执行标的被查封、扣押、冻结后作出的另案生效法律文书提出排除执行异议的，人民法院不予支持。

非金钱债权执行中，案外人依据另案生效法律文书提出排除执行异议，该法律文书对执行标的的权属作出不同认定的，人民法院应当告知案外人依法申请再审或者通过其他程序解决。

申请执行人或者案外人不服人民法院依照本条第一、二款规定作出的裁定，可以依照民事诉讼法第二百二十七条规定提起执行异议之诉。[1]

法律依据

［1］**《最高人民法院关于人民法院办理执行异议和复议案件若干问题的规定》**（2020 年 12 月 23 日修正）

第二十六条　金钱债权执行中，案外人依据执行标的被查封、扣押、冻结前作出的另案生效法律文书提出排除执行异议，人民法院应当按照下列情形，分别处理：

（一）该法律文书系就案外人与被执行人之间的权属纠纷以及租赁、借用、保管等不以转移财产权属为目的的合同纠纷，判决、裁决执行标的归属于案外人或者向其返还执行标的且其权利能够排除执行的，应予支持；

（二）该法律文书系就案外人与被执行人之间除前项所列合同之外的债权纠纷，判决、裁决执行标的归属于案外人或者向其交付、返还执行标的的，不予支持。

（三）该法律文书系案外人受让执行标的的拍卖、变卖成交裁定或者以物抵债裁定且其权利能够排除执行的，应予支持。

金钱债权执行中，案外人依据执行标的被查封、扣押、冻结后作出的另案生效法律文书提出排除执行异议的，人民法院不予支持。

非金钱债权执行中，案外人依据另案生效法律文书提出排除执行异议，该法律文书对执行标的的权属作出不同认定的，人民法院应当告知案外人依法申请再审或者通过其他程序解决。

申请执行人或者案外人不服人民法院依照本条第一、二款规定作出的裁定，可以依照民事诉讼法第二百二十七条规定提起执行异议之诉。

923. 【案外人异议的审查处理】

案外人对执行标的提出的异议，经审查，按照下列情形分别处理：

（一）案外人对执行标的不享有足以排除强制执行的权益的，裁定驳回其异议；

（二）案外人对执行标的享有足以排除强制执行的权益的，裁定中止执行。[1]

法律依据

[1]《最高人民法院关于适用〈中华人民共和国民事诉讼法〉的解释》（2020 年 12 月 23 日修正）

第四百六十五条 案外人对执行标的提出的异议，经审查，按照下列情形分别处理：

（一）案外人对执行标的不享有足以排除强制执行的权益的，裁定驳回其异议；

（二）案外人对执行标的享有足以排除强制执行的权益的，裁定中止执行。

驳回案外人执行异议裁定送达案外人之日起十五日内，人民法院不得对执行标的进行处分。

924. 【救济途径及其载明】

当事人、案外人对案外人异议裁定不服，认为原判决、裁定错误的，依照审判监督程序办理；认为与原判决、裁定无关的，可以自裁定送达之日起十五日内向人民法院提起诉讼。[1]

人民法院依照民事诉讼法第二百二十七条规定作出裁定时，应当告知相关权利人提起执行异议之诉的权利和期限。[2]

法律依据

［1］**《中华人民共和国民事诉讼法》**（2017 年 6 月 27 日修正）

第二百二十七条　执行过程中，案外人对执行标的提出书面异议的，人民法院应当自收到书面异议之日起十五日内审查，理由成立的，裁定中止对该标的的执行；理由不成立的，裁定驳回。案外人、当事人对裁定不服，认为原判决、裁定错误的，依照审判监督程序办理；与原判决、裁定无关的，可以自裁定送达之日起十五日内向人民法院提起诉讼。

［2］**《最高人民法院关于人民法院办理执行异议和复议案件若干问题的规定》**（2020 年 12 月 23 日修正）

第十六条　人民法院依照民事诉讼法第二百二十五条规定作出裁定时，应当告知相关权利人申请复议的权利和期限。

人民法院依照民事诉讼法第二百二十七条规定作出裁定时，应当告知相关权利人提起执行异议之诉的权利和期限。

人民法院作出其他裁定和决定时，法律、司法解释规定了相关权利人申请复议的权利和期限的，应当进行告知。

925.【案外人异议审查期间的执行】

案外人异议审查期间以及驳回案外人执行异议裁定送达案外人之日起十五日内，人民法院不得对执行标的进行处分。[1]

案外人向人民法院提供充分、有效的担保请求解除对异议标的的查封、扣押、冻结的，人民法院可以准许；申请执行人提供充分、有效的担保请求继续执行的，应当继续执行。[2]

因案外人提供担保解除查封、扣押、冻结有错误，致使该标的无法执行的，人民法院可以直接执行担保财产；申请执行人提供担保请求继续执行有错误，给对方造成损失的，应当予以赔偿。[3]

法律依据

［1］**《最高人民法院关于适用〈中华人民共和国民事诉讼法〉执行程序若干问题的解释》**（2020年12月23日修正）

第十五条第一款　案外人异议审查期间，人民法院不得对执行标的进行处分。

《最高人民法院关于适用〈中华人民共和国民事诉讼法〉的解释》（2020年12月23日修正）

第四百六十五条第二款　驳回案外人执行异议裁定送达案外人之日起十五日内，人民法院不得对执行标的进行处分。

［2］**《最高人民法院关于适用〈中华人民共和国民事诉讼法〉执行程序若干问题的解释》**（2020年12月23日修正）

第十六条第二款　案外人向人民法院提供充分、有效的担保请求解除对异议标的的查封、扣押、冻结的，人民法院可以准许；申请执行人提供充分、有效的担保请求继续执行的，应当继续执行。

［3］**《最高人民法院关于适用〈中华人民共和国民事诉讼法〉执行程序若干问题的解释》**（2020年12月23日修正）

第十五条第三款　因案外人提供担保解除查封、扣押、冻结有错误，致使该标的无法执行的，人民法院可以直接执行担保财产；申请执行人提供担保请求继续执行有错误，给对方造成损失的，应当予以赔偿。

926. 【案外人异议之诉审理期间的执行】

案外人执行异议之诉审理期间，人民法院不得对执行标的进行处分。申请执行人请求人民法院继续执行并提供相应担保的，人民法院可以准许①。

被执行人与案外人恶意串通，通过执行异议、执行异议之诉妨害执行的，人民法院应当依照民事诉讼法第一百一十三条[1]规定处理。申请执行人因此受到损害的，可以提起诉讼要求被执行人、案外人赔偿。[2]

法律依据

［**1**］**《中华人民共和国民事诉讼法》**（2017 年 6 月 27 日修正）

第一百一十三条　被执行人与他人恶意串通，通过诉讼、仲裁、调解等方式逃避履行法律文书确定的义务的，人民法院应当根据情节轻重予以罚款、拘留；构成犯罪的，依法追究刑事责任。

［**2**］**《最高人民法院关于适用〈中华人民共和国民事诉讼法〉的解释》**（2020 年 12 月 23 日修正）

第三百一十五条　案外人执行异议之诉审理期间，人民法院不得对执行标的进行处分。申请执行人请求人民法院继续执行并提供相应担保的，人民法院可以准许。

被执行人与案外人恶意串通，通过执行异议、执行异议之诉妨害执行的，人民法院应当依照民事诉讼法第一百一十三条规定处理。申请执行人因此受到损害的，可以提起诉讼要求被执行人、案外人赔偿。

927. 【申请执行人未提起异议之诉的处理】

人民法院对执行标的裁定中止执行后，申请执行人在法律规

① 申请执行人提供担保请求继续执行有错误，被执行人因此受到损害的，申请执行人应当予以赔偿。

定的期间内未提起执行异议之诉的，人民法院应当自起诉期限届满之日起七日内解除对该执行标的采取的执行措施。[1]

法律依据

［1］**《最高人民法院关于适用〈中华人民共和国民事诉讼法〉的解释》**（2020年12月23日修正）

第三百一十六条　人民法院对执行标的裁定中止执行后，申请执行人在法律规定的期间内未提起执行异议之诉的，人民法院应当自起诉期限届满之日起七日内解除对该执行标的采取的执行措施。

928.【案外人异议之诉判决后的处理】

对案外人执行异议之诉，人民法院判决不得对执行标的执行的，执行异议裁定失效。

对申请执行人执行异议之诉，人民法院判决准许对该执行标的执行的，执行异议裁定失效，执行法院可以根据申请执行人的申请或者依职权恢复执行。[1]

法律依据

［1］**《最高人民法院关于适用〈中华人民共和国民事诉讼法〉的解释》**（2020年12月23日修正）

第三百一十四条　对案外人执行异议之诉，人民法院判决不得对执行标的执行的，执行异议裁定失效。

对申请执行人执行异议之诉，人民法院判决准许对该执行标的执行的，执行异议裁定失效，执行法院可以根据申请执行人的申请或者依职权恢复执行。

929.【申请执行人优先受偿权的保护】

申请执行人对执行标的依法享有对抗案外人的担保物权等优先受偿权，人民法院对案外人提出的排除执行异议不予支持，但法律、司法解释另有规定的除外。[1]

法律依据

［1］**《最高人民法院关于人民法院办理执行异议和复议案件若干问题的规定》**（2020 年 12 月 23 日修正）

第二十七条　申请执行人对执行标的依法享有对抗案外人的担保物权等优先受偿权，人民法院对案外人提出的排除执行异议不予支持，但法律、司法解释另有规定的除外。

930. 【无过错买受人物权期待权的保护之一】

被执行人将其所有的需要办理过户登记的财产出卖给第三人，第三人已经支付部分或者全部价款并实际占有该财产，但尚未办理产权过户登记手续的，人民法院可以查封、扣押、冻结；第三人已经支付全部价款并实际占有，但未办理过户登记手续的，如果第三人对此没有过错，人民法院不得查封、扣押、冻结。[1]

法律依据

［1］**《最高人民法院关于人民法院民事执行中查封、扣押、冻结财产的规定》**（2020 年 12 月 23 日修正）

第十五条　被执行人将其所有的需要办理过户登记的财产出卖给第三人，第三人已经支付部分或者全部价款并实际占有该财产，但尚未办理产权过户登记手续的，人民法院可以查封、扣押、冻结；第三人已经支付全部价款并实际占有，但未办理过户登记手续的，如果第三人对此没有过错，人民法院不得查封、扣押、冻结。

931. 【无过错买受人物权期待权的保护之二】

金钱债权执行中，买受人对登记在被执行人名下的不动产提出异议，符合下列情形且其权利能够排除执行的，人民法院应予支持：

（一）在人民法院查封之前已签订合法有效的书面买卖合同；

（二）在人民法院查封之前已合法占有该不动产；

（三）已支付全部价款，或者已按照合同约定支付部分价款且将剩余价款按照人民法院的要求交付执行；

（四）非因买受人自身原因未办理过户登记。[1]

法律依据

[1]《最高人民法院关于人民法院办理执行异议和复议案件若干问题的规定》（2020 年 12 月 23 日修正）

第二十八条　金钱债权执行中，买受人对登记在被执行人名下的不动产提出异议，符合下列情形且其权利能够排除执行的，人民法院应予支持：

（一）在人民法院查封之前已签订合法有效的书面买卖合同；

（二）在人民法院查封之前已合法占有该不动产；

（三）已支付全部价款，或者已按照合同约定支付部分价款且将剩余价款按照人民法院的要求交付执行；

（四）非因买受人自身原因未办理过户登记。

932.【消费者物权期待权的保护】

金钱债权执行中，买受人对登记在被执行的房地产开发企业名下的商品房提出异议，符合下列情形且其权利能够排除执行的，人民法院应予支持：

（一）在人民法院查封之前已签订合法有效的书面买卖合同；

（二）所购商品房系用于居住且买受人名下无其他用于居住的房屋；

（三）已支付的价款超过合同约定总价款的百分之五十。[1]

买受人对登记在被执行的房地产开发企业名下的商品房提出异议，符合本规范第 931 条规定的情形，且其权利能够排除执行的，人民法院应予支持。

法律依据

［1］**《最高人民法院关于人民法院办理执行异议和复议案件若干问题的规定》**（2020 年 12 月 23 日修正）

第二十九条　金钱债权执行中，买受人对登记在被执行的房地产开发企业名下的商品房提出异议，符合下列情形且其权利能够排除执行的，人民法院应予支持：

（一）在人民法院查封之前已签订合法有效的书面买卖合同；

（二）所购商品房系用于居住且买受人名下无其他用于居住的房屋；

（三）已支付的价款超过合同约定总价款的百分之五十。

933.【建设工程价款优先受偿权与消费者保护】

人民法院在办理执行案件中，应当依照民法典第八百零七条[1]的规定，认定建筑工程的承包人的优先受偿权优于抵押权和其他债权。但消费者交付购买商品房的全部或者大部分款项后，承包人就该商品房享有的工程价款优先受偿权不得对抗买受人。

法律依据

［1］**《中华人民共和国民法典》**（2020 年 5 月 28 日）

第八百零七条　发包人未按照约定支付价款的，承包人可以催告发包人在合理期限内支付价款。发包人逾期不支付的，除根据建设工程的性质不宜折价、拍卖的外，承包人可以与发包人协议将该工程折价，也可以请求人民法院将该工程依法拍卖。建设工程的价款就该工程折价或者拍卖的价款优先受偿。

934.【不动产预告登记的保护】

金钱债权执行中，对被查封的办理了受让物权预告登记的不动产，受让人提出停止处分异议的，人民法院应予支持；符合物权登记条件，受让人提出排除执行异议的，应予支持。[1]

法律依据

［1］**《中华人民共和国民法典》**（2020 年 5 月 28 日）

第二百二十一条　当事人签订买卖房屋的协议或者签订其他不动产物权的协议，为保障将来实现物权，按照约定可以向登记机构申请预告登记。预告登记后，未经预告登记的权利人同意，处分该不动产的，不发生物权效力。

预告登记后，债权消灭或者自能够进行不动产登记之日起九十日内未申请登记的，预告登记失效。

《最高人民法院关于人民法院办理执行异议和复议案件若干问题的规定》（2020 年 12 月 23 日修正）

第三十条　金钱债权执行中，对被查封的办理了受让物权预告登记的不动产，受让人提出停止处分异议的，人民法院应予支持；符合物权登记条件，受让人提出排除执行异议的，应予支持。

935.【不动产租赁权的保护】

承租人请求在租赁期内阻止向受让人移交占有被执行的不动产，在人民法院查封之前已签订合法有效的书面租赁合同并占有使用该不动产的，人民法院应予支持。

承租人与被执行人恶意串通，以明显不合理的低价承租被执行的不动产或者伪造交付租金证据的，对其提出的阻止移交占有的请求，人民法院不予支持。[1]

法律依据

［1］**《最高人民法院关于人民法院办理执行异议和复议案件若干问题的规定》**（2020 年 12 月 23 日修正）

第三十一条　承租人请求在租赁期内阻止向受让人移交占有被执行的不动产，在人民法院查封之前已签订合法有效的书面租赁合同并占有使用该不动产的，人民法院应予支持。

承租人与被执行人恶意串通，以明显不合理的低价承租被执行的不动产或者伪造交付租金证据的，对其提出的阻止移交占有的请求，人民法院不予支持。

第三节　不予执行

936.【不予执行的一般规定】

申请执行人申请执行仲裁裁决或公证机关依法赋予强制执行效力的债权文书，人民法院受理执行申请后，被执行人可以向执行法院申请不予执行该仲裁裁决或公证债权文书。[1]

法律依据

[1]《中华人民共和国民事诉讼法》（2017年6月27日修正）

第二百三十七条　对依法设立的仲裁机构的裁决，一方当事人不履行的，对方当事人可以向有管辖权的人民法院申请执行。受申请的人民法院应当执行。

被申请人提出证据证明仲裁裁决有下列情形之一的，经人民法院组成合议庭审查核实，裁定不予执行：

（一）当事人在合同中没有订有仲裁条款或者事后没有达成书面仲裁协议的；

（二）裁决的事项不属于仲裁协议的范围或者仲裁机构无权仲裁的；

（三）仲裁庭的组成或者仲裁的程序违反法定程序的；

（四）裁决所根据的证据是伪造的；

（五）对方当事人向仲裁机构隐瞒了足以影响公正裁决的证据的；

（六）仲裁员在仲裁该案时有贪污受贿，徇私舞弊，枉法裁决行为的。

人民法院认定执行该裁决违背社会公共利益的，裁定不予执行。

裁定书应当送达双方当事人和仲裁机构。

仲裁裁决被人民法院裁定不予执行的，当事人可以根据双方达成的书面仲裁协议重新申请仲裁，也可以向人民法院起诉。

第二百三十八条　对公证机关依法赋予强制执行效力的债权文书，一方当事人不履行的，对方当事人可以向有管辖权的人民法院申请执行，受申请的人民法院应当执行。

公证债权文书确有错误的，人民法院裁定不予执行，并将裁定书送达双方当事人和公证机关。

937. 【不予执行的提出时间】

当事人请求不予执行仲裁裁决或者公证债权文书的，应当在执行终结①前向执行法院提出。[1]

法律依据

[1]《最高人民法院关于适用〈中华人民共和国民事诉讼法〉的解释》（2020 年 12 月 23 日修正）

第四百八十一条　当事人请求不予执行仲裁裁决或者公证债权文书的，应当在执行终结前向执行法院提出。

938. 【不予执行仲裁裁决的审查处理】

被执行人提出证据证明仲裁裁决有下列情形之一的，经审查核实，裁定不予执行：

（一）当事人在合同中没有订有仲裁条款或者事后没有达成书面仲裁协议的；

（二）裁决的事项不属于仲裁协议的范围或者仲裁机构无权仲裁的；

（三）仲裁庭的组成或者仲裁的程序违反法定程序的；

（四）裁决所根据的证据是伪造的；

（五）对方当事人向仲裁机构隐瞒了足以影响公正裁决的证据的；

（六）仲裁员在仲裁该案时有贪污受贿，徇私舞弊，枉法裁决行为的。[1]

---

① 这里的“执行终结”指执行程序全部终结，不包括终结本次执行程序。

经审查不符合前款规定情形的，裁定驳回不予执行仲裁裁决申请。

人民法院认定执行该裁决违背社会公共利益的，裁定不予执行。[2]

裁定不予执行仲裁裁决的，裁定书应当送达双方当事人和仲裁机构。[3]

法律依据

[**1**]**《中华人民共和国民事诉讼法》**（2017年6月27日修正）

第二百三十七条第二款　被申请人提出证据证明仲裁裁决有下列情形之一的，经人民法院组成合议庭审查核实，裁定不予执行：

（一）当事人在合同中没有订有仲裁条款或者事后没有达成书面仲裁协议的；

（二）裁决的事项不属于仲裁协议的范围或者仲裁机构无权仲裁的；

（三）仲裁庭的组成或者仲裁的程序违反法定程序的；

（四）裁决所根据的证据是伪造的；

（五）对方当事人向仲裁机构隐瞒了足以影响公正裁决的证据的；

（六）仲裁员在仲裁该案时有贪污受贿，徇私舞弊，枉法裁决行为的。

[**2**]**《中华人民共和国民事诉讼法》**（2017年6月27日修正）

第二百三十七条第三款　人民法院认定执行该裁决违背社会公共利益的，裁定不予执行。

[**3**]**《中华人民共和国民事诉讼法》**（2017年6月27日修正）

第二百三十七条第四款　裁定书应当送达双方当事人和仲裁机构。

939.【仲裁裁决的部分不予执行】

仲裁机构裁决的事项，部分有本规范第938条第一款、第三款规定情形的，人民法院应当裁定对该部分不予执行。

应当不予执行部分与其他部分不可分的，人民法院应当裁定不予执行仲裁裁决。[1]

法律依据

[1]《最高人民法院关于适用〈中华人民共和国民事诉讼法〉的解释》（2020 年 12 月 23 日修正）

第四百七十七条　仲裁机构裁决的事项，部分有民事诉讼法第二百三十七条第二款、第三款规定情形的，人民法院应当裁定对该部分不予执行。

应当不予执行部分与其他部分不可分的，人民法院应当裁定不予执行仲裁裁决。

940.【不予执行仲裁裁决的救济途径】

人民法院裁定不予执行仲裁裁决、驳回不予执行仲裁裁决[1]申请后，当事人对该裁定提出执行异议或者复议的，人民法院不予受理。[2]

仲裁裁决被人民法院裁定不予执行的，当事人可以根据双方达成的书面仲裁协议重新申请仲裁，也可以向人民法院起诉。[3]

法律依据

[1]《最高人民法院〈关于人民法院是否受理当事人因对驳回不予执行仲裁裁决申请的裁决不服而申请复方的请示〉的复函》[（2015）执他字第 15 号复函]

复函主要内容："参照《最高人民法院关于适用〈中华人民共和国民事诉讼法〉的解释》第四百七十八①条规定，人民法院裁定驳回不予执行仲裁裁决申请后，当事人对该裁定提出执行异议或者复议的，人民法院不予受理。该裁定确有错误的，可以通过执行监督程序解决。"

[2]《最高人民法院关于适用〈中华人民共和国民事诉讼法〉的解释》（2020 年 12 月 23 日修正）

第四百七十八条　依照民事诉讼法第二百三十七条第二款、第三款规定，人民法院裁定不予执行仲裁裁决后，当事人对该裁定提出执行异议或者复议

① 现为第四百七十八条。

的，人民法院不予受理。当事人可以就该民事纠纷重新达成书面仲裁协议申请仲裁，也可以向人民法院起诉。

［**3**］**《中华人民共和国民事诉讼法》**（2017 年 6 月 27 日修正）

第二百三十七条第五款　仲裁裁决被人民法院裁定不予执行的，当事人可以根据双方达成的书面仲裁协议重新申请仲裁，也可以向人民法院起诉。

941.【没有仲裁协议、违反法定程序的认定】

本规范第 938 条第一款第一项规定的“没有订有仲裁协议”是指当事人没有达成仲裁协议。仲裁协议被认定无效或者被撤销的，视为没有仲裁协议。[1]

本规范第 938 条第一款第三项规定的“违反法定程序”，是指违反仲裁法规定的仲裁程序和当事人选择的仲裁规则可能影响案件正确裁决的情形。[2]

法律依据

［**1**］**《最高人民法院关于适用〈中华人民共和国仲裁法〉若干问题的解释》**（法释〔2006〕7 号）

第十八条　仲裁法第五十八条第一款第一项规定的“没有仲裁协议”是指当事人没有达成仲裁协议。仲裁协议被认定无效或者被撤销的，视为没有仲裁协议。

［**2**］**《最高人民法院关于适用〈中华人民共和国仲裁法〉若干问题的解释》**（法释〔2006〕7 号）

第二十条　仲裁法第五十八条规定的“违反法定程序”，是指违反仲裁法规定的仲裁程序和当事人选择的仲裁规则可能影响案件正确裁决的情形。

942.【撤销与不予执行相同理由抗辩的禁止】

当事人向人民法院申请撤销仲裁裁决被驳回后，又在执行程序中以相同理由提出不予执行抗辩的，人民法院不予支持。[1]

法律依据

［1］**《最高人民法院关于适用〈中华人民共和国仲裁法〉若干问题的解释》**（法释〔2006〕7号）

第二十六条　当事人向人民法院申请撤销仲裁裁决被驳回后，又在执行程序中以相同理由提出不予执行抗辩的，人民法院不予支持。

943. 【仲裁协议效力的抗辩】

当事人在仲裁程序中未对仲裁协议的效力提出异议，在仲裁裁决作出后以仲裁协议无效为由提出不予执行抗辩的，人民法院不予支持。

当事人在仲裁程序中对仲裁协议的效力提出异议，在仲裁裁决作出后又以此为由提出不予执行抗辩，经审查符合本规范第938条、第758条规定的，人民法院应予支持。[1]

法律依据

［1］**《最高人民法院关于适用〈中华人民共和国仲裁法〉若干问题的解释》**（法释〔2006〕7号）

第二十七条　当事人在仲裁程序中未对仲裁协议的效力提出异议，在仲裁裁决作出后以仲裁协议无效为由主张撤销仲裁裁决或者提出不予执行抗辩的，人民法院不予支持。

当事人在仲裁程序中对仲裁协议的效力提出异议，在仲裁裁决作出后又以此为由主张撤销仲裁裁决或者提出不予执行抗辩，经审查符合仲裁法第五十八条或者民事诉讼法第二百一十三条①、第二百五十八条②规定的，人民法院应予支持。

944. 【仲裁调解书申请不予执行的禁止】

当事人请求不予执行仲裁调解书或者根据当事人之间的和解

① 现为第二百三十七条。

② 现为第二百七十四条。

协议作出的仲裁裁决书的，人民法院不予支持。[1]

法律依据

［1］《最高人民法院关于适用〈中华人民共和国仲裁法〉若干问题的解释》（法释〔2006〕7 号）

第二十八条　当事人请求不予执行仲裁调解书或者根据当事人之间的和解协议作出的仲裁裁决书的，人民法院不予支持。

945.【仲裁机构的配合】

根据审查不予执行仲裁裁决案件的实际需要，人民法院可以要求仲裁机构作出说明或者向相关仲裁机构调阅仲裁案卷。

人民法院在审查不予执行仲裁裁决案件过程中作出的裁定，可以送相关的仲裁机构。[1]

法律依据

［1］《最高人民法院关于适用〈中华人民共和国仲裁法〉若干问题的解释》（法释〔2006〕7 号）

第三十条　根据审理撤销、执行仲裁裁决案件的实际需要，人民法院可以要求仲裁机构作出说明或者向相关仲裁机构调阅仲裁案卷。

人民法院在办理涉及仲裁的案件过程中作出的裁定，可以送相关的仲裁机构。

946.【申请不予执行涉外仲裁裁决、香港、澳门仲裁裁决的审查处理】

对涉外仲裁裁决、香港仲裁裁决、澳门仲裁裁决的不予执行申请，适用本规范第 758 条、第 759 条、第 799 条、第 828 条的规定审查处理。

947.【申请不予执行劳动争议仲裁裁决的处理】

申请执行人申请人民法院执行劳动争议仲裁机构作出的发生法律效力的裁决书、调解书，被执行人提出证据证明劳动争议仲裁裁决书、调解书有下列情形之一，并经审查核实的，人民法院可以根据民事诉讼法第二百三十七条[1]规定裁定不予执行：

当事人申请人民法院执行劳动争议仲裁机构作出的发生法律效力的裁决书、调解书，被申请人提出证据证明劳动争议仲裁裁决书、调解书有下列情形之一，并经审查核实的，人民法院可以根据民事诉讼法第二百三十七条规定，裁定不予执行：

（一）裁决的事项不属于劳动争议仲裁范围，或者劳动争议仲裁机构无权仲裁的；

（二）适用法律法规确有错误的；

（三）违反法定程序的；

（四）裁决所根据的证据是伪造的；

（五）对方当事人隐瞒了足以影响公正裁决的证据的；

（六）仲裁员在仲裁该案时有索贿受贿、徇私舞弊、枉法裁决行为的；

（七）人民法院认定执行该劳动争议仲裁裁决违背社会公共利益的。

人民法院在不予执行的裁定书中，应当告知当事人在收到裁定书之次日起三十日内，可以就该劳动争议事项向人民法院起诉。

法律依据

［1］**《中华人民共和国民事诉讼法》**（2017 年 6 月 27 日修正）

第二百三十七条　对依法设立的仲裁机构的裁决，一方当事人不履行的，对方当事人可以向有管辖权的人民法院申请执行。受申请的人民法院应当执行。

被申请人提出证据证明仲裁裁决有下列情形之一的，经人民法院组成合议庭审查核实，裁定不予执行：

（一）裁决的事项不属于劳动争议仲裁范围，或者劳动争议仲裁机构无权仲裁的；

（二）适用法律法规确有错误的；

（三）违反法定程序的；

（四）裁决所根据的证据是伪造的；

（五）对方当事人隐瞒了足以影响公正裁决的证据的；

（六）仲裁员在仲裁该案时有索贿受贿、徇私舞弊、枉法裁决行为的；

（七）人民法院认定执行该劳动争议仲裁裁决违背社会公共利益的。

人民法院在不予执行的裁定书中，应当告知当事人在收到裁定书之次日起三十日内，可以就该劳动争议事项向人民法院起诉。

［**2**］**《最高人民法院关于审理劳动争议案件适用法律若干问题的解释（一）》**（法释〔2020〕26 号）

第二十四条　当事人申请人民法院执行劳动争议仲裁机构作出的发生法律效力的裁决书、调解书，被申请人提出证据证明劳动争议仲裁裁决书、调解书有下列情形之一，并经审查核实的，人民法院可以根据民事诉讼法第二百三十七条规定，裁定不予执行：

（一）裁决的事项不属于劳动争议仲裁范围，或者劳动争议仲裁机构无权仲裁的；

（二）适用法律法规确有错误的；

（三）违反法定程序的；

（四）裁决所根据的证据是伪造的；

（五）对方当事人隐瞒了足以影响公正裁决的证据的；

（六）仲裁员在仲裁该案时有索贿受贿、徇私舞弊、枉法裁决行为的；

（七）人民法院认定执行该劳动争议仲裁裁决违背社会公共利益的。

人民法院在不予执行的裁定书中，应当告知当事人在收到裁定书之次日起三十日内，可以就该劳动争议事项向人民法院起诉。

948.【劳动仲裁裁决撤销与不予执行相同理由抗辩的禁止】

对劳动人事争议仲裁委员会作出的终局裁决，用人单位向人民法院申请撤销劳动仲裁裁决被驳回后，又在执行程序中以相同理由提出不予执行抗辩的，人民法院不予支持。[1]

法律依据

［1］**《最高人民法院关于审理劳动争议案件适用法律若干问题的解释(一)》**（法释〔2020〕26号）

第二十五条第三款　用人单位向人民法院申请撤销仲裁裁决被驳回后，又在执行程序中以相同理由提出不予执行抗辩的，人民法院不予支持。

949.【不予执行公证债权文书的审查处理】

有下列情形之一的，可以认定公证债权文书确有错误，应当裁定不予执行：

（一）公证债权文书属于不得赋予强制执行效力的债权文书的；

（二）被执行人一方未亲自或者未委托代理人到场公证等严重违反法律规定的公证程序的；

（三）公证债权文书的内容与事实不符或者违反法律强制性规定的；

（四）公证债权文书未载明被执行人不履行义务或者不完全履行义务时同意接受强制执行的。[1]

经审查不符合前款规定情形的，裁定驳回不予执行公证债权文书申请。

人民法院认定执行该公证债权文书违背社会公共利益的，裁定不予执行。[2]

裁定不予执行公证债权文书的，裁定书应当送达双方当事人和公证机关。[3]

法律依据

［1］**《最高人民法院关于适用〈中华人民共和国民事诉讼法〉的解释》**（2020年12月23日修正）

第四百八十条第一款　有下列情形之一的，可以认定为民事诉讼法第二百三十八条第二款规定的公证债权文书确有错误：

（一）公证债权文书属于不得赋予强制执行效力的债权文书的；

（二）被执行人一方未亲自或者未委托代理人到场公证等严重违反法律规定的公证程序的；

（三）公证债权文书的内容与事实不符或者违反法律强制性规定的；

（四）公证债权文书未载明被执行人不履行义务或者不完全履行义务时同意接受强制执行的。

［**2**］**《最高人民法院关于适用〈中华人民共和国民事诉讼法〉的解释》**（2020年12月23日修正）

第四百八十条第二款　人民法院认定执行该公证债权文书违背社会公共利益的，裁定不予执行。

［**3**］**《中华人民共和国民事诉讼法》**（2017年6月27日修正）

第二百三十八条第二款　公证债权文书确有错误的，人民法院裁定不予执行，并将裁定书送达双方当事人和公证机关。

950.【公证债权文书的部分不予执行】

公证债权文书的事项，部分有本规范第949条规定情形的，人民法院应当裁定对该部分不予执行。

应当不予执行部分与其他部分不可分的，人民法院应当裁定不予执行公证债权文书。①

951.【不予执行公证债权文书审查后的救济途径】

公证债权文书被裁定不予执行后，当事人对该裁定提出执行异议或者复议的，人民法院不予受理。当事人、公证事项的利害关系人可以就债权争议提起诉讼。[1]

当事人不服驳回不予执行公证债权文书申请的裁定的，可以自收到裁定之日起十日内向上一级人民法院申请复议。[2] 人民法院作出裁定时，应当告知其申请复议的权利和期限。[3]

① 参见（2011）执监字第180-1号执行裁定书。

法律依据

［1］《最高人民法院关于适用〈中华人民共和国民事诉讼法〉的解释》（2020年12月23日修正）

第四百八十条第三款　公证债权文书被裁定不予执行后，当事人、公证事项的利害关系人可以就债权争议提起诉讼。

［2］《最高人民法院关于人民法院办理执行异议和复议案件若干问题的规定》（2020年12月23日修正）

第十条　当事人不服驳回不予执行公证债权文书申请的裁定的，可以自收到裁定之日起十日内向上一级人民法院申请复议。上一级人民法院应当自收到复议申请之日起三十日内审查，理由成立的，裁定撤销原裁定，不予执行该公证债权文书；理由不成立的，裁定驳回复议申请。复议期间，不停止执行。

［3］《最高人民法院关于人民法院办理执行异议和复议案件若干问题的规定》（2020年12月23日修正）

第十六条第三款　人民法院作出其他裁定和决定时，法律、司法解释规定了相关权利人申请复议的权利和期限的，应当进行告知。

952.【担保债务公证债权文书的不予执行】

公证债权文书对主债务和担保债务同时赋予强制执行效力的，人民法院应予执行；仅对主债务赋予强制执行效力未涉及担保债务的，对担保债务的执行申请不予受理；仅对担保债务赋予强制执行效力未涉及主债务的，对主债务的执行申请不予受理。

人民法院受理担保债务的执行申请后，被执行人仅以担保合同不属于赋予强制执行效力的公证债权文书范围为由申请不予执行的，不予支持。[1]

法律依据

［1］《最高人民法院关于人民法院办理执行异议和复议案件若干问题的规定》（2020年12月23日修正）

第二十二条　公证债权文书对主债务和担保债务同时赋予强制执行效力

的，人民法院应予执行；仅对主债务赋予强制执行效力未涉及担保债务的，对担保债务的执行申请不予受理；仅对担保债务赋予强制执行效力未涉及主债务的，对主债务的执行申请不予受理。

人民法院受理担保债务的执行申请后，被执行人仅以担保合同不属于赋予强制执行效力的公证债权文书范围为由申请不予执行的，不予支持。

第二十六章　执行复议案件

953.【申请复议的形式要件】

复议申请人申请复议，应当向人民法院提交申请书。申请书应当载明具体的复议请求、事实、理由等内容，并附下列材料：

（一）复议申请人的身份证明；

（二）相关证据材料；

（三）送达地址和联系方式。[1]

法律依据

[1]《最高人民法院关于人民法院办理执行异议和复议案件若干问题的规定》（2020年12月23日修正）

第一条　异议人提出执行异议或者复议申请人申请复议，应当向人民法院提交申请书。申请书应当载明具体的异议或者复议请求、事实、理由等内容，并附下列材料：

（一）异议人或者复议申请人的身份证明；

（二）相关证据材料；

（三）送达地址和联系方式。

954.【执行复议案件的审查处理】

上一级人民法院对不服异议裁定的复议申请审查后，应当按照下列情形，分别处理：

（一）异议裁定认定事实清楚，适用法律正确，结果应予维持的，裁定驳回复议申请，维持异议裁定；

（二）异议裁定认定事实错误，或者适用法律错误，结果应予纠正的，裁定撤销或者变更异议裁定；

（三）异议裁定认定基本事实不清、证据不足的，裁定撤销异议裁定，发回作出裁定的人民法院重新审查，或者查清事实后作出相应裁定；

（四）异议裁定遗漏异议请求或者存在其他严重违反法定程序的情形，裁定撤销异议裁定，发回作出裁定的人民法院重新审查；

（五）异议裁定对应当适用民事诉讼法第二百二十七条规定审查处理的异议，错误适用民事诉讼法第二百二十五条规定审查处理的，裁定撤销异议裁定，发回作出裁定的人民法院重新作出裁定。

除依照本条第一款第三、四、五项发回重新审查或者重新作出裁定的情形外，裁定撤销或者变更异议裁定且执行行为可撤销、变更的，应当同时撤销或者变更该裁定维持的执行行为。

人民法院对发回重新审查的案件作出裁定后，当事人、利害关系人申请复议的，上一级人民法院复议后不得再次发回重新审查。[1]

法律依据

[1]《最高人民法院关于人民法院办理执行异议和复议案件若干问题的规定》（2020 年 12 月 23 日修正）

第二十三条　上一级人民法院对不服异议裁定的复议申请审查后，应当按照下列情形，分别处理：

（一）异议裁定认定事实清楚，适用法律正确，结果应予维持的，裁定驳回复议申请，维持异议裁定；

（二）异议裁定认定事实错误，或者适用法律错误，结果应予纠正的，裁定撤销或者变更异议裁定；

（三）异议裁定认定基本事实不清、证据不足的，裁定撤销异议裁定，发回作出裁定的人民法院重新审查，或者查清事实后作出相应裁定；

（四）异议裁定遗漏异议请求或者存在其他严重违反法定程序的情形，裁定撤销异议裁定，发回作出裁定的人民法院重新审查；

（五）异议裁定对应当适用民事诉讼法第二百二十七条规定审查处理的异议，错误适用民事诉讼法第二百二十五条规定审查处理的，裁定撤销异议裁定，发回作出裁定的人民法院重新作出裁定。

除依照本条第一款第三、四、五项发回重新审查或者重新作出裁定的情形外，裁定撤销或者变更异议裁定且执行行为可撤销、变更的，应当同时撤销或者变更该裁定维持的执行行为。

人民法院对发回重新审查的案件作出裁定后，当事人、利害关系人申请复议的，上一级人民法院复议后不得再次发回重新审查。

955.【不予受理执行异议或驳回异议申请的复议审查】

异议人对不予受理执行异议或者驳回异议申请裁定不服申请复议，上一级人民法院审查后认为符合受理条件的，应当裁定撤销原裁定，指令执行法院立案或者对执行异议进行审查。[1]

法律依据

[1]《最高人民法院关于人民法院办理执行异议和复议案件若干问题的规定》（2020年12月23日修正）

第二条第三款　异议人对不予受理或者驳回申请裁定不服的，可以自裁定送达之日起十日内向上一级人民法院申请复议。上一级人民法院审查后认为符合受理条件的，应当裁定撤销原裁定，指令执行法院立案或者对执行异议进行审查。

956.【多人复议的一并审查】

多方当事人对同一异议裁定申请复议的，上一级人民法院应当一并审查。

957.【复议案件的审查期限】

当事人、利害关系人依照民事诉讼法第二百零二条规定申请复议的，上一级人民法院应当自收到复议申请之日起三十日内审查完毕，并作出裁定。有特殊情况需要延长的，经本院院长批准，可以延长，延长的期限不得超过三十日。[1]

法律依据

[1]《最高人民法院关于适用〈中华人民共和国民事诉讼法〉执行程序若干问题的解释》（2020年12月23日修正）

第八条　当事人、利害关系人依照民事诉讼法第二百零二条规定申请复议的，上一级人民法院应当自收到复议申请之日起三十日内审查完毕，并作出裁定。有特殊情况需要延长的，经本院院长批准，可以延长，延长的期限不得超过三十日。

958.【复议审查期间的执行】

执行复议期间，不停止执行。

被执行人、利害关系人提供充分、有效的担保请求停止相应处分措施的，人民法院可以准许；申请执行人提供充分、有效的担保请求继续执行的，应当继续执行。[1]

法律依据

[1]《最高人民法院关于适用〈中华人民共和国民事诉讼法〉执行程序若干问题的解释》（2020年12月23日修正）

第九条　执行异议审查和复议期间，不停止执行。

被执行人、利害关系人提供充分、有效的担保请求停止相应处分措施的，人民法院可以准许；申请执行人提供充分、有效的担保请求继续执行的，应当继续执行。

959. 【驳回不予执行公证债权文书申请的复议】

当事人不服驳回不予执行公证债权文书申请的裁定申请复议的，上一级人民法院应当自收到复议申请之日起三十日内审查，理由成立的，裁定撤销原裁定，不予执行该公证债权文书；理由不成立的，裁定驳回复议申请。复议期间，不停止执行。[1]

法律依据

［1］**《最高人民法院关于人民法院办理执行异议和复议案件若干问题的规定》**（2020 年 12 月 23 日修正）

第十条　当事人不服驳回不予执行公证债权文书申请的裁定的，可以自收到裁定之日起十日内向上一级人民法院申请复议。上一级人民法院应当自收到复议申请之日起三十日内审查，理由成立的，裁定撤销原裁定，不予执行该公证债权文书；理由不成立的，裁定驳回复议申请。复议期间，不停止执行。

960. 【对强制措施、间接执行措施复议的特别规定】

对执行法院作出的拘留、罚款、限制出境决定，及对被纳入失信被执行人名单的纠正申请予以驳回的决定申请复议的，依照本规范第十四章的有关规定办理，不适用本章规定。

第二十七章　执行监督案件

第一节　执行监督的一般规定

961.【执行监督案件的类型】

符合下列情形之一的，人民法院应当按执行监督案件立案审查：

（一）人民法院自收到申请执行书之日起超过六个月未执行，申请执行人向上一级法院申请执行，上一级法院决定督促执行的；[1]

（二）执行案件的当事人、利害关系人、案外人向上级法院申诉，上级法院认为确有必要并决定执行监督的；

（三）上级法院发现下级法院执行行为不当或有错误，决定进行执行监督的；[2]

（四）检察机关提出民事执行监督检察建议的；[3]

（五）执行法院发现本院执行行为确有错误需要纠正，决定进行执行监督的；[4]

（六）人民法院认为应当执行监督的其他情形。

法律依据

[1]《中华人民共和国民事诉讼法》（2017年6月27日修正）

第二百二十六条 人民法院自收到申请执行书之日起超过六个月未执行的，申请执行人可以向上一级人民法院申请执行。上一级人民法院经审查，可以责令原人民法院在一定期限内执行，也可以决定由本院执行或者指令其他人民法院执行。

[2]《最高人民法院关于人民法院执行工作若干问题的规定（试行）》（2020 年 12 月 23 日修正）

72.（第 1 款）上级法院发现下级法院在执行中作出的裁定、决定、通知或具体执行行为不当或有错误的，应当及时指令下级法院纠正，并可以通知有关法院暂缓执行。

[3]《最高人民法院、最高人民检察院关于民事执行活动法律监督若干问题的规定》（法发〔2016〕30 号）

第十二条 人民检察院提出的民事执行监督检察建议，统一由同级人民法院立案受理。

第十三条 人民法院收到人民检察院的检察建议书后，应当在三个月内将审查处理情况以回复意见函的形式回复人民检察院，并附裁定、决定等相关法律文书。有特殊情况需要延长的，经本院院长批准，可以延长一个月。

回复意见函应当载明人民法院查明的事实、回复意见和理由并加盖院章。不采纳检察建议的，应当说明理由。

[4]《最高人民法院关于人民法院发现本院作出的诉前保全裁定和在执行程序中作出的裁定确有错误以及人民检察院对人民法院作出的诉前保全裁定提出抗诉人民法院应当如何处理的批复》（法释〔1998〕17 号）

批复主要内容："山东省高级人民法院：你院鲁高法函〔1998〕57 号《关于人民法院在执行程序中作出的裁定如发现确有错误应按何种程序纠正的请示》和鲁高法函〔1998〕58 号《关于人民法院发现本院作出的诉前保全裁定确有错误或者人民检察院对人民法院作出的诉前保全提出抗诉人民法院应如何处理的请示》收悉。经研究，答复如下：一、人民法院院长对本院已经发生法律效力的诉前保全裁定和在执行程序中作出的裁定，发现确有错误，认为需要撤销的，应当提交审判委员会讨论决定后，裁定撤销原裁定。二、人民检察院对人民法院作出的诉前保全裁定提出抗诉，没有法律依据，人民法院应当通知其不予受理。"

962.【上级法院对下级法院的监督】

上级人民法院依法监督下级人民法院的执行工作。最高人民法院依法监督地方各级人民法院和专门法院的执行工作。[1]

法律依据

[1]《最高人民法院关于人民法院执行工作若干问题的规定（试行）》(2020年12月23日修正)

71. 上级人民法院依法监督下级人民法院的执行工作。最高人民法院依法监督地方各级人民法院和专门法院的执行工作。

963.【对执行行为不当的监督】

上级法院发现下级法院在执行中作出的裁定、决定、通知或具体执行行为不当或有错误的，应当及时指令下级法院纠正，并可以通知有关法院暂缓执行。

下级法院收到上级法院的指令后必须立即纠正。如果认为上级法院的指令有错误，可以在收到该指令后五日内请求上级法院复议。

上级法院认为请求复议的理由不成立，而下级法院仍不纠正的，上级法院可直接作出裁定或决定予以纠正，送达有关法院及当事人，并可直接向有关单位发出协助执行通知书。[1]

法律依据

[1]《最高人民法院关于人民法院执行工作若干问题的规定（试行）》(2020年12月23日修正)

72. 上级法院发现下级法院在执行中作出的裁定、决定、通知或具体执行行为不当或有错误的，应当及时指令下级法院纠正，并可以通知有关法院暂缓执行。

下级法院收到上级法院的指令后必须立即纠正。如果认为上级法院的指令有错误，可以在收到该指令后五日内请求上级法院复议。

上级法院认为请求复议的理由不成立，而下级法院仍不纠正的，上级法院可直接作出裁定或决定予以纠正，送达有关法院及当事人，并可直接向有关单位发出协助执行通知书。

964.【对不作为的监督】

上级法院发现下级法院的执行案件（包括受委托执行的案件）在规定的期限内未能执行结案的，应当作出裁定、决定、通知而不制作的，或应当依法实施执行行为而不实施的，应当督促下级法院限期执行，及时作出有关裁定等法律文书，或采取相应措施。[1]

法律依据

［1］**《最高人民法院关于人民法院执行工作若干问题的规定（试行）》**（2020年12月23日修正）

74.（第1款）上级法院发现下级法院的执行案件（包括受委托执行的案件）在规定的期限内未能执行结案的，应当作出裁定、决定、通知而不制作的，或应当依法实施具体执行行为而不实施的，应当督促下级法院限期执行，及时作出有关裁定等法律文书，或采取相应措施。

965.【执行依据错误的处理】

上级法院在监督下级法院执行案件中，发现下级法院据以执行的生效法律文书确有错误的，应当书面通知下级法院暂缓执行，并按照审判监督程序处理。[1]

法律依据

［1］**《最高人民法院关于人民法院执行工作若干问题的规定（试行）》**（2020年12月23日修正）

75. 上级法院在监督、指导、协调下级法院执行案件中，发现据以执行的生效法律文书确有错误的，应当书面通知下级法院暂缓执行，并按照审判监督程序处理。

966.【监督期间的暂缓执行与恢复执行】

上级法院通知暂缓执行的，应同时指定暂缓执行的期限。暂缓执行的期限一般不得超过三个月。有特殊情况需要延长的，应报经院长批准，并及时通知下级法院。

暂缓执行的原因消除后，应当及时通知执行法院恢复执行。期满后上级法院未通知继续暂缓执行的，执行法院可以恢复执行。[1]

法律依据

[1]《最高人民法院关于人民法院执行工作若干问题的规定（试行）》（2020年12月23日修正）

77. 上级法院通知暂缓执行的，应同时指定暂缓执行的期限。暂缓执行的期限一般不得超过三个月。有特殊情况需要延长的，应报经院长批准，并及时通知下级法院。

暂缓执行的原因消除后，应当及时通知执行法院恢复执行。期满后上级法院未通知继续暂缓执行的，执行法院可以恢复执行。

967.【不落实监督意见的责任】

下级法院不按照上级法院的裁定、决定或通知执行，造成严重后果的，按照有关规定追究有关主管人员和直接责任人员的责任。[1]

法律依据

[1]《最高人民法院关于人民法院执行工作若干问题的规定（试行）》（2020年12月23日修正）

78. 下级法院不按照上级法院的裁定、决定或通知执行，造成严重后果的，按照有关规定追究有关主管人员和直接责任人员的责任。

第二节 督促执行案件

968.【督促执行的一般规定】

人民法院自收到申请执行书之日起超过六个月未执行的，申请执行人可以向上一级人民法院申请执行。上一级人民法院经审查，可以责令原人民法院在一定期限内执行，也可以决定由本院执行或者指令其他人民法院执行。[1]

前款规定的六个月期间，不应当计算执行中的公告期间、鉴定评估期间、管辖争议处理期间、执行争议协调期间、暂缓执行期间以及中止执行期间。[2]

法律依据

[1]**《中华人民共和国民事诉讼法》**（2017年6月27日修正）

第二百二十六条 人民法院自收到申请执行书之日起超过六个月未执行的，申请执行人可以向上一级人民法院申请执行。上一级人民法院经审查，可以责令原人民法院在一定期限内执行，也可以决定由本院执行或者指令其他人民法院执行。

[2]**《最高人民法院关于适用〈中华人民共和国民事诉讼法〉执行程序若干问题的解释》**（2020年12月23日修正）

第十三条 民事诉讼法第二百二十六条规定的六个月期间，不应当计算执行中的公告期间、鉴定评估期间、管辖争议处理期间、执行争议协调期间、暂缓执行期间以及中止执行期间。

969.【申请督促执行的形式要件】

申请执行人向上一级人民法院申请督促执行的，应当采用书面形式。申请书应当载明申请执行人的基本情况、执行法院名称、执行案件编号或执行依据的文号、执行案件立案时间、向上一级人民法院申请执行的事实及理由等内容。并附下列材料：

（一）申请执行人的身份证明；

（二）相关证据材料；

（三）送达地址和联系方式。

970.【执行完毕情形的处理】

督促执行案件审查期间，执行实施案件依法执行完毕的，终结督促执行案件的审查程序。①

971.【督促执行的审查处理】

有下列情形之一的，上一级人民法院可以根据申请执行人的申请，责令执行法院限期执行或者裁定变更执行法院：

（一）债权人申请执行时被执行人有可供执行的财产，执行法院自收到申请执行书之日起超过六个月对该财产未执行完结的；

（二）执行过程中发现被执行人有可供执行的财产，执行法院自发现财产之日起超过六个月对该财产未执行完结的；

（三）对法律文书确定的行为义务的执行，执行法院自收到申请执行书之日起超过六个月未依法采取相应执行措施的；

（四）其他有条件执行超过六个月未执行的。[1]

上一级人民法院责令执行法院限期执行的，应当向其发出督促执行令，并将有关情况书面通知申请执行人。上一级人民法院决定由本院执行或者指令本辖区其他人民法院执行的，应当作出裁定，送达当事人并通知有关人民法院。[2]

上一级人民法院责令执行法院限期执行，执行法院在指定期

---

① 终结督促执行案件的审查程序，可以以“其他”方式报结案。参见《最高人民法院关于执行案件立案、结案若干问题的意见》（法发〔2014〕26 号）第二十六条第七项。

间内无正当理由仍未执行完结的，上一级人民法院应当裁定由本院执行或者指令本辖区其他人民法院执行。[3]

法律依据

[1]《最高人民法院关于适用〈中华人民共和国民事诉讼法〉执行程序若干问题的解释》（2020 年 12 月 23 日修正）

第十条　依照民事诉讼法第二百二十六条的规定，有下列情形之一的，上一级人民法院可以根据申请执行人的申请，责令执行法院限期执行或者变更执行法院：

（一）债权人申请执行时被执行人有可供执行的财产，执行法院自收到申请执行书之日起超过六个月对该财产未执行完结的；

（二）执行过程中发现被执行人可供执行的财产，执行法院自发现财产之日起超过六个月对该财产未执行完结的；

（三）对法律文书确定的行为义务的执行，执行法院自收到申请执行书之日起超过六个月未依法采取相应执行措施的；

（四）其他有条件执行超过六个月未执行的。

[2]《最高人民法院关于适用〈中华人民共和国民事诉讼法〉执行程序若干问题的解释》（2020 年 12 月 23 日修正）

第十一条　上一级人民法院依照民事诉讼法第二百二十六条规定责令执行法院限期执行的，应当向其发出督促执行令，并将有关情况书面通知申请执行人。

上一级人民法院决定由本院执行或者指令本辖区其他人民法院执行的，应当作出裁定，送达当事人并通知有关人民法院。

[3]《最高人民法院关于适用〈中华人民共和国民事诉讼法〉执行程序若干问题的解释》（2020 年 12 月 23 日修正）

第十二条　上一级人民法院责令执行法院限期执行，执行法院在指定期间内无正当理由仍未执行完结的，上一级人民法院应当裁定由本院执行或者指令本辖区其他人民法院执行。

第三节　执行申诉案件

972.【执行申诉的一般规定】

执行案件的当事人、利害关系人、案外人认为执行法院的执行行为不当或确有错误，侵害其合法权益的，可以向上级法院申诉，上级法院审查后决定是否启动执行监督程序。

973.【执行申诉的形式要件】

申诉人提出申诉的，应当向人民法院提交申诉书。申诉书应当载明具体的申诉请求、事实、理由等内容，并附下列材料：

（一）申诉人的身份证明；

（二）相关证据材料；

（三）送达地址和联系方式。

974.【申诉案件的审查立案】

当事人、利害关系人、案外人直接向上级法院申诉，请求执行监督，其请求事项符合民事诉讼法第二百二十五条、第二百二十七条规定情形的，由执行法院按照相关规定处理，上级法院不予受理。不符合上述规定情形的，由上级法院决定是否启动执行监督程序。

当事人、利害关系人、案外人直接向上级法院申诉，上级法院指令相关法院对其下级法院立案监督的，相关法院应当立案审查。

975.【对复议裁定的申诉】

当事人、利害关系人不服民事诉讼法第二百二十五条所规定的执行复议裁定，向上一级人民法院申诉，上一级人民法院应当作为执行监督案件立案审查，以裁定方式作出结论。[1]

法律依据

[1]《最高人民法院关于人民法院办理执行信访案件若干问题的意见》（法发〔2016〕15 号）

15. 当事人、利害关系人不服《民事诉讼法》第二百二十五条所规定执行复议裁定，向上一级人民法院申诉信访，上一级人民法院应当作为执行监督案件立案审查，以裁定方式作出结论。

976.【超过异议期限的申诉】

当事人、利害关系人在异议期限之内已经提出异议，但是执行法院未予立案审查，如果当事人、利害关系人在异议期限之后继续申诉，执行法院应当作为执行监督案件立案审查，以裁定方式作出结论。

当事人、利害关系人不服前款所规定的执行监督裁定，向上一级人民法院继续申诉，上一级人民法院应当作为执行监督案件立案审查，以裁定方式作出结论。[1]

法律依据

[1]《最高人民法院关于人民法院办理执行信访案件若干问题的意见》（法发〔2016〕15 号）

16. 当事人、利害关系人在异议期限之内已经提出异议，但是执行法院未予立案审查，如果当事人、利害关系人在异议期限之后继续申诉信访，执行法院应当作为执行监督案件立案审查，以裁定方式作出结论。

当事人、利害关系人不服前款所规定执行监督裁定，向上一级人民法院继续申诉信访，上一级人民法院应当作为执行监督案件立案审查，以裁定方式作出结论。

977. 【申诉案件的审查处理】

上级人民法院审查申诉案件，应当按照下列情形，分别作出处理：

（一）准许撤回申请，即当事人撤回申诉的；

（二）驳回申请，即申诉不成立的；

（三）限期改正，即申诉成立，指定执行法院、复议法院在一定期限内改正的；

（四）撤销并改正，即申诉成立，撤销执行法院、复议法院的裁定直接改正的；

（五）其他，即其他可以报结的情形。[1]

法律依据

［1］《最高人民法院关于执行案件立案、结案若干问题的意见》（法发〔2014〕26号）

第二十六条　执行监督案件的结案方式包括：

（一）准许撤回申请，即当事人撤回监督申请的；

（二）驳回申请，即监督申请不成立的；

（三）限期改正，即监督申请成立，指定执行法院在一定期限内改正的；

（四）撤销并改正，即监督申请成立，撤销执行法院的裁定直接改正的；

（五）提级执行，即监督申请成立，上级法院决定提级自行执行的；

（六）指定执行，即监督申请成立，上级法院决定指定其他法院执行的；

（七）其他，即其他可以报结的情形。

978. 【参照执行复议案件相关规定审查】

除本章另有规定外，执行申诉案件可以参照本规范第二十六章关于执行复议案件的相关规定进行审查。

第四节　检察监督案件

979. 【同级法院的受理与回复】

人民检察院提出的民事执行监督检察建议，统一由同级人民法院立案受理。[1]

人民法院收到人民检察院的检察建议书后，应当在三个月内将审查处理情况以回复意见函的形式回复人民检察院，并附裁定、决定等相关法律文书。有特殊情况需要延长的，经本院院长批准，可以延长一个月。[2]

回复意见函应当载明人民法院查明的事实、回复意见和理由并加盖院章。不采纳检察建议的，应当说明理由。[3]

法律依据

[1]**《最高人民法院、最高人民检察院关于民事执行活动法律监督若干问题的规定》**（法发〔2016〕30号）

第十二条　人民检察院提出的民事执行监督检察建议，统一由同级人民法院立案受理。

[2]**《最高人民法院、最高人民检察院关于民事执行活动法律监督若干问题的规定》**（法发〔2016〕30号）

第十三条第一款　人民法院收到人民检察院的检察建议书后，应当在三个月内将审查处理情况以回复意见函的形式回复人民检察院，并附裁定、决定等相关法律文书。有特殊情况需要延长的，经本院院长批准，可以延长一个月。

[3]**《最高人民法院、最高人民检察院关于民事执行活动法律监督若干问题的规定》**（法发〔2016〕30号）

第十三条第二款　回复意见函应当载明人民法院查明的事实、回复意见和理由并加盖院章。不采纳检察建议的，应当说明理由。

980. 【上级法院的受理与回复】

人民法院收到检察建议后逾期未回复或者处理结果不当的，提出检察建议的人民检察院可以依职权提请上一级人民检察院向其同级人民法院提出检察建议。上一级人民检察院认为应当跟进监督的，应当向其同级人民法院提出检察建议。人民法院应当在三个月内提出审查处理意见并以回复意见函的形式回复人民检察院，认为人民检察院的意见正确的，应当监督下级人民法院及时纠正。[1]

法律依据

［1］**《最高人民法院、最高人民检察院关于民事执行活动法律监督若干问题的规定》**（法发〔2016〕30号）

第十四条　人民法院收到检察建议后逾期未回复或者处理结果不当的，提出检察建议的人民检察院可以依职权提请上一级人民检察院向其同级人民法院提出检察建议。上一级人民检察院认为应当跟进监督的，应当向其同级人民法院提出检察建议。人民法院应当在三个月内提出审查处理意见并以回复意见函的形式回复人民检察院，认为人民检察院的意见正确的，应当监督下级人民法院及时纠正。

981. 【检察监督行为不当的处理】

人民法院认为检察监督行为违反法律规定的，可以向人民检察院提出书面建议。人民检察院应当在收到书面建议后三个月内作出处理并将处理情况书面回复人民法院；人民法院对于人民检察院的回复有异议的，可以通过上一级人民法院向上一级人民检察院提出。上一级人民检察院认为人民法院建议正确的，应当要求下级人民检察院及时纠正。[1]

法律依据

［1］**《最高人民法院、最高人民检察院关于民事执行活动法律监督若**

干问题的规定》（法发〔2016〕30 号）

第十七条　人民法院认为检察监督行为违反法律规定的，可以向人民检察院提出书面建议。人民检察院应当在收到书面建议后三个月内作出处理并将处理情况书面回复人民法院；人民法院对于人民检察院的回复有异议的，可以通过上一级人民法院向上一级人民检察院提出。上一级人民检察院认为人民法院建议正确的，应当要求下级人民检察院及时纠正。

982.【检察监督案件的审查】

检察机关提出民事执行监督检察建议的案件，可以参照执行申诉案件审查。

第二十八章　执行协调案件

983. 【协调案件的适用范围】

下列案件，人民法院应当按照执行协调案件予以立案：

（一）不同法院因执行程序、执行与破产、强制清算、审判等程序之间对执行标的产生争议，经自行协调无法达成一致意见，向共同上级法院报请协调处理的；

（二）对跨高级人民法院辖区的法院与公安、检察等机关之间的执行争议案件，执行法院报请所属高级人民法院与有关公安、检察等机关所在地的高级人民法院商有关机关协调解决或者报请最高人民法院协调处理的；

（三）当事人对内地仲裁机构作出的涉港澳仲裁裁决分别向不同人民法院申请撤销及执行，受理执行申请的人民法院对受理撤销申请的人民法院作出的决定撤销或者不予撤销的裁定存在异议，亦不能直接作出与该裁定相矛盾的执行或者不予执行的裁定，报请共同上级人民法院解决的；

（四）当事人对内地仲裁机构作出的涉港澳仲裁裁决向人民法院申请执行且人民法院已经作出应予执行的裁定后，一方当事人向人民法院申请撤销该裁决，受理撤销申请的人民法院认为裁决应予撤销且该人民法院与受理执行申请的人民法院非同一人民法院时，报请共同上级人民法院解决的；

（五）跨省、自治区、直辖市的执行争议案件报请最高人民法院协调处理的；

（六）其他依法报请协调的。[1]

法律依据

[**1**]**《最高人民法院关于执行案件立案、结案若干问题的意见》**（法发〔2014〕26号）

第十三条　下列案件，人民法院应当按照执行协调案件予以立案：

（一）不同法院因执行程序、执行与破产、强制清算、审判等程序之间对执行标的产生争议，经自行协调无法达成一致意见，向共同上级法院报请协调处理的；

（二）对跨高级人民法院辖区的法院与公安、检察等机关之间的执行争议案件，执行法院报请所属高级人民法院与有关公安、检察等机关所在地的高级人民法院商有关机关协调解决或者报请最高人民法院协调处理的；

（三）当事人对内地仲裁机构作出的涉港澳仲裁裁决分别向不同人民法院申请撤销及执行，受理执行申请的人民法院对受理撤销申请的人民法院作出的决定撤销或者不予撤销的裁定存在异议，亦不能直接作出与该裁定相矛盾的执行或者不予执行的裁定，报请共同上级人民法院解决的；

（四）当事人对内地仲裁机构作出的涉港澳仲裁裁决向人民法院申请执行且人民法院已经作出应予执行的裁定后，一方当事人向人民法院申请撤销该裁决，受理撤销申请的人民法院认为裁决应予撤销且该人民法院与受理执行申请的人民法院非同一人民法院时，报请共同上级人民法院解决的；

（五）跨省、自治区、直辖市的执行争议案件报请最高人民法院协调处理的；

（六）其他依法报请协调的。

984.【执行争议的协调】

两个或两个以上人民法院在执行相关案件中发生争议的，应当协商解决。协商不成的，逐级报请上级法院，直至报请共同的上级法院协调处理。[1]

高级人民法院负责协调处理本辖区内跨中级人民法院辖区的法院与法院之间的执行争议案件。对跨高级人民法院辖区的法院与法院之间的执行争议案件，由争议双方所在地的两地高级人民法院协商处理；协商不成的，按有关规定报请最高人民法院协调处理。[2]

对跨高级人民法院辖区的法院与公安、检察等机关之间的执行争议案件，由执行法院所在地的高级人民法院与有关公安、检察等机关所在地的高级人民法院商有关机关协调解决，必要时可报请最高人民法院协调处理。[3]

法律依据

［1］《最高人民法院关于人民法院执行工作若干问题的规定（试行）》（2020 年 12 月 23 日修正）

67.（第 1 款）两个或两个以上人民法院在执行相关案件中发生争议的，应当协商解决。协商不成的，逐级报请上级法院，直至报请共同的上级法院协调处理。

［2］《最高人民法院关于高级人民法院统一管理执行工作若干问题的规定》（法发〔2000〕3 号）

六、高级人民法院负责协调处理本辖区内跨中级人民法院辖区的法院与法院之间的执行争议案件。对跨高级人民法院辖区的法院与法院之间的执行争议案件，由争议双方所在地的两地高级人民法院协商处理；协商不成的，按有关规定报请最高人民法院协调处理。

［3］《最高人民法院关于高级人民法院统一管理执行工作若干问题的规定》（法发〔2000〕3 号）

七、对跨高级人民法院辖区的法院与公安、检察等机关之间的执行争议案件，由执行法院所在地的高级人民法院与有关公安、检察等机关所在地的高级人民法院商有关机关协调解决，必要时可报请最高人民法院协调处理。

985.【协调处理决定的效力】

上级法院协调下级法院之间的执行争议所作出的处理决定，

有关法院必须执行。[1]

法律依据

［1］《最高人民法院关于人民法院执行工作若干问题的规定（试行）》（2020 年 12 月 23 日修正）

70. 上级法院协调下级法院之间的执行争议所作出的处理决定，有关法院必须执行。

986. 【特殊情形的处理】

上级法院在协调下级法院执行案件中，发现据以执行的生效法律文书确有错误的，应当书面通知下级法院暂缓执行，并按照审判监督程序处理。[1]

执行中发现两地法院或人民法院与仲裁机构就同一法律关系作出不同裁判内容的法律文书的，各有关法院应当立即停止执行，报请共同的上级法院处理。[2]

上级法院协调处理有关执行争议案件，认为必要时，可以决定将有关款项划到本院指定的账户。[3]

法律依据

［1］《最高人民法院关于人民法院执行工作若干问题的规定（试行）》（2020 年 12 月 23 日修正）

75. 上级法院在监督、指导、协调下级法院执行案件中，发现据以执行的生效法律文书确有错误的，应当书面通知下级法院暂缓执行，并按照审判监督程序处理。

［2］《最高人民法院关于人民法院执行工作若干问题的规定（试行）》（2020 年 12 月 23 日修正）

68. 执行中发现两地法院或人民法院与仲裁机构就同一法律关系作出不同裁判内容的法律文书的，各有关法院应当立即停止执行，报请共同的上级法院处理。

［3］《最高人民法院关于人民法院执行工作若干问题的规定（试行）》（2020 年 12 月 23 日修正）

69. 上级法院协调处理有关执行争议案件，认为必要时，可以决定将有关款项划到本院指定的账户。

987.【协调案件的结案方式】

执行协调案件的结案方式包括：

（一）撤回协调请求，即执行争议法院自行协商一致，撤回协调请求的；

（二）协调解决，即经过协调，执行争议法院达成一致协调意见，将协调意见记入笔录或者向执行争议法院发出协调意见函的。[1]

法律依据

［1］《最高人民法院关于执行案件立案、结案若干问题的意见》（法发〔2014〕26 号）

第二十八条　执行协调案件的结案方式包括：

（一）撤回协调请求，即执行争议法院自行协商一致，撤回协调请求的；

（二）协调解决，即经过协调，执行争议法院达成一致协调意见，将协调意见记入笔录或者向执行争议法院发出协调意见函的。